Gabriele Goettle   EXPERTEN

DIE ANDERE BIBLIOTHEK

Herausgegeben
von Hans Magnus Enzensberger

Gabriele Goettle

Experten

Mit Fotografien
von Elisabeth Kmölniger

Eichborn Verlag
Frankfurt am Main 2004

ISBN 3-8218-4546-5
Copyright © Eichborn AG
Frankfurt am Main 2004

»Wir sind die letzten der Generation,
durch die das Entwicklungs-,
Kommunikations- und Dienstleistungswesen
zum weltweiten Bedürfnis geworden ist.«

Ivan Illich

INGO KOPMANN, *selbständiger*
Tierpräparator. 1965 Einschulung in
d. Robert-Reinick-Grundschule Berlin-
Siemensstadt. 1975 Realschulabschluß.
Anschl. sechsmonatige Ausbildung
b. d. Bundespost im Fernmeldehandwerk.
Abbruch d. Ausbildung wg. Unzufrieden-
heit. 1975–81 im Dienst d. Berliner
Schutzpolizei. Während dieser Zeit
nebenberufl. als Präparator tätig.
(Beschäftigung m. d. Tierpräparation
seit dem 10. Lebensj.). Erlernung
d. Kenntnisse durch Mitarbeit b. verschie-
denen Präparatoren, u. a. in Österreich,
Griechenland, Schweden, über viele
Jahre. 1981 Ausscheiden aus
d. Polizeidienst u. Eröffnung einer
eig. Präparatorenwerkstatt in Berlin.

Hauptberufl. Tierpräparator. 1989–92
(zus. m. e. Schweden) Mitinhaber
einer Filiale in Afrika (Kenia). 1989
Teilnahme am 1. Dt. Präparatoren-
Wettbewerb. Auszeichn.: 1. Preis,
2. Preis. 2002 Teilnahme an d. Europ.
Präparatoren-Meisterschaft.
2 x 2. Platz, 2 x 3. Platz. Verf.
v. Artikeln u. a. in d. Zeitschrift
Der Präparator. *Hat bisher ca. 17 000*
Tiere (aller Arten) präpariert.
Herr Kopmann wurde am 21. Oktober
1958 in Berlin-Reinickendorf geboren.
Seine Eltern waren Fließbandarbeiter
bei Siemens. Er heiratete 1985
und wurde 1993 geschieden. Sohn
Christopher wurde 1992 geboren.

Mit Haut und Haaren

TAXIDERMIST

Bereits 2500 v. Chr. wandte man in Ägypten zur Präparation tierischer und menschlicher Leichname Mumifizierungstechniken an. Die naturwissenschaftlich orientierte und zu Präsentationszwecken betriebene Präparationskunst begann sich im ausgehenden siebzehnten Jahrhundert in Europa zu entwickeln. Da ihre unbedingte Voraussetzung die Konservierungskunst ist, gehörte zum Studium der Ärzte und Apotheker ein Konservierungskurs. Mit dem Anordnen der Haut nahm man es bis dahin nicht so genau, man stopfte die Tierbälge mit Heu und Stroh prall aus, ohne große Beachtung der Form. In Frankreich wurden erstmals taxidermische Versuche gemacht, mittels eines Gestelles und Draht dem nachgebildeten Tierkörper Natürlichkeit zu verleihen. Bald entwickelten Präparatoren anderer Länder eigene und sich schnell verbessernde Methoden. Die Präparate füllten die königlichen und sonstigen herrschaftlichen Schatzkammern der Sammelwut. Kuriositätenkabinette und Naturaliensammlungen teilten sich nun den Platz mit Münzen, Mineralien, Kunstgegenständen, anatomischen Raritäten. Im Zeitalter der Aufklärung wandelten sich diese Kabinette und ihr naturkundlicher Bestand dann zu naturkundlichen Museen um, die sich dem zunehmenden öffentlichen Interesse an Naturgeschichte und -wissenschaft anfangs nur sehr spröde öffneten. Besichtigung war lediglich in kleinen Gruppen innerhalb kürzester Zeit möglich. Im achtzehnten Jahrhundert kam es dann durch zahlreiche Expeditionen in alle möglichen Kolonialländer zu einer enormen Vergrößerung der Sammlungen, und auch die Präparationskunst veränderte sich sprunghaft. Die Präparate nahmen plötzlich aggressive Posen an im Moment ihrer

Vermassung und Kommerzialisierung. Pathetische Gebärden kamen in Mode, drohende Posen, offene Rachen, gebleckte Raubtiergebisse, gesträubte Erregung, erhobene Tatzen. Sie waren zugleich der Versuch, die gefürchtete Leblosigkeit in den Naturkundemuseen zu überwinden, zumal man sich in starker Konkurrenz befand mit den gleichzeitig entstandenen Zoologischen Gärten.

Auch der emanzipierte Bürger wollte seinen Anteil an der Trophäe. Entweder in Silber gefaßt, als Wildschweinhauer an der Charivari-Kette für die Uhr, oder, ganz großbürgerlich, als totemistische Dekoration eines repräsentativen Heimes. Präparatoren gaben in ihren Schriften zugleich Ratschläge für die korrekte Einrichtung: Ente, Wildschwein, Gemse, Rehkopf fürs Eßzimmer. Fuchs, Bär, Marder ins Rauchzimmer. Uhu, Adler, Falke gehören in Bibliothek und Arbeitszimmer. Der aufgerichtete Bär jedoch nimmt in der Eingangshalle der großbürgerlichen Villa die Visitenkarten der Besucher entgegen auf einem Tablett für den mächtigen Hausherrn. Es gab eine seltsame Dekorationswut, und der gefürchtetste Feind der Sammlung war nicht der Speckkäfer oder die Motte, sondern die Lücke. Diese Demonstration bürgerlicher Souveränität auf der Grundlage von Jagen, Beutemachen, Dominieren, triumphalem Präsentieren der Trophäen, war natürlich zugleich ein verheerender Feldzug gegen die Tierwelt aller Herren Länder. Viele Millionen von Insekten, Reptilien, Fischen, Säugetieren, Vögeln fielen dem zum Opfer durch Nachstellung, Tötung und Inbesitznahme ihrer Bälge und Hüllen. Trotz zweier Kriege und des Verlusts der Kolonien – der einen »Einbruch der Balgbeschaffung aus Übersee« zur Folge hatte – sind die deutschen Museen, Universitäten und Lehrmittelsammlungen der Schulen berstend voll mit der Ausbeute aus drei Jahrhunderten. Dennoch ist die Ahnungslosigkeit gegenüber dem Tier, seinem Aussehen, seiner Lebensweise und Herkunft erst im Fernsehzeitalter stark zurückgegangen. Und was die Präparatoren betrifft, auch ihre Anzahl ist stark zurückgegangen. Viele Museen beschäftigen aus Kostengründen keinen eigenen Präparator mehr. Eine anerkannte Berufsausbildung zum Präparator gibt es nicht, in der BRD wurde dieser Lehrberuf bereits 1953 abgeschafft und aus dem Berufsregister gestrichen. In der DDR gab es bis

1989 eine gründliche Ausbildung an Fachhochschule und Universität.

Laden und Werkstatt von Ingo Kopmann liegen im preiswerteren Teil Charlottenburgs, dort, wo der Bezirk an Tiergarten und Moabit angrenzt. Das Haus aus der Zeit um 1900, ein vierstöckiges Mietshaus, ist hellblau gestrichen. Es hat Balkons und Erker, abends beleuchten Gaslaternen die Straße. Über dem Laden steht BERLINER PRÄPARATOREN-WERKSTATT: Im kleinen Schaufenster verlocken die ausgestellten Präparate den Vorübergehenden zum Stehenbleiben. Ein Katzenskelett in gehender Haltung beherrscht die Bühne, gemeinsam mit einem Hundeschädel. Drum herum, in schönen alten zylindrischen Gläsern, schweben die eingelegten Präparate in klaren Flüssigkeiten. Gezeigt werden die Entwicklungsphasen, vom Embryo zur Ratte; zum Huhn; ein Krebs mit seinen Eiern ist zu sehen, ein aufgeschnittener Fischleib mit allen Organen und Schwimmblase. Ein Hirschkäfer ruht innerhalb seiner Larve, zart, silbrig-weiß ist sein Geweih, eng angelegt an den Körper und zusammengefaltet, wie alles an ihm. Auf diese Szenerie blickt ein erhöht im Laden stehender Schwan mit vorwurfsvoller Sorge. Wir treten ein und werden von der Lebensgefährtin und Mitarbeiterin Herrn Kopmanns freundlich aufgefordert, uns in Ruhe umzusehen, er telefoniere noch. Eine riesige irische Wolfshündin erhebt sich vom Boden und kontrastiert merkwürdig zur starren Anmut der präparierten Tiere, die Boden und Wände bedecken. Es funkeln Augen, es schimmern Gehörne und Federn, ein Geruch nach Spiritus, getrocknetem Seetang und Leder erfüllt den Raum. Da ist ein samtschwarzer großer Kolkrabe mit Fixiernadeln um die Augen, frisch präpariert; ein breiter Dachs, zwei kleine Buntfalken auf einem Zweig, preisgekrönt; ein defektes Hausschwein, zwei spielende Fischmarder, ein Büffel mit sanftem Blick. Daneben eine gefährlich aussehende Harpyie, die mit enormen gelblichen Krallen – kräftig genug, damit einen Affenschädel mühelos zu zerdrücken – auf einem derben Ast sitzt. Auch dieses Präparat ist preisgekrönt. Am auffallendsten aber ist ein lebhaft gemusterter Falke, der gerade ein Täubchen geschlagen zu haben scheint. Leblos, im doppelten Sinne, liegt es auf dem Rücken mit zur Seite fallendem Kopf. Die Szenerie spielt

9

sich auf dem Hals eines frühgotischen Wasserspeiers von Notre-Dame de Paris ab. Auch dieses Ensemble erhielt eine Auszeichnung.

Der Hausherr erscheint mit der Wolfshündin an seiner Seite und bittet uns in die Werkstatt. »Wir können uns nun in aller Ruhe unterhalten, meine Frau übernimmt den Laden und das Telefon ... setzen Sie sich irgendwohin, wo Platz ist ...« Platz ist rar in dieser kleinen Werkstatt, einem rechteckigen Raum mit Holzdielenboden und zwei vergitterten Fenstern zum schattig grünen Hinterhof hinaus. Die Fensterflügel stehen offen, dennoch schwebt der eigentümliche Geruch im Raum, beigemischt ist ihm hier noch eine würzige Nuance. Ein bißchen fühlt man sich wie in einer Bildhauerwerkstatt, aber der leichte weiße Staub der über allem liegt ist nicht Gips sondern Kartoffelmehl. An den Wänden hängen vergilbte Skizzen, Fotos, Tierschädel, eine Pavianmaske aus Gips. Es gibt zwei zusammenlegbare Arbeitstische. Auf einem schwebt ein frisch präparierter Hecht an seinem Haltestab, dünne Lochgitterbleche fixieren die Flossen. Ein ungeborenes Ziegenlamm schlummert mit geschlossenen Augen und brav aneinandergelegten Spalthufen in einem hohen Zylinderglas mit Deckel. Es starb in der Zeit um 1900. Unter dem Fenster liegen in geschlossenen halbtransparenten Plastikwannen eingelegte Bälge im Spiritus und harren ihrer optischen Auferstehung. In einem langen Karton ruhen Pfauen, darunter ein weißer, noch tiefgefroren. Nach dem Auftauen sollen sie präpariert werden. Hier geht's um die Haut, das Federkleid, darum, das Fell über den Kopf zu ziehen, Ordnung in die drohende Unordnung des Todes zu bringen. Herr Kopmann zieht die Schürze glatt, nimmt Platz am zweiten Arbeitstisch und streift sich einen Vogelbalg über die linke Hand. Kopf und Schnabel sind noch vorhanden, die Augen fehlen. Beine und Krallen hängen unten traurig am bauschigen Federkleid. Der Körper liegt, bestäubt mit Kartoffelmehl, auf dem Tisch; groß wie ein junges Brathühnchen. Herr Kopmann wendet den Balg hin und her, bläst ins Gefieder, um uns die beiden kahlen Stellen rechts und links des Halses zu zeigen, über die die Vögel ihre Temperatur regulieren. »Das ist ein Falkenweibchen aus einer Zucht, es wurde dreizehn und ist gestorben. Sein

Eigentümer will es nun präpariert haben ... das Kartoffelmehl hat den Zweck, Flüssigkeiten aufzusaugen, leider fliegt
es überall herum.« Er nimmt ein Skalpell und beginnt an
der Hautseite Fett und Gewebe abzutragen. »Wir kümmern
uns ja speziell um Greifvögel, ansonsten machen wir alles:
Vögel, Fische, Säugetiere, Insekten, Reptilien und Repliken.
Wir arbeiten vor allem für Privatkunden, also Jäger,
Sammler, Angler, Leute, die ein totes Tier gefunden haben
oder kaufen möchten, ferner für Schulen und Museen, aber
auch für Opernhäuser, Theater- und Filmproduktionen. Und
wir bekommen auch Haustiere gebracht. Für eine Theater-
oder Filmproduktion, da muß es dann vielleicht ein Löwe
sein, der auf der Bühne liegt und NEIN sagt. Es kommt
vor, daß einer, auf der Straße zum Beispiel, eine tote Eule
findet und will die präpariert haben. Den schick ich gleich
wieder weg. Er muß bei der Naturschutzbehörde eine Genehmigung beantragen, die bekommt er in der Regel nicht,
denn Vögel, die aus der Wildbahn entnommen werden, an
denen darf kein Eigentum erlangt werden, sagt das Gesetz.«
    Er schabt und schneidet systematisch mit seinem Skalpell,
während er weitererzählt. »In der Regel rufen uns Leute an,
die haben ein totes Tier, Angler, Jäger, Sammler, die lassen
wir dann herkommen und bereden, was machbar ist und
was es kostet. Die Jäger wissen in der Regel, wie sie mit
ihrer Trophäe umzugehen haben, das heißt, sie werden sie
einfrieren oder gleich hierher kommen. Vom Preis her liegt
beispielsweise ein Steinmarder, der immer noch eins der am
häufigsten präparierten Tiere ist als kleines Raubtier mit
schönem Pelz, na, so um die hundertvierzig Euro. Und nehmen wir nun mal an, wir haben grade Zeit – was allerdings
so gut wie nie der Fall ist –, dann legen wir den gleich auf
den Tisch, nehmen so ein Skalpell, eine Handvoll Sägespäne,
machen einen Bauchschnitt bis zum After, ohne den inneren
Bauchraum zu verletzen, und krempeln den Körper samt
Beinen aus der Haut heraus. Im Normalfall fließt kein
Blut, aber das Tier hat vielleicht irgendwo Schußwunden,
und da brauche ich dann die Sägespäne, um den Tisch
und das Fell des Marders vor dem Blut zu schützen. Und
wenn dann alles Fleisch entfernt ist, wenn auch der Schädel
raus ist, kommt das ganze Fell für vierundzwanzig Stunden
in eine Gerblösung. Dadurch wird die Haut etwas angebeizt,

und dadurch lassen sich dann die Mikromuskulatur und das Fett besser abtrennen. Das wird runtergeschnitten bis auf die Lederhaut. Im Prinzip so, wie ich es jetzt hier mache. Das Marderfell kommt dann noch mal in diese Gerblösung und wird dabei vergiftet, das heißt, es kommt für eine Stunde komplett ins Gift. Früher benutzte man Arsen und andere Gifte gegen die Schadinsekten, das war natürlich auch für andere Wesen schädlich. Heute benutzen wir etwas, das ist für Menschen, für alle warmblütigen Wesen, unschädlich, Eulan. Das wurde in den zwanziger Jahren von Bayer entwickelt, um die Wolltransporte von Australien nach Europa vor Schadinsekten zu sichern. Das wird 0,1 prozentig verarbeitet. Dieses Eulan hat auch den Vorteil, daß es nicht nur das Leder schützt, sondern alles. Früher konnte man bei den Präparaten immer durch die Nasen durchgucken, das war alles ungeschützt, die Nasenscheidewände, die Haare, die Krallen, bei den Enten die Schwimmhäute. Das Problem haben wir heute nicht mehr.«

Herr Kopmann pudert mit Kartoffelmehl nach, wir trinken Kaffee, und die Wolfshündin ist sehr interessiert an den Petits fours in Grün und Blau, legt sich bald aber resigniert wieder auf den kühlen Boden. »Der Präparator darf sich natürlich nicht nur auf das Gift verlassen, gut, sie geben zehn Jahre Garantie, aber ich muß auch eine präzise Vorarbeit leisten, indem ich alles, soweit es geht, entferne. So, und das einzige, was jetzt noch dazukommt vom Tier, sind die vier Beinknochen für die Stabilität und der Schädel, aber nur dann, wenn der Kunde den Marder mit offenem Maul haben möchte. Und dann sind wir soweit, daß wir den gegerbten Balg, nach dem Schleudern dort in der Trommel, im Prinzip zusammenbauen können. Die Beinknochen hat er drin, einen eigenen Schädel, oder auch nicht, dann hat er einen nachgebauten. Wir wickeln den Körper aus Holzwolle, oder wir haben da auch einen PU-Schaumkörper, den gibt's zu kaufen. Meistens wickeln wir aber selber, das wird schön fest und hat die originale Form des Tieres, also in der Figuration, wie das dann später aussehen soll, wenn's entweder den Ast hochklettert … aber kann auch runterklettern, nach rechts oder links gucken, wie man will. Der Kopf wird dann noch mit Ton überzogen, so daß man nachher die Augen einsetzen kann, und dann schieben wir also diesen

Körper in das Fell, durch die Öffnung am Bauch, er wird ›angezogen‹, sagen wir, und wenn alles paßt, wird die Öffnung mit feinen Stichen vernäht. Es kommen dann noch ein paar Kleinigkeiten dazu, mit Ton werden die Ohren versteift, Lippen, Nase, Schnute müssen in die richtige Form gebracht werden. Also ich muß generell das, was die Muskeln früher mal bewirkt haben, am Modell nachgestalten, muß die Haut mit Nadeln wieder in diese Nischen ziehen, in Fältchen legen, besonders auch die Augenfältchen, sonst ist der ganze Ausdruck später falsch. Das mache ich mit Nadeln. Wo's nötig ist, wird fixiert, besonders um die Augen herum, damit beide nach dem Trocknen gleich sind. Jeder guckt ja so einem Präparat zuerst ins Gesicht. Da kommt es auf kleinste Feinheiten an. Gut, dann muß das Ganze noch etwa zwei Wochen trocknen, danach werden die Nadeln entfernt. Dann schminken wir das Tier ein bißchen nach, die Augenlider müssen in der Regel nachgedunkelt werden, die Öhrchen werden innen nachkoloriert, auch die Nase wird nachgefärbt. Er hat ja seine eigene, aber sie verblaßt etwas. Natürlich wird das Fell noch mal gebürstet. Und wenn er den Mund offen hat, muß ich den ja auch gestalten. Es gibt keine befriedigende Lösung, eine Zunge zu präparieren, ebenso natürlich steht es mit dem Auge. Ich hab da oben in den Schachteln meine künstlichen Zungen und Augen.«

Er legt den Balg vorsichtig zur Seite und holt einen Karton aus dem Regal, der gefüllt ist mit Kunststoffzungen. »Die beziehe ich aus den USA, es gibt sogar zwei verschiedene Varianten, die Hechelzunge und die Fauchzunge, es gibt Schlangenmäuler, Hecht- und Forellenzungen, alles. In der Schachtel habe ich Gebisse, die sind teilweise schon fertig, die andern patiniere ich nach, sehn Sie, das ist ein Puma, schon mit Patina, mit Farbveränderungen am Zahnfleisch, das ist ein Leopard, dafür muß ich so um hundert Mark rechnen, die Zungen kosten so zwanzig bis vierzig Mark, das ist eine Frage der Größe. Hier haben wir Tierkrallen, und die Glasaugen beziehe ich von der Firma Lange aus Niederbayern, die sitzen sehr nah bei Lauscha und werden von dort mit ganz vorzüglichen handgearbeiteten Glasaugen beliefert. Da bekomme ich alles, und es kommt ja oft auf den Millimeter an bei der Größe. Bei den Pupillen lege ich nämlich Wert darauf, daß das Tier entsprechend zu seiner Größe, Stimmung die passenden Augen und den passenden Ausdruck hat, wenn das Raubtier nämlich ruht, und es hat solch große Pupillen, dann stimmt was nicht, und wenn Aggression da ist, dann wirken kleine Pupillen ja geisteskrank. Also für so ein paar gute Hechtaugen kann man schon mal dreißig, vierzig Mark zahlen, hier sind sie etwas bläulich, das sind eben spezielle Hechtaugen, die Forelle hat wieder andere und der Falke hier wieder ganz andere, auch von der Form her. Und da wir uns ja speziell um Greifvögel kümmern, haben wir da auch eine spezielle Bibliothek und entsprechende Abbildungen, denn das Auge verändert sich ja nach dem Eintritt des Todes rasch, bei einem Fisch innerhalb von Sekunden, da hilft nur ein Foto.«

Er schiebt die Kartons wieder ins Regal und widmet sich dem Balg und der weiteren Erzählung: »So wie früher gearbeitet wurde, arbeitet man schon lange nicht mehr, da wurde das Präparat leer gemacht, die Haut irgendwie gegerbt, dann wurde das vollgestopft und zugenäht. Das Ding war dann ganz prall und hatte ja kaum Lebensähnlichkeit. Da gab's furchtbare MISSGESTALTEN, zum Beispiel den Adler, bis in die dreißiger Jahre und länger, der war enorm breit, immer martialisch, Flügel und Schnabel offen. Das hat man dann übernommen für die Reichsadler – der ist sogar heute noch so auf unserem Euro. Aber wir rennen ja auch nicht den ganzen Tag mit ausgebreiteten Armen und zähnefletschend durch die Gegend. Und ich versuch's auch meinen Kunden nahezubringen, daß der Steinmarder nicht immer zähnebleckend da herumstehen muß, weil der Marder nämlich, genausowenig wie der Fuchs und andere, rennt natürlich nicht so durch den Wald, und wenn, dann ist er krank. Die meisten verstehen das dann auch. Und die Kunden mit den Haustieren, die haben ja ganz andere Vorstellungen, denen geht es meistens um die größtmögliche Ähnlichkeit sogar bis ins Extrem. Vor vielen Jahren zum Beispiel, da hatte jemand einen toten Kanarienvogel, und der Kunde wollte den ›tot‹ präpariert haben, also so, wie er im Käfig gelegen hatte. Ich finde diesen Wunsch gar nicht abwegig … aber man muß dazu sagen, auf dem Haustiersektor gibt es auch Merkwürdigkeiten. Wir haben grade für eine Künstlerin einen Schäferhund als Bettvorleger gemacht. Es war nicht der eigene. Was wir noch hatten, das war ein Pärchen, Mann und Frau, die ließen zehn Jahre lang einen Felsenpython frei in der Wohnung leben, der war stubenrein, lag mit im gemeinsamen Bett, und als der starb, kamen sie mit der absonderlichen Idee zu mir, sich die Haut gerben zu lassen ... gut, das ist vielleicht noch verständlich, aber sie wollten sich Reizwäsche daraus schneidern lassen, aus der eigenen Schlange!! Also meine Hunde, die kommen ausnahmslos unter die Erde. Aber das ist eben ... ich nenne es mal Geschmackssache. Wir hatten schon Kunden, die wollten dann das Herz mitnehmen und die Augen, für zu Hause, in Spiritus eingelegt. Also wenn das dann die Augen vom eigenen Hund sind, die da vom Fernseher runtergucken, dann erreichen wir hier irgendwo unsere Grenze. Nicht arbeitstechnisch, aber in der Nachvollziehbarkeit. Oder eine Dame wollte das Skelett ihrer Katze, nur das Skelett, da habe ich auch keinen Zugang gefunden. Aber ansonsten sind die meisten Kunden eigentlich ganz normal ...« Er schüttelt den Balg über seiner Hand, leicht bewegen sich die Federchen und die Schwingen.

»Und es ist also nicht so, daß jetzt die einsame Oma kommt, Witwe ist, die ihren Kater präparieren lassen will, weil er achtzehn Jahre lang auf ihrem Sofa gelegen hat, sondern es sind ganz attraktive Frauen, also von der Ausstrahlung her, lebhafte Frauen, so um dreißig, vierzig, Geschäftsfrauen oft, weit entfernt vom Klischee der vereinsamten Alten, und die lieben aber ihre kleinen Hunde – zu denen man oft abfällig ›Witwentröster‹ sagt – dermaßen, daß die an Herzverfettung sterben. Die haben für fünfhundert Mark Pralinen unter der Haut ... der Herzbeutel sieht oft aus wie ein Picasso-Euter ... Sie wissen nicht, was ein Picasso-Euter ist??! So sagten wir in Berlin zu diesen dreieckigen Milchpackungen im Tetrapack, das gab's früher. Also wie 'ne Schmalzstulle ist der Herzbeutel. Wir schaun's an, oder auch die Tierärztin, wenn nötig. Das Fleisch wird dann entsorgt. Also man kann sagen, wir haben alle Gesellschaftsschichten, alle Altersgruppen, Geschlechter. Es kommen auch acht-, neunjährige Kinder manchmal, mit ihren Eltern und dem verstorbenen Goldhamster. Andere finden, daß man für den Preis zehn Lebendige bekommt, und tippen sich an die Stirn. Aber wenn es ein Rassehund ist,

kriegen sie dafür natürlich keinen lebendigen. In Schäfer-
hundgröße kostet der etwa zweitausend bis zweitausendfünfhundert Mark, einen kleineren, in Yorkshire-Terrier-Größe,
präparieren wir so für sechshundert bis achthundert Mark.
Also aus dem Tierheim bekommen sie natürlich fünf bis
sechs Mischlinge dafür, aber so rechnet ja der nicht, der
sein Tier aus Liebe präparieren lassen möchte. Manchen ist
es regelrecht peinlich am Anfang, sie melden sich schon,
bevor das Tier tot ist, wenn's also absehbar ist. Ab und zu
müssen wir natürlich auch ein bißchen Seelsorge betreiben.
Ich sage, setzen Sie sich mit uns in Verbindung, wenn es
soweit ist, wenn es nachts stirbt, dann kühl legen oder
einfrieren. Wenn aber die alte Dame einen verstorbenen
Schäferhund hat, dann kriegt sie den natürlich nicht ins
Eiswürfelfach und kann ihn auch nicht herbringen, bei
fünfzig Kilo Körpergewicht. Dann holen wir so ein Tier
auch schon mal ab. Die meisten aber kommen hierher, wir
sagen: Der Preis wäre so und so, überlegen Sie bitte, ob das
Tier lieber sitzen oder stehen soll, und Sie sollten uns eine
Handvoll Porträtfotos bringen. Eine Anzahlung verlangen
wir ausnahmslos, weil, so in etwa jeder fünfzigste Kunde
überlegt sich's dann doch noch anders, und wir haben dann
hier einen Schäferhund rumsitzen ... der zwar vielleicht
sehr lieb war, aber sehr dick, sehr unansehnlich geworden
ist mit der Zeit ... ›mit einem Gesicht, das nur eine Mutti
lieben kann‹, den gab's ja mal, den Spruch. Den Hund
kauft mir doch nie mehr einer ab. Oder der Kunde ist
am Ende nicht zufriedenzustellen, Katzenaugen sind ein
diffiziles Thema, nicht nur bei Siamkatzen, wo es alle möglichen Arten von Blau gibt, ich versuch dann dem Kunden
zu erklären, der die Farbe ja vorher persönlich aus dem
Katalog ausgesucht hat, daß eben ein Glasauge kein leben-
diges Auge mehr ist und einen Blick nicht ersetzen kann. Sie
verstehen ganz allmählich, daß sie sich an das Präparat auch
erst gewöhnen müssen. Sie sagen, irgendwas war anders ...
Ja, es hat gelebt! sage ich. Und die meisten akzeptieren das
Präparat dann. Viele allerdings sind auf Anhieb begeistert.
Unsere Haustierkunden gehen bis auf ganz wenige Ausnahmen zufrieden aus dem Laden.« Er wendet das Federkleid und pudert die freigelegte schimmernde Lederhaut
mit Kartoffelmehl und räumt dann alles Verderbliche weg

in die Kühlung. Die Wolfshündin wedelt erwartungsfroh dem Aufbruch des Rudels entgegen.

Herr Kopmann und seine Lebensgefährtin wohnen nordwestlich draußen vor der Stadt, im sogenannten Speckgürtel, der ehemaligen DDR. Ihre kleine Mietwohnung liegt in einer ruhigen Seitenstraße des Örtchens Brieselang. Hier stehen fast nur neuere eher schlichte Einfamilienhäuser mit Gartengrundstücken. Aus einem davon kommen mit eleganten Sätzen zwei weitere irische Wolfshunde hervorgesprungen, begrüßen Herrschaft und Hündin und betrachten uns aus ernsten graugelben Augen wohlwollend. Bei einer Rückenhöhe von fast neunzig Zentimetern muß man sich zum Streicheln nicht gerade bücken, die Rücken und rauhen Felle gleiten angenehm und zügig durch die Hand, die Schädel werden heiß, wenn man sie auf der Stirn berührt. Folgsam nehmen sie mit dem Platz im Flur vorlieb, während wir ins spartanisch, aber mit ausgesucht schönen alten Stücken eingerichtete Wohnzimmer gebeten werden. »Meine Frau läßt sich entschuldigen, sie hat noch was zu erledigen«, sagt Herr Kopmann und stellt uns sein fast zehnjähriges zartes Söhnchen vor, das sich für eine Weile dazusetzt. An der Wand sind zwei sehr schöne Greifvögel, einer davon hat einen besonders gelungenen Blick. »Bei dem ist die Besonderheit die, daß er einer der seltensten Greifvögel der Welt ist inzwischen, ein Kaiseradler. Er stammt aus Europa, von ihm gibt es höchstwahrscheinlich nur noch siebzig Paare, beheimatet war er in der Puzsta. Der hier ist siebenunddreißig Jahre alt geworden. Ja, das ist mir eigentlich ganz gut gelungen, kann man sagen. Das erreicht man ja nicht immer. Manchmal gibt es so eine Art Objektblindheit, ich fummle und fummle, denke, es paßt eigentlich ganz gut, dann kommt aber meine Frau und sagt: Das linke Auge muß weiter runter, dies stimmt nicht, das stimmt auch nicht, und ich weiß, sie hat recht, sie hat den Blick dafür, dem vertraue ich. Meine Frau ist überhaupt die weltallerbeste Zuarbeiterin, und sie ergänzt mich in dem, was ich nicht habe: sie ist geduldig, penibel, sehr ehrlich und kritisch, alles Tugenden, die ich nicht habe.«

Er lächelt. »Gut, aber andererseits bin ich natürlich dennoch – na, ich will nicht anmaßend sein, ich bin nicht studiert, nichts – ein recht guter Präparator. Von den ganz guten zwar meilenweit entfernt, aber von den schlechten und durchschnittlichen auch. Die Museumspräparatoren schaun ja auf uns ›Trophäenschrauber‹ herab. Deshalb wollte ich es genauer wissen und habe mich 1989 an einem Vergleichswettbewerb des Deutschen Präparatorenverbandes beteiligt, mußte sogar Mitglied werden dazu. Da waren hundertzehn Teilnehmer, fast alle aus dem Museumsbereich, und ich habe in der Säugetierkategorie den ersten Preis gemacht und in der Vogelkategorie den zweiten Preis. Die Richter waren aus Amerika, zwei aus Deutschland. Und 2003 wollen wir in Amerika an der Weltmeisterschaft teilnehmen, World Championship Taxidermy. Das ist die Kür, das andere ist die Pflicht; wobei ich nicht sagen will, daß ich nicht auch den überfahrenen Rottweiler mit Freude und Sorgfalt wiederaufbaue für das trauernde Herrchen, damit der sein Präparat hat, oder den fünfundneunzigsten Steinmarder im Jahr. Das ist einfach eine Leidenschaft bei mir dieser Beruf, schon von klein auf. Ich konnte einfach meine Tierliebe nicht ausleben als Kind, meine Eltern standen am Fließband bei Siemens, Akkordmontage, megaübel! Sie waren super zu mir, aber ihre Möglichkeiten waren eben begrenzt. Und ich habe mich brennend interessiert für alles und hatte dann das Glück, auf Leute zu treffen, von denen ich eine Riesenmenge gelernt habe, aus eigenem Antrieb. An sich wäre ja für jeden Interessierten alles da. Es gibt in Schulen teilweise Schätze! Wir haben in Berlin Präparate, vom Schnabeltier über den Beutelwolf bis zu Seeadlern. Ganze Sammlungen stehen in Schulen rum und verstauben, in den Gymnasien. In einem Jungen-und-Mädchen-Lyzeum sind mal zweihundert Präparate gefunden worden. Na, die Hauptschulen, die haben vielleicht ein paar Käfer, eine Vogelspinne, ein Vogelnest und ein Abo für die Landesbildstelle. Das find ich schlimm! Grad die, die dort sind, die müssen das lernen, den Unterschied zwischen einem Bussard und einem Adler, einem Hasen und einem Kaninchen. Aber es gibt natürlich auch die Übertreibung nach oben. Wir waren mal in der Zoologischen Staatssammlung in München, zum Tag der offenen Tür. Das ist eine nichtöffentliche Forschungssammlung verschiedener Tierarten mit zwanzig Millionen Objekten, das meiste aus dem achtzehnten und neunzehnten Jahrhundert. Also da wird einem schon ganz anders, wenn sich da die Schubladen öffnen in den drei Meter fünfzig hohen Schränken, und in, sagen wir mal, fünfzig von diesen Schränken sind dann Millionen von Vogelbälgen, irgendwelche Paradiesvögel, immer der gleiche, nur der eine hat einen grünen Punkt im Gefieder, der andere einen roten Punkt oder keinen. Das haben wir gesehen, mit eigenen Augen ...«

HANS-JÜRGEN TREDER,

*Prof. emer. d. Humboldt Univ. Berlin,
Dr. rer. nat., Dr. h. c. mult., ehem.
Direktor d. Einstein-Laboratoriums
f. Theor. Physik. Einschulung 1933
in Berlin, Abitur 1945. Studium
d. Mathematik, Physik u. Philosophie
an d. Humboldt Univ. Berlin, Korre-
spondenz mit W. Heisenberg, P. Jordan u.
W. Pauli. 1955 erste wiss. Veröff.: Der
Materietensor i. d. unsymmetrischen
Feldtheorie Einsteins. Diss. 1956,
Habil. 1960. Seit 1957 Arbeit an
d. Akad. d. Wiss. Berlin. 1966 Berufung z. Mitglied der Akad. d. Wiss.
auf Empfehlung d. Nobelpreisträgers
G. Hertz, H. Ertl u. a. Ab 1966
intens. Austausch m. Sir Karl Popper,
der fasziniert war vom Physiker und
Marxisten Treder. 1968–72 Direktor
d. Forschungsbereichs Geo- und
Kosmowiss. u. bis 1982 Direktor
d. Zentralinst. f. Astrophysik d. Akad.
d. Wiss. Initiator zahlr. Symposien, so
zweier int. Einstein-Konferenzen, 1965
z. 50. Jahrestag d. Allg. Relativitätsth.
u. 1979 z. 100. Geburtstag im a. s.
Initiative hin restaurierten Einstein-
Haus Caputh. 1982–90 Direktor
d. Einstein-Laboratoriums f. Theoret.
Physik d. Akad. d. Wiss., Potsdam.
Hans-Jürgen Treder befaßte sich neben
Theoret. Physik intensiv m. Geophysik,
Astrophysik, m. Wissenschaftsgesch.
u. Philosophie. Er ist u. a. Mitgl.
d. Tensor Soc., d. Dt. Physikalischen
Ges. Stand in regem Austausch mit
int. Wissenschaftlern, legendäre
Fachtagungen im Einsteinhaus Caputh.
Verf. zahlr. Publikationen in
in- und ausländischen Fachbüchern
und Zeitschr., bes. zu Fragen d. Allg.
Relativitätstheorie. Er ist bis heute
d. int. führende Einstein-Kenner.
Mithg. d.* Foundation of Physics,
*seit 1996 sporadische Vortragstätigkeit
u. a. zu Leibniz (atropisches Prinzip),
Parmenides, zum Machschen Prinzip
u. Gödels Satz. Hans-Jürgen Treder
wurde am 4. September 1928 in
Berlin geboren, er ist ledig u. hat keine
Kinder.*

Besuch im Elfenbeinturm

THEORETISCHER PHYSIKER

Denn dazu werden sich die Dinge gewiß niemals zwingen lassen:
Zu sein, wenn sie nicht sind ...
So bleibt einzig noch übrig die Rede von dem Weg, daß (etwas) ist.
An ihm sind sehr viele Kennzeichen, daß Seiendes ungeworden
und unvergänglich ist,
ganz und einheitlich, und unerschütterlich und vollendet.
Parmenides, Vom Wesen des Seienden, um 500 v. Chr.

An einem heißen Sommertag im Juli 2000 fahren wir, zusammen mit Frau Irene Henselmann, der wir diesen Kontakt verdanken, hinaus in den Südwesten Berlins. Unsere Vermittlerin, die 1915 geboren ist und gerade ein Buch schreibt über all die Personen, die ihren Lebensweg kreuzten, will ihrem alten Freund die ihn betreffenden Stellen vorlesen und begleitet uns deshalb.

Die Sternwarte liegt auf einer Anhöhe, inmitten eines lennéschen Landschaftsparks, der einstmals Teil des Schloßparks Babelsberg war. Das Gelände ist gesichert durch Umzäunung, Pförtnerhaus und Schlagbaum. Durchs große schmiedeeiserne Eingangstor sieht man zur Sternwarte hin, die ein wenig an Schloß Sanssouci erinnert. Gleich rechts daneben steht die repräsentative Direktorenvilla, in der unser Gastgeber vormals wohnte und arbeitete. Heute lebt er in einem der verstreut auf dem Gelände liegenden Häuser, die zur Unterbringung der Mitarbeiter dienten, denn die mußten bei klarem Himmel ja nachts jederzeit bereit sein, ihre Beobachtungen aufzunehmen. Hier wirkt alles sehr privat und lauschig. Nachtigallen schlagen, kein Mensch ist zu sehen. Auf unser Klingeln ertönt von oben eine Männerstimme, nach einer Weile öffnet sich die Tür. Vor uns steht ein großer, gebeugter, weißhaariger Mann in einer sehr geräumigen, aus der Form geratenen schwarzen Hose. Er trägt bräunliche Wildlederhausschuhe und ein grau-blaues Feinstrickhemd mit offenem Kragen. Mit einem etwas unsicheren Lächeln gibt er uns überraschend fest die Hand und bittet nach oben in den ersten Stock.

Die Wohnung ist angenehm kühl und wirkt auf den ersten Blick schlicht, geradezu spartanisch. Sorgsam ist für unsere Bewirtung alles bereitgestellt, lediglich der Kaffee muß noch zubereitet werden. Die Küche ist die eines Junggesellen, alles ist peinlich sauber und scheint kaum benutzt zu werden. Im geräumigen Flur liegt unvermutet ein Gartenzwerg. Die Türen zu den umliegenden Räumen sind offen. Im Arbeitszimmer herrscht strahlendes Sonnenlicht. Die Bücher stehen in dunklen Holzregalen in großen Fächern, ihre Anzahl wirkt wohltuend maßvoll. In Kartons auf dem Boden ruhen weitere Bücher und Manuskripte. An der Wand hängt eine Porträtzeichnung Einsteins und ein schöner Stich, der Galileo Galilei zeigt. Der Schreibtisch steht schräg zum Fenster hin, durch das man auf nichts als grüne Baumkronen blickt. Hier steht kein Computer. Außer Kaffeemaschine, Kühlschrank, Waschmaschine, Fernseher und Telefon scheint es keinerlei nennenswerte moderne Technik in diesem Haushalt zu geben. Ja, selbst etwas so Fundamentales für das Klischee vom Gelehrten wie der Schreibtisch macht einen unbenutzten Eindruck. Herr Treder erklärt, voller Abneigung darauf blickend: »Ein Schreibtisch ist ein Instrument, an dem sicherlich nur Staatsmänner arbeiten können. Kein normaler Mensch hält es aus an einem Schreibtisch. Ich arbeite meistens nebenan.«

Der Raum nebenan liegt auf der Schattenseite und ist spärlich möbliert. Auf dem Boden, gleich neben der Tür, leicht zu übersehen, ein großer Bronzekopf mit Einsteins Zügen. Auf einem Schrank an der gegenüberliegenden Wand steht Herr Treder in Bronze, in merkwürdiger Gesellschaft einer indischen Gottheit, eines jüdischen Leuchters und eines chinesischen Wasserträgers aus Meißner Porzellan. Von der Decke hängt eine nackte Glühbirne. Alle Möbelstücke sind weitgehend an die Wände gerückt, so daß die Zimmermitte frei passierbar ist. Hier steht auch das Fernsehgerät. Der Besitzer erzählt: »Ich hatte ja Fernsehsendungen verachtet, sozusagen, mir dann aber doch einen Apparat zugelegt, denn damals kamen die *Physiker* von Dürrenmatt, mit der Therese Giehse. Und ich dachte, wenn *das* Fernsehen ist, ist es das Beste, was einem passieren kann, ich war geradezu begeistert vom Fernsehen.« Alle lachen sehr, »sehn Sie, das ist der Einfluß der Physik aufs Leben – was Semmelweis für die Mütter, das ist Ferdinand Braun fürs Familienleben ...« Wir werden gebeten, Platz zu nehmen auf freischwingenden Kunstledersesseln zu Kaffee und Kuchen am Arbeitsplatz des Gelehrten, einem runden Tischchen, bedeckt mit Wachstuch.

Herr Treder ist gottlob ausgesprochen zugänglich und gesprächig und versteht sogar Spaß, was sich zeigt, als Irene Henselmann ihm ihre Beschreibung seiner Person vorliest. Der Einfachheit halber versuche ich einiges davon wiederzugeben. Sie beschreibt, daß seine Bibliothek überraschend ungeordnet ist. Fontane stehe neben Diderot, Thomas Mann neben Adorno, nur so könne er das gewünschte Buch finden. Herr Treder fährt mit der Hand durch sein bürstenförmig aufstrebendes Haar, sagt, mit dem leichten bis schwereren Stottern, das ihn in Momenten der Verlegenheit oder Anspannung zu überwältigen scheint: »Na ja, na ja, meistens ... Manchmal finde ich es aber auch nicht. Meine Bücher haben sich selbst geordnet, weitgehend, nach dem Zufallsprinzip, sie finden sich so allmählich zusammen.« – »Am schlimmsten benehmen sich seine Hosen«, liest die Autorin weiter vor, beschreibt, wie sie beim Aufstehen abwärts streben. Kichernd deutet der Gelehrte auf seinen Bund: »Ich habe da jetzt einen Gürtel, einen eingebauten Gürtel.« Herr Treder wird schonungslos und aufs liebevollste geschildert. Von seiner fast vollständigen Zahnlosigkeit und Verachtung für Gebisse ist die Rede, bis hin zur winzig kleinen Schrift und dem unfehlbaren Gedächtnis des Genies. Zur Schrift erklärt er: »Es ist so, wenn ich klein schreibe, schreibe ich einfach exakter. Das kann ich selber gut lesen, und viele Leute behaupten, sie könnten es ebenfalls lesen. Also ich schicke ja auch meine Manuskripte immer handgeschrieben zum Druck. Ich bekomme immer so einen schönen Computerausdruck zur Korrektur. Und das ist gefährlich, denn dann glaubt man dem Text schon, weil er so schön sauber, fertig und authentisch aussieht.«

Zum Gedächtnis merkt er an: »Das ist sehr unterschiedlich. Ich erinnere mich an alle möglichen wissenschaftlichen Informationen, auch an die kuriosesten, aber ich merke mir weniger die Lebensanekdoten. Ich erinnere mich wenig an persönliche Aktivitäten, und ich habe ein sehr schlechtes Namensgedächtnis, beispielsweise. Das liegt daran, daß ich die Namen nicht erschließen kann. Bei anderen, oft sehr komplizierten Dingen, reicht es aus, wenn ich einen roten Faden habe, dann geht es sehr schnell. Von dem Faden, entlang an dem Faden, geht es mit Gedankenschnelle, wie man so schön sagt, bis in die Stelle im Gehirn, wo das Gesuchte gespeichert ist. Ich hatte glücklicherweise ein wunderbares Gedächtnis, jetzt schon lange nicht mehr, ich hatte ein komplettes, fotografisches Gedächtnis.«

Über dieses Gedächtnis hatte Frau Henselmann uns bereits berichtet, er habe es als halbwüchsiger Werwolf dazu benutzt, sich mit einem Blick Verhaftungslisten einzuprägen und die Betroffenen vor der Gestapo zu warnen. Er selbst spielt die Sache herunter: »An mir war nichts Besonderes, ich hatte nur keine Lust mehr. Ich war unauffällig, blond, blauäugig, schlaksig, ganz naiv. Ich war beim Volkssturm und hatte einen Ausweis als Kurier, damit kam ich herum. Diese Listen lagen auf einem Schreibtisch, ich habe sie verkehrt herum gelesen und mir eingeprägt und dann marschierte ich los mit meinem Ausweis, ging hin und sagte nur, demnächst wird er abgeholt.« Er wiegelt überhaupt glaubhaft ab, wenn es um Lobenswertes an seiner Person geht. Gefragt, was hinter seinen zahlreichen Titeln stecke, sagt er: »Ogottogott – ich habe ein paar Doktortitel, die meisten honoris causa, natürlich!« In den siebziger Jahren wurde er ein paarmal für den Nobelpreis vorgeschlagen. Er erklärt ohne jede Bitternis: »Man schlägt viele vor, das hat gar nichts zu sagen.« Auf die naheliegende Frage von uns, ob er denn irgendwann etwas »erfunden« oder »entdeckt« habe, bleibt er gelassen: »Ich habe nichts erfunden, gefunden oder – vielleicht etwas aufgefunden, eine Kleinigkeit vielleicht … Aber das kann man nicht beschreiben – das sind so mathematische Theoreme bzw. Experimente, die mal gemacht werden sollten, aber es ist nichts daraus geworden, aus technischen Gründen. Es ging um Planetenumläufe, zwei Gegenläufe von Planeten und um die Krümmung des

Raumes ... der Effekt ist also sehr gut, den hatte ich entdeckt gehabt ... je größer die Zahl der Umläufe – im Experiment durch Satelliten dargestellt –, desto besser würde die Messung ... und, also wenn keine Krümmung des Raumes wäre, dann gäbe es den Effekt nicht ... und das könnte man direkt ablesen. Das habe ich also ›aufgefunden‹, die Sache wird immer noch diskutiert.«

»Aber dein grade verstorbener Schwiegersohn«, sagt er, sich an Frau Henselmann wendend, »hat doch immer so schöne Erfindungen gemacht, ich erinnere mich da an eine Unterhose nach dem Prinzip des Möbius-Bandes?!« Höchst amüsiert fragen wir nach. Wir drehen aus einem Papierstreifen eine Schleife, reichen sie zur Demonstration, und er versucht, mit Zeige- und Mittelfinger hineinzuschlüpfen, sagt: »Ja, das geht, na ... hier, es geht doch!« Die Schwachstelle scheint uns der Zwickel zu sein. Er sprengt das Band und sagt lachend: »Es würde vielleicht nicht so populär, aber man könnte es an einem Stück weben ... gedacht war es wohl so, wie das ungenähte Kleid Christi.« Wir fordern ihn auf, noch ein wenig von sich zu erzählen, was er nach verlegenem Lächeln zögernd tut: »Es gibt zwei, drei Sachen, die mit meinem Namen verbunden sind, aber das sind keine sehr wichtigen Begriffe ... Ich habe einmal eine Doktrin formuliert, die ich genannt habe nach Mach und Einstein, also der Vorschlag, sie so zu nennen, ist übernommen worden, manche flechten da meinen Namen mit ein. Mach-Einstein-Treder-Doktrin«, sagt er kichernd, »manche nennen sie so ... Wer Mach ist, wissen Sie? Doch, den kennen Sie! Der österreichische Physiker und Philosoph, drei Mach, vier Mach, fünf Mach! Schallgeschwindigkeiten, er hat sie als erster erforscht, Machscher Kegel, kennen Sie ... Und das ist derjenige Mach, über den Lenin geschimpft hat im *Empiriokritizismus,* da wurde er als Philosoph sehr angegriffen ... Aber er war ja Physiker. Sein Hauptwerk ist die *Geschichte der Physik,* das ist die Geschichte der Mechanik und ihrer Entwicklung, ein klassisches Werk. Einstein hat mal gesagt, diese und jene Fragestellung verdanke er Mach. Zwar hat er sie dann anders beantwortet, als Mach das erwartet hatte«, er kichert, »oder vielleicht sogar, als Einstein es selber erwartet hatte – das ist ja oft so in der Wissenschaft.«

Auch Herrn Treder selbst erging es nicht anders: »Mein bekanntestes Buch ist folgendermaßen entstanden: Ich wollte zeigen, daß eine bestimmte Auffassung über die Relativität der Beschleunigung unmöglich ist, ich wollte es beweisen. Und ich habe, während ich es schrieb, bewiesen, daß es möglich ist und wie es geht.« Er lacht hoch und glucksend. »Gegen meinen Willen ist das geschehen, ich habe Schritt für Schritt gegen meinen Willen gearbeitet! Dabei habe ich wirklich was gelernt. Es ist etwas herausgekommen, was andere auch noch nicht wußten. Es hat niemand gewußt, daß das geht.« Gefragt nach dem Titel des Buches, sagt er vergnügt: »Es heißt: *Die Relativität der Trägheit.* Da steht der schöne Satz drin: Je größer ein System ist, desto träger sind seine einzelnen Mitglieder«, alle brechen in Gelächter aus, »und Kuczynski, der ja denselben Vornamen hat wie ich, sagte dazu: ›Jürgen, das ist doch selbstverständlich!‹« Der Gelehrte trinkt einen Schluck Kaffee und fährt fort, über die oft seltsamen Irrwege zur wissenschaftlichen Klarheit und Wahrheit zu sprechen: »Hundert Jahre Plancksche Konstante, die größte Entdeckung in der Physik, die vielleicht je gemacht worden ist. Die gesamte heutige moderne Technik, Mikrotechnik, lebt ja von der Planckschen Konstante ... Und sie ist von Planck entdeckt worden aus ganz anderen Gründen. Er interessierte sich für eine bestimmte Frage, bei der zwei anerkannte Theorien sich gegenseitig widersprechen. Das ist für einen Physiker das Schönste, was es gibt, sich experimentell zu nähern, zu sehen, was kommt denn tatsächlich raus, stimmen beide, oder nur die eine, die andere, oder stimmen vielleicht beide nicht? Und manchmal ist man mit dem Ergebnis, obwohl es unwiderleglich wahr ist, nicht zufrieden. Planck hat sich ja zeitlebens gegen sein Wirkungsquantum gesträubt, aber er hat es natürlich nicht geleugnet, es hat ihm nur nicht gefallen.«

Er macht die Feststellung, man müsse in der Naturwissenschaft vollkommen absehen können vom subjektiven Standpunkt, von der Person, das sei ein kategorischer Imperativ, und er antwortet auf die Frage, ob denn die Denkergebnisse von beispielsweise Descartes ohne die spezifische Persönlichkeit Descartes' denkbar wären, unter anderem folgendes: »Ja und nein – es ist so. Die Art und Weise der Entdeckung, des Forschens, hängt natürlich ab von der Person, es bedarf ihrer. Auch zur Entdeckung eines mathematischen Lehrsatzes, den kann man nicht algorithmisch entdecken, es gibt keinen Entdeckungsalgorithmus. Keine Vorschrift, wie man etwas entdecken kann, das ist immer mit einem persönlichen Erlebnis verbunden, es wird von vielen, vielleicht sogar von allen, die mal was entdeckt haben, als persönliches Erlebnis empfunden. Je nach Art und Weise der Beschaffenheit der Person als göttliche Offenbarung, nicht wahr, als Liebeserleben, bis sogar zum Erguß. Bis zum Erguß, jawohl! Und da eine Maschine nicht in der Lage ist, erotische Erlebnisse zu haben«, er lacht schadenfroh, »kann sie auch keine mathematischen Entdeckungen machen. Kein Computer kann auch nur die kleinste Entdeckung machen. Er kann es nicht, völlig ausgeschlossen!« Auf die Frage, von welchem der beiden Kuchen er ein Stück möchte, sagt er nach kurzem Zögern: »Vom Gedeckten, da muß ich weniger kleckern«, und fährt im Gedankengang fort, ohne den Kuchen anzurühren: »Aber wie der Mensch oder der einzelne Mathematiker etwas entdeckt – Mathematiker rechnen ja so gut wie gar nicht –, das ist eben ganz verschieden. Einige haben mal versucht, es zu beschreiben ... Mathematiker müssen ganz besondere erotische Verhältnisse haben zu ihren Problemen – Novalis hat mal gesagt, nur Mathematiker könnten glücklich sein. Ähnliches sagten Gauß und auch Platon. Und Jacobi, der in Potsdam geborene große Mathematiker, der sagte, ein Mathematiker braucht keine Rauschmittel, er ist wie ein Lotophage« (Esser der Lotosfeige, die glückseliges Vergessen bewirkt. Griech. Mythologie, Anm. G. G.), »sein größtes Erlebnis ist die Zahlentheorie. Wer einmal Zahlentheorie betrieben hat, der kommt von der Zahlentheorie niemals mehr los. Der ist besessen von der Zahlentheorie. So wird es beschrieben, das Erlebnis.« Auf den Einwurf, es sei doch eigentlich etwas Ähnliches wie Mystik, sagt er freudig: »Ja, der Weg ist rein mystisch, er ist ein Erlebnis, aber im Gegensatz zur Mystik ist es von jedem nachkontrollierbar. Eine mathematische Erkenntnis ist nur dann eine mathematische Erkenntnis, wenn sie nachvollziehbar ist. Nur das ist die Wissenschaft. Außerdem ist natürlich auch die persönliche Erregung noch lange keine Garantie für die

Qualität der Leistung. Man kann sogar sagen, daß viele Dinge, für die man sich ganz begeistert hat, sich hinterher als furchtbarer Unsinn herausgestellt haben. Aber nur der Phantast läßt seine pure Begeisterung auf die Menschheit los. Der Wissenschaftler, der ein Erlebnis hat, eine Offenbarung, der überprüft alles erst mal sorgfältig. Wenn er vernünftig ist, wird er sagen, das ist Quatsch! Und dann muß man eben sehen, warum es Quatsch ist.«

Auf unsere Bemerkung, daß anscheinend viele Gelehrte und Denker zu Offenbarungen neigten, wie auch Pascal und Descartes, sagt er geradezu hoch erfreut: »Ja, ja! Und das trifft ganz besonders natürlich auf Parmenides zu, der seine Offenbarungen ja durch Aletheia empfangen hat ... Ich bin Physiker, theoretischer Physiker, Wissenschaftler, und ich weiß, daß die Griechen sie sozusagen erfunden haben, die Wissenschaft, deshalb erzähle ich immer gerne, wo sie letztlich herkommt. Es hat mal einer gesagt, die Wissenschaft sei das Bemühen, den Text von Parmenides zu interpretieren. Vom Parmenides-Text gibt es viele Übersetzungen – besonders auch von Physikern und Mathematikern, auch von Erwin Schrödinger und Kurt Gödel natürlich –, also ich kenne mehr als ein Dutzend Interpretationen, und keine ist mit der anderen identisch, manche widersprechen einander geradezu. Auch das ist interessant, aber wenn ich Parmenides verstehen will, übersetzen will, dann muß ich wissen, was er meint, und dazu muß ich die zeitgenössische Literatur kennen.«

Herr Treder nimmt einen Schluck Kaffee, läßt den Kuchen unberührt und fährt fort: »Parmenides war ja der Begründer der nach seiner Heimatstadt Elea benannten Philosophenschule der ›Eleaten‹, und er ist so um 450 v. Chr. in Begleitung von seinem Schüler Zenon nach Athen gekommen – Parmenides selbst war Schüler des Dichters und Theologen Xenophanes, der ein Demeter-Priester war, Verkünder einer transzendenten alleinigen Gottheit, und Parmenides hat seine Lehren dann systematisiert –, jedenfalls traf Parmenides in Athen auf den jungen Sokrates. In den Dialogdichtungen von Platon hat der Parmenides-Sokrates-Dialog eine bedeutsame Stellung fürs Verständnis der ›Ideenlehre‹. Das ist nur *ein* Beispiel. Die einzige überlieferte Schrift von Parmenides selbst ist sein philosophisches Lehrgedicht *Über die Natur,* wie es später genannt wurde, es ist verfaßt im epischen Versmaß und ionischen Dialekt, so um 480 v. Chr., und enthält in sehr kompakten Sätzen die Offenbarungen der Göttin der Wahrheit an Parmenides. Der große Heraklit, er ist ja eine halbe Generation älter als sein Kritiker Parmenides, der lehrte noch, daß die Sonne im Westen versinkt mit Zischen und im Osten neu aufgeht. Fünfundzwanzig Jahre später lehrte Parmenides, die Erde ist eine Kugel – die antike Literatur berichtet sogar, daß Parmenides den mathematischen Beweis dafür führte. Er sagte, der Erdradius ist vernachlässigbar klein gegenüber dem Abstand zur Sonne, er sprach von der ›punktförmigen Kleinheit‹ der Erde gegenüber der Fixsternsphäre und davon, daß das Mondlicht reflektiertes Sonnenlicht ist, und auch davon, daß der Abend- und Morgenstern ein und derselbe Planet Venus ist. Damit wurde Parmenides zum Begründer der exakten Naturwissenschaften.«

Herr Professor Treder wendet sich wiederum kurz seinem Getränk zu und fährt fort: »Daß er zum Begründer der exakten Naturwissenschaften wurde, das alles liegt natürlich am Denken der Göttin, denn die Göttin, die denkt ausschließlich rein logisch und läßt keinen Widerspruch zu. Es ist die Göttin Aletheia, die Göttin der Wahrheit, eine griechische Göttin. Aletheia ist nur ihr Deckname gewesen, sie ist identisch mit Demeter. Aber Parmenides, als Myste der eleusinischen Mysterien, die der Demeter geweiht waren, durfte den Namen der Gottheit nicht gebrauchen, das war den Mysten verboten.« (Mysten, die in die eleusinischen Mysterien Eingeweihten, Anm. G. G.) »Die Göttin Aletheia, wie gesagt, die Göttin der Wahrheit, hat Parmenides alles offenbart – sie hat gesagt, eins ist eins, und eins ist nicht zwei, und auch nicht drei, sondern nur eins. Und A ist A. Wer sagt, A sei nicht A, der ist ein Quatschkopf. Für Parmenides galt, was die Göttin sagt, das ist wahr, weil sie es sagt. Und sie offenbarte ihm, daß der Kosmos an sich weder räumlich noch zeitlich ist und daß das Sein unveränderlich und unteilbar ist. Aletheia sagte: ›Das All-einige Sein ist das alleinige Sein‹, ›das Eins-Ist ist eins.‹ Und im zweiten Teil ihrer Offenbarungen spricht die Göttin von der ›trüglichen Ordnung‹ der ›menschlichen Schein-Meinungen‹ als einer Folge der ›Doppelköpfigkeit‹ des Menschen.«

Der Gelehrte bekommt Kaffee nachgeschenkt, trinkt und fährt, den Kuchen wiederum ignorierend, fort: »Und man muß sagen, daß ohne Einsteins Relativitätstheorie und ohne die Ergebnisse der logischen und mathematischen Grundlagenforschung von Gödel und Weyl die tatsächliche Bedeutung der Offenbarungen Aletheias für uns gar nicht nachvollziehbar gewesen wäre. Aletheias ›kosmologisches Prinzip‹ der Selbstkonsistenz und Denknotwendigkeit der aktualen Welt ist die Arbeitshypothese der theoretischen Physik.« Nach einem Schluck Kaffee fährt er fort: »Die Göttin existiert ja nicht, sie ist nicht, sie denkt das Sein. Sie erkennt es nicht, sie beeinflußt es nicht. Sie denkt es. Das heißt, sie ist es. Man kann es vielleicht so sagen … es gibt einen alten Vergleich, der sehr gerne gemacht wird, der Vergleich der Göttin mit einer Romanautorin oder Autorin eines Dramas. Sie kennen das schöne Buch der Gertrude Stein, die Erinnerungen der Gesellschaftsdame Gertrude Steins. Die Gesellschaftsdame Gertrude Steins schreibt über das, was Gertrude Stein denkt. Alle drei sind Gertrude Stein. Ob Parmenides, ob Gödel oder Goethe … alle Romanfiguren befinden sich in diesem Roman, den jemand geschrieben hat über sich selbst, und die Figuren des Romans sagen nur das, was der Autor ihnen vorschreibt. Also bei der Göttin sind Denken und Sein dasselbe. Theologie erklärt die Göttin als gottlos. Aletheia war die große Muttergöttin Demeter – Parmenides war ja ein Anhänger des Mutterrechtes –, und die Muttergottheit stand im hoffnungslosen Kampf gegen die olympischen Götter des Patriarchates. Zeitgleich mit dem Lehrgedicht von Parmenides entstand die *Orestie* des Aischylos, die den Sieg der patriarchalischen Ordnung des Olymp über die alten Gottheiten des Mutterrechtes verkündet.« Wir möchten aus gegebenem Anlaß noch einmal auf die »Doppelköpfe« zurückkommen. Herr Treder sagt den wunderbaren Satz: »Alle Menschen sind Doppelköpfe, die einzige Möglichkeit, nicht doppelköpfig zu sein, ist die des autistischen Solipsismus, und nur der autistische Solipsist kann der Meinung sein, daß er als einziger existiert. Ansonsten steht der Mensch ja immer vor der Aufgabe, als transzendentales Subjekt, im Sinne von Kant, sich der Welt gegenüberzustellen …« Nach einigen weiteren Ausführungen sagt er heiter: »Wir sind alle schlechte Kerle. Dumm, schlecht und übelriechend! Das hat man früher zu uns gesagt in der Schule«, erklärt er kichernd, »es war sozusagen ein didaktisches Mittel.« Und weil das so ist, kommen wir noch einmal auf die anfangs erwähnte besondere Sorgfaltspflicht des Wissenschaftlers zurück, auf sein Verhältnis zur Wahrheit. Gebeten, das Kriterium der Wahrheit kurz zu definieren, sagt Herr Treder:

»Daß die Wahrheit wahr ist, muß logisch in sich konsistent sein, die Voraussetzungen müssen klar angegeben werden, und vor allen Dingen aber, jeder muß im Prinzip in der Lage sein, sie nachzuvollziehen. In der Wissenschaft darf man nicht schwindeln!« Frau Henselmann wirft ein: »Aber das gibt es ja oft, daß in der Wissenschaft geschwindelt wird, beispielsweise, um Forschungsgelder zu bekommen ...« Wir ergänzen: »Beispielsweise für Gravitationsschirme ...« Der Gelehrte ruft gestikulierend aus: »Kompletter Unsinn ist das, die Schwerkraftschirme, reiner Unsinn!« Dann entwickelt er die Sache amüsiert weiter: »Aber nehmen wir mal an, jemand gibt den Auftrag, Gravitationsschirme zu erfinden, und bietet hundert Milliarden Forschungsgelder, ja dann ist die Frage, würde ich ›nein‹ sagen? Ich würde vielleicht sagen, jawohl! Aber ich brauche zweihundert Milliarden, das Problem ist äußerst kompliziert! Dann könnte man immer noch behaupten, man tue etwas Gutes, weil garantiert nichts Böses dabei herauskommt, und das Geld kann für andere militärische Zwecke nicht mehr ausgegeben werden. Aber das ist natürlich eine groteske Situation. Schrecklich ist, daß Wissenschaft durch diese Dinge oft aussieht wie Science-fiction. Und solche Ausstellungen wie die, die da gerade läuft, ›Sieben Hügel‹, die so tun, als hätten sie etwas mit Wissenschaft zu tun, mit denen verhält es sich genauso, das liegt alles im Bereich der Schaugeschäfte, das ist Jahrmarkt, Disney-Land.« Herr Treder kommt wieder zurück auf die Wahrheitspflicht des Wissenschaftlers und nennt ein Beispiel für die Notwendigkeit der ethischen Grundeinstellung: »Max Planck war ein ganz konsequenter Ethiker. Er hat gesagt, zwei Dinge dürfe man nicht tun als Wissenschaftler. Erstens: niemals lügen – auch nicht sich selbst belügen – und das zweite ist: niemals etwas tun, was gegen die ethischen Prinzipien verstößt. Daß diese Ideale aber mit der heutigen Beschaffenheit der Welt nichts – oder kaum etwas – zu tun haben, ist auch klar.«

Der Gelehrte hält inne, trinkt einen Schluck, wird des Kuchens gewahr und widmet sich ihm, nun, da die Arbeit getan ist, voller Hingabe. Zwischendurch beantwortet er die Frage, was eigentlich seine Eltern von Beruf gewesen seien: »Mein Vater war Beamter und meine Mutter war Sekretärin im Sekretariat von Stresemann.« Wir wollen den Mönch in seiner Klause nicht länger stören, danken für alles und erheben uns zum Aufbruch. Er geleitet uns. Als wir den Gartenzwerg passieren, beantwortet er auch unsere letzte Frage, die nach seiner Beziehung zu Gartenzwergen: »Ich liebe sie, von früher Kindheit an. Ich konnte noch nicht sprechen, da sah ich einen stehen, in unserer kleinen Siedlung, in einem Vorgarten. Ich konnte ja nicht sprechen und sagte immer nur GWA-GWA. Und später bekam ich dann auch einen Gartenzwerg geschenkt als Kind, der hatte sogar eine kleine Karre. Von diesen älteren habe ich drei oder vier und dann noch so ein paar Weihnachtsmänner. Also ich lege großen Wert darauf, daß die Gartenzwerge nicht künstlerisch sind. Die müssen ganz schlicht sein und alt. Ich war immer der Ansicht, die Zwerge sind nie anders als alt gewesen. Sie haben einen weißen Bart. Zwerge werden nicht geboren, die sind DA.«

GRISÉLIDIS RÉAL, *Hure a. D.*
Geb. 1929 in Lausanne a. älteste
Tochter d. Direktors d. Schweizer Schule
in Alexandria, Ägypten. 1935 Ein-
schulung ebd., 1936 Umzug n. Athen,
1937 plötzl. Tod d. Vaters. Mutter
arbeitet als Lehrerin u. flieht 1939
m. den drei Töchtern vor d. II. Weltkrieg
nach Lausanne. Altsprachl. Gymna-
sium, Unterricht in Klavier
und Geige. 1947 Kunstgewerbeschule
Zürich. 1949 Heirat. 1952 Geburt
d. ersten Sohnes. Trennung, erfolgr.
psycholog. Behandlung. 1955 erster
Orgasmus. 1955 Geburt e. Tochter,
1956 Geburt d. zweiten Sohnes. 1957
Ausbruch e. Tuberkulose. 1959 Geburt
d. dritten Sohnes. 1961 Erlernung
u. Ausübung d. Prostitution in Deutsch-
land. 1963 Abschiebung in d. Schweiz.
Bis 1969 klandestin als Hure tätig.
Teilnahme an d. Studenten- u. Huren-
bewegung in Paris. Ab 1977 Registrie-
rung als Prostituierte in Genf.
Seit Dezember 1995 im Ruhestand.
Referentin auf int. Hurenkongressen,
Verf. zahlr. Reden u. Aufrufe, Autorin
v. Le noir est une couleur, Paris
1974. Gründerin d. Hurenarchivs.

Madame Réal

HURE

Im alten Rom waren die Prostituierten angesehene und als Tempelhuren sogar heilige Frauen. Römische Frauen aus den höchsten Gesellschaftsschichten prostituierten sich im Tempel der Juno Sospita, um Offenbarungen zu erhalten. In den Tempeln der Aphrodite und an zahllosen anderen heiligen Stätten Griechenlands zelebrierten Tausende von heiligen Huren ihr Gewerbe. Hetären, musisch und intellektuell gebildete Huren, waren im hellenistischen Griechenland rechtlich und politisch den freien Männern gleichgestellt – ganz im Gegensatz zu den Gattinnen. Weibliche (und auch männliche) Prostitution war natürlich auch in den altorientalischen Kulturen weit verbreitet. Huris, die tanzenden Wächterinnen oder Gebieterinnen der Stunde, die, wie auch die griechischen Horae (göttliche Huren), die Stunden der Nacht und das ewige Feuer des Herdes tanzend bewachten, bildeten sozusagen das heilige, mütterlich-ordnende Prinzip. Mit dieser sakralen und auch profanen Bedeutung der Prostitution hat das siegreiche Christentum rigoros Schluß gemacht. Es entkleidete die Hure ihrer spirituellen Funktion und gab sie weitgehender Schutzlosigkeit preis.

Ein Zeugnis aus dem siebzehnten Jahrhundert (vom Kanonikus v. Riez) bebildert anschaulich den Aufwand, den man trieb: »... die leichten Frauen, sie sollen in Armen halten einen Drachen grausamster Art, der von Feuern lodert ... und der ihre Füße und Arme mit seinem Schlangenschwanz bindet und fesselt und ihren ganzen Körper mit seinen gräßlichen Klauen umklammert, der sein geiferndes und stinkendes Maul auf ihres drückt, ihnen lodernde Flammen und Schwefel und Gift und Galle einhaucht, der mit seiner rotzigen und scheußlichen Nase seinen giftigen und stinkenden Atem in ihre haucht ... dieser Drache soll sie erleiden lassen tausend Folterqualen, tausend Koliken und bittere Windungen des Bauches, und alle Verdammten sollen heulen und die Teufel mit ihnen: ›Seht, die Buhlerin! Seht, die Dirne! Laßt sie wahrlich Folterqualen leiden! Auf sie, ihr Teufel! Auf sie, ihr Dämonen! Auf sie, ihr Furien der Hölle! Seht die Hure! Seht die Wollüstige! Stürzt euch auf diese Dirne und laßt an ihr alle Folterqualen aus, die euch zu Gebote stehen!‹«

Heute, fast vierhundert Jahre später, tut man immer noch das gesetzlich zu Gebote Stehende, um Dirnen, Frauen, die sexuelle Handlungen verkaufen, niederzuhalten. Zwar ist die Prostitution nicht verboten, sie wird aber durch altbewährte Gesetze auf verschiedenste Weise beschränkt, in die Illegalität gezwungen und auch kriminalisiert. In Deutschland dürfen sich Huren nicht mit anderen zusammenschließen zu einem Arbeitskollektiv. Prostitution gilt immer noch als sittenwidrig, weit entfernt davon, als Berufsarbeit anerkannt zu werden. Insofern können bzw. müssen Huren auch keine Arbeitsverträge abschließen, was zu weitgehender Rechtlosigkeit führt. Die meisten Huren, insbesondere die illegalen, sind in Bars, Bordellen und Wohnungen abhängig beschäftigt. Aber auch wer selbständig arbeitet, unterliegt denselben Gesetzen. Aktenkundige Huren müssen zwar Steuern zahlen, die der Staat akribisch eintreibt, bis hin zum Betrugsverfahren bei falschen Angaben, es dürfen aber keine Sozialabgaben entrichtet werden. Keine Krankenversicherung, keine Arbeitslosen- und Unfallversicherung, keine staatliche Renten- und Pflegeversicherung kann also in Anspruch genommen werden. Huren können in Deutschland auch keine Krankenversicherung unter dieser Berufsangabe abschließen. Das sind nur einige der unterjochenden Vorschriften.

Den Kampf der Huren um die ihnen vorenthaltenen Rechte verweist auch auf die Doppelmoral der Männer. Was Shakespeares König Lear ausruft: »Geißelst du die Hure? Peitsch dich selbst! / Dich lüstet heiß, mit ihr zu tun, wofür dein Arm sie stäupt«, gilt auch für unsere politische Führungsriege, für die zahlreichen Abgeordneten, die am Tage verurteilen und verdrängen, was sie nachts genossen haben. Einige Huren erinnern immer wieder öffentlich und lautstark daran. Grisélidis Réal ist eine von ihnen. Sie ist heute eine bekannte Vertreterin der internationalen Hurenbewegung. Sie nahm bereits am Hurenstreik und der Kirchenbesetzung 1975 in Paris teil und hat seither einen nicht unerheblichen Teil ihres Geldes und ihrer Arbeitskraft in diese politische Arbeit und ihre Dokumentation gesteckt. Wir lernten sie auf dem Hurenkongreß im Juni 2000 in Berlin kennen und besuchen sie Anfang März 2001 in Genf.

Madame Réal lebt in Pâquis, mitten im Rotlichtviertel von Genf, zentral zwischen Hauptbahnhof und dem Quai du Mont Blanc, an dem, mit Blick auf den Genfer See, das Grand Casino liegt und diverse zweitklassige Luxushotels wie das Beau-Rivage. Das Viertel wirkt tagsüber geradezu beschaulich, inmitten dieser sehr quirligen Stadt mit ihrer internationalen Bevölkerung. Die Mischung aus alten und neueren Häusern, engen Straßen, kleinen Geschäften, vielen Bäckereien, Café-Bars, orientalischen Restaurants, Strip-Lokalen, Nachtbars, Bordellen und Stundenhotels, hat etwas sehr Französisches, Selbstverständliches. Das Haus, in dem Madame Réal wohnt, ist alt, schlicht, hell verputzt und liegt gegenüber einer großen Schule mit Schulhof und Bäumen. Das Treppenhaus ist kühl und hellblau gestrichen. Eine steinerne Treppe mit zierlichem Geländer führt hinauf in den dritten Stock. Auf unser Klopfen schlagen zwei Hunde heiser kläffend an. Erst nach einer Weile wird vorsichtig die Tür geöffnet, Madame Réal blickt uns mißtrauisch an, obgleich wir auf die Minute pünktlich sind. Ihr Haar ist wirr, das Make-up ein wenig verwischt. Sie wirkt wie eben aus tiefem Schlaf erwacht, schiebt die Hunde dann aber energisch mit dem Fuß beiseite, bittet uns hinein und führt uns in eine geräumige, wohnliche Küche. Die Einrichtung ist bescheiden und wirkt studentisch. Fenster und Küchenregale sind orangefarben lackiert, im Regal aufgereiht verschiedene Espresso-Kännchen aus Zink, Gewürze. An einer Schnur über dem Spülbecken hängen gelbe Gummihandschuhe und ein gewaschenes Taschentuch. An der Wand gegenüber kleben ein vergilbter Zeitungsartikel mit Bild von Antonin Artaud und einige Fotos des verstorbenen Chihuahua-Mischlings-Hündchens. Auf dem Tisch in kleinen Stapeln Zeitungen, Magazine, dazwischen ein Buch über

Picasso, eine Sartre-Biographie, ungeöffnete Post. Unter dem Tisch zwei semmelfarbene, kurzhaarige, stämmige Chihuahua-Rüden. Sie fixieren uns mit hervorquellenden, weit auseinanderstehenden Augen und kommen, schwankend vor Argwohn, auf meine ausgestreckte Hand zu. Dem zarteren von beiden hängt die Zunge so seltsam aus dem Maul heraus, wie es sonst nur bei einem toten Tier der Fall ist. Beide Hunde jedoch sind höchst lebendig, knurren ab und zu warnend und stürzen sich dann plötzlich vorsorglich auf zwei herumliegende Knochen, die sie mit ihren kleinen Zähnen heftig benagen. Bald ziehen sie sich beruhigt in ihre gepolsterten Stoffhäuschen zurück, von denen vier oder fünf bereitstehen; man nennt sie hier Observatorien.

»Das sind die kleinsten Hunde der Welt«, sagt Madame Réal, springt vom Französischen fließend ins Deutsche und zeigt mit ihrem rosa Fingernagel auf die leicht dösenden Tiere, »das sind echte Chihuahuas, allerdings mit kleinen Fehlern ... ich habe sie günstig bekommen, niemand wollte sie haben. Der Kleinste saß drei Jahre lang in einem Käfig und war ganz wild – jetzt ist er zivilisiert. Seine Zunge ist zu lang, er kann sie nicht im Maul zurückhalten. Der größere hat diese schiefen Ohren und – was viel schlimmer ist – einen Gelenkschaden von Geburt an. Ich passe sehr auf und trage ihn auf der Treppe, sonst leidet er vielleicht beim hops, hops, hops! Wissen Sie, ich müßte eigentlich nächte- und tagelang an der Dokumentation für mein Archiv arbeiten, so viel Material ist vorhanden, ich investiere eine Menge Zeit, versende Kopien, lese viel, aber auch diese Hundchen nehmen mir die Zeit weg. Ich bin zweiundsiebzig! Doch nun ist es zu spät, ich liebe sie, sie sind mein kleiner Luxus, dreiundachtzig Franken Hundesteuer pro Hund! Das ist für mich nicht wenig. Ich bekomme zwar eine minimale Altersversorgung, die ist aber, wie bei vielen Frauen, die alleine eingezahlt haben, viel zu klein, also wird sie ein wenig ergänzt durch eine Sozialrente. Leisten kann man sich damit nicht sehr viel, leider.« Madame Réal erhebt sich, stellt Gläser auf den Tisch und schenkt uns Mineralwasser ein. Ihre Bewegungen sind sanft und passen gut zum weiblich gerundeten Körper und der ruhigen Stimme. »Ich zeige Ihnen gerne mein Archiv, aber es ist alles noch im Aufbau ...« Sie führt uns hinaus in den kleinen Flur, die Hunde folgen. Die Wohnung hat zwei Zimmer, im kleineren von beiden sind bereits Regale aufgebaut und teils gefüllt mit Ordnern und Büchern. Kartons und Möbelteile scheinen vorübergehend abgestellt. Sie deutet in die Runde. »Es soll ein Arbeitstisch hineingestellt werden, wenn alles fertig ist, eine Kartei wird es geben, ein Kopiergerät. Wer Interesse hat, kann sich dann informieren, nachschlagen und lesen in den vielen Büchern, Texten und Materialien, die ich zum Thema Prostitution, Sexualität und Erotik gesammelt habe im Laufe der Zeit.« Dann führt sie uns ins Schlafzimmer, das nicht, wie erwartet, plüschig-anzüglich ausgestattet ist. Es gibt eine Art Alkoven in Rot, das schlichte Französische Bett steht aber frei im Raum und ist mit einem indischen Tuch bedeckt. An den Wänden ziehen sich Bücherregale entlang, teils gefüllt mit Archivmaterial. In der hellsten Ecke am Fenster steht eine Etagere mit robusten Blattpflanzen. »Es ist noch viel zu tun«, seufzt Madame Réal. Im schmalen Klo hängt ein Ausstellungsplakat des Malers Paul Delvaux, es zeigt eine einsame Dame in bodenlangem Spitzenkleid, die in einer nächtlich beleuchteten Straße an einem Ziegelhaus vorbeigeht.

Madame Réal sinkt auf den Küchenstuhl und nimmt das bittend blickende Hündchen mit der langen Zunge schließlich auf den Schoß, wo es sich zufrieden niederlegt. »Wissen Sie, es war schwierig, mein Leben, es war hart, aber ich habe sehr viel gelernt über die Menschen, über die Sexualität ... In der ersten Zeit damals war ich wirklich verloren, ich kam ja aus einer behüteten, guten Familie und hatte gar keine weitere Ahnung. Ich habe alles geglaubt anfangs, mit der Zeit aber wurde ich gescheiter. In Deutschland habe ich mich zum ersten Mal prostituiert aus einer Notsituation heraus. Die Kinder und ich wären ja sonst verhungert. Mein schwarzer Freund, ein schizophrener Medizinstudent, mit dem ich zusammenlebte, konnte für unseren Unterhalt nicht sorgen. Ich war illegal in Deutschland, hatte weder Aufenthalts- noch Arbeitsbewilligung und war vollkommen mittellos. Mein Freund sagte, ja, du kannst ausgehen, tanzen, es gibt Lokale für die Soldaten der amerikanischen Armee, du kannst Liebe mit ihnen machen, ich werde nicht eifersüchtig sein, aber du mußt Geld dafür verlangen – und komm ja nicht mit einem Kind oder mit einer Krankheit nach Hause, dann bringe ich dich um!« Sie lacht kurz auf und fährt fort: »Oh! Das war die höchste Misere, ich wußte nicht, wieviel Geld und wie ich es verlangen muß. Dem ersten Mann erzählte ich, meine Kinder und ich haben nichts zu essen, dann weinte ich. Er schenkte mir dreißig Mark, ohne Gegenleistung. Das war ermutigend ... aber die anderen wollten natürlich! Die Kinder waren am Tag in einem Heim bei katholischen Schwestern, wenn ich beschäftigt war, und abends zum Schlafen nahm ich sie wieder zu mir. Mein jüngerer Sohn war mir von seinem Vater – er war Jude und Franzose – weggenommen worden, er hat ihn in eine Pension gebracht. Die mußte ich aber bezahlen, denn er hatte kein Geld. Auch den ältesten Sohn hatte man mir weggestohlen während der Tuberkulosekrankheit – die Großeltern. Also hatte ich nur das Mädchen und einen Burschen bei mir. Es war natürlich trotzdem schwer für uns. Manchmal gingen wir bei schönem Wetter in den Englischen Garten, ich suchte mir am Boden eine kleine Kuhle, legte Decken hinein und sagte zu den Kindern, spielt ein wenig, aber bleibt hier in der Nähe. Und manchmal konnte ich ein bißchen schlafen. Und nachts ... Uhhh! Da mußte ich aufpassen. Ich ging in Schwabing spazieren auf der Suche nach Freiern, ich mußte ja morgens mit Geld nach Hause kommen. Wir lebten von Tag zu Tag. Von dem schwarzen Freund mußte ich mich bald trennen, er begann zu trinken und wurde gewalttätig. Auch das Hotel mußte ich verlassen, wegen der schwarzen Soldaten, die durch das Fenster herein- und hinausspazierten.

In dieser schlimmen Situation, auf der Straße mit zwei Kindern, illegal in einem fremden Land, hat mich eine Zigeunerfamilie aufgenommen. Dafür bin ich ihnen heute noch dankbar. Das war die Familie Chadraba-Ritter, sie hatten eine Menge Kinder, sie gaben mir einen kleinen Wagen – ich habe noch Fotos davon – mit einem Tisch und zwei Betten. Die Tür mußte ich mit Schnur zumachen. Es gab kein Wasser und keine Elektrizität. Diese Zigeuner, das waren bewundernswerte Leute, phantastisch! Sehr menschlich, obwohl sie in Konzentrationslagern gewesen waren, in Dachau und Auschwitz viel gelitten und nur mit Glück überlebt haben. Sie sprachen unter sich in

Romani, der Zigeunersprache, konnten aber auch Russisch, Polnisch und Deutsch. Mit mir sprachen sie deutsch. Natürlich waren sie sehr arm. Ich ging jede Nacht aus, nach Schwabing, um Geld zu verdienen, gab ihnen davon ab und brachte Lebensmittel und alles mit. Das Lager war außerhalb der Stadt. Manchmal brachte mich der Zigeunervater mit seinem Wagen hinunter, oder ich fuhr per Auto-Stop. Das ging eine Weile gut, dann wurde ich an die Polizei verraten und mußte verschwinden. In diesem Lager vor der Stadt lebten auch Deutsche, Marginalisierte, sie waren eifersüchtig auf die Vorteile der Zigeuner und denunzierten mich.

Ich ging nach München in ein Bordell und gab die Kinder zu den katholischen Schwestern. Es war ein offenes Bordell, in der Hohenzollernstraße, ein Backsteinhaus. Wir waren mehrere Prostituierte und empfingen nur Angehörige der US-Army, Schwarze und Weiße. Ich empfing nur Schwarze. Ich war eine sogenannte Negerhure. Die schwarzen Männer verachteten uns Prostituierte nicht, so wie die weißen, die viel moralischer sind und verachtungsfähig. Die schwarzen Männer hatten sehr viel Herz für meine Kinder, haben sie auf die Arme genommen oder auf den Rücken, haben mit ihnen gespielt und sie beschenkt. Mich, die Hure, behandelten sie ... wie eine Königin. Und sie behandelten mich wie eine Ehefrau im Bett, waren besorgt, daß ich einen Orgasmus habe. Und auch sie selbst waren wie Könige, wie stolze Dogen, auf den ersten Blick unnahbar, schön, mit ihrer samtenen, duftenden Haut und ihrem glucksenden Lachen. Sie haben die Prostitution zu einem erlesenen Vergnügen gemacht, zu einer ästhetischen Freude. Es hat mir gefallen, ihre pechschwarzen Schwänze nur anzusehen. Zuvor hatte ich Nacht für Nacht meine Gesundheit und auch mein Leben auf der Straße gefährdet, um mit irgend-welchen Unbekannten mitzufahren, um ihnen die merk-würdigsten Gefallen zu erweisen. Einer der Männer ließ mich nachts in der Kälte mitten im Wald zurück, ein anderer wollte von mir umgebracht werden. Ich habe die Perversion der weißen Männer, ihre Moral und deutsche Spießbürger-lichkeit kennengelernt, ihre kleinen, vertrockneten Herzen und ihr schwächliches Geschlecht, ihre traurigen Gesten, mit denen sie ihre Angst vor der Frau maskieren. Sie möchten, daß man sie mit Nadeln pikst und in ihre vertrockneten Eier tritt, sie mit Nagelhandschuhen schlägt und mit Peitschen, um irgendeinen toten Saft herauszupressen aus einem gefühlskalten, leblosen, verschanzten Mann. Und ich habe die Wärme und Lebendigkeit der Schwarzen kennengelernt. Und ich fand auch wieder eine große Liebe, Rodwell, für den ich dann nach Marokko fuhr, Marihuana kaufte, um es in Deutschland zu verkaufen. Dafür hat man mich letztendlich dann sieben Monate ins Gefängnis gesteckt und meine Kinder und danach auch mich ausgewiesen aus Deutschland.«

Der Hund in ihrem Schoß erwacht, zieht seine Zunge in den Mund zurück und will auf den Boden gesetzt werden. Madame Réal hebt ihn behutsam hinunter und fährt fort: »Aber wissen Sie, mein eigentlicher Berufsweg als Prostituierte lag noch vor mir, ich habe dann hier in Genf – teils auf dieser Seite, teils auf der anderen Seite der Rhône – noch fünfundzwanzig Jahre gearbeitet. Aber dazwischen, von 1969 bis 75, habe ich gar keine Prostitution betrieben, sondern ein Buch geschrieben, war in Paris, um dort am politischen Leben und am Hurenstreik 1975 teilzunehmen. Das waren meine größten Ferien. Die einzigen Ferien, die ich sonst gewöhnlich genoß, waren die Tage der Periode.« Sie lacht. »Sonst nur arbeiten – und lernen, ja! Ich war ja eine Selfmade-Prostituierte in Deutschland, aber hier in Genf war ich bei einer französischen Dame angestellt, bei der ich sehr viel gelernt habe über das Psychologische und die sexuellen Techniken der Prostitution. Leider wurde sie dann ausgewiesen von der Polizei. Sie war eine sehr vielseitige und geschickte Dame. Erfahrene Prostituierte sind gute Lehrerinnen. Fast alles, was ich weiß und kann auf dem Gebiet der Sexualität, das habe ich von Prostituierten gelernt ... Aber wir wissen natürlich, letztendlich lernen die Prostituierten alles von den Männern. Das ist ebenso bei einer Ärztin, bei Mathematikerinnen oder Gentechnikerinnen. Sie praktizieren eine männlich gedachte Wissenschaft. Das andere, anders orientierte Wissen der Frauen ist in der Geschichte verschwunden. Es wurde bekämpft und unterdrückt, leider, ebenso wie die wunderbaren Kenntnisse und Fähigkeiten der weiblichen Sexualität. Wir Prostituierte wurden Expertinnen der Männersexualität!

Das hat mich sehr interessiert, sie nicht nur kennen und beherrschen zu lernen, ich wollte sie auch verstehen lernen. Nur was ich gut kenne, beherrsche ich auch. Wir brauchen eine Mischung aus Technik und Psychologie. Prostitution war für mich immer eine Kunst und eine Wissenschaft, auch eine Humanwissenschaft. Die Art und Weise, wie man einen perfekten Cunnilingus macht, lege artis, die ist es, was uns einen Teil unserer Anerkennung und Macht zurückbringt.«

Madame Réal blickt sinnend durchs Fenster in den Hinterhof auf die in der Abendsonne liegenden Dächer und sagt entschieden: »Das Schlimmste sind die Schuldgefühle, die lieblose und ausweichende Aufklärung. Das gilt auch für die heutige Zeit, wo es kein Tabu mehr gibt. Für Kinder darf es nicht kompliziert sein, aber auch nicht erotisch oder sexy. Meine Kinder haben damals gefragt, wo sind wir jetzt rausgekommen? Und ich habe gesagt, aus meiner Vagina. Sie haben gefragt, was ist eine Vagina, können wir das sehen? Ich habe ihnen meine Vagina gezeigt und sie waren mit dieser Erklärung zufrieden. Ich als Prostituierte weiß, wie wenig frei unsere freizügige Sexualität in der Wirklichkeit ist. Deshalb sage ich, die Sexualität in sich muß studiert werden – und sie sollte für alle studierbar sein, für Männer und für Frauen, so wie die Musik, die Medizin und der Sport. Man weiß alles über Tennis, über Fußball, übers Schwimmen, es gibt Vereine, man kann Stunden nehmen. Aber man kann nicht zweimal in der Woche Sexstunden nehmen, um Kenntnisse zu erwerben und zu verbessern. Jeder Mensch muß sich das selber dilettantisch zusammensuchen, im geheimen, und das wenige verkümmert dann im Alter auch noch zu einem rudimentären Rest. Wissen Sie, es gibt zahllose sehr ungeschickte, unerfahrene und affektgestörte Männer – und auch Frauen, natürlich, aber die sind vielleicht nicht so gefährlich im Extremfall. Und wir Prostituierten haben es mit diesen Problemen zu tun. Wir machen Praxis mit dem Körper der Männer, fassen ihn an, bringen Erleichterung und kurieren. Wie ein guter Arzt, der sich auf den Arbeiter werfen muß, um eine Schulter wieder einzurenken. Aber respektiert man uns, wie man einen guten Arzt respektiert? Nein! Alte Hure! Das ist ein schlimmes Wort. Alter docteur! Ist das ein Schimpfwort? Nein. Nun, wir Prostituierten beuten die sexuelle Misere der Männer aus, wir nehmen Geld dafür, unseren Hurenlohn, wie schmutzig! Aber ein Arzt, der die gesundheitliche Misere seiner Patienten ausbeutet? Was für eine Selbstverständlichkeit! Ridicule!« Alarmiert durch die etwas lautere Stimme ihrer Herrin, springen die beiden Hündchen aus ihren Observatorien hervor und mustern uns mit funkelnden Augenpaaren.

Madame Réal fährt lächelnd fort: »Wissen Sie, das ist der Grund, weshalb ich für die Anerkennung und für die Rechte der Prostituierten kämpfe seit fünfundzwanzig Jahren. Ich habe hier ASPASIE mitgegründet, eine Beratungsstelle für Prostituierte in Genf, heute bin ich nur noch Ehrenmitglied, und ich habe das schweizerische Netzwerk zur Verteidigung der Rechte von Sexarbeiterinnen PROCORE mitgegründet – Prostitution, Collectiv, Reflektion – und ich habe ASTARTE gegründet, eine kleine Prostituiertenverbindung. Ich gehe auf diese Kongresse, internationale Kongresse. Es gibt höchstens eine Frau pro Land, ich vertrete meist die Französinnen noch mit, wenn keine kommen kann. Manchmal ist es sehr schwer, alle zusammenzutrommeln. Ich habe damals für die USA, Seattle beispielsweise, herumtelefoniert mit Prostituierten, auch in Deutschland, und man sagte mir, Oktober? Nein, nein, das ist die beste Zeit zum Geldverdienen, da gibt es die meisten Freier, da kann ich keine Minute erübrigen, um auf einen Kongreß zu gehen. Das ist natürlich dann schwierig. Ich selbst nehme teil, so gut, wie ich kann, ich ging sogar zu den Neoabolitionisten und habe gesprochen. Wir müssen uns öffentlich darstellen, uns bekennen. Ich habe mich ins Schriftstellerlexikon der Schweiz mit der Berufsbezeichnung Prostituierte eintragen lassen, das war ein mittlerer Skandal. Viele schweigen, wenn sie alt sind, um nicht bespuckt zu werden. Also das wäre ein letzter Kampf um die uns zustehenden juristischen und moralischen Rechte. Darum, daß wir und unsere Honorare respektiert werden. Aber wir wollen nicht nur, daß *wir* anerkannt werden, wir wollen auch, daß die *Sexualität* anerkannt wird – denn die wird ja auch nicht anerkannt!«

PAUL PARIN, *Dr. med., Dr. h. c.,*
Ethnopsychoanalytiker, b. 1990 psycho-
analytische Privatpraxis. 1934–43
Stud. d. Med. an d. Univ. Graz,
Zagreb u. Zürich, 1943 Staats-
examen u. Promotion z. Dr. med.
(Die Abdominaltuberkulose im
Kindesalter). *1943–44 Assist.*
in d. Chirurgie d. Ospedale Civico,
Lugano. 1944 Teiln. an d. 1. Chirur-
gischen Mission d. Centrale Sanitaire
Suisse b. d. Jugoslawischen Befreiungs-
armee. 1946–52 Spezialis. z. Neurolo-
gen u. Ausb. in d. Psychoanalyse
(b. Prof. Rudolf Brun). 1949 Mitgl.
d. Int. Psychoanal. Verein., Sekt.
Schweiz. 1952–90 Spezialarzt
f. Neurol., Eröffnung s. psycho-
anal. Privatpraxis in Zürich, gemeins.
m. d. Psychiaterin Goldy Matthèy
u. d. Psychiater Fritz Morgenthaler.
1954–71 sechs Forschungsreisen n.
Westafrika, gemeins. mit G. Matthèy
u. F. Morgenthaler, Begründ. u.
Entwickl. ihrer Ethnopsychoanalyse
als wiss. Methode. 1958 Mitbegr.
d. Psychoanal. Seminars in Zürich
(PSZ), dort bis 1983 Lehrtätigkeit.
1967–70 Präsident d. Schweiz.
Ges. f. Psychoanal. Veröff. u. a.
Das Bluten aufgerissener Wunden.
Ethnopsychoanalytische Über-
legungen zu den Kriegen im
ehemaligen Jugoslawien, *in:*
Aufrisse, 13, 3, 1992. Erzählungen
u. a. Karakul, 1993; Der Traum
von Ségou, *2001. Ehrungen*
u. Preise u. a. Literaturpreis des
Kantons Zürich, 1986; Preis d. int.
Erich-Fried-Gesellschaft f. Sprache u.
Literatur, 1992; Sigmund-Freud-Preis
f. wiss. Prosa, 1997; Int. Sigmund-
Freud-Preis d. Stadt Wien, 1999.
Ehrendoktor d. Univ. Klagenfurt,
1995. Dr. med. Paul Parin, geboren
1916 als Schweizer Staatsbürger in
Polzela (im heut. Slowenien), verh. m.
d. Psychoanalytikerin Goldy Matthèy
(b. zu i. Tod 1997), keine leiblichen
Kinder, ein erw. Wahl-Sohn.

Der Aufrührer

ETHNOPSYCHOANALYTIKER

Ethnopsychoanalyse ist, knapp gesagt, die Anwendung der psychoanalytischen Methode auf die Ethnologie, ihre Verbindung miteinander. Sigmund Freud selbst hat mit seiner Arbeit *Totem und Tabu* bereits 1912 diese Verbindung vorgedacht. Es folgten verschiedene Ansätze in Europa und Amerika, psychologisch orientierte Untersuchungen anderer Kulturen zu entwickeln, was einer Revolution gleichkam, denn die älteren Völkerkundler untersuchten zwar akribisch fremde Kulturen, Völker, Stämme, aber fast ausschließlich in der herkömmlichen wissenschaftlichen Weise, rein quantitativ. Personen oder gar Individuen kamen allenfalls kurz und rein als Informanten zu Wort. Die Ethnopsychoanalyse hingegen legte gerade auf das persönliche Wort großen Wert, auf Gespräch und Erzählung. Was dabei herauskam, geht über vergleichende Studien weit hinaus. »Erst die Ethnopsychoanalyse hat eine Theorie des Subjekts mit dem bestehenden Wissen um die verschiedenen Kulturen zu einem neuen Wissen vom Menschen und seinen so vielfältigen Lebensformen und -möglichkeiten verbunden.« (P. Parin) Das Dreigestirn Paul Parin, Goldy Matthèy und Fritz Morgenthaler hat Pionierarbeit geleistet. Sie waren innerhalb des deutschsprachigen Raums die ersten Psychoanalytiker, die bei ihren Feldforschungen in den fünfziger und sechziger Jahren die psychoanalytische Technik als Forschungsmethode erprobt, angewandt und ausgewertet haben. Mit ihren ethnopsychoanalytischen Studien bei den Dogon und den Agni in Westafrika wollten sie beweisen, daß die Psychoanalyse sich auch zum Verständnis fremder Kulturen eignet, und – was ganz besonders wesentlich war – es hat sich der vergleichende Blick zwischen der eigenen und der fremden Kultur entscheidend verschärft, das Verständnis vertieft. Der Ansatz des Züricher Dreigestirns unterschied sich von anderen Ansätzen in Europa und Amerika dadurch, daß man die Psychoanalyse als Konfliktpsychologie verstand, als Instrument zur differenzierten Betrachtung und Analyse gesellschaftlicher Strukturen. Die Rolle des Psychoanalytikers verstand man als subversive, gesellschaftskritische Tätigkeit, als Wühlarbeit (Paul Parin), als das Aufrühren des Unbewußten (Goldy Matthèy). Folgerichtig wurden ihre ansonsten eher nur in Fachkreisen wahrgenommenen Arbeiten mit einem Schlage berühmt. Die 68er Bewegung feierte sie als Instrumentarium der Gesellschaftskritik, man teilte die Leute, entsprechend ihren Eigenschaften und Auffälligkeiten, in Dogon und Agni ein, man verwies auf die Möglichkeit anderer, freierer Formen und Beziehungen zwischen Individuum und Gesellschaft. Dieser Ansatz hatte, insbesondere bei Paul Parin und Goldy Matthèy, sehr viel zu tun mit ihren Erfahrungen als antifaschistische Kämpfer und dem Versuch, marxistische und psychoanalytische Theorie zu verbinden.

Paul Parin ist eine Art Saurier. Hinter und neben ihm sind Reiche und Republiken zusammengebrochen, seine politische Haltung und wissenschaftliche Arbeit entstanden in diesem Kontext, wurden durch ihn ebenso geprägt wie durch ein seltsames Aufwachsen nach zweijähriger Fixierung im Gipsbett. Die Beobachtungsgabe lag in der Familie und hatte bereits dabei geholfen, ein exorbitantes Familienvermögen zu begründen. Der Großvater soll als junger Mann und Speditionsgehilfe nach fünfjährigem Schweizaufenthalt mit seinen Ersparnissen unter dem Hemd nach Triest zurückgekehrt sein und dort am Hafen zufällig eine entscheidende Beobachtung gemacht haben. Bei strömendem Regen wurde die Ladung eines brasilianischen Kaffeefrachters gelöscht. Die Bohnen verschimmelten auf der Weiterreise und kamen verdorben in Wien und Budapest bei den Empfängern an. Der Großvater errichtete eine trockene Lagerhalle, sorgte für schützendes Segeltuch und gab die Garantie, den Kaffee in tadellosem Zustand auf die Weiterreise zu bringen. In wenigen Jahren beherrschte er den gesamten Kaffeetransport der Monarchie, gründete ein Netz von Versicherungsgesellschaften, eröffnete zahllose

Bierbrauereien und finanzierte die Gasbeleuchtung der Städte. Seinen ältesten Sohn ließ er in England erziehen, den jüngsten, Parins Vater, in einem Genfer Knabeninstitut. Eine weitreichende Entscheidung war der eher nebensächliche Kauf des Schweizer Bürgerrechts, 1899, in einem Tessiner Dorf für fünfhundert Franken. Damit waren alle Nachkommen automatisch Schweizer. Die Söhne, assimilierte Juden, wurden Lebemänner, Auto- und Ballonfahrer, Großwildjäger und Trophäensammler in Indien und am oberen Nil. Parins Vater bekam wegen zunehmender Blässe ein Landgut in Slowenien gekauft, ein ehemaliges Dominikanerkloster aus dem fünfzehnten Jahrhundert. Es wurde von einem Verwalter geführt, diente primär zu Erholungszwecken, und nach der Verehelichung des Vaters mit einer ebenfalls reichen Frau aus jüdisch-großbürgerlicher Familie wurde es fester Familiensitz. Dort, auf Novikloster, in Polzela, wo Mitteleuropa und der Balkan aneinanderstoßen, kam 1916 Paolo Giulio Fortunato Parin, genannt Paul, als Großgrundbesitzersohn auf die Welt. Novikloster lag bis 1918 in k. u. k. Österreich, dann im Königreich Jugoslawien, ab 1945 in der Föderativen Volksrepublik Jugoslawien, und seit 1992 liegt es in der Republik Slowenien. Hier wuchs Paul Parin auf, zusammen mit einer älteren Schwester und einem jüngeren Bruder. Die Familie lebte standesgemäß mit Jagd und Gesellschaften, von den Erträgen aus Vermögen, Hopfenanbau, Wald, Viehwirtschaft, Fischerei und von der Arbeit landloser Tagelöhner.

Die Kinder wurden von österreichischen Hauslehrern unterrichtet und von Schweizer Gouvernanten erzogen. Der Vater war liberal gesinnter Republikaner und unerbittlicher Patriarch. Seine Kinder hatten intelligent, gebildet und wohlerzogen zu sein, hatten sich zügig zu entwickeln und dann zur Universität zu gehen, das wurde kommentarlos vorausgesetzt. Parin erzählt: »In Zagreb an der Universität habe ich in der Früh Sport gemacht, bin geritten, habe Tennis gespielt, am Nachmittag besuchte ich die Zentralbibliothek – ein wunderschöner Jugendstilbau –, dort habe ich in deutscher Sprache all die marxistischen Klassiker gelesen und auch die Schriften von Sigmund Freud, danach war ich bis zwei Uhr nachts mit Freunden und Künstlern zusammen.« Derart vorbereitet brachte er nachts

Flüchtlinge in Sicherheit und nahm 1938 sein weiteres Medizinstudium in Zürich auf. 1941 flohen Parins Eltern vor der deutschen Wehrmacht in die Schweiz. Auf Novikloster residierte die Gestapo, bis es von Partisanen in Brand gesetzt wurde. Parin sagte dazu fünfzig Jahre später: »Die Schlösser der Gegend haben mir dreimal im Leben Freude bereitet: als Kind, als ich in einem solchen Schloß aufwuchs, als sie endlich angezündet wurden, und heute, wo sie mit Kunstverstand renoviert werden.«

1939 lernt er Goldy Matthèy kennen, 1911 in Graz geboren, Tochter einer wohlhabenden und später verarmten Schweizer Familie. Sie kam gerade zurück aus dem Spanischen Bürgerkrieg, wo sie bei den Internationalen Brigaden das Zentrale Laboratorium der Sanitätsdienste organisiert hatte. Sie baute in Zürich ein kleines hämatologisches Labor auf, von dem in den folgenden Jahren drei Personen lebten: Sie, Paul und ihr Bruder, der mit Paul Medizin studierte. Paul Parin bewunderte die selbständige und unerschrockene Frau sehr. Auch er wäre gerne nach Spanien gegangen: »Aber bei den Internationalen Brigaden konnten sie Medizinstudenten nicht brauchen, auch keinen Kämpfer, der hinkt – ich habe immer gehinkt, das ist mir geblieben von meiner angeborenen Hüftgelenkluxation.« 1944 ergriffen Paul und Goldy die Gelegenheit, für ein Jahr als Freiwillige nach Jugoslawien zu gehen, wo sie auf der Seite der Partisanen das Zentralspital betreuten. Paul Parin arbeitete als Wiederherstellungschirurg. Nach Kriegsende kehrte Goldy neuerlich nach Jugoslawien zurück, anfangs ohne Paul, um mit den in der Schweiz gesammelten Geldern, gemeinsam mit Fritz Morgenthaler und anderen, die Poliklinik Prijedor in Nordbosnien aufzubauen. Aus dieser Zeit rührt die lebenslängliche Freundschaft und Zusammenarbeit dieser drei Personen. Morgenthaler wurde 1919 geboren, der Vater war ein bekannter impressionistischer Maler, die Mutter Hebamme und eine berühmte Puppenmacherin. Morgenthaler schloß 1945 sein Medizinstudium ab und machte, ebenso wie Paul Parin und Goldy Matthèy, eine psychoanalytische Ausbildung, nach deren Beendigung er in die gemeinschaftlich eröffnete psychoanalytische Privatpraxis in Zürich eintrat. Die drei Freunde betrieben sie fast ein ganzes Leben lang, machten gemeinsame Forschungsreisen, sie

diskutierten, beschrieben und publizierten ihre Forschungsergebnisse gemeinsam. Neben der Ethnopsychoanalyse galt
Morgenthalers wissenschaftliches Interesse der psychoanalytischen Theorie der Sexualität, insbesondere der männlichen Homosexualität. Außerdem war er ausgebildeter
Jongleur und ein hervorragender Maler. Morgenthaler starb
1984. Goldy Parin verstand sich nicht nur auf Röntgen-
assistenz, Psychoanalyse und Blutbild, sie hatte auch eine
Ausbildung als Keramikerin, und sie konnte zur Gitarre
die verschiedensten Chansons und Partisanenlieder singen.
Sie starb 1997. Paul Parin konnte reiten, das Schießen lernte
er als Knabe von einer lesbischen Gräfin, er konnte mit
Pferdegespannen und Kutschen umgehen, er konnte pflügen,
wußte und weiß eine Menge über Landwirtschaft, Viehzucht
und die Herstellung von Bier.

Um fünfzehn Uhr sind Elisabeth und ich mit ihm verabredet. Er wohnt an der stark befahrenen Uferpromenade
des Zürichsees, nahe der Oper, in einem gediegenen alten
Mietshaus aus hellem Sandstein. Eine Messingtafel neben der
Eingangstür weist auf die Praxis von Dr. med. Parin hin,
an der Wohnungstür im Erdgeschoß stehen auf dem Tür-
schild noch alle drei Namen: Parin, Morgenthaler, Parin-
Matthèy. Ich klingle. Wenig später ist durchs geriffelte
Milchglas hindurch schemenhaft eine sich nähernde Gestalt
zu erkennen. Die Tür öffnet sich weit, und vor uns steht
in leicht schräger Haltung ein zartgliedriger Greis, der
uns mit formvollendeter altösterreichischer Höflichkeit
begrüßt. Zu unserer Erleichterung schlägt diese bereits
an der Garderobe in unbefangene Herzlichkeit um. Herr
Dr. Parin geleitet uns ins Arbeitszimmer. Er hinkt auf dem
rechten Bein, bewältigt den unentwegten Höhenunterschied
aber mit einer derart rhythmischen Geschicklichkeit, daß es
zu seiner persönlichen Art des Gehens wurde.

Die Wohnung ist von erstaunlicher Größe, es gibt
sieben oder acht Zimmer, die vom breiten Flur abgehen.
Später, weit nach Mitternacht, werden wir herumgeführt.
Das Parkett ächzt, in jedem Raum liegt es in einem
anderen Muster. Überall ist Afrika präsent in Form von
Wandbehängen, Ahnenfiguren, Tierplastiken. Dazwischen
gibt es Erinnerungsstücke und Kunstgegenstände vorwiegend europäischer Herkunft und Kultur. In der Küche

sind zwei Wände bedeckt mit Fotos, Zeitungsausschnitten, Zeichnungen, Briefen, mit Objekten verschiedenster Art. Paul Parin deutet auf dieses, auf jenes, hauptsächlich möchte er aber den Namen Goldy erwähnen, so oft es geht. Leidtragende sind wie Liebende. 1952 eröffneten sie die Praxis, das Paar zog gemeinsam ein, 1955 erst heirateten sie, fünfundvierzig Jahre lebten sie hier zusammen. Die Wohnung zeigt Spuren lebhaften Gebrauchs.

Das Arbeitszimmer war ehemals Analysezimmer. Auf der ehrwürdigen Couch nehmen wir Platz. Bauhausschreibtisch und Bauhausstühle sind alt und stehen beiläufig da, ebenso wie die mechanische Schreibmaschine und das schwarze, monströse alte Telefon mit den vielen Umschaltknöpfen, die zu ebensolchen Apparaten in den anderen Zimmern Verbindungen herstellten. Ein Foto von Goldy Matthèy hängt an der Wand, im Bücherregal steht eine afrikanische weibliche Holzskulptur. Auffallend sind zwei Gemälde von Morgenthaler. Das größere zeigt eine afrikanische Savannenlandschaft mit angedeuteten Zebras und nur zu ahnendem Raubtier, expressiv und mit sicherer Hand gemalt, reduziert und flächig in gebrochenen Fliederfarben, Grünlich und Ocker. Daneben hängt klein eine Radierung von Goya, die ein geflügeltes Roß darstellt. Die Tapete ist vergilbt und paßt im Ton sehr schön. Auf dem Tischchen vor uns liegt eine Packung Gitanes ohne Filter. Es stehen mehrere Aschenbecher bereit, in jedem ein chromfarbener Zigarettentöter.

Paul Parin zündet sich eine Zigarette an, er bläst den Rauch in die Luft und sagt mit bisher nicht erlebter Offenheit: »Unterbrechen Sie mich, wenn es notwendig wird, denn erstens habe ich so viel Material im Kopf, und zweitens, weil ich so alt bin ...« Wir versprechen es. »Also ich erzähle Ihnen ein bißchen etwas zur Entstehung der Ethnopsychoanalyse, die wir ja nicht erfunden, sondern als Methode erstmals praktisch erprobt haben. Es kam mehr durch einen Zufall. Wir drei wollten immer schon sehr gerne nach Afrika, das war ein Kindheitstraum. Und wir hatten einen Freund in Afrika, Heinrich Naumann, der uns eines Tages einlud. Er war Deutscher und als politischer Emigrant in die Schweiz gekommen, hatte hier eine Ausbildung als Chirurg gemacht und wurde nach Ablauf von elf Jahren ausgewiesen – das entspricht übrigens noch heute der polizeilichen Praxis. Er war staatenlos, Linker, militant areligiös, und es blieb ihm nichts anderes übrig, als für die Basler Mission, eine altehrwürdige Einrichtung, in ein Missionsspital nach Afrika zu gehen. Wir beschlossen, ihn zu besuchen. Wir sind mit einem ausrangierten Militärjeep durch die Sahara bis Westafrika gefahren. Es war eine Vergnügungsreise, touristisch, wenn man so will, und ich hatte vor, eine ganz kleine Forschungsarbeit bei ihm zu machen. Eine psychosomatische Sache, das ging aber nicht, weil das Labor dort gar nicht so leistungsfähig war, wie ich dachte. Und so entdeckten wir, daß es viel leichter ist, mit dem Hospitalpersonal ein psychologisches Gespräch zu führen, als dort psychosomatisch zu forschen. Nach dieser Reise haben wir damals zwei Dinge beschlossen. Erstens, daß wir wieder nach Westafrika fahren wollen, und zweitens, daß wir die Ethnologie studieren. Im Selbststudium haben wir uns das Wesentliche angeeignet und sind dann im Abstand von einigen Jahren immer wieder nach Afrika gefahren, insgesamt waren es sechs ethnopsychoanalytische Reisen.«

Paul Parin steckt seine Kippe in den Zigarettentöter und fährt fort: »Bei den ersten beiden Reisen haben wir das gemacht, was man auch einfühlende Beobachtung nennt, wir haben auffallende Verhaltensweisen gesammelt, systematisiert und mit Hilfe einer vergleichenden charakteranalytischen Untersuchungstechnik – orientiert an Wilhelm Reich – psychoanalytisch ausgewertet. Die Untersuchung umfaßte damals noch eine Vielzahl von Angehörigen verschiedener traditioneller Gesellschaften und Kulturen Westafrikas, bei späteren Reisen haben wir uns dann ganz auf eine überschaubare Gruppe konzentriert. Unsere ersten Ergebnisse waren so interessant, daß uns das ermuntert hat zu weiteren Reisen. Wir waren uns natürlich klar darüber, daß unser Bezugssystem ein sehr spezielles und natürlich willkürliches war, daß die persönlichkeitsformenden Konflikte von Kultur zu Kultur verschieden sind und wir unvermeidlich als abendländische Menschen beobachteten. So haben wir probeweise verschiedene mögliche Funktionsweisen der menschlichen Psyche beschrieben und nicht ausgeschlossen, daß einige davon in unserer Kultur vielleicht weniger ausgebildet wurden, selten auftreten beziehungsweise unentdeckt geblieben sind, während sie bei anderen

Völkern als ausgesprochen wichtige Funktionen eine Rolle spielen ... Das waren also die beiden ersten Reisen in den fünfziger Jahren. Erst bei der dritten Reise – 1959 bis 60 zu den Dogon – haben wir dann die Psychoanalyse als ein soziologisch-psychologisches Forschungsinstrument angewandt, als Ethnopsychoanalyse. Der Ausdruck stammt übrigens nicht von uns, sondern von Georges Devereux, ein ungarischer Emigrant – ich kannte ihn ganz gut –, er war Ethnologe und hat dann eine Analyse bei Géza Róheim gemacht. Der wiederum war Geograph, Ethnologe und Psychoanalytiker, hatte seine Analyse bei Sándor Ferenczi gemacht und mußte Ende der dreißiger Jahre in die Vereinigten Staaten emigrieren ... Ich sage das nicht abschweifend, sondern um bei dieser Gelegenheit darauf hinzuweisen, wie sehr die Psychoanalyse und auch die Ethnopsychoanalyse von Emigration und Exil in Mitleidenschaft gezogen wurden. Wir drei hatten als Schweizer Bürger das Glück relativer persönlicher und wissenschaftlicher Kontinuität.

Auf die dritte Reise hatten wir uns besonders gut vorbereitet, es gab hundertsechsundfünfzig Publikationen, davon stehen einige dort im Regal, die dunkelgrünen Bände ...« Herr Parin deutet auf einen halben Meter Bücherrücken. »Die haben wir studiert, ohne auch nur eine Ahnung davon bekommen zu haben, was uns für Menschen begegnen würden. Nicht eine einzige Person war darin als handelndes, denkendes, fühlendes, sprechendes Subjekt beschrieben, geschweige denn vorgestellt. Und weil wir also derart gut vorbereitet waren, haben wir beim Schweizerischen Nationalfonds einen Beitrag beantragt, rein symbolisch, denn wir haben, um unabhängig zu sein, alle unsere Forschungsreisen selbst finanziert. Wir beantragten also bescheidene zehn Perzent. Es ist uns nicht gelungen, dem Hirnphysiologen, der damals den Nationalfonds dirigierte, nahezubringen, was Ethnopsychoanalyse ist. Er schickte uns einen Soziologen, der hat das zwei Stunden lang geprüft, dann haben wir das Geld bekommen und fuhren nach Mali zu den Dogon. Für uns war das wunderbar, die Psychoanalyse wieder zu befreien aus ihrer Medizinalisierung – sie fungierte ja nach dem Zweiten Weltkrieg weitgehend nur noch als angewandte Psychotherapie –, sie wieder zum wissenschaftlichen Studium des Menschen zu verwandeln. Und es hat funktioniert! Statt, wie beim Heilungsprozeß, ICH zu schaffen, wo ES war, haben wir versucht, ICH zu erkennen, das sich in einer ganz anderen Weise als bei uns aus dem ES entwickelt. Wir machten einstündige psychoanalytische Explorationen mit Einzelpersonen, pro Person bis zu vierzig Sitzungen. Es war anfangs schwierig, wir verzichteten vernünftigerweise auf einige unserer Riten – es ist uns später dann in Fachkreisen vorgeworfen worden, daß wir die Analysanten nicht liegend, sondern sitzend explorierten, und besonders, daß wir sie bezahlten –, uns ging es aber hauptsächlich ums Gelingen. Die Verfremdung war auch so geradezu vollkommen. Die notwendige Distanz des Analytikers – auch zu sich selbst – war durch die gegenseitige Fremdheit ja ausgesprochen begünstigt.«

Paul Parin lächelt hintergründig und zündet sich eine Gitane an: »Und daraus ist dann das Buch *Die Weißen denken zu viel* entstanden. Es war eigentlich ein Rapport, anfangs wenig beachtet, dann bei der 68er Studentenbewegung so eine Art Kultbuch. Und wir haben die psychoanalytische Technik auch wieder 1966 in der Feldforschung bei den Agni an der Elfenbeinküste angewandt. Im Unterschied zu unserer Untersuchung der Dogon, bei der ja die Einzelperson und ihre psychische Struktur im Zentrum unseres Interesses standen, haben wir uns bei den Agni besonders für die Wechselwirkung zwischen individuellen und gesellschaftlichen Strukturen interessiert. Wir wollten das Individuum im Rahmen seiner Kultur transparent machen und damit gleichzeitig – das war ein wichtiger Teil unseres Forschungsziels – einen Beitrag zum Verhältnis der Psychoanalyse und der Sozialwissenschaften leisten. Es ging uns ja immer auch um eine Gesellschaftstheorie. Daraus entstand dann das Buch *Fürchte deinen Nächsten wie dich selbst*, Suhrkamp hat es damals herausgebracht, auf Vermittlung von Alexander Mitscherlich. Unser Lektor übrigens, der dann zu unserem Freund wurde, war der kürzlich verstorbene Karl Markus Michel. Wir nannten ihn ja immer nur Carlos. Er war ein 68er Intellektueller und hatte den schönsten Maxi-Mantel von ganz Frankfurt. Das Buch jedenfalls erschien dann sehr schön und enorm teuer für damalige Verhältnisse. Es kostete sechzig Mark. Meiner Ansicht nach ist dieses das viel bessere Buch, weil wir zu diesem Zeitpunkt wesentlich mehr wußten als 1960. Aber es war nicht so beliebt, denn die Agni sind, nach europäischem Geschmack, unsympathische Menschen, die Dogon dagegen sind wahnsinnig sympathisch.«

Während wir gemeinsam in der Küche frischen Tee zubereiten und einen Kuchen anschneiden, den eine Dame vor einiger Zeit als Geschenk mitbrachte, erzählt uns Paul Parin vom Unterschied zwischen den Dogon und den Agni. »Der Gegensatz war erheblich, nicht nur was die matrilineare Sippenordnung der Agni und die patriarchale Großfamilie der Dogon betraf. Die Agni sind Bewohner des Regenwaldes, die Dogon leben in der trockenen Steppe. Während die Agni mit Fremdarbeitern Kaffee und Kakao in Plantagewirtschaft für den Weltmarkt produzieren, sind die Dogen Subsistenzbauern, pflanzen Hirse an und verkaufen nur wenig auf den einheimischen Märkten. Sie sind Heiden mit einer reichen, eigenartigen, festen mythisch-religiösen-ökonomischen Sozialordnung. Die Agni hingegen sind Christen mit heidnisch-animistischen Elementen. Daß ihre Vorfahren Beutekrieger waren mit hochorganisierten, aggressiven Königreichen, spielt auch für das heutige Leben der Plantagenbesitzer eine dominante Rolle. Bei den Agni werden alle sozialen Leistungen fast ausschließlich über das Mittel des Zwangs, der Furcht und der Strafe erreicht. Bei den Dogon werden soziale Leistungen freiwillig erbracht, die Dogon kennen Zwang als politisches oder pädagogisches Mittel nicht. Das sind in etwa die Unterschiede, deren jeweilige Auswirkungen wir detailliert beschrieben haben in unseren Büchern.«

Später im Arbeitszimmer sagt Paul Parin: »Aus Altersgründen haben wir dann unsere Feldforschung in die eigene Ethnie verlegt. Unsere Fähigkeit, strapaziöse Reisen zu machen und fremde Sprachen auch nur oberflächlich zu lernen, war so zurückgegangen ... Die Methode, mit Hilfe der Psychoanalyse kulturtypische Konflikte zu erkennen – wie wir es ja bei den Dogon lernten –, hat sich auch in den komplexen Verhältnissen industrialisierter Staaten und kapitalistischer Wirtschaftsform bewährt. 1980 habe ich begonnen, Erzählungen zu schreiben, und seit 1990, dem Zeitpunkt, als wir die psychoanalytische Praxis endgültig aufgegeben haben, habe ich die Schriftstellerei intensiviert. Grade ist übrigens ein neuer Erzählungsband herausgekommen.« Er greift zur blauen Zigarettenschachtel. Leicht bläst er den Rauch davon. »Wir waren immer Kritiker der ›Mainstream-Psychoanalyse‹, besonders da, wo sie die von Freud begründete psychoanalytische Kritik der Zivilisation vernachlässigt und ignoriert, daß sich die gesellschaftlichen Verhältnisse tief ins Seelenleben der Individuen einprägen. Dem haben viele Kollegen widersprochen. Sie sind für schmerzlose Anpassung. Aber die Psychoanalyse ist nicht als Reparatur- und Anpassungsmethode gedacht! Und ich bedauere sehr, daß sich in kaum einer der neueren theoretischen Schriften noch ein Hinweis findet auf das subversive Potential, auf die Lust bereitende, Konventionen sprengende Kraft der sexuellen Triebe. Das ist genauso falsch wie damals bei den 68ern die Erhebung der Triebtheorie von Wilhelm Reich zu einer Verhaltensnorm – auch dann in der Kindererziehung. Die Triebtheorie ist ja eine Arbeitshypothese, eigentlich. Heute muß ich sagen, daß nicht nur dieser Umgang mit der Sexualtheorie damals kurzschlüssig-kindlich war – das lag an einem Mißverständnis der Psychoanalyse – es wurde leider auch die gesellschaftspolitische Sprengkraft der Psychoanalyse überschätzt. Auch von uns. Wir haben daran gearbeitet. Das war unser Motiv. Also ich würde von mir sagen, ich war und bin ein undogmatischer Sozialist. Goldy war eine moralische Anarchistin. Wir waren beide übrigens nie in einer Partei, bevorzugten ein anarchistisches Gesellschaftsmodell mit möglichst wenig institutioneller Macht. Utopie? Wir haben auf keine gehofft, wir haben sie beobachtet.«

ROLF LANDUA, *Dr. rer. nat.,*
Physiker am Europäischen Kern-
forschungszentrum (CERN) in Genf.
Leiter d. Athena-Experiments zur
Synthese von Antimaterie-Atomen.
Studium d. Physik an d. Johannes
Gutenberg-Universität Mainz. Dipl.
1978 (Energieanalyse gespeicherter
Elektronen). *Diss.* 1980 (Unter-
suchung von Kaskadenprozessen in
exotischen Atomen). *1980–82 wiss.*
Mitarb. d. Univ. Mainz des Asterix-
Experiments am CERN. 1982–85
CERN Fellow, 1985–86 Gruppen-
leiter d. Univ. Mainz. Seit 1987
Forschungsphysiker am CERN.
1990–91 Koordinator d. Forschungs-
programms am Lear (Low Energy
Antiproton Ring), seit 1992 Leiter
d. Arbeitsgruppe Antiprotonen.
Seit 1999 Leiter d. Athena-Experiments
(Antihydrogen Apparatus). Mehr als

100 *Veröff. in wiss. Fachzeitschriften.*
Hauptarbeitsgebiete: antiprotonische
Wasserstoffatome, Antiproton-Nukleon
Anihilation, Mesonspektroskopie,
Produktion u. Spektroskopie v. Anti-
wasserstoffatomen. Mitgl. div. wiss.
Komitees: 1989–99 am CERN
(PSCC u. SPSC); seit 1999 FZ Jülich
(Cosy Speicherring). Zahlr. öffentl.
Vorträge sowie Radio- u. Fernseh-
beiträge z. Popularisierung der Teilchen-
u. Astrophysik. Wiss. Leiter versch.
populärwiss. Projekte des CERN,
darunter Live-Programme im Internet
über d. Thema Antimaterie. Leiter
d. Projektstudie f. e. neues Besucher-
zentrum: Big Bang Discovery-Center
(zwecks Veranschaul. d. Zusammen-
hänge zw. Mikro- u. Makrokosmos).
Rolf Landua wurde 1954 *in Wiesbaden*
geboren u. ist alleinerziehender Vater von
drei Kindern.

EXPERIMENTALPHYSIKER

CERN, das europäische Laboratorium für Teilchenphysik, ist ein seltsam mystischer Ort. Er ist derart unbekannt, daß die meisten Bürger der europäischen Mitgliedsstaaten mit dem Namen des Conseil Européen pour la Recherche Nucléaire nichts anzufangen wissen. Die Denk- und Experimentierfabrik – ein Mekka für die Physikerelite aus aller Herren Länder – ist das größte Forschungszentrum für Teilchenphysik weltweit und verfügt über ein Milliardenbudget. Es ist ein europäisches Gemeinschaftsprojekt und wird von den mittlerweile neunzehn Mitgliedsländern aus Steuermitteln finanziert. Siebentausend Forscher und Techniker aus dreiundachtzig Nationen beherbergt CERN als arbeitende Gäste und Stipendiaten. Der Forschungsgegenstand selbst ist fünfzehn Milliarden Jahre alt. Die zentralen Fragen sind: Was ist Materie? Wo kommt sie her? Warum existiert die Masse als solche? Was geschah in den ersten Milliardstel Bruchteilen einer Milliardstel Sekunde vor fünfzehn Milliarden Jahren? Was ist das Geheimnis des Universums und der Ursprung unserer Welt? Es geht um nicht mehr und nicht weniger als um die Suche nach der Weltformel. Die Forschungsinstrumente sind lineare und ringförmige Beschleunigeranlagen und ihre Detektoren. Der umfangreichste Beschleuniger des CERN, der LEP (Large Electron Positron Collider), liegt hundert Meter unter dem Erdboden in einem siebenundzwanzig Kilometer langen Tunnelring, teils unter Schweizer, teils unter französischem Staatsgebiet. In diesem unterirdischen Tunnel wurden die Elementarteilchen – Elektronen und ihre extra für diesen Zweck hergestellten Zwillinge aus Antimaterie, die Positronen – in gegenläufiger Richtung mit nahezu Lichtgeschwindigkeit durch eine luftleere Metallröhre geschossen. Das Ziel war, einige davon zur Kollision zu bringen und bei diesem Vorgang andere und neue Partikel entstehen zu lassen. Aufs genaueste gemessen und untersucht wurde das Ereignis mit Hilfe der gigantischen Detektoren, ALEPH, DELPHI, L3 und OPAL, in deren Zentrum sich die Kollisionen vollzogen. Die Teilchenkollisionsexperimente dienen dem Versuch, vorzudringen ins Innerste der Materie, zum Urknall, zum Ursprung von Raum und Zeit. Da aber die Natur vorgibt, wie Heisenberg schon vor siebzig Jahren feststellte, daß, je kleiner das zu messende Teilchen, um so größer die Meßanlage sein muß, ist im CERN bereits das nächstgrößere Modell im Bau, der LHC (Large Hadron Collider). Er wird in den Tunnelring des LEP eingebaut, soll 2005 fertig sein, drei Milliarden Mark kosten und angeblich unsere Vorstellungen vom Universum stark verändern. Stark verändert jedenfalls wurden durch ein Forschungsnebenprodukt des CERN unsere Vorstellungen vom Irdischen. 1989 entwickelte der englische Informatiker Timothy Berners-Lee am CERN das World Wide Web (www), um die Hochenergiephysiker für ihre Forschungsarbeiten zu vernetzen.

CERN liegt am Fuße des Juragebirges, nordwestlich von Genf, am Rande des Ortes Meyrin, im schweizerischfranzösischen Grenzgebiet. Mit dem Bus Nummer 9 fährt man ab Bahnhof Genf etwa vierzig Minuten, vorbei an Stadtrandsiedlungen und abblätternden weißen Schlafstädten, die aussehen wie südländische Ferienanlagen. Dazwischen vereinzelte Schulen, Sportplätze und Einkaufszentren. Schwarze Frauen steigen ein und aus, Mütter mit kleinen Kindern und alte Leute. Es regnet heftig. Auf der Haltestellenanzeige vorn am Führerhaus gleitet in Laufschrift ›Destination Cern‹ vorbei. Außer uns ist kein Fahrgast mehr im Bus bis zur Endstelle. Die Rezeption liegt in einem unauffälligen grauen Flachbau und erinnert mehr an die Talstation einer Seilbahn als an den Besuchereingang des CERN. Andenken werden verkauft, häßlich bedruckte Krawatten und T-Shirts, Anstecker, Poster, Lektüre und Ansichtskarten. Ein älteres Beschleunigermodell soll die Zusammenhänge ein wenig veranschaulichen, dazu gibt es kostenlos farbige Hochglanzfaltblätter mit den wesentlichen Informationen über CERN in französischer, italienischer, englischer und deutscher Sprache, die mehr als ein Minimum an Kenntnissen voraussetzen. Im Gästebuch finden sich viele kritische Anmerkungen zur mangelhaften Vermittlung. Einer schrieb: »Fellatio gefällt mir besser«, einige andere: »Nix verstehn!«

Dr. Landua, der uns sehr herzlich empfängt, kennt die Eintragungen nicht, ist aber wenig überrascht: »Ich arbeite gerade an diesem Projekt im Moment, an einem Besucherzentrum, das die wissenschaftliche Arbeit des CERN adäquat vermittelt, wir haben es hier unserem Direktorium vorgeschlagen, leider gibt's da noch gewisse Hemmungen, aber wir arbeiten daran!« Kurze Zeit später sitzen wir in der Kantine. Sie ist sehr weiträumig, hat mehrere offene Zonen, ist verglast und licht. Die verschiedenen Büffets bieten die delikatesten Speisen, viel Gesundes, Frisches ist zu sehen. Mir fällt das Gerücht ein vom CERN-Wissenschaftler, der vor dem Monitor seines Rechners an Skorbut erkrankt oder gar gestorben sein soll. Dr. Landua lacht, er weiß nichts davon, hält ein außergewöhnliches Maß an Besessenheit aber durchaus für möglich. Ringsum an den Tischen sitzen auf bequemen Formholzstühlen junge und ältere Wissenschaftler, meist leger gekleidet, in kleinen Gruppen plaudernd beisammen. Hier versammelt sich sozusagen das Gesamtgehirn des CERN, kommuniziert, tauscht aus, vernetzt sich oder ist einfach nur mit dem letzten Skiurlaub oder den Börsenkursen befaßt. In der Mitte, in einem verglasten Atrium, steht ein anmutiger Magnolienbaum und ist kurz davor, aufzublühen.

Herr Dr. Landua setzt die Tasse ab, sein weiches Gesicht strafft sich, er lächelt und beginnt zu erzählen: »Das ist immer das Problem, die Veranschaulichung. Wir beschäftigen uns hier mit Dingen, die der Sinneswahrnehmung nicht mehr zugänglich sind. Kein Mensch hat je ein Teilchen gesehen, wir wissen nicht, wie sie aussehen, sage ich mal, wir wissen nur, sie sind kleiner als 10 hoch minus 18, das ist ein Millionstel von einem milliardstel Meter. Und das können wir messen. Die Messerei hat schon was für sich, denn sie erlaubt, daß man zuverlässig und objektiv Dinge vergleichen kann ... sicher, die Interpretation ist dann wieder was anderes. Im Prinzip gibt es ja viele Wege, man kann den Ursprung des Universums mit einer Schildkrötentheorie erklären, wie sie zum Beispiel in der indischen Philosophie eine Rolle spielt, die jeweils kleinere Schildkröte steht auf der größeren, aber sehr viel weiter kommt man damit nicht. Es erklärt nicht, weshalb die Galaxien sich von uns entfernen und warum es Hintergrundstrahlung gibt und so weiter. Und wir hier packen es eben anders an, wir beginnen mit dem Big-Bang-Modell, mit der Annahme einer sehr, sehr heißen Anfangsphase. Überraschenderweise stellten wir fest, daß wir mit einem Minimum an Annahmen ein Maximum an Messungen erklären konnten. Das ist für einen Wissenschaftler angenehm. Das Ziel ist ja, mit möglichst einfachen Annahmen die Dinge zu erklären, unsere Sehnsucht gilt der Simplizität. Besonders in der Kosmologie, denn in der Tat, unser Universum scheint extrem einfach zu sein. Es hat sich in den letzten zwanzig bis dreißig Jahren herausgestellt, daß der Ursprung der Welt und der Aufbau der Materie sehr simpel zu sein scheint. Es gibt nur vier Teilchen, die eigentlich für uns wichtig sind – und alles ist aus diesen Teilchen gemacht.«

Dr. Landua grüßt einen vorbeikommenden älteren Herrn und fährt fort: »Wir haben das sehr genau gemessen, noch mit dem LEP, unserem letzten Beschleuniger, den wir vor kurzem abgestellt haben. Es gibt ein Teilchen, das hat die Möglichkeit, in alle anderen Teilchen zu zerfallen, das ist dieses berühmte Z°-Teilchen. Der LEP wurde zum großen Teil deshalb gebaut, um dieses Teilchen produzieren und seine Eigenschaften studieren zu können. Man hatte eine bestimmte Theorie, und die hat man mit sehr hoher Präzision verifiziert. Eine dieser Voraussagen war die, daß es nur diesen Grundbausatz von vier Teilchen gibt. Er besteht aus zwei leichten Teilchen, den Elektronen und den Elektron-Neutrinos, und zwei schweren Teilchen, die heißen Quarks: Up-Quarks und Down-Quarks. Das Interessante ist, die werden noch zweimal wiederholt in der Natur, die Materie präsentiert sich in noch zwei Varianten, es gibt eine schwerere und eine ultraschwere Version von diesem Bausatz aus vier Teilchen. Und außer daß sie sich in ihrer Schwere voneinander unterscheiden, sind diese drei Teilchenfamilien nach ihrer Eigenschaft und Struktur absolut identisch. Wir wüßten gern, weshalb es genau drei davon gibt, wir wissen es nicht. Was wir zum Beispiel wissen, ist, daß alles, was wir sehen können – dieser Kaffee hier und auch wir selbst – nur aus diesem leichten Bausatz besteht; die schwereren braucht man überhaupt nicht, die brauchte man nur am Anfang des Universums kurz. Aber wenn die nicht existieren würden, würde die Welt ganz anders aussehen. Und damit bin ich eigentlich bei dem angekommen, was wir jetzt tun, wir simulieren die Anfangsphase, bewegen uns auf den Urknall zu. Genauer gesagt, wir sind sozusagen ungefähr, auf der Zeitskala gemessen, bei einer Milliardstel Sekunde nach dem Urknall angekommen. Für Physiker ist das ziemlich viel. Wir denken ja meistens in Skalen, und da kommen diese Zehnerpotenzen ins Spiel. Das heißt bei 10^{-9} ist's noch relativ wenig, wenn man es vergleicht mit 10^{-43}, was ja die Anfangszeit ist, wo wir quasi denken, daß was Wichtiges passierte, die Entstehung des Universums. In dieser Zeitskala hat sich der Übergang vollzogen, von einem Zustand des Nichts, wenn man so will, zu einem Zustand, der irgendwie näher an unserem Universum ist. Man nennt das die Planckzeit. Das ist der kürzest mögliche Zeitraum, den man sich überhaupt vorstellen kann, ohne daß man quasi in Widerspruch zur Quantenphysik kommt.«

Auf die Frage, was vor dem Urknall war, bildet sich ein energisches Grübchen in Dr. Landuas Wange: »Es gibt Theorien und Hypothesen, aber ich muß ehrlich sagen, wir wissen es nicht. Die momentan populärste Theorie geht von einer Art Vakuum aus ... Dieses Nichts kommt ja in vielen Mythen der Menschheit vor, man muß das ernst nehmen. Aber das Vakuum hat ja merkwürdige Eigenschaften, es ist nicht leer, sondern wir wissen, daß dauernd aus dem Vakuum kleine Paare von Teilchen und Antiteilchen herauspoppen und dann gleich wieder verschwinden. Und wenn man auf der Zeitskala geht bis 10^{-43}, da können sogar kleine ›black holes‹ sozusagen aus dem Vakuum herauskommen und gleich wieder verschwinden. Wir nennen das Vakuumfluktuation. Ich erzähle das ohne Hemmungen, weil man den Effekt tatsächlich messen kann. Aber um zu dem zurückzukommen, was ich meinte: Wenn man's zurückverfolgt, es steckt alles logisch drin in den Naturgesetzen, die irgendwie entstanden sind bei riesigen Energien – die wir im Labor bei weitem nicht reproduzieren können. Wir wissen nicht, was die Struktur der Raum-Zeit ist ... Was jetzt im einzelnen vorgeht, wenn sich Energie in Materie verwandelt, das wissen wir auch nicht, wir kennen nur die Gesetze, die da befolgt werden. Und da kommen wir auf das, was manche Leute anthropisches Prinzip nennen, daß eben die Naturgesetze so beschaffen sind, daß am Schluß biologische Evolution stattfindet und daß diese biologische Evolution so weit betrieben wird, daß diese Materieklumpen, diese Haufen von Elektronen und Quarks, als die wir hier sitzen und Kaffee trinken, all diese Fragen stellen. Daß die Materie quasi über sich selbst nachdenkt. Wir sind ja Teile des Universums. Aber sehr, sehr vieles verstehen wir noch nicht. Wir verstehen im Moment noch nicht mal, was Bewußtsein eigentlich ist. Das versteht kein Mensch, und ob das was zu tun hat mit der Quantenphysik – es gibt alle möglichen Spekulationen. Man sollte, meiner Ansicht nach, auch einräumen, daß die Wissenschaft vielleicht nicht alles wird beantworten können. Wir müssen verstehen, daß es auch Mysterien gibt – jedenfalls können wir sie nicht erklären momentan.«

Herr Dr. Landua verschränkt die Hände hinter dem Kopf: »Aber wir arbeiten daran«, er lacht. »Ich meine, es ist schon ein großer Erfolg, daß man das ganze Universum, vom Zeitpunkt 10^{-10} Sekunden ab bis heute in all seinen Komplexitäten ohne großen Aufwand beschreiben kann. Aber jetzt kommt ein neuer Satz von Fragen, wir haben erkannt, alle Phänomene sind mit dem Raum-Zeit-Gefüge sozusagen verheiratet. Jeder Punkt des Universums *kennt* diese Gesetze, man schaut auf die andere Seite des Universums, da funktionieren die gleichen Naturgesetze wie hier, woher weiß das die Seite dort drüben?! Und da kommen wir in komplizierte Bereiche, die zusammenhängen mit der Quantifizierung von Raum und Zeit und Gravitation. Das ist für die Theoretiker der Heilige Gral, da wollen alle hin, hier verbirgt sich vermutlich die berühmte Weltformel. Das ist genau der Bereich, in dem im Moment die Theorie ansetzt. Und wir Experimentalphysiker sind eigentlich schon am Verzweifeln, denn alles, was das Standardmodell (das mit den drei Familien von jeweils vier Teilchen und die Wechselwirkung dazwischen) vorausgesagt hat, ist genau so eingetreten. Aber wir wissen nichts über den Ursprung dieses Modells. Wir suchen danach, wir suchen eigentlich das

Haar in der Suppe. Wir glauben, es gibt sehr guten Grund zu der Annahme, daß, wenn wir die Materie noch ein bißchen aufheizen können, daß wir dann plötzlich Dinge sehen, die wir bisher nicht gesehen haben, daß die Materie eine neue Hierarchie, ein neues Niveau zeigt und wir vielleicht verstehen werden, weshalb dieses Standardmodell entstanden ist. Und deshalb bauen wir jetzt die neue Beschleunigungsanlage, den großen Hadron Collider. Er wird der größte Beschleuniger der Welt sein, der mit der höchsten Energie.«

Auf die Frage, wie eigentlich die Teilchen produziert werden, die man dann in den Beschleuniger gibt, erklärt Herr Landua: »Sie meinen das Proton? Das ist ganz einfach im Prinzip. Der Kern des Wasserstoffatoms besteht aus einem Proton und einem Elektron, das drum herumschwirrt. Sie müssen nichts anderes tun, als das Elektron zu entfernen. Das können Sie schon mit einer normalen Kerze machen, wenn Sie die Materie aufheizen, dann sagt man, wird ionisiert. Die Elektronen werden entfernt, und dann bleiben die positiv geladenen Protonen übrig. Jetzt brauchen Sie nur noch eine negative Spannung irgendwo anzulegen, und dann zieht es das Proton dort magisch an, es macht so eine Art Strahl. Und was Sie jetzt nur noch tun müssen, ist, diesen Strahl immer weiter zu beschleunigen. Also immer wie die Karotte vor die Nase des Kaninchens, ein negatives elektrisches Feld vor die Nase, sag ich mal, des Protons, dann wird es immer schneller, läuft durch eine Sequenz, eine ganze Kaskade von Beschleunigern, mit immer höherer Energie, denn das ist ja das Ziel. Am Ende hat es dann so viel Energie, daß, wenn es mit einem entgegenkommenden Proton zusammenstößt, sich diese Energie verwandelt, und zwar in neue Teilchen. Das ist, grob gesprochen, so der Vorgang. Und damit komme ich jetzt auch gleich, um ein anderes Kapitel aufzuschlagen, auf mein Projekt, das mir sehr am Herzen liegt. Mit einem Kollegen zusammen habe ich, wie ich schon sagte, vorgeschlagen, ein neues Besucherzentrum aufzubauen, das mehr oder weniger diese ganze Geschichte virtuell aufarbeitet. Es ist doch sehr wichtig, daß die Leute sehen, daß die Physik, mehr als sie denken, mit ihnen selbst zu tun hat, mit ihrem Ursprung und mit ihrem Universum. Das ist den meisten Menschen ja gar nicht so vertraut, dieser Gedanke. Und für viele ist es eine interessante Information, daß jedes einzelne Atom in unserem Köper mindestens sechs Milliarden Jahre alt ist – wenn nicht sogar fünfzehn. All diese Teilchen, die da in uns herumschwirren, die kommen mehr oder weniger direkt vom Urknall und haben sich seitdem nicht mehr verändert, sind nur in verschiedene Strukturen eingebaut worden … Oder eine andere Information, die auch ein Gefühl dafür vermittelt, wie viele solcher Teilchen eigentlich pro Kubikzentimeter umherschwirren: Also jedesmal, wenn Sie einatmen, geschieht es … Nehmen wir einen Schriftsteller, vielleicht Kafka: Vom letzten Atemzug, den er getan hat, bevor er starb, ist eines dieser Atome jetzt im Moment in Ihrer Lunge.«

Dr. Landua bildet ein Grübchen und blickt selbstvergessen aufs Magnolienbäumchen: »BIG BANG DISCOVERY-CENTER soll unser zukünftiges Besucherzentrum heißen, so eine Art Erlebniswelt, aber kein Disneyland! Die Besucher können die Geschichte des Universums und die Struktur der Materie quasi am eigenen Körper kennenlernen und erleben, individuell, indem man ihnen eine entsprechende Umwelt visualisiert. Es sollen dazu zwei Teile gebaut werden, ein Teil, der nach oben orientiert ist, der quasi den Makrokosmos beinhaltet, und ein Teil, der nach unten orientiert ist und den Mikrokosmos veranschaulicht. Der Makrokosmos würde mehr so ein Standardplanetarium sein, wo man langsam und anschaulich den Urknall erklärt. Und was besonders wichtig ist, das Ganze soll den Zusammenhang mit *unserer Forschung* hier mal genau und verständlich erklären. Und dann geht es nach unten, auf einer Art Spirale, und jedesmal, wenn man ein Stockwerk tiefer geht, ist man um den Faktor tausend kleiner, quasi, natürlich mit dem Trick, daß man dasselbe Sensorium behält wie vorher. Man fängt also an mit der Milliwelt 10^{-3}, steigt dann hinab in die Mikrowelt 10^{-6}, von dort in die Nanowelt 10^{-9}, dann in die Picowelt 10^{-12}, die ist relativ leer, darauf folgt die Femtowelt 10^{-15}, das ist die Welt des Atomkerns. Was also wesentlich ist, man kann hinabsteigen in seine eigenen Tiefen, in sich selbst, in die Zelle, in die Moleküle, ins Atom und den Atomkern, und jedesmal wächst sozusagen die Umgebung um den Faktor tausend. Ein Stockwerk tiefer sieht man dann die Protonen und Neutronen, erlebt, woraus alles besteht. Und dann, dachte ich, hat man noch so eine Art Loch, wo man in die

Tiefe schaut, in die Planckwelt, das ist etwa 10^{-33}, also noch mal achtzehn Größenordnungen kleiner als die Femtowelt. Und hier liegt der Bereich, wo man glaubt, daß der BIG BANG sich ereignet hat, wo das Geheimnis von Materie und Universum verborgen liegt. Und das ist ja das, was uns, den CERN hier, interessiert und was wir, meiner Meinung nach, auch vermitteln müssen. Da ist noch einige Überzeugungsarbeit nötig, unserem Direktorium gegenüber, leider. Gut, man kann sagen, daß die Wissenschaft normalerweise keinen solchen Aufwand betreibt, aber hier ist es nun eimal etwas anderes. Wir, der CERN, hängen nämlich zu hundert Prozent am Tropf der Gesellschaft, jeder Bürger in Europa, auch der Säugling, bezahlt drei Mark dreißig pro Jahr für das Projekt CERN, dafür hätte er eigentlich das Recht, zu verstehen, weshalb und woran eigentlich wir hier forschen, wofür wir jedes Jahr eine Milliarde Mark ausgeben. Und dafür wird hier entschieden zuwenig getan. Wir haben zwar jährlich so zirka zwanzigtausend Besucher, aber daß die viel klüger wieder weggehen, ist kaum zu hoffen. Dieser Zustand muß sich ändern, und das würde so sechzig bis siebzig Millionen Schweizer Franken kosten, mit einem solchen Besucherzentrum. Das muß uns die Sache einfach wert sein. Na, es wird schon werden.«

Wir beschließen, Sandwiches zu kaufen und über Mittag zu Dr. Landua nach Hause zu fahren. In seinem sechssitzigen Van überqueren wir das große Gelände des CERN, es wirkt ein wenig abgeschabt und wie ein Studentendorf aus den frühen sechziger Jahren. Dann geht's über einen autobahnartigen Zubringer etwa eine Viertelstunde lang durch den strömenden Regen. Auf unsere Frage, ob sich die Technik und die Forschungsergebnisse militärisch verwerten lassen, sagt Herr Landua: »Beides würde ich mit einem Nein beantworten. Obwohl's in den Hinterköpfen der Politiker immer so gesteckt hat. Am Anfang ... das kommt, wenn man genau schaut, fast direkt heraus aus dem Manhattan-Projekt, dem US-Programm zur Entwicklung der Atombombe. Früher, die ganz alten Teilchenphysiker, die waren alle im Manhattan-Projekt drin. Unser Institut heißt ja immer noch ›Kernforschungsinstitut‹, obwohl wir damit überhaupt nichts mehr zu tun haben – früher dachte man noch, wir würden mal eine neue Art von Energie erzeugen, Fusion oder so ... Nein, wir bearbeiten nur diese fundamentalen Fragen. Bei uns gibt's nichts, was geheim ist!«

Das Haus liegt in einer neuen Villensiedlung, umgeben von Weiden und Reiterhöfen, ein weißes Schmuckkästchen neben anderen weißen Schmuckkästchen, Buchsbaumhecke, Tiefgarage, Garten, Swimmingpool. Innen liegt weißer Teppichboden, den eine etwas erschrocken wirkende Asiatin gerade reinigt. Wir nehmen im Wohnzimmer Platz auf einer weißen ›Sitzlandschaft‹. Die Einrichtung ist sparsam. Neben der TV-Anlage fällt noch ein schöner Holzschrank auf. In einem Vitrinenschrank sind Spiele der Kinder, von denen ansonsten keine Spur zu sehen ist. Alles ist makellos sauber und aufgeräumt. Vor einiger Zeit noch, sagt Herr Landua, hat er das alles selbst gemacht, jetzt hat er eine Hilfe. Im Eßzimmer, das sich anschließt, hängt ein Bild an der Wand mit zwei Engeln in der Manier von Poesiealbumbildern. Später, im blitzblanken gekachelten Gästeklo unterhalte ich mich mit einem einsamen weißen Hamster. Er sitzt in seinem Käfig und reagiert aufs Angesprochenwerden heftig, erklimmt die Decke seines Käfigs, umklammert die Stäbe, hängt kopfunter mit rosa Pfoten und betrachtet mich. Als ich den Finger durch die Stäbe stecke, leckt er ihn heftig und gebärdet sich so, als wolle er mich auffordern, noch ein wenig zu bleiben. Herr Landua erklärt, die Tochter habe den Hamster ausquartiert aus ihrem Zimmer, weil er nachtaktiv sei und rumore. Und auch die asiatische Hilfe möchte ihn in den Wohnräumen nicht dulden. Er zuckt mit den Schultern und sagt: »Erst wünschen sich die Kinder Tiere, und wenn sie da sind, dann muß *ich* sie versorgen.« Dann erzählt er vom enormen Privileg, das er genießt, einer von nur dreißig festangestellten Experimentalphysikern des CERN zu sein, von den vielen Filtern, die er passieren mußte auf dem Weg hierher. Er wirkt sehr uneitel und spielt seine Rolle als Mitglied einer Elite lächelnd herunter. »Ich bin so eine Art Katalysator, nehme die herumschwirrenden Ideen auf und trage sie weiter, ich rede mit vielen und erlaube sozusagen der Wissenschaft, die Potentialschwellen zu überwinden«, er lacht. »So, und jetzt fahren wir zurück, und ich zeige Ihnen noch das Labor, wenn Sie möchten.«

Vor dem Eingang des Labors steht ein weißer Lastwagen, er liefert anscheinend Flüssigstickstoff, kleine Nebelwolken steigen aus den Schläuchen auf. An der Tür zum Labor warnt ein Schild vor Radioaktivität. Wir treten in eine Halle, die groß ist wie ein Fußballfeld. Den Boden bilden wuchtige Betonquader mit versenkten Haken, darunter liegt abgeschirmt der Beschleuniger. In der Mitte des Ringes steigt man auf steilen Eisenleitern hinab, vorbei an Bürocontainern. Im Zentrum liegt ein fabrikartig aussehender Arbeitsraum, nach oben hin offen. Drum herum ziehen sich ringförmig Aluminiumrohre und ein Gewirr aus bunten Kabeln, großen Magneten und anderen Teilen. Ein andauerndes tiefes Brummen erfüllt die Halle, ein Geruch nach Betonstaub und brenzliger Elektrizität liegt in der Luft. »Wir stehen hier in der einzigen Antimateriefabrik der Welt«, sagt Dr. Landua stolz und führt uns herum. »Ich will mal grob erklären, was wir hier machen: Man vermutet, daß beim Urknall eine gleiche Menge von Materie und Antimaterie entstand. Warum sich nicht sofort alle Teilchen und Antiteilchen gegenseitig ausgelöscht haben und zu Strahlung wurden, ist unbekannt, und es ist ein Rätsel, weshalb es im Universum nur noch Materie gibt. Wir fragen uns, wo die Antimaterie geblieben ist, was es mit der Dominanz der Materie auf sich hat. Wir wissen, daß es während dieser 10^{-10} Sekunden eine kleine Asymmetrie gab. Und die aktuelle Forschung konzentriert sich nun darauf, herauszufinden, ob's irgendeinen Unterschied gibt zwischen Materie und Antimaterie. Die sollten der Theorie nach vollkommen symmetrisch sein, aber es *muß* einen Unterschied geben. Wir bauen jetzt am CERN Antiwasserstoffatome. Unser Ziel ist, den Fingerabdruck zu untersuchen – der Fingerabdruck ist das Lichtspektrum –, um zu sehen, ob der Fingerabdruck identisch ist mit dem vom Wasserstoffatom. Also die Schultheorie des Standardmodells sagt, es ist identisch, und zwar auf beliebige Genauigkeit. Wir sagen zunächst mal nichts. Wir sind Experimentalphysiker, wir messen. Ich persönlich allerdings neige, ehrlich gesagt, zu der Vermutung ... vielleicht ist es unterschiedlich. Das wäre schön, sehr schön! Da hinten nun, hundert Meter von uns, da saust also – whups – der Materiestrahl auf einen Metallklotz, und in dieser Kollision kommt dann ein Schauer von Teilchen heraus, neue Teilchen, und eins von einer Million ist ein Antiproton. Die Antiprotonen werden dann dort in diese Röhre geschleust, den Antiproton-Decelerator, der, wie der Name sagt, die Teilchen herunterbremsen soll. Von sechsundneunzig Prozent auf zehn Prozent Lichtgeschwindigkeit, denn wir wollen die Antiprotonen ja einfangen, in so einer Art Falle. Von der anderen Seite geben wir dann die Positronen dazu, und die Paarung, sag ich mal, der beiden Teilchenwolken, die findet da drin statt – Sie sehen die Spulen, die Widerstände – mit dem Ergebnis, daß Antiwasserstoffatome gebildet werden. Aber in einer tausendstel Sekunde nach der Produktion sind sie schon wieder ›tot‹, dennoch, das reicht uns, sie was zu fragen; zumindest in den nächsten Jahren. An diesen Experimenten arbeiten natürlich mehrere Leute zusammen, zum Beispiel auch ein Techniker, den wir von unserem privaten Geld bezahlen, denn alle guten Techniker sind ja mit dem LHC beschäftigt. Formell gesehen ist unsrer nur ein kleiner Techniker, er hat aber im Laufe der Zeit so viel Verständnis für Physik und Technologie entwickelt, daß er fast wichtiger ist als irgendein Physiker.« Herr Landua deutet auf ein Metallspind: »Und die Sektflaschen dort stehen da noch ... das war, als wir zum erstenmal die Antiprotonen eingefangen haben – na, vielleicht gibt es ja irgendwann wieder mal einen Grund zum Feiern ...«

BEATE ROSENDAHL, *selbstän-dige Hebamme, Mitgl. d. Hebammen-gemeinschaft Geburtshaus am Klausenerplatz Berl.-Charlottenburg. 1969 Einschulung Walter-Gropius-Gesamtschule Berlin, 1981 Abitur ebd. 1982–83 freiwilliges Soziales Jahr b. d. Caritas. 1983–86 Berufs-ausbildung z. Hebamme an d. Univ.-Klinik Marburg. 1986–89 Arbeit als Hebamme im Kreiskrankenhaus Northeim, Nieders., in Neben-tätigkeit Wochenbettbetreuung. 1989–90 Hebamme im Ev. Wald-krankenhaus, Berlin. Seit Februar 1990 Hebamme im Geburtshaus Berl.-Charlottenburg: Außerklinische Geburtshilfe, Schwangerenvorsorge, Wochenbettbetreuung, Leitung v. Geburtsvorbereitungskursen u. Rück-bildungsgymnastik. 1995–98 Studium Pflegemanagement Alice-Salomon-Fachhochschule f. Sozialpädagogik, Berlin. Vor d. Vordipl. abgebrochen (wg. Unlust). 1998–2001 berufs-begleitende Ausbildung zur Yogalehrerin. 2001 Weiterbildung z. Stillbeauftragten (Fachkraft f. Stillförderung). Seit 2000 hauptsächlich im Organisationsteam f. d. Geburtshaus tätig (anstelle d. geburtshilflichen Tätigkeit). Frau Rosendahl wurde am 3. Juli 1963 in Berlin geboren. Der Beruf d. Mutter war früher Religionslehrerin, dann Jugendbetreuerin. Der Vater war Maschinenbauingenieur b. Siemens. Frau R. lebt mit ihrem Freund zusammen, ist ledig und hat keine Kinder.*

Mit Gefühl über den Damm

HEBAMME

Denn wo das harte Eisen lieget,
kann meine gelinde Hand liegen,
die dergleichen Schmerzen nicht verursachen kann.
Justina Siegmundin, Hofwehmutter, 1690

Die Hebammenkunst ist viele Jahrtausende alt und gründete sich auf Erfahrungswissen, das, wohl gehütet und oral, an die Schülerinnen weitergegeben wurde. Es war zentraler Bestandteil von Ritualen und Bräuchen der weiblichen Heilkunde. Ärzte hingegen tauchen erst seit etwa zweieinhalb Jahrhunderten bei der Geburt auf, und auch das in der Regel nur im Bedarfsfall. Der akademisch ausgebildete Gynäkologe und Geburtshelfer als Mann der Praxis ist erst seit Mitte des neunzehnten Jahrhunderts üblich. Dennoch ist unsere gesamte Geschichtsschreibung zur Geburtshilfe eine absolut medizinhistorische. Das liegt einerseits daran, daß die Hebammen, als reine Empikerinnen, bis weit in die Neuzeit hinein keinerlei Lehrschriften verfaßten. Andererseits aber liegt die Hauptursache in der Art und Weise, wie sich die Enteignung des Hebammenwissens vollzogen hat. Der Prozeß verlief allmählich, und der wissenschaftliche Fortschritt verdeckt den Blick auf die Vorgehensweise. Bis zum Beginn des fünfzehnten Jahrhunderts hatten die Hebammen noch die alleinige Kontrolle und Oberaufsicht über ihre Tätigkeit, zu der ihr gesamtes geburtshilfliches Wissen und Können gehörte, inklusive der Kenntnis heilender, narkotisierender, schwangerschaftsverhütender und abtreibender Mittel. Besonders letztere unterwarf sie in der Zeit der Hexenverfolgung (Höhepunkt zwischen 1560 und 1630) dem Verdacht der Ketzerei und Hexerei und brachte vielen Hebammen den Tod auf dem Scheiterhaufen. Die Kampfansage von Kirche und Staat gegen die selbstbestimmte Reproduktion und die Verminderung der Untertanen zielte ganz unmittelbar auf die Reglementierung des freizügigen Hebammenwesens. Die Hebammen wurden unter die Aufsicht des Stadtarztes gestellt, er übernahm Kontrolle und Prüfung ihrer Tätigkeit. Eine ›Hebammenordnung‹, geregelt durch die Kirchenordnung, schrieb der nunmehr ›geschworenen‹ Hebamme ihr Tun und Lassen vor. Untersagt wurde jedes innere und äußere Kurieren und die Verabreichung betäubender Mittel. Der Papst stellte 1588 flankierend nicht nur die Abtreibung unter Todesstrafe, sondern auch die Empfängnisverhütung.

Parallel dazu erschienen im sechzehnten Jahrhundert die ersten Hebammenbücher akademischer Ärzte, die anfangs noch stark am antiken Wissen über Geburtshilfe orientiert waren, dann aber mehr und mehr das Wissen der Hebammen übernahmen, zu dessen Preisgabe jene per Eid verpflichtet wurden. Das ist der Moment in der Geschichte, der den Übergang des traditionellen Hebammenwissens in die ärztliche Kunst der Geburtshilfe markiert, seine Verwandlung in eine theoretische Wissenschaft, ohne Nennung der Quellen (bis auf Paracelsus). Dieses Wissen, das den Ärzten eben noch unbekannt war, den Hebammen hingegen seit Jahrtausenden bekannt, wurde ihnen von nun an als Lehrbuch vorgelegt und zur Pflichtlektüre für ihre berufliche Professionalisierung. Ein langer, nie beendeter Kampf zwischen Ärzten und Hebammen hat damals begonnen und zugleich eine einschneidende Veränderung im Umgang mit dem gebärenden weiblichen Körper: Die am Tastsinn geschulte Hebammenkunst, die ganz besonders eine Praxis des Fühlens, des Greifens und Begreifens war, wandelte sich unter den männlichen Geburtshelfern zu einer Augenangelegenheit, zu einer vorwiegend optisch und vor allem technisch-instrumentell orientierten Geburtshilfe. Instrumente aus Eisen wie Haken, Hebel und vor allem die neu erfundene Geburtszange wurden virtuos gehandhabt und massenhaft experimentell eingesetzt – wissenschaftlich untermauert durch Anatomie und Autopsie, durch die Theorie des ›engen Beckens‹, durch die Ausweitung des pathologischen Befundes. Die Instrumente wurden zu Insignien der zunehmenden Macht und Überlegenheit, gegen die sich um 1750 vor allem englische Hebammen erfolglos zur Wehr setzten. Man hielt ihnen entgegen, die Hebammen hätten jahrtausendelang Zeit gehabt, ihr Fach zu einer Wissenschaft zu machen. Daß eben gerade diese Vorstellung ihren Erfahrungen vollkommen zuwiderlief, zeigen auch die wenigen von Hebammen geschriebenen Lehrbücher, die ganz am Praktischen, Naheliegenden orientiert sind; ihre Kunst war die Mäeutik.

Diese Grundmuster und Grundkonflikte berührten die Geburtshilfe bis heute und liegen nur notdürftig verdeckt unter den Segnungen von Narkose, Antiseptik, Antibiotika, von moderner Hightechmedizin und Rundumüberwachung. Es ist die bittere Ironie der Geschichte, daß die deutschen Hebammen ihre heutigen Emanzipationsmöglichkeiten ausgerechnet der Nazigesetzgebung zu ›verdanken‹ haben. 1938 wurde mit der Erlassung des Reichs-Hebammengesetzes zugleich auch die ›Zuziehungspflicht‹ festgelegt. Keine Entbindung ohne Hebamme. Der Arzt muß eine Hebamme hinzuziehen, die Hebamme hingegen nicht den Arzt. Das Gesetz war im Westen bis 1985 gültig, dann sollte u. a. auch die Zuziehungspflicht gestrichen werden, diese blieb aber auf Protest der Hebammen erhalten. Nach dem Kriege gingen die beiden geteilten deutschen Staaten auch in der Geburtshilfe getrennte Wege: Die DDR schaffte die faschistischen Regelungen ab, und damit Hausgeburt und freie Hebamme. Die Geburt wurde der Hauptverantwortlichkeit des Arztes unterstellt. In der BRD hingegen war bis Anfang der sechziger Jahre Hausgeburt in den ärmeren Schichten durchaus üblich. Erst mit der Kostenübernahme durch die Krankenkassen begann der Boom der Klinikgeburten, der technischen Aufrüstung der Kreißsäle, die Anwendung operativer Eingriffe als geburtsbegleitende normale Maßnahme. Bald näherte man sich der neunzigprozentigen Dammschnittrate der DDR an; hier wie dort indikationslos, rein präventiv, zur Verkürzung der Geburtszeit.

Mitte der siebziger Jahre trat die im Westen entstandene Frauenbewegung vehement für das Recht auf Abtreibung ein – am Kinderkriegen war man weniger interessiert angesichts der Umstände. Die Geschichte der Frauenunterdrückung wurde untersucht. Die Thematik war allgegenwärtig und sensibilisierte auch die Allgemeinheit. 1982 entstand in

Berlin eine Kontakt- und Beratungsstelle, ein Verein für das Recht auf selbstbestimmte Geburt. 1987, motiviert auch durch die Reaktorkatastrophe von Tschernobyl, gründeten engagierte Hebammen dieses Vereins das erste ›Geburtshaus‹ in Deutschland, am Klausener Platz in Berlin. Inzwischen sind dort dreitausend Kinder geboren worden, eine gleichberechtigte Hebammengemeinschaft von heute zehn Frauen kümmert sich um Schwangerschaft und Geburt der selbstbestimmten Art. In ganz Deutschland gibt es momentan fünfzig Geburtshäuser, fünf davon in Berlin.

Wir sind mit der Hebamme Beate Rosendahl verabredet. Sie wohnt am Klausenerplatz, nahe am Geburtshaus. Ihre Wohnung liegt im Hinterhausseitenflügel. Im Innenhof hat der Hauswart ein kleines Bassin angelegt mit Springbrunnen. Frau Rosendahl erwartet uns bereits, umschnurrt von einer dunkel getigerten Katze. Die Wohnung hat einen eigenen Eingang vom Hof her, Parterre befindet sich das Zimmer des Freundes, Bad, WC, über eine Holztreppe erreicht man die oberen Räume, eine offene kleine Küche, ein Wohnzimmer und das Zimmer von Frau Rosendahl. Wir werden ins Wohnzimmer gebeten, wo bereits ein Kaffeetisch gedeckt ist, es setzen sich aber alle an ein Tischchen mit Korbstühlen, weil es so bequemer ist. Auf dem Sofa liegt ein künstliches Zebrafell, auch die Kissen sind mit diesem Material bezogen, sogar die Lampe trägt das Muster. Die übrige Einrichtung ist eher konventionell: ein großer alter Schrank mit Glastüren an der hinteren Wand, Bücherregale, Fernsehgerät, ein angenehm altmodisches Musikregal mit Plattenspieler und Platten. An der Wand eine Dünenlandschaft, sehr grafisch, ein anderes Bild zeigt Mohnblumen. Den Platz am Fenster teilen sich eine schöne alte Kommode, ein zartes hohes Gewächs und ein dreistöckiges, plüschverkleidetes Katzenhäuschen. Der Freund, so war es besprochen, wird anwesend sein. Er ist Sozialarbeiter, groß, schlank, hat das lange Haar hinten zusammengebunden und trägt die Spitzen seines Bartes zu je einem Kringel gezwirbelt. Sehr zuvorkommend kümmert er sich um den Kaffee, ums Nachfüllen unserer Tassen.

Frau Rosendahl legt ihre zarten Hände ineinander und sagt: »Das Hebammenberufsfeld ist ja unheimlich groß, und davon ist die Geburtshilfe an sich das Herzstück, aber für mich fängt es schon in der Schwangerschaft an, mit Vorbereitung, Beratung und Untersuchung. Und dann natürlich im Wochenbett die Betreuung, also falls die Frauen Milchstau haben, Fieber bekommen oder Brustentzündung, ja und später geht's dann darum, ob die Milch reicht, was und wie soll zugefüttert werden. Wir machen Rückbildungskurse, also man kann sich viel überlegen, es geht ja im Prinzip darum, daß das ein positives Erlebnis wird. Und ich glaube, wir kriegen das hin im Geburtshaus. Ich bin fast dreizehn Jahre jetzt da, und es ist schon ein großer Unterschied zum Krankenhaus. Ich habe ja vorher drei Jahre im Krankenhaus die Ausbildung gemacht und dann noch mal vier Jahre in zwei verschiedenen Krankenhäusern gearbeitet, und da hat es mir wirklich irgendwann richtig gereicht! Ich fühlte mich nicht wohl, es störte mich immer mehr die beschränkte Kompetenz, die strenge Hierarchie auch, und daß ich mich auf drei Frauen gleichzeitig aufteilen sollte. Das ist ja keine optimale Betreuung mehr. Was mich besonders gestört hat, war, daß ich beistehe bei Sachen, die ich brutal finde, das hat mir alles vergällt. Ich kam mir wirklich oft wie eine Verräterin vor. Eine Zeitlang war ich so frustriert, daß ich dachte, ich höre lieber ganz auf. Und dann bin ich einfach mal ins Geburtshaus, wollte mir das anschauen, die hatten eine Stelle frei gehabt, zufällig, ich habe mich beworben und wurde genommen. Das war im Februar 1990. Nach einem Monat Einarbeitungszeit, wo ich eben nur so mitgelaufen bin, hatte ich meine erste Geburt. Die hat unglaublich lang gedauert, zwölf Stunden mindestens. Zwei Empfindungen hatte ich dabei: Nach einer langen Nacht habe ich morgens gedacht – im Krankenhaus könntest du jetzt nach Hause gehen ... Und die zweite Empfindung war toll: es geht, daß einfach mit Geduld, normal und spontan, das Kind geboren ist! Ich hatte bisher nur Geburten in Rückenlage erlebt, die ja fürs klinische Personal günstiger ist, aber fürs Gebären nicht, und diese war in Hockstellung, ich mußte es einfach nur auffangen, das Kind. Da habe ich mich dann aber doch ein bißchen erschrocken, es wog über fünf Kilo.«

Wir schlagen vor, uns kurz eine typische Geburtshausgeburt zu schildern und dann vielleicht dazu den Vergleich zum Krankenhaus verständlich zu machen. »Also ich muß dazusagen, im Moment betreue ich aktuell keine Geburten, sondern kümmere mich um organisatorische Sachen, aber ich hab das ja elf Jahre gemacht.« Sie erhebt sich und bringt aus dem Nebenzimmer ihre zwei Hebammentaschen, eine große, geräumige aus schwarzem Leder, eine kleinere aus braunem. In der großen Tasche befindet sich alles für die Hausgeburt Erforderliche, vom hölzernen Hörrohr (dem typischen Hebammeninstrument) bis hin zu einer Taschen-kinderwaage. Im kleinen Köfferchen für die Vorsorge-untersuchungen ist alles Notwendige drin, vom Maßband bis zum Urinteststreifen. »Notfälle sind also wirklich selten, aber wenn, da muß man dann in der Lage sein zu handeln, den Beatmungsbeutel habe ich einer Kollegin gegeben ...« – »Und den Sauerstoff«, sagt der Freund. – »Ja ...«, fährt sie fort, »wenn dann also mein ›Pieper‹ klingelt, dann fahre ich zu der Frau, untersuche sie vaginal, guck, ob der Mutter-mund anfängt, sich zu öffnen, was ja ein gutes Zeichen ist, höre an den Herztönen des Kindes, wie es ihm geht mit den Wehen. Ich verabschiede mich, und wenn es später stärker wird, treffen wir uns im Geburtshaus wieder, wo übrigens immer zwei Hebammen anwesend sind für alle Fälle. Bei uns können die Gebärenden alles durchprobieren, also die legen sich nicht fest. Fünfundvierzig Prozent der Geburts-hauskinder werden im Hocken, einunddreißig Prozent in der Vierfüßlerstellung und nur acht Prozent in Rücken-lage geboren. Viele äußern ja den Wunsch und sagen, sie möchten eine Wassergeburt, und das ist auch eine sehr gute Methode. Bei uns gibt es ja kein Gerangel um die Wanne wie im Krankenhaus. Ich bin dann in der Regel immer schon ein bißchen früher da, um die Räume etwas vorzubereiten, manchmal mache ich schon mal gerne eine Kerze an. Und wenn die Frau dann kommt – in der Regel ist ihr Partner dabei oder sonst jemand, es kommt eigentlich nie jemand alleine – dann wird der Raum ausgewählt, und wir beziehen zusammen das Bett, denn nach der Geburt legen sich ja alle Frauen noch mal hin und ruhen sich aus. Nachdem wir dann so ein Aufnahme-Cardiotokogramm (CTG) mit dem Herztonwehenschreiber gemacht haben, damit wir einfach noch mal eine Kurve dokumentieren, kann die Frau, wenn alle Räume frei sind, herumlaufen, auch zwischendurch mal ins Wasser gehen, wonach ihr gerade ist.

Als Hebamme muß ich ja mehrere Rollen gleichzeitig übernehmen, als diejenige, die sagt, was zu machen ist, die streichelt, Mut zuspricht oder manchmal auch unliebsame Maßnahmen durchsetzen muß, wenn ich beispielsweise möchte, daß die Frau mal aufsteht, weil ich das Gefühl habe, sie schont sich zu sehr, dann muß ich das Jammern auch mal ein bißchen überhören. Das alles zu vereinbaren ist manchmal nicht leicht. In der Regel bin ich aber einfach nur da, versuche möglichst gar nicht zu intervenieren, bzw. ich arbeite mit Homöopathie und Massagen – und andere von uns haben sich auf die Akupunktur verlegt. Manchmal ist es einfach so, daß ich der Frau Tips gebe, sie motiviere oder einfach nur mit ihr atme. Meine Aufgabe ist dann ja auch, zu sehen, gibt es einen Geburtsfortschritt? Beim ersten Kind sind über zwölf Stunden ganz normal, und es gibt überhaupt keinen Grund, zu drängen, solange der Geburtsverlauf in Ordnung ist. Es gibt aber auch Situationen – und die muß ich sehr genau einschätzen können –, wo es besser ist, die Geburt im Krankenhaus zu beenden, weil Komplikationen auftreten. Das ist, sag ich mal, nicht *so* selten. Unser Geburtshaus hat eine Verlegungsrate von zirka achtzehn Prozent, was aber heißt, es entspricht im Grunde dem, was als normal gilt: Man sagt, zirka achtzig Prozent der Geburten sind normal. Jetzt wieder zu unserer Frau im Geburtshaus: Wenn nun also das Kind kommt, ziehen sich die meisten Frauen unten rum ganz aus, und da ist es dann, ehrlich gesagt, bei uns, im Unterschied zum Krankenhaus, sehr angenehm, daß die Intimsphäre gewahrt werden kann. Um sich zu öffnen, muß man sich auch sicher fühlen. Manche Frauen haben während der Preßwehen Stuhlgang, was ja ganz normal ist, aber vielen ist das superpeinlich. Ich mache das weg und beruhige sie. Also sie ist jetzt in der Austreibungsphase – die Hauptzeit macht die Eröffnungsphase aus, wo der Muttermund sich öffnet, und die Austreibungsphase ist so ein Drittel der Zeit, etwas weniger, oft nur ein bis zwei Stunden. Dann wird zuerst das Köpfchen geboren, das Kind macht ja eine Vierteldrehung im Lauf der Geburt, das liegt an der Beckenform, und die gleiche Drehung macht es dann wieder zurück, es ›schraubt‹ sich eigentlich heraus, phasenweise. Ich leite das mit an, wärme den Damm mit einem heißen Tuch, erzähle, was ich sehe, fühle. Motiviere, daß die Frau auch mal selber fühlt, daß wir einen Spiegel hinhalten, wenn sie möchte … viele sehen auch mal selber nach mit ihren Händen, ich bin einfach da, habe auch meine Sachen schon zurechtgelegt, das Geburtsbesteck, Nabelschere und, für den Fall der Fälle, eine Dammschnittschere, wobei ich die recht selten nur brauche. Und dann gibt's einen Moment, da weiß ich, jetzt kommt es wirklich gleich, das ist der Moment, wo man so ein bißchen bremsen muß, damit es langsam kommt. Ich sorge also dafür, daß das Kind mit Gefühl über den Damm kommt und wie von alleine in meine Hand hineingleitet.

Danach legt sich die Mutter hin und lagert ihr Kind bequem auf dem Bauch, die Nabelschnur reicht meistens bis genau zum Busen, also es herrscht keine Eile, die Nabelschnur jetzt schon abzumachen. So gewöhnen sich die Kinder ans Atmen, in aller Ruhe. Wir lassen im Geburtshaus, anders als im Krankenhaus, die Nabelschnur auspulsieren. Ich fasse sie an und fühle den Puls, es dauert so etwa zwanzig Minuten, dann kollabieren die Gefäße. Das Abschneiden ist ja so ein symbolischer Akt, oft machen das die Partner, und dann atmet das Kind wirklich ganz alleine. Danach wird die Plazenta geboren in der Regel, ich untersuche sie und schmeiße sie dann einfach in den Müll – das ist erlaubt, ja – also wir geben sie nicht für Forschungszwecke weg. Manche Leute nehmen sie auch mit nach Hause, pflanzen sie zusammen mit einem Bäumchen ein, so als Lebenssymbol. Manche – aber ich weiß auch nicht, wie das geht, möchten sie auch trocknen und pulverisieren, das ist dann ein Notfallmedikament für Mutter und Kind bei schweren Krankheiten. Ich kenne das nur vom Hören, ebenso, daß, wenn eine nach der Geburt stark blutende Frau ein winziges Stück ihrer Plazenta ißt, das ihre Blutung zum Stillstand bringen würde. Also das habe ich von einer Hebamme gehört, die es angewendet hat. Ich hab's noch nie probiert. Jedenfalls, das Kind liegt auf dem Bauch der Mutter, und nach etwa einer Dreiviertelstunde bekommt es den ersten Hunger, der Such- und Saugreflex meldet sich, und die Frauen legen sich dann das Kind selbst an, oder wir helfen dabei. Und dann ist eben noch eventuell eine Dammversorgung zu machen, also kleinere Verletzungen an den Schamlippen, ein Dammriß, das kommt immer mal vor, etwa zu dreißig Prozent bei Erstgebärenden, das nähen wir dann, bei örtlicher Betäubung natürlich, und danach untersuchen wir die Kinder gründlich, wiegen, messen sie, unter einer nicht blendenden Wärmelampe. So etwa drei bis vier Stunden nach der Geburt gehen die Eltern mit ihrem Kind in der Regel nach Hause, und ich muß noch mal so drei Stunden addieren, die ich hinterher noch brauche fürs Aufräumen und Papiere-Schreiben.«

Frau Rosendahl macht eine kleine Pause und fährt dann in ihrer ruhigen Art fort: »Also zu der Zeit, als das Geburtshaus entstand, da war die Krankenhausgeburt noch das genaue Gegenteil, inzwischen, vielleicht auch durch die Wende bedingt und die schärfere Konkurrenz, wurden viele Möglichkeiten übernommen, die im Geburtshaus Standard sind. Jedes Krankenhaus, das auf sich hält und auch die Geburtszahlen halten will, hat heute eine Wassergeburtsmöglichkeit, und die Kreißsäle und Geburtsbetten sind freundlicher geworden, aber hinter den vielen äußeren Veränderungen hat sich an der eigentlichen Haltung zur Geburt relativ wenig geändert. Also für uns ist die Geburt etwas Normales. Sofern die Frau und das Kind gesund sind, schaffen sie es von alleine. Wir Hebammen sind Expertinnen für diese normale Geburt. Im Krankenhaus ist die Haltung erst mal die: Wir machen das schon für Sie! Es gibt Richtlinien, Schemata – Kanüle legen, Einlauf, Rasur –, und dann wird die ganze Apparatur eingesetzt, viel zu schnell wird ein Wehentropf angehängt zur Beschleunigung, zu fünfzig Prozent mindestens wird Periduralanästhesie gemacht, also die sogenannte ›Rückenmarkspritze‹, die von der Taille abwärts das Schmerzempfinden lähmt. Das ganze Gefühl für den Unterleib geht dabei verloren. Den Frauen wird keinerlei Mut zugetraut, statt Selbstvertrauen fassen sie Vertrauen in den medizinischen Eingriff. Viele Frauen möchten einfach natürlich und spontan gebären, und sie können es auch! Mit der Rückenlage ist es ebenso. Man sagt, die Frauen dürfen in jeder Position gebären, aber die Rückenlagen überwiegen, weil die Frau sich freiwillig ins Bett legt. Komisch, das kommt im Geburtshaus nicht vor, eine Frau legt sich nicht freiwillig auf den Rücken, sie wählt und wechselt ihre Positionen mehrmals, ganz instinktiv. Oben auf dem hohen Bett zu liegen macht nur unsicher, ist von Vorteil für Arzt und Hebamme, damit die sich nicht bücken müssen. Also das ist auf die Dauer tatsächlich ganz schön anstrengend, wenn ich die ganze Zeit unter der Frau auf dem Boden knie oder hocke, manchmal habe ich mich gefragt, ob ich, wenn ich älter bin, das noch so werde machen können. Tatsache ist aber, daß die Frauen im Krankenhaus auf dem Rücken landen. Und daß viel zu viele Dammschnitte gemacht werden, ist immer noch eine Realität, und daß das alles jetzt in schönen Kreißsälen stattfindet, macht es ja auch nicht angenehmer. Bei uns ist die Dammschnittrate acht Prozent, im Krankenhaus beträgt sie bis zu achtzig Prozent. Und jetzt steigt ja auch die Kaiserschnittrate zusehends. In Deutschland haben wir zwanzig bis fünfundzwanzig Prozent, fast jedes vierte Kind. Heute ist ja die ›Wunschsektio‹ im Gespräch, als medizinische Indikation gilt auch Angst vor der Geburt, also in diesem Fall zahlt die Kasse. Italien liegt übrigens mit fünfzig Prozent Kaiserschnittrate an der Spitze in Europa, in den USA sind's noch mehr, und in Brasilien sollen es über achtzig Prozent sein. Also bei uns im Geburtshaus kommt Angst jedenfalls gar nicht erst auf.«

Drei Tage später sind wir mit Frau Rosendahl im Geburtshaus verabredet. Es liegt an einem großen Platz mit Parkanlage, schräg gegenüber vom Schloß Charlottenburg. Das alte Miethaus, ehemals für Offiziere der Garde, wird vorwiegend gewerblich genutzt. Es hat keinen Aufzug. Im zweiten Stockwerk liegen die sieben Räume des Geburtshauses, über Eck gehend, verteilt auf zweihundert Quadratmeter. Der erste Blick fällt in einen gut beleuchteten langen Flur mit altem Sofa, es gibt auf einem Tisch Zeitschriften und Kaffee für die Wartenden. Frau Rosendahl zeigt uns mit einladenden Handbewegungen die einzelnen Räume, öffnet einen Wandschrank und holt ein knöchernes weibliches Becken heraus zum Üben, dazu gehört ein Negerpüppchen, das angeblich durch die enge untere Öffnung gezwängt werden kann. Wir versuchen es nicht. Im Büro ist heftiger Betrieb an den Schreibtischen, ansonsten ist die Wohnung leer, keine Gebärende ist anwesend, alle Zimmer können von uns besichtigt werden. Zwei große, lichte Räume gehen, ebenso wie das Büro, zum Platz hinaus. Sie sind, wie die gesamte Wohnung, in warmen hellen

Farben gehalten. Der alte Parkettfußboden glänzt matt, die Einrichtung ist sparsam, kein Kitsch fällt ins Auge. Die Atmosphäre wirkt privat, ist Ikea-geprägt und hat etwas von einer besseren Studentinnenwohngemeinschaft. Hinter den Glasfenstern der Schiebetüren des größeren der beiden Räume, des Seminarraums, liegen stoffbezogene schmale grüne Gymnastikmatten in Reih und Glied bereit. Die Teeküche, versichert Frau Rosendahl, können die werdenden Eltern mitbenutzen. Nach hinten hinaus, zum Hinterhof, liegen die Gebärräume. Es sind drei. Im größten steht ein umfangreiches, fest gepolstertes Bett, in den Schubladen des hölzernen Unterbaus sind diverse Utensilien untergebracht, sterile Instrumente, Binden, Sauerstoffmaske usw. Von der Decke hängt eine festverankerte Schlinge aus Stoff, in die sich die Frauen hineinhängen können, zwei niedrige Gebärhocker mit gepolsterter halbmondförmiger Sitzfläche stehen bereit. Es gibt zur Auswahl auch noch ein Holzsprossengestell mit verschiebbaren Stangen zum Festhalten, unten ist ein schräg geneigtes Fußbrett angebracht, offenbar haben viele Frauen das Bedürfnis, die Füße irgendwo fest aufzustemmen. Ein großer Gymnastikball aus Gummi ist allseits bekannt unter Schwangeren hierzulande. Hier also kniet und sitzt Frau Rosendahl oder eine ihrer Kolleginnen, während die Frau unter Schmerzen – von denen insgesamt wenig die Rede ist – und Stöhnen gebiert. Wir fragen, wie das ist mit den Bewohnern des Hinterhauses, wenn nachts eine Frau schreit. »Also wir haben noch nie eine Beschwerde gekriegt«, sagt Frau Rosendahl, »manchmal sagt eine Mieterin: ›Na, ihr habt wohl wieder ein Kind bekommen heute Nacht?‹ Das ist alles.«

Das zweite Gebärzimmer ist klein, hat ein schmales Bett, das am Fenster steht, dichte Vorhänge, Wickeltisch, Wehenschreiber und Wärmelampe wie auch in den anderen Räumen. Frische Blumen stehen in jedem Zimmer, auf Wunsch kann auch Musik gehört werden. Esoterisches, Klassik oder auch Trommeln. »Ich hatte mal eine Frau«, sagt unsere Gastgeberin, »die war riesengroß, und ich dachte, die will sicher in den großen Raum, aber nein, sie wollte unbedingt in diesen ›gelben‹, kleinen, das ist eben Geschmacksache.« Der nächste Raum ist ein Prunkstück, nicht sehr groß, aber eingenommen von einer großen, uterusförmigen, hohen Wanne. Sie ist mit Mosaik verkleidet in verschiedenen Blautönen, auch der Boden rund um die Wanne ist mit Mosaik verziert. Die Zimmerwände sind zur Hälfte blau, in Wellenform abgesetzt. Fünfhundert Liter faßt die Wanne, und innen ist eine bequeme Sitzfläche, auf der die Frau lagern kann. »So, das ist alles«, sagt Frau Rosendahl und lächelt. »Wichtig ist vielleicht noch, zu sagen, daß wir Hebammen uns das gerecht aufteilen. Jede bekommt eine bestimmte Anzahl von Frauen zugesprochen, damit jede sich ihr Geld verdienen kann. Auch bei den Kursen teilen wir uns gerecht auf. Über den Monat läßt sich Gerechtigkeit nicht so gut herstellen, es sind immer so etwa achtundzwanzig Frauen, die zur Geburt angemeldet sind, das heißt, es stehen immer welche zur Geburt an – die Frauen können sich übrigens ›ihre‹ Hebamme nicht aussuchen, wir können diese optimale Rund-um-die-Uhr-Betreuung der gesamten Geburt durch *eine* Hebamme nur über einen geregelten Dienst gewährleisten. Na ja, und für uns ist es immer ein bißchen Glück, ob es in meinem Dienst ›piepst‹ oder nicht, aber sagen wir es mal so, übers Jahr gesehen verteilt es sich gerecht. Wir sind mit dieser Regelung total zufrieden und streiten uns auch nie ums Geld. So, nun haben Sie alles gesehen, und ich hoffe, daß es mir gelungen ist, klarzumachen, daß wir Hebammen bodenständige Menschen sind und daß die Geburt ein normales Ereignis ist im Leben von Menschen – und von Säugetieren ...«

MARGRIT HERBST, *Dr. med. vet., ehem. amtliche Fleischhygiene-Tierärztin, Schlachthof Bad Bramstedt.* 1947 *Einschulung dänische Volksschule in Sörup.* 1954 *Staatl. Oberschule f. Mädchen Flensburg. Wechsel z. Gymn. f. Mädchen Osnabrück, Klavier- u. Gesangsunterr. am Städt. Konservatorium, Reitunterricht u. Turnierteilnahme.* 1961 *Abitur.* 1961–66 *Studium d. Veterinärmedizin an d. Tierärztl. Hochschule Hannover, zusätzl. div. Tätigkeiten w. Beritt v. Reit- u. Rennpferden, Praxisvertretungen in Großtier- u. Zoo-Praxen. Diss.* 1967 (Sedation des Schweines mit einem Methansulfonat). 1963–68 *Hochschultätigkeit an d. Tierärztl. Hochschule Hannover.* 1970–78 *Tätigkeit in eigener Großtierpraxis in Gartow, Niedersachsen. Zusätzl. Arbeitsschwerpunkte: Turnierärztin; Betreuerin d. Gartower Zollreiterstaffel; Berittene Tierärztin d. Niedersachsenmeute in Dorfmark; Vertragsärztin b. Bundeshybridzüchtungsprogramm f. Schweine.* 1978 *Übers. n. Schleswig-Holstein,* 1978–94 *amtl. angest. Fleischhygiene-Tierärztin d. Kreises Segeberg im Schlachthof Bad Bramstedt.* 1990–1994 *insg.* 24 *vorl. Beschlagnahmungen u. Meldungen BSE-verdächtiger Rinder. Dez.* 1994 *fristl. Kündigung durch d. Kreis Segeberg. Arbeitslosigkeit, Kampf um Rehabilitation, Frühverrentung.* 1991–2001 *zahlr. Vorträge u. wiss. Fachbeiträge über BSE u. Creutzfeldt-Jakob-Erkrankungen. Preise u. Ausz.: Weltethikpreis f. Zivilcourage,* 2001; *Whitleblower-Preis,* 2001; *H. G. Creutzfeldt-Förderpreis f. Zivilcourage,* 2002; *Frau des Jahres Schleswig-Holstein,* 2003. *Frau Dr. Herbst wurde am* 5. *Juli* 1940 *in Flensburg als Margrit Hansen geboren, sie ist gesch. u. hat zwei Kinder. Ihr Vater war Bauingenieur, die Mutter Hausfrau.*

Rinderwahnsinn

SCHLACHTHOFVETERINÄRIN

Ich gebe doch zu, wir haben alle nicht aufgepaßt.
Gerhard Schröder, Bundeskanzler, 2001

Die Behandlung von Tierkrankheiten und die Praktiken des Schlachtens und der Hygiene wurden bis zum Beginn des neunzehnten Jahrhunderts vorwiegend empirisch betrieben von Stallmeistern, Hirten, Schmieden, Viehkastrierern und den Bauern selbst. Für die toten Tiere war lange Zeit der Henker zuständig. Fleischbeschau gab es zwar schon im vierzehnten Jahrhundert, aber erst im sechzehnten Jahrhundert geboten neue Fleischerordnungen in den Städten das Schlachten der Tiere ausschließlich in den öffentlichen Schlachthäusern. Ohne Untersuchung des lebenden und toten Tieres durfte dessen Fleisch nicht in der Stadt verkauft werden. Von Trichinen und Würmern befallenes Fleisch wurde an die Armenhäuser und Seuchenspitäler abgegeben. Gegen Ende des neunzehnten Jahrhunderts – der Tierarzt war bereits ein akademischer Beruf – verlangte das Reichsrindfleischbeschaugesetz in Paragraph 1 eine amtliche Untersuchung für »Rindvieh, Schweine, Schafe, Ziegen, Pferde und Hunde« vor und nach der Schlachtung, und die Schlachthöfe wurden von den Innenstädten an den Rand der Städte verlegt. Die Zentralisierung der Schlachthöfe begann Mitte des neunzehnten Jahrhunderts. Der erste und vorbildlichste, 1867 zur Weltausstellung in Paris eröffnet, wurde vom strategischen Stadtbaumeister Haussmann konzipiert und war – im Gegensatz zu seiner Modernisierung von Paris – im Moment der Fertigstellung bereits veraltet. Während in den Hallen des neuen Schlachthofs La Villette für jeden Bullen eine eigene Box vorhanden war und mit

der altgewohnten handwerklichen Ruhe und Technik weiter-
geschlachtet wurde, liefen im Chicagoer Großschlachthof
bereits Bänder, und den Rindern wurde das Fell mechanisch
ab- und über die Ohren gezogen. Vierzig Jahre später
beschrieb Upton Sinclair diesen Schlachthof als den Ort,
an dem die »Fleischwerdung des Geistes des Kapitalismus«
sichtbar wird (*The Jungle,* 1906). Dieser Geist hat in
den achtziger Jahren des zwanzigsten Jahrhunderts – als es
immer üblicher wurde, durch listige Einsparungsmaßnahmen
Gewinne zu erwirtschaften – die Rinderseuche BSE hervorgebracht und für ihre Weiterverbreitung gesorgt.

1980 wurde in England die Erhitzungstemperatur bei
der Tiermehlherstellung stark reduziert. Das Resultat: Die
sichere Abtötung der Scrapie-Erreger in den mitverarbeiteten
Schafskadavern war nicht mehr gegeben. Durch den Brauch,
Pflanzenfresser zu Zwangskannibalen zu machen, indem
man ihnen Kadavermehl als Kraftfutter zufütterte, konnte
der Erreger die Artenschranke überwinden. 1982 fallen in
Großbritannien die ersten Rinder einer Klauenkrankheit
zum Opfer. Nach vielen Jahren der Geheimhaltung, der
unzureichenden Maßnahmen, des Rindfleisch- und Tiermehl-
exportes werden 1986 die EG-Mitgliedsstaaten unterrichtet,
wird ab 1990 BSE in der EG meldepflichtig, wird 1996
ein umfassendes Exportverbot für britisches Rindfleisch
von der EU erlassen, nachdem England bekanntgab, daß
die Übertragbarkeit der Bovinen Spongiformen Encephalo-
pathie (BSE), des sogenannten Rinderwahnsinns, auf den
Menschen nicht auszuschließen sei. England hat mehr als
40000 BSE-Fälle registriert und zehn Todesfälle aufgrund
der neuen Form der ebenfalls tödlichen Creutzfeldt-Jakob-
Krankheit. Bis November 2000 waren in Großbritannien
insgesamt achtzig und in Frankreich fünf Menschen daran
gestorben. Eine europaweite Kennzeichnungspflicht für Rindfleisch wurde eingeführt und das Verwendungsverbot von
Risikomaterialien: Schädel inkl. Gehirn, Augen, Tonsillen,
Wirbelsäule, Rückenmark, Darm und Darmgekröse bei
Rindern über zwölf Monate. Die Schnelltests bei verdächtigen Tieren werden eingeführt und sind ab Januar 2001
Pflicht. Am 24. November 2000 wird in Deutschland der
erste Fall von BSE bei einem in Deutschland geborenen und
aufgewachsenen Rind diagnostiziert, in Schleswig-Holstein.

Ganz in der Nähe des Schlachthofs Bad Bramstedt, aus dem die Fleischhygienetierärztin Frau Dr. Herbst fünf Jahre zuvor entlassen wurde, weil sie die Öffentlichkeit über schon damals vorkommende BSE-Fälle informiert hatte. Im Dezember erläßt Deutschland ein Verfütterungsverbot für Tiermehl (europaweit ab 2001). Man schätzt, daß seit Bekanntwerden von BSE ca. 800000 infizierte Rinder in die menschliche Nahrungskette gelangt sind. Die Inkubationszeit der neuen Creutzfeldt-Jakob-Krankheit beträgt zwischen einigen Monaten und bis zu dreißig Jahren.

An einem schönen Frühlingsmorgen fahren wir auf dem Weg zu Frau Dr. Herbst nach Bad Bramstedt, um einen Blick auf ihre frühere Arbeitsstätte zu werfen. In dieser norddeutschen Kleinstadt haben sich schon vor sechshundert Jahren Rinderschicksale vollzogen. Mitten durch Bad Bramstedt führte der sogenannte Ochsenweg, auf dem im fünfzehnten Jahrhundert jedes Frühjahr Tausende von Ochsenherden von Jütland bis hinunter an den Rhein getrieben wurden zum Verkauf und zur Schlachtung. Damals gab es noch keine öffentlichen Schlachthäuser, heute gibt es bei uns so gut wie keine mehr. Das Fleischgeschäft, vom Viehhandel bis hin zur Bulettenproduktion, befindet sich in den Händen großer Fleischkonzerne. Bei der Recherche fiel mir auf, daß Wortbildungen mit dem Begriff »schlachten« kaum noch vorkommen. Es gibt Nordfleisch, Südfleisch, Westfleisch, Fleischkonzerne, Fleischvermarkter. Heute wird das Vieh in Transportern aufs Betriebsgelände der Norddeutschen Fleischzentrale gefahren, direkt an die Entladerampe, über die es unmittelbar im Innern des Hauses verschwindet. Nichts an diesem Gebäudekomplex deutet auf einen Schlachthof hin. Es könnte ebensogut eine Zigarettenfabrik oder ein Getränkeauslieferungslager sein statt eines Schlacht- und Zerlegebetriebes, in dem sechshundert Rinder täglich geschlachtet, also getötet werden – denn das Töten ist selbst im einundzwanzigsten Jahrhundert immer noch Handarbeit. Zu erkennen ist auch nicht, daß der große runde Behälter, der neben dem flachen Gebäude aufragt, ein Fassungsvermögen von vierzig Millionen Liter Blut hat.

Wir fahren weiter nach Brokstedt, vorbei an aufgeräumten Agrarlandschaften, kein Tier ist zu sehen. Hier in der Gegend hält man Milchvieh. Plötzlich taucht am Straßenrand in einer Ortschaft vor Brokstedt ein mysteriöses Plakat auf. Befestigt auf einem Wagen, steht es innerhalb eines bäuerlichen Grundstücks. Neben der Aufschrift »Sicher ist sicher! Deutsches Rindfleisch!« ist links das Bild eines ausgerollten Präservativs zu sehen und rechts das eines Tellers mit Fleisch. Kurz darauf sind wir in Brokstedt, einem typisch norddeutschen Dorf mit alten und neuen Backsteinhäusern, intensiv gepflegten Vorgärten, mit Post, Metzgerei, Kirche, Friedhof, Kindergarten, Altenheim und Eigenheimsiedlung. Wer hier Außenseiter ist, findet wenig Freude am Leben. Frau Dr. Herbst wohnt in einem unauffälligen Einfamilienhaus unterm Dach zur Miete. Sie empfängt uns sehr freundlich und führt uns in ihre kleine Wohnung, die irgendwie jungmädchenhaft eingerichtet ist, mit hellen Holzmöbeln, handgeknüpften kleinen Orientteppichen und vielen Pferdebildern und Pferdeskulpturen. Unsere Gastgeberin schenkt uns grünen Tee ein und erzählt:

»Ich kann jetzt natürlich nur sagen, wie es damals war. Auf den Transportern sind so etwa zwanzig Tiere pro Ladefläche – sie fahren direkt an die Rampe ran, die Sie ja von außen gesehen haben. Im Gebäude sind mehrere Boxen. Und meine Arbeit bestand dann darin, zuerst einen Blick auf den Transporter zu werfen, ob alle Tiere stehen, als zweites beobachtet man den Abladevorgang der Tiere, die mehr oder weniger einzeln vom Fahrzeug kommen, und da mache ich schon die erste Beobachtung der Tiere in der Bewegung. Ich stehe da, kurz vor der Mauer, und lasse vielleicht vierzig Tiere an mir vorbeigehen.« Auf unsere Bitte hin zeichnet sie mit einfachen Strichen den Weg der Rinder auf. »Und hier hinten ist irgendwo eine Tötebox, dort werden sie mit dem Bolzenschußgerät betäubt. Zu meiner Zeit wurde dann noch mit einem langen Kunststoffrohr durch den Bolzenschußkanal ins Rückenmark gefahren, damit das Tier nach dem Entbluten keine unkontrollierten Bewegungen mehr macht. Es ist zwar schon tot, aber das Rückenmark steuert noch relativ starke Reflexe – schon bei leichter Berührung kann es zu heftigen Abwehrbewegungen kommen, die den Mitarbeiter verletzen können. Deshalb hatte der Berufsverband der Metzger Wert darauf gelegt – aber der ›Rückenmarkzerstörer‹ darf, seit es offiziell BSE gibt, nicht mehr angewendet werden, weil man ja die Keime weiterträgt, von

Tier zu Tier. Aber bestimmt auch mit dem Bolzenschuß ...
Also wie gesagt, die Tiere stehen hier Schlange vor der
Tötebox, der Mann setzt den Bolzenschuß, das Tier bricht
nieder, dann geht hier eine Klappe auf, das Tier wird am
Hinterbein angeschlungen, entblutet, ans Band gehängt.
Es muß sehr schnell gehen, das Tier ist ja nur bewußtlos,
innerhalb von sechzig Sekunden nach dem Bolzenschuß
muß dann die eigentliche Tötung durchs Entbluten vorgenommen werden, das wird auch von Hand gemacht
durch einen Mann ... Dann geht es weiter zum Enthäuten,
Ausschlachten und so weiter. Bei Tieren ab vierundzwanzig
Monaten muß seit 2001 für den vorgeschriebenen BSE-
Schnelltest eine Hirnprobe aus dem abgetrennten Schädel
entnommen werden. Es gibt noch immer keinen Schnelltest
am lebenden Tier, bis heute ... Das Fleisch geht dann erst
mal in die Kühlung, nach Chargen getrennt.«

Wir fragen, ob sie Fleisch und Wurst ißt. »Rind schon seit
1990 nicht mehr, ansonsten, sehr selten, Geflügel. Schinken
esse ich, aber nur hauchdünn geschnitten, im Prinzip esse
ich nur Muskelteile, die ich sehen kann. Also wieder zum
Thema, es war dann so, daß ich in den Pausen die Tiere in
der U-Box gehabt habe, der Untersuchungsbox, das eine
hat eine Lungenentzündung, ein anderes geht lahm. Wenn
entsprechende Auffälligkeiten waren, habe ich vorläufig
beschlagnahmt. Mehr durfte ich ja nicht machen. Also
insgesamt waren es oft mehrere hundert Tiere am Tag,
fünfhundert Rinder sind ohne weiteres zu schaffen, und
wenn Sie fünfhundert beguckt haben, kommen die ersten
Ermüdungserscheinungen. Aber ich habe es über die Rou-
tine gemacht, da kam mir meine lange Praxis vorher sehr
zugute. Aber ich war natürlich nicht alleine, wir waren drei,
vier Tierärzte und einer in der Pause. Früher! Dann kam
die Regelung mit den Fleischkontrolleuren oder Fleisch-
inspekteuren. Die wurden ein paar Wochen ausgebildet und
haben dann quasi dieselbe Arbeit gemacht am Band. Früher
hatten wir noch eine richtige Isolierschlachtabteilung! Die
wurde aus Ersparnisgründen auch eingestellt. Dort hatte ein
Tierarzt die Aufsicht, er machte die Nachuntersuchungen,
Endbeurteilungen, Laborproben. Dann hatten wir noch ein
bis zwei Tierärzte im Innendienst, also praktisch Büro, Im-
port, Export. Das heißt, wir hatten eine sogenannte geteilte

Fleischuntersuchung gehabt. Und was natürlich ganz wichtig ist für die Tierseuchenbekämpfung, das sind die beamteten Tierärzte im Kreis Segeberg. Sie sind zuständig für die Anordnung weiterführender Untersuchungen und Maßnahmen. Ich durfte nur vorläufig beanstandend sagen, daß hier ein BSE-Verdacht vorliegt, mehr konnte ich nicht anordnen. Und genau das war das Problem, meine Verdachtsfälle wurden als gesund diagnostiziert und zum Verzehr freigegeben. Es ist ein Krimi, der da abgelaufen ist in der Wirklichkeit!« Frau Dr. Herbst steht auf und holt einige Papiere aus ihrem kleinen Büro.

»Ich hab Ihnen mal meine Fall-Liste ausgedruckt, leider ist der Drucker irgendwie defekt, aber Sie können's noch lesen. Also, das erste Mal fiel mir im Sommer 1990 auf, daß mit einigen Tieren etwas nicht stimmte. Es konnte nicht Tollwut sein, auch nicht Tetanus, keine andere mir bekannte Diagnose paßte, und ich hatte starke Befürchtungen, daß es sich um die bis dahin ja nur in England um sich greifende BSE-Krankheit handeln könnte. Diese Tiere fielen vollkommen aus dem Rahmen. Aus dem üblichen Rahmen! Das erste Rind hatte bei der Lebenduntersuchung diese traberartigen Bewegungsabläufe, und die folgenden drei Rinder hatten hochgradige, sehr eigenartige Bewegungsstörungen, dann bei späteren Fällen fiel auch eine ganz starke Ängstlichkeit und Aggressivität auf. Und es ist ja so, daß ich weiß, wovon ich rede. Zum einen hatte ich mich schon vor meiner Bad Bramstedter Zeit ausführlich und intensiv beispielsweise mit Lahmheitsstudien des Pferdes befaßt, also mit Bewegungsstörungen, und zum anderen habe ich als Fleischhygienetierärztin von 1978 bis 1990, sagen wir mal, sicherlich 140000 Rinder begutachtet. Da hatte ich natürlich einen sehr geschulten Blick gehabt. Ich habe dann damals selbst angefangen, mich wissenschaftlich mit der Sache zu beschäftigen, mir Unterlagen über Scrapie besorgt und die Creutzfeldt-Jakob-Krankheit, denn irgendwo dazwischen, habe ich gedacht, muß ja BSE liegen. So bin ich vorgegangen, habe zu Hause Listen angelegt. Die Unterlagen aus England habe ich ja erst etwas später bekommen, auf Umwegen über die Schweiz übrigens, die Kollegen konnten dort ja nicht veröffentlichen und waren geknebelt, Unterlagen durften nur von der Regierung selbst herausgegeben werden. Die Unterlagen, die ich bekam, die waren mit einem Geheimhaltungsvermerk versehen, das heißt, ich konnte sie offiziell nicht zur Stützung meiner Diagnosen heranziehen, es paßte aber alles zu meiner Diagnose. Ich hatte intuitiv und haargenau die typischen Symptome herausgefischt. Genutzt hat das aber gar nichts. Im Fall dieser drei Rinder 1990 habe ich mir telefonisch Rückendeckung geholt beim Tiergesundheitsamt Hannover, ich wollte den Verdacht ja abgesichert haben. Man sagte mir, daß der zuständige Pathologe, Professor Pohlenz, sich bereits in England mit BSE-Untersuchungsverfahren habe vertraut machen lassen. Sie ließen zwei Rinderköpfe abholen zur weitergehenden Untersuchung durch Professor Pohlenz, diese Untersuchungen entsprachen aber nicht dem aktuellen Stand der Wissenschaft und dem Erkenntnisstand eines Fachmannes, sie ergaben nichts. Ich bot meinerseits Mäuseversuche an, das wurde von Professor Pohlenz abgelehnt. So wurden auf Anweisung meiner Vorgesetzten diese Tiere freigegeben zum Verzehr, wie auch in allen anderen Fällen.«

Sie seufzt, gibt ihre gespannte Körperhaltung für einen Moment auf, trinkt Tee und fährt dann fort: »Ich wollte ja einen Untersuchungsgang für BSE-verdächtige Tiere in Bad Bramstedt entwerfen ... mit Hilfe von Doktoranden. Das war alles wunderbar mit meinem Arbeitgeber, dem Landrat von Segeberg, besprochen. März 1992, nach dem zweiundzwanzigsten BSE-Verdachtsfall, hatte er mich zu einem persönlichen Gespräch rufen lassen, mir weitreichende Kompetenzen zugesagt. Das Ergebnis war dann, daß ich einige Tage später aus dem Stall – wo ja die Begutachtung des *lebenden* Tieres stattfindet – zeitweise quasi strafversetzt wurde ans Schlachtband. Da waren dann Schlachtkörper zu untersuchen, bei denen natürlich eine eventuelle BSE-Erkrankung gar nicht mehr ohne weiteres per Augenschein zu diagnostizieren ist. Dem war bereits einiges vorausgegangen an Einschüchterungsversuchen und Maßregelungen. Anfangs habe ich mich mit den Kollegen ja noch über die Dinge unterhalten, bis die Herrschaften dann einen Maulkorb bekamen, so daß ich ziemlich alleine dastand. Das zehnte Tier war Februar 1991, ein rotbunter Bulle, er sollte zur Diagnosesicherung lebend nach Hannover gebracht werden, ich hatte das mit der Tierärztlichen Hochschule alles geklärt, die Transportpapiere waren bereits ausgefertigt, alles mit dem Veterinäramt abgeklärt. In meiner Abwesenheit wurde dann das Tier aber in Bad Bramstedt geschlachtet und nach feingeweblicher Pseudountersuchung durch Professor Pohlenz ohne Feststellung der Krankheitsursache für den Handel freigegeben. Danach wurde mir übrigens von Kollegen mitgeteilt, daß meine Vorgesetzten zukünftig alles tun würden, um die Bestätigung eines BSE-Verdachtes zu verhindern. Seit März 1990 gab's einen Beschluß der EG, daß alle BSE-Fälle gemeldet werden müssen! Bei Tier Nummer fünfzehn, im Dezember 1991, wurde bei uns beschlossen, daß innerbetrieblich in Zukunft abgestimmt werden soll, ob eine BSE-Verdachtsmeldung an das Veterinäramt Segeberg – das zuständig ist für die Tierseuchenbekämpfung – weitergegeben werden soll oder nicht.«

Frau Dr. Herbst sagt mit entschlossenem Gesichtsausdruck: »So: Ich will jetzt rote Grütze essen«, und erhebt sich. Wir folgen ihr in die bescheidene Küche, wo die Grütze aus selbstgepflückten, eingefrorenen Beeren gerecht in Schälchen verteilt und beim weiteren Gespräch mit Andacht gegessen wird. »Im März 1993 wurde ich fortan gezwungen, auf einer schadhaften, vom TÜV ausgemusterten Hebebühne – die Hydraulik war defekt – zu stehen und zu arbeiten. Das war eine üble Schikane. Man muß sich das so vorstellen«, sie zeichnet kaum Erkennbares, »hier ist das Band mit dem Haken, hier hängt das Rind, der Kopf ist nicht mehr da, es ist enthäutet und durchgesägt ... hier stehe ich mit meinem Messer, so, und die Hebebühne hat pro Minute immer wieder plötzliche Absenkungen, wie im Flugzeug fast, bei den Luftlöchern ... und da sind bei mir nicht nur die Bandscheiben gestaucht worden, sondern auch der Übergang vom Beckenknochen zur Wirbelsäule. Und wir mußten nicht nur die hier übliche Arbeit verrichten, also Nieren abtrennen, Nierenlymphknoten ausschneiden, wir mußten damals auch das Fett rausschneiden und die Schwänze abtrennen. Also in dieser Zeit war man mit mechanischen Schlachtarbeiten beschäftigt und konnte anderes gar nicht mehr beurteilen. Gleichzeitig hat aus meiner Sicht die Nordfleisch dabei eine Arbeitskraft eingespart. Aufgrund dieses Rückenschadens durch die Hebebühne hatte ich wahnsinnige Schmerzen gehabt, war lange Zeit krank, bin in der Spezialklinik gewesen und war ganz schön angeschlagen. Mein Anwalt bat 1994 schriftlich um Rückversetzung aus gesundheitlichen Gründen vom Schlachtband in den Stall. Die Bitte wurde von der Segeberger Kreisverwaltung abgelehnt. Daraufhin, nachdem man mir jeden Weg versperrt hatte, beschloß ich, mit der Problematik an die Öffentlichkeit zu gehen.«

Sie sucht in einem Stapel von Papieren. »Ja, es gibt Schriftverkehr, umfangreichen. Achtundsiebzig Aktenordner ... die meisten davon sind bei den Anwälten ... Ich habe dann im August 1994 in einer SAT 1-Sendung darüber berichtet, in welcher Weise BSE-verdächtige Rinder durch Vorgesetzte als unbedenklich erklärt werden und wie gefährlich dieses Verhalten ist, weil es Einschleppungsmöglichkeiten und Verbreitungsrisiken direkten Vorschub leistet. Dann hatte ich erfahren, daß eine Vielzahl von billigen britischen Kälbern in Holland von unseren Viehhändlern aufgekauft und auf dem Bad Bramstedter Schlachthof der Norddeutschen Fleischzentrale geschlachtet worden waren. In dieser ganzen Angelegenheit war ja eigentlich immer Gefahr im Verzug, da kann man es mir ja nicht verdenken, wenn ich dagegen einschreite. Und ich bin als Expertin für BSE an die Öffentlichkeit gegangen, da kann ich natürlich nicht verschweigen, daß ich Mitarbeiterin eines Kreises und Betriebes bin, wo permanent verharmlost und verschleiert wird. Danach haben sich die Dinge überschlagen. Im Oktober erhielt ich eine Unterlassungsklage des Schlachthofbetreibers, Abmahnung und Androhung der fristlosen Kündigung durch den Kreis, und im Dezember 1994 kam eine fristlose Kündigung wegen des Bruchs meiner dienstlichen Verschwiegenheitspflicht ... Also fortan war ich fast nur noch mit Gerichten und Juristischem beschäftigt, es verfolgt mich bis heute im Prinzip. 1995 habe ich quasi alle zwei Monate ein Gerichtsverfahren gehabt. Also ich habe allein sozusagen vor Gericht gestanden, niemand trat mir zur Seite, außer meinem Anwalt. Kein Mitarbeiter des Schlachthofs hat es gewagt, meine Angaben zu bestätigen. Ich habe aufbegehrt, so wurde das empfunden, auch gegen einen mächtigen Fleischkonzern – inzwischen ist er wohl der zweitgrößte

Europas. Jedenfalls, um es kurz zu machen, das Landgericht und das Oberlandesgericht fällten ihre Urteile zu meinen Gunsten, die Klage von Nordfleisch wurde abgewiesen, ich wurde nicht zur Zahlung einer halben Million Mark Schadenersatz verurteilt. Die Arbeitsgerichtsprozesse haben mir im Gegensatz dazu in mehreren Instanzen nur Niederlagen gebracht. Das Loyalitätsgebot gegenüber dem Dienstherrn und die Schweigepflicht wurden *über* die öffentlichen Belange und die Verpflichtung gegenüber der Allgemeinheit gestellt. Damit war ich dann sozusagen ruiniert. Entlassen, kaltgestellt, ausgeschlachtet, mein Ruf zerstört, bekannt wie ein bunter Hund. Von der Fleischindustrie und den Bauern gehaßt. Deshalb gab's auch keine Hoffnung auf eine neue Arbeit.«

Sie schweigt einen Moment verbittert und sagt dann: »Das ist der Preis, den *ich* bezahlen mußte – oder noch muß. Aber der Preis, den die Allgemeinheit bezahlt hat und noch zu bezahlen haben wird für die BSE-Folgekosten, der ist schon jetzt in Milliarden zu beziffern, europaweit. Und hier ist es doch so, wenn wir die ersten Fälle damals gleich ordnungsgemäß untersucht und aus dem Verkehr gezogen hätten, dann hätte Deutschland vielleicht nur Einzelfälle gehabt. Man hätte parallel mit der Forschung beginnen können – heute kostet das ungeheure Summen – wir wären vielleicht viel früher an ein Ziel gekommen, und die Bevölkerung hätte beruhigt sein können, weil wir alles tun, um diese Tiere rauszugreifen. Statt dessen ist seit 1990 zehn Jahre lang nichts geschehen und nur vertuscht oder verharmlost worden, nicht nur bei uns! Es sind allein in Bad Bramstedt von 1990 bis 1994 vierundzwanzig Rinder BSE-verdächtig gewesen, und es haben ja bei uns auch andere Kollegen BSE-Verdachtsfälle gemeldet, ich war nicht die einzige. Es müssen ja auch viele andere Kollegen an anderen Schlachthöfen etwas gesehen haben, beispielsweise in Bayern, Niedersachsen ... Aber es war wohl wie bei uns ein *Nicht-sehen-Wollen*. Das ist eine organisierte Wahrnehmungsverweigerung gewesen! Verschiedene Personen und Gruppen haben systematisch versucht zu verhindern, daß BSE öffentlich zur Kenntnis genommen wird, das geht von den zuständigen Bundes- und Landespolitikern über Bauernverbände, die Fleisch-, Nahrungs- und Futtermittelindustrie, bis hinunter zu den Verantwortlichen in den Kreisen und Ämtern. Ein Komplott der Verdränger, Verharmloser, Vertuscher hat es geschafft, zehn Jahre lang das Problem abzuwürgen. Im März 2000 erklärte der Bundeslandwirtschaftsminister: ›Deutschland ist BSE-frei!‹ Am 24. November wurde in Deutschland der erste Fall von BSE bei einem in Deutschland geborenen und aufgewachsenen Rind diagnostiziert, mit dem Prionic-Check, dem Schnelltest. In Schleswig-Holstein war das, ich würde sagen, fünfunddreißig Kilometer von hier!«

Frau Dr. Herbst sagt es ohne Genugtuung. »Nein, ich wußte es ja. War sicher, daß die Katastrophe schon zehn Jahre währte ... Wissen Sie, das Ganze war natürlich auch psychisch sehr belastend für mich. Vor einem Jahr etwa habe ich die Sache abgebrochen, keine Vorträge mehr, keine Publikationen. Auch aus finanziellen Gründen ... meine Wohnungen werden immer kleiner, immer billiger. Eine Entschädigung habe ich bis heute nicht bekommen, im Gegenteil, zehn Jahre Zwangsarbeitslosigkeit fehlen mir an der Rente. Ich sag's Ihnen: 2400 Mark, 1227 Euro bekomme ich, davon gehen ungefähr 900 Mark bzw. 460 Euro für die Wohnung ab, ich hab das kleine Auto, Telefon usw., davon können Sie nicht mehr Reisen machen, Manuskripte verschicken, und Bücher oder Fachzeitschrift sind auch nicht drin. Immerhin steht die Öffentlichkeit in Schleswig-Holstein inzwischen hinter mir, auch die Landwirte ... die sagen ... ach, hätte man doch damals untersucht! Manchmal denke ich, ich hätte lieber in Gartow bleiben sollen, 1978, aber nach der Scheidung wollte ich weg mit den Kindern. Ich habe ja dort eine richtige eigene Landpraxis gehabt, eine Großtierpraxis. Das Arbeitsklima war unglaublich angenehm, denn wir haben nicht gegeneinander gearbeitet, sondern miteinander. Die Bauern waren anfangs zwar mißtrauisch, aber das erste, was dann eingeschlagen hat: Ich habe die Hengste im Stehen kastriert. Also ich habe sie nicht abgelegt, mit Narkose, sondern nur örtlich betäubt. Ich brauchte einen Mann am Kopf und die Oma am Schwanz zum Festhalten, ein bißchen Nasenbremse zum Ablenken, das war's. Ich kam mit eineinhalb Kräften aus. Aber jetzt legen Sie mal so einen kräftigen Hengst ab, dann brauchen Sie gut mindestens drei Männer.

Das hat sich natürlich wahnsinnig schnell rumgesprochen, dauernd riefen Leute an und wollten ihre Hengste von mir kastrieren lassen.«

Während wir lachen, bleibt sie ernst. Wir fragen nach der Sache mit dem Bundesverdienstkreuz, das man ihr verleihen wollte und dann doch wieder nicht. »Ich will's ganz kurz so erklären: Ich wurde vorgeschlagen, und die Kieler Landesregierung war angeblich bereit, das zu befürworten. Dann wurde ich zur Lübecker Bischöfin Wartenberg-Potter zu einem Gespräch gebeten, die einen sogenannten Friedensprozeß zwischen den früheren Verfahrensbeteiligten, also dem Land Schleswig-Holstein und mir, organisieren sollte. Mein Anwalt begleitete mich zum Glück. Sie gab mir unverblümt zu verstehen, daß man bereit sei, mir das Bundesverdienstkreuz zu verleihen, vorausgesetzt, ich verzichte auf alle Ansprüche gegen das Land und den Kreis. Ich habe natürlich die Annahme eines Bundesverdienstkreuzes daraufhin rundweg abgelehnt. Ich bin doch nicht verrückt und begehe Selbstverrat, und ich verzichte auch nicht auf meine berechtigten Ansprüche. Das wäre ja wirklich ein Kuhhandel! Anerkennung und Preise hab ich schon genug. Hier gegenüber hat ein Mann ein Bundesverdienstkreuz bekommen, nur dafür, daß er soundso viele Jahre einen Regenmesser abgelesen hat.«

KLAUS MALINOWSKI,
*Orthopädie-Schuhmachermeister, leitet
d. Jacob Böhme-Orthopädie-Schuhmacher
GmbH Berlin. Lehre als Maß-
schuhmacher 1953–56. Meisterprüfung
z. Schuhmachermeister 1960, nach
Abschluß d. Meisterschule Qualifikation
z. Orthopädie-Schuhmachermeister 1963.
1958 Mitbegr. d. Jacob Böhme-
PGH Berlin, ab 1963 Bereichsleiter.
Mitgl. d. Fachgruppe Ber. 1 Orthopädie-
Schuhtechnik. 1967–70 Aufenthalt
in Kuba, Aufbau der Werkstatt
Kuba RDA (DDR) u. Ausbildung
v. Kubanern u. Orthopädie-
Schuhmachern u. Schuhmachermeistern;
wg. Mangels an Lehrbüchern Erstellung
e. eigenen bebilderten Fachbuches
in span. Sprache. Ab 1972 Dozent an
d. Meisterschule Dresden, Ausbildung
dt. u. ausl. Lernender z. Orthopädie-
Schuhmachermeistern. Ab 1985 Vors.
d. Fachgruppe Berlin. 1991 Mitbegr.
d. Jacob Böhme-Orthopädie-Schuhmacher
GmbH. Ab 1993 Landesinnungs-
meister d. Innung f. Orthopädie-
Schuhtechnik Berlin-Brandenburg.
Mitgl. d. Bundesinnungsverbands
Hannover. Seit 1995 Vorsitzender
d. Berufsbildungsausschusses
d. Bundesinnung. Klaus Malinowski
wurde 1938 in Berlin geboren,
er ist verh. u. hat zwei Kinder.*

ORTHOPÄDISCHER SCHUHMACHER

Der Mensch ist eine kleine Welt aus der großen
und hat der ganzen großen Welt Eigenschaften in sich:
Also hat er auch der Erden und Steine Eigenschaften in sich ...
Jakob Böhme, 1623

Das Schuhmacherhandwerk existiert, seit der menschliche Fuß – ungeschützt, ohne Huf, ohne Krallen –
den Boden berührt. Der Schuh bietet Schutz und Vorteil
bei Jagd, Flucht und Kampf. Er läßt sich aus vielerlei
Materialien herstellen und auf die verschiedenste Weise
am Fuß befestigen. Durchgesetzt hat sich das Leder und
jahrtausendelang die Sandale. Riesige Reiche sind erobert
worden in Sandalen, lange bevor der Stiefel marschierte.
Der Schuh, so wie wir ihn noch heute kennen – besser
gesagt, der Herrenschuh – hat seinen Ursprung in der Zeit
der Französischen Revolution. Er war ein Gegenentwurf zu
den höfischen Schuhmoden. Ein bürgerlicher Halbschuh,
nicht zu derb, aber schlicht und funktional, in braunem oder
schwarzem Leder. Auch die Schuhmacher selbst scheinen
nicht nur brave, stumme Produktionsgehilfen gewesen zu
sein. Sprichwörter wie »Schuster bleib bei deinem Leisten«
sind von der Antike bis zur Industrialisierung im Gebrauch
und weisen auf eine starke Neigung zum Gegenteil hin.
Die berühmtesten Beispiele in Deutschland sind: Hans Sachs
(1494–1576), Schuhmacher, Dichter und Meistersinger aus
Nürnberg, und Jakob Böhme, Schuhmacher, schreibender
Mystiker und »erster deutscher Philosoph« (Hegel) aus
Görlitz. Der Historiker Eric Hobsbawm hat in seinem
Buch *Ungewöhnliche Menschen* ein Kapitel den Schuhmachern
gewidmet, ihrem oft ruhelosen, aggressiven Wesen, ihrer
ausgeprägten Neigung zur Redseligkeit, ihrem notorisch

gewesenen Radikalismus. Den höchsten Prozentsatz unter den deportierten Verhafteten der Pariser Commune stellten 1871 die Schuster, und auch bei den 1848er Aufständen in Deutschland galten sie als typische Aktivisten. Mit der rapid fortschreitenden Industrialisierung wurde es zum Ende der zweiten Hälfte des neunzehnten Jahrhunderts still um die Schuhmacher. Schuhfabriken, ausgestattet mit modernen Maschinen, produzierten hohe Stückzahlen zu niedrigen Preisen. Das trieb viele Schuhmacherwerkstätten in den Ruin oder zur Umstellung auf die Flickschusterei. Nur verhältnismäßig wenige überlebten als Maßschuh- macher – besonders in England, Frankreich, Italien und Ungarn. Ihre Nachfahren sind heute Hersteller luxuriöser, handgenähter Schuhe. Wie ein guter Schuh einst beschaffen war, weiß heute wahrscheinlich kein Käufer von Fabrikware mehr. Johann Gottfried Seumes *Spaziergang nach Syrakus im Jahre 1802* endet so: »Wer in neun Monaten meistens zu Fuß eine solche Wanderung macht, schützt sich noch einige Jahre vor dem Podagra (der Fußgicht, Anm. G. G.). Zum Lobe meines Schuhmachers, des mannhaften alten Heerdegen in Leipzig, muß ich Dir noch sagen, daß ich in den nehmlichen Stiefeln ausgegangen und zurückgekommen bin, ohne neue Schuhe ansetzen zu lassen, und daß diese noch das Ansehen haben, in baulichem Wesen noch eine solche Wanderung mit zu machen.« Zu solcher Qualität gelangt der Bürger von heute nur durch ein sehr hohes Einkommen; oder durch deformierte Füße, die von den Krankenkassen mit Maßschuhen versorgt werden.

Die nach Jakob Böhme benannten orthopädischen Schuh- macherwerkstätten liegen in Berlin Mitte, im ehemaligen Osten der Stadt, in der Nähe des Märkischen Museums. Bevor ich irgendwo hingehe, schaue ich immer in meinen alten Stadtplänen nach den Spuren der Geschichte. 1936 beherbergt das Gelände eine Gerberei, die noch weit bis in die DDR-Zeiten hinein in den Stadtplänen verzeichnet ist. Völkerkunde-Museum und Russische Kommandatur bezogen die vorderen Gebäude. Heute residiert hier das Finanzamt. Alles wirkt, als wäre es nie anders gewesen. Das letzte der quadratisch im Ensemble stehenden alten Fabrik- gebäude liegt im zweiten Hof, hat frischen gelben Verputz um die rot verklinkerten Fenster- und Zierrahmen und ist fünf Stockwerke hoch. Herr Malinowski hat sein Büro ganz oben. Im Vorzimmer sitzt eine Sekretärin. Die Thermoskanne auf dem Konferenztisch ist mit frischem Kaffee gefüllt. Herr Malinowski bittet uns, Platz zu nehmen, und wirkt anfangs etwas aufgeregt und verlegen, was er hinter einem schnell gesprochenen Berlinerisch zu verbergen sucht.

»... Der Name stammt ja vom Poeten und Handwerksmeister Böhme, Geburtsdatum steht nicht genau fest, so 1575, gestorben ist er am 17. November 1624. Erlernt hat er den Beruf des Schuhmachers, wenn er nichts zu beißen hatte, ging er diesem Handwerk nach, wenn er wieder dick und satt war, dann hat er sich der schreibenden Zunft gewidmet ... Er hatte ja solche Schriften verfaßt, die zur damaligen Zeit Anstoß erregt haben. Ich hab's noch mal nachgelesen, 1624 hat sich kein Pfarrer gefunden, der ihn beerdigen wollte ... später hat man sein Grab geschändet. Also er stand abseits, alles in allem war das ein Revolutionär, aber in die andere Richtung hin. So. Wir haben also 1958 – am 6. Oktober – eine Genossenschaft, also einen Zusammenschluß von Privatbetrieben, gegründet. Der Name ›Hans Sachs‹ war schon vergeben und ›Medicus‹ ebenfalls, die sind ja allgemein bekannt, die Gesundheitsschuhe von ›Medicus‹, und da hat uns ein Orthopädiefacharzt vorgeschlagen, den Jakob Böhme zu nehmen. Unter diesem Namen haben wir uns gegründet, aus zwei Privatbetrieben mit sechsunddreißig Gründungsmitgliedern. Dann kamen irgendwelche Sozialisten, solche Bürokraten, auf die Platte und sagten, wie kann man nur einen Kirchenfürsten verherrlichen und einer sozialistischen Genossenschaft so einen Namen geben! ›Solidarität‹ oder ›Fortschritt‹, haben sie gesagt, aber wir waren stur, und so ist der Name von 1958 bis heute geblieben. Wir haben das damals mit ›c‹ geschrieben, es gibt ja zwei Schreibweisen.«
Jemand betritt nach kurzem Klopfen den Raum und zieht sich sofort wieder zurück. Herr Malinowski blickt zerstreut zur Tür.

»Na, und wir sind gewachsen, der Bedarf an Dienstleistungen für die Bevölkerung war riesengroß. In Spitzenzeiten haben wir 34 000 Paar Schuhe gemacht pro Jahr, mit dreihundertzwanzig Beschäftigten und fünfzehn Filialen. Heute haben wir zehn Filialen und nur noch neunzig Arbeitskräfte, Lehrlinge eingerechnet. Und heute haben wir zwei Geschäftsführer – ich, als Orthopädieschuhmeister, und meine Kollegin, sie ist Ökonom, sie hat den wirtschaftlichen Teil und ich den praktischen Teil, das nur als Information nebenbei. Man muß noch wissen, daß wir in der DDR ja auch eine Schuhmisere hatten, also wenn einer von der Norm abwich, der hatte Größe 47 vielleicht, oder wenn Frauen beispielsweise Größe 34, 35 hatten, da war nichts zu bekommen, außer einem Turnschuh oder Kinderschuhen. Also wurden ein paar orthopädische Maßschuhe zugeschrieben, Schuhe, die die Größe hatten oder wie Damenschuhe aussahen. Und die wurden dann behandelt wie die anderen Bedarfsträger, jeder bekam ein Paar Schuhe, und dann gab's nach einem Jahr noch ein Paar zum Wechseln – also jedes Jahr ein Paar. Zum Glück hatten wir nur zwei Kassen in der DDR, inzwischen gibt's ja sechzig oder hundert Kassen, das ist natürlich was, wenn ich's mal so sagen darf, was der Volkswirtschaft eine Menge Geld wegnimmt und eigentlich überflüssig ist ... na ja. Aber Schaden gab's bei uns auch genug. Die Bedarfsträger beispielsweise haben ihre orthopädischen Schuhe meistens nicht reparieren lassen, sondern weggeschmissen. Für Rentner gab's sechs Mark Zuzahlung und für Berufstätige vierzehn Mark, ein paar neue Sohlen haben aber achtzehn Mark gekostet. Also gab's neue Schuhe. Trotzdem haben wir so um die 500000 Reparaturen gemacht damals. Am Alex war eine Reparatur mit 24-Stundenservice... ›Flinke Jette‹, wurde 1960 aufgemacht. Da war ja noch der Westen offen, und es kamen natürlich die ganzen leichten Mädchen von drüben und ließen sich ihre Absätze machen. 1961 war's dann weg, das Zusatzgeschäft, trotzdem wurden die Schuhreparaturen immer mehr. Hier im Haus haben wir dafür eine ganze Etage eingerichtet. Das war eine harte Arbeit, wo man dann gezielt Teilarbeit machte – auch in der Neuanfertigung wurde Teilarbeit gemacht –, denn sonst wäre das gar nicht zu schaffen gewesen, mit den paar Mann.« Das Sonnenlicht wandert über den mausgrauen Schreibtisch und über das Computerbild eines Knickplattfußes.

»Wir haben alles geteilt. Der Meister nimmt Maß, dann wird danach der Leisten geformt, die Bettung macht schon wieder ein anderer, der Korkarbeiter, dann muß der Schaft geschnitten werden, das sind schon wieder verschiedene

Arbeitsgänge, bis der fertig gesteppt ist: Modell, Zuschnitt, Vorrichten, Steppen, Perforieren. So, dann kriegt's der Bodenarbeiter, der den Boden zusammenbaut, das ist der erste, der die Brandsohle gemacht hat. So, der nächste hat den Schaft vornübergeholt – weil wir mit der Maschine gezwickt haben –, dann hat der Maschinenflicker weitergemacht, die Seiten zugeklebt. So, und dann wird ausgebeizt, Sohle rauf, Absatz rauf, dann wurde ausgeputzt und gefinished. Fertig! Das macht sonst alles *ein* Schuhmacher bei nem Kleinen, wir haben's zu fünfen, zu sechsen gemacht, in Arbeitsgänge geteilt. Das war unsere Stärke! Wir haben für ein Paar orthopädische Schuhe dreizehn Stunden gebraucht, also wenn wir die Norm gegengerechnet haben gegen das Geld. Weil wir so tüchtig waren, durften wir viel Kooperation machen, haben für ›Hans Sachs‹ die ganzen orthopädischen Schuhe mitgemacht. Die sind dazu nämlich gar nicht mehr gekommen, weil sie die ganzen Kleinserien für den Westen gemacht haben, zum Beispiel eine Serie von Damenschuhen, über vierhundert Paar, sehr gute, ganz normale Luxusschuhe eben, gegen Devisen. Und deshalb hat ›Jacob Böhme‹ für ›Hans Sachs‹ 12 000 Paar orthopädische Schuhe im Jahr mitgemacht, zusätzlich zu unseren etwa 20 000. Die Norm war das Arbeitsaufkommen, man sagte, in der und der Zeit hat das fertig zu sein, also, baut auf, baut auf ... Immer dieselben schlauen Politiker! Und weil die DDR im Eiskunstlaufen ja ganz groß war, haben sie uns die Eiskunstlaufstiefel eines Tages auch noch aufgedrückt. Und dann haben wir auch noch Artistenschuhe machen müssen, weil wir den Zirkus Berolina hier in Hoppegarten hatten im Winterquartier. Kurz bevor die im März dann auf die Tournee gingen, haben sie gesagt, wir brauchen silberne Stiefel, goldene Stiefel, Schläppchen fürs Seil, und das ganz kurzfristig, zweihundert Paar. Aber das waren so die Ausnahmen, neben den orthopädischen Schuhen.«

Herr Malinowski hat sich inzwischen ein wenig entspannt und fragt, ob wir noch Kaffee wollen. Er selbst trinkt nichts. »Und dadurch, daß wir so viele Schuhe gemacht haben, hatten wir auch viele Lederreste. Ein Dummer von uns hat sich mal hingesetzt und daraus Flickentaschen gemacht. Er bekam eine Prämie. Aber im nächsten Jahr hatten wir die Flickentaschen mit im Plan drin, große

Taschen, bunt und schwarz als Einkaufsbeutel, und kleine Taschen, so eine Art Abendtaschen. Da waren eigentlich ganz hübsche Taschen dabei. Ja, es wurde viel aus Abfällen kreiert. Meist wurde das in die Zeit geschoben, wo kaum Reparaturarbeiten anfielen – wir hatten ja eine sehr starke Reparaturabteilung. Und da konnten wir dann die Kollegen, die keine Arbeit hatten, abziehen, und die haben für die AGP (Arbeitsgemeinschaft der Produktionsgenossenschaften) – die gibt's übrigens heute noch –, genauso wie die Kollegen aus sechs anderen Firmen, dann die anfallenden Arbeiten gemacht. Da wurden die sogenannten Römersandalen gebaut, allgemein als Jesuslatschen bekannt. Die hatten schwarze Riemchen – wir hatten ja viel schwarze Lederabfälle von unseren orthopädischen Schuhen –, Lederbrandsohle und acht Millimeter Porokreppsohle drunter, dann kamen die in eine Plastetüte rein und wurden in den Westen verkauft. Hunderttausende von Jesuslatschen. Und man muß wissen, die DDR hat ja alles subventioniert, das ist allgemein bekannt gewesen, wir haben so achtzehn bis neunzehn Mark gekriegt das Paar, und verkauft wurden sie für acht Mark neunzig je Paar.«

Ich erinnere mich genau, wir alle trugen damals diese Sandalen, es war der billigste Schuh. Man trug sie in der Uni, man trug sie beim Demonstrieren. Benno Ohnesorg trug sie, als er am 2. Juni 1967 während der Anti-Schah-Demonstration von der Polizei erschossen wurde. Die 68er Studentenbewegung trat in Jesuslatschen an gegen staatliche Willkür, Vietnamkrieg, die Herrschaft des Kapitals. Auf acht Millimeter Porokrepp, Brandsohle und Orthopädieschuhresten. Herr Malinowskis Stimme reißt mich aus meinen Gedanken. »... Ja, das war eine zeitlose Sandale, vor uns hat sie schon ›Hans Sachs‹ in Dresden produziert, dann haben wir's übernommen. Das Modell hat ja der Fachverband festgelegt, der Fachverband Herrenschuhe/Sandalen. Es wurde gesagt, machen wir was Einfaches, wir wollen nichts Exklusives, wir wollen eine Gebrauchssandale haben, die auch im Preis stimmt. Aber das mit den Sandalen war immer eine Füllproduktion, auch mit den Taschen. Das wurde immer weniger. Nach der Wende, 1990 rum, sind wir sie nicht mehr losgeworden, die letzten haben wir verschenkt, wir hatten sie ja auch in Weiß gemacht, weil wir vom Dameneiskunstlaufstiefel her starke Abfälle hatten.«

Der Meister macht eine kleine Pause und fährt in schnellem Tempo fort: »Heute fertigen wir nur noch orthopädische Schuhe, in allen Farben, sie sollen ja modern aussehen, früher nahm man nur braunes und schwarzes Leder. Die häufigsten orthopädischen Probleme, mit denen wir es heute zu tun haben, sind Fußschwäche, Abnützungserscheinungen, Senkfüße, Plattfüße, zweitens sind das angeborene Anomalien und drittens durch Krankheit oder Unfall erworbene Schäden, bis hin zu Verstümmelungen. Sie müssen das so sehen: Wir waren ja mal ›Krüppelschuster‹. Es gab früher Krüppelheime ... das letzte, das mir bekannt ist, ist das Oberlinhaus in Babelsberg. So vor fünfzehn bis zwanzig Jahren war das noch Krüppelanstalt, sie hatten Briefbögen, wo das ganz offen draufstand, Krüppelanstalt. Das war also das eine, die angeborenen Leiden, und dann kamen ja die Kriegskrüppel dazu. 1914 bis 18 und 1939 bis 45. 1914 bis 18 gab's sehr viele Unterschenkelprothesen zu machen, Oberschenkelprothesen ... da war ja sonst nichts weiter ... was für Orthopädiemechaniker in Frage kam. So, und der Krieg 1939 bis 45, der hat enorm viele Erfrierungen gebracht. Da war dann der Vorfuß erfroren in Rußland. Beim Rußlandfeldzug sind eine Menge Behinderte entstanden, auch bei den Flüchtlingstrecks dann ... egal, solche Leute jedenfalls, den Rest von denen, die haben wir versorgt, als ich angefangen habe, 1953, mit der Lehre. Da haben wir die Fälle alle noch gehabt, die Kriegsversehrten alle. Aber so richtig geregelt war das nicht mit der Orthopädie-Meisterprüfung, das kam erst später. Wann es genau losging, das weiß ich nicht, solange ich im Fach bin, gab's schon richtige Orthopädie-Schuhmachermeisterprüfungen. Also das muß so in den vierziger Jahren gewesen sein, wo man die einführte in Deutschland. Und wer im Orthopädiehandwerk gearbeitet hat, der wurde ja nicht eingezogen für den Kriegsdienst, der wurde freigestellt. Seit 1937 gab's da diese Zusatzausbildung für Schuhmacher, die orthopädische, und seither gab's ja auch die meldemäßige Erfassung verbildeter Extremitäten ... ja, das ist noch in Kraft! Alle Verbildungen der Extremitäten sind meldepflichtig durch Klinik oder Hebamme. Und das ist ja bekannt, was im Dritten Reich für ein Schindluder getrieben wurde damit, da wurde ja nicht nur behandelt, da wurde ja gleich ausgemerzt ... aber die Meldepflicht gibt's nach wie vor. Gab's auch im Osten, ist ja eigentlich auch richtig, denn bei Früherkennung kann man eine Menge Probleme behandeln und beheben.«

Wir brechen auf. Bei lockerer Unterhaltung lenkt Herr Malinowski seinen Mittelklassewagen, zügig die Spuren wechselnd, durch den Verkehr. Strausberger Platz, Karl-Marx-Allee, Frankfurter Allee, vorbei am Tierpark Friedrichsfelde bis nach Marzahn, wo er zusammen mit seiner Frau ein bescheidenes eigenes Haus bewohnt. Hinter dem niedrigen eisernen Zaun liegt ein gepflegter Vorgarten mit Gebüsch und Obstbäumen. Hinter dem Haus erstreckt sich der Garten mit Nußbäumen, Spalierobst und Blumenbeeten bis hin zum Bahndamm, auf dem die U-Bahn von Höhnow zum Alexanderplatz vorbeifährt. Es gibt drei Garagen, in einer davon steht sein ganzer Stolz, ein offener schwarzer Sportwagen. Nebenbei ist er noch Ruderer, im Verein, richtiggehend aktiv. Die Gattin, eine schmale dunkelhaarige Frau, begrüßt uns freundlich. Sie war Stepperin und kennt sich in seinem Metier aus, schweigt aber die meiste Zeit, während wir uns mit dem Meister unterhalten. Sie hat den Tisch in einem Wintergartenanbau gedeckt, Schokoriegel und After-Eight-Täfelchen bereitgelegt. Im Wohnzimmer, durch das sie uns führt, stehen noch die unverwüstlichen DDR-Kunstledersitzgarnituren, wie sie auch der Quantenphysiker Professor Treder im Gebrauch hatte bei unserem Besuch. Es herrscht hausfrauliche Ordnung und Sauberkeit, im Regal der Schrankwand steht ein mundgeblasener Schuh aus lila Glas. Geschenke und Erinnerungsstücke bedecken Fensterbank und Wandregal. Auffallend ist eine Machete und eine bizarre Landschaft aus echten Schwämmen.

»Eigentlich wollte ich ja Zimmermann werden«, sagt Herr Malinowski, »aber daraus wurde nichts. Mein Vater ist auch Schuhmacher gewesen, Reparaturschuhmacher. Erst hat er im Wedding am Gesundbrunnen seine Werkstatt gehabt, dann ist er in die Wollankstraße umgesiedelt, da beim Kloster, am S-Bahnhof Wollankstraße gleich gegenüber, aber westliche Seite. So bin ich also auch Schuhmacher geworden, aber im Osten. Hab's nicht bereut ...« Er legt seine kräftige Hand auf ein großformatiges Buch: »Das wollte ich Ihnen mal zeigen, da sind die kubanischen Fälle dokumentiert. Also dieser dreijährige Kubaaufenthalt, 1967 bis 70, das war eine Spende der DDR, hier vom Gesundheitsministerium, an die Kubanische Republik, und zwar in Form einer kompletten Orthopädiewerkstatt. Komplett, das heißt vom Mechaniker über den Bandagisten bis zum Orthopädieschuhmacher, mit allem Drum und Dran, mit Galvanik und allen Maschinen. Die haben wir hier in der DDR zusammengestellt und sie verladen auf der ›Magdeburg‹ ... und die ist dann untergegangen im Ärmelkanal. Ich war nicht drauf, ich habe zu der Zeit meinen Wehrdienst noch ableisten müssen. So, und nun mußte die DDR noch mal das ganze Geld aufbringen und alles neu bereitstellen, denn versichert war ja nichts, Eigentümer war ja der eigene Staat. Diesmal ging alles gut. Unten bekamen wir Häuser und haben die Werkstatt aufgebaut, mit Hilfe der Kubaner in der Hauptstadt Havanna. Wir waren drei Techniker, drei Deutsche, wir haben Spanisch gelernt und dann einfach angefangen. Ich hatte fünfzehn Lehrlinge, die waren teils älter als ich, einer konnte schon dies, der andere das. Ich habe jeden ein Paar Sandalen machen lassen, was anfangs auf Ablehnung stieß, denn Sandalen für Männer waren verpönt. In Lateinamerika muß der Mann, wenn er aus dem kindlichen Alter herausgewachsen ist, lange Hosen tragen und geschlossene Schuhe, egal, wie kaputt die sind. Kurze Hosen und Sandalen an Männern, sind was für Schwule. Wir haben also Mühe gehabt, trotzdem Sandalen machen zu lassen. Ich wollte aber, daß sie wissen, wie 'ne Pilotte wirkt, wie ein Knickfußkeil wirkt, daß sie am eigenen Leib sehen und merken, wenn sie da was reinfräsen, ob das gut oder schlecht ist. Und als sie die fertig hatten, da sind sie damit auf die Straße gegangen und haben aus Stolz auf alles gepfiffen.«

Herr Malinowski zeigt das Buch, es enthält Schwarzweißabbildungen verschiedener orthopädischer Schuhe, die in der Werkstatt angefertigt wurden, und einen begleitenden Text in Spanisch. Abgebildet ist immer der Patientenfuß oder auch das Bein, der daran vorgefundene Schuh und der maßgeschneiderte orthopädische Werkstattschuh. »Ich hatte ja so für tausend Paar Material mitgehabt, und es war klar, wir können nur schweren Fällen helfen, nur Leuten, die Amputationen haben, hohe Verkürzungen, die mit anderen Schuhen absolut nicht laufen können. Also da gab's ja noch viele Revolutionsopfer und auch diesen Fall hier: da fehlten fünfundzwanzig Zentimeter Oberschenkel bei dem Mädchen, die ist immer so herumgelaufen mit normalen Schuhen, ist immer vierundzwanzig Zentimeter runter bei jedem Schritt! Da haben wir ihr dann diese Konstruktion gebaut, die das ausgleicht. Mit 'ner Hose drüber hätte man gar nichts mehr gesehen, aber sie hat keine Hose angezogen. Und so habe ich also ausgebildet. Aber ich habe nie einem alles beigebracht! Es mußten immer drei sein, drei waren ein Team. Und da konnte nicht einer weggehen und sagen, ich mach mich selbständig, da fehlten ihm die anderen beiden. Damals gab's ja nur sieben Provinzen, da haben wir gesagt, nehmen wir aus jeder drei Mann, und davon der Beste, der hat die Meisterprüfung gemacht und mußte die Werkstatt in seiner Provinz dann später leiten. Ich war schon so zehnmal wieder unten seit der Wende; voriges Jahr dreimal. 2000 war fünfunddreißigjähriges Jubiläum von ›Cuba/DDR‹, so heißt die Werkstatt heute noch, und da war ich zur Feier eingeladen ... « Er zeigt uns die Macheten, die halbierten kubanischen Bambusrohre, die er in den Wandputz als schmückende Linie eingearbeitet hat, und den stacheligen und zur Lampe degradierten Kugelfisch, den er einst tot am Strand fand, mit Hilfe eines Gummihandschuhs aufblies und dann fachmännisch präparierte. Die Gattin, die damals nicht mit dabei war, lächelt wehmütig. Wir machen uns auf den Rückweg, um abschließend die Werkstätten zu besichtigen.

Unterwegs schwelgt Herr Malinowski in Erinnerungen an alte Zeiten und prominente Kunden, erzählt, daß er stets parteilos war und dennoch gut zurechtkam, daß Walter Ulbricht zu den Maßschuhkunden gehörte, ebenso wie Wilhelm Pieck und der Außenminister Lothar Bolz, Maßschuhe bekam auch Walter Felsenstein, und für den Schauspieler Hilmar Tathe wurde in den sechziger Jahren ein echter Klumpfußschuh gefertigt für seine Rolle als Goebbels im Maxim Gorki Theater. Aber auch der Normalkunde liegt ihm am Herzen, die treuen Alten werden mit Hausbesuch und Fußpflege umsorgt, und auch die vorübergehend nach der Wende in den Westen Geflohenen kamen fast alle zurück, so daß der alte Stamm in etwa erhalten blieb. Ebenso verhält es sich beim Betriebspersonal: »Also man kann sagen, unten in der Werkstatt ist fast alles Eigengewächs, unsere Ausbildungstruppe. Bei den Meistern das gleiche, die sind alle zusammengeblieben, weitgehend. Wir haben Glück gehabt, das Haus ist unser, das Grundstück ist unser, und, was noch wichtiger ist, wir werden für unsere Leistungen von den Kassen bezahlt, während andere Handwerker immer das Problem haben, sie kriegen zwar den Auftrag, aber am Ende kommt kein Geld …« Wenig später betreten wir die Werkstätten. Die teils ineinander übergehenden Räume sind weiß getüncht und hell beleuchtet, es riecht nach Leder und heißem Gummi, darüber schwebt ein scharfer Lösungsmittelgeruch. Radiomusik, Schleifgeräusche, kurze Hammerschläge und immer wieder abbrechendes Rattern von Nähmaschinen bilden einen Grundton. Die ›Eigengewächse‹ sind gestandene Frauen und Männer: die Modelleurin, über ihre Schäfte gebeugt, die Stepperinnen beim Zusammennähen der Schaftteile, ein älterer Mann, der den genähten Schaft mit Zwickzange und Metallnägeln am Leisten befestigt und mit dem Schusterhammer beklopft, einer, der alle Teile miteinander verklebt, einer, der die Sohlenkanten beschleift, und nicht zu vergessen die Lehrlinge, junge Frauen und Männer, mit großen grünen neuen Schürzen. Auf den Tischen liegen die klassischen Werkzeuge und Instrumente, sie haben sich seit Hunderten von Jahren kaum verändert. Auch die Leisten, bei denen man heutzutage bleibt, standen im Prinzip sehr ähnlich aussehend in den mittelalterlichen Zunftwerkstätten. Sie sind aus Buchenholz und werden maßgerecht für die jeweils individuellen Fußprobleme angefertigt. Wir betreten das wohlriechende Lederlager, einen kleinen, fensterlosen, kühlen Raum. In hohen Regalen liegen ordentlich zusammengerollt viele verschiedenfarbige Leder, Felle genannt, jedes eineinhalb bis drei Quadratmeter groß; auch ein künstliches Diabetikerleder, faserfrei, zum Schutz der entzündungsgefährdeten Füße. »Ich muß hier über alles den Überblick haben«, sagt Herr Malinowski und schließt die Tür wieder, »nah an der Praxis bleiben. Wenn wer fehlt beim Kork, was soll sein! Dann schleife ich jederzeit Kork, wenn der Zuschnitt fehlt, gehe ich rein und schneide zu.« In den Regalwagen neben den Arbeitstischen stehen die verschiedenen Schuhe, halb oder fast fertig. Moderne Modelle in hellen Farben, Frauenschuhe, Kinderschuhe, aber auch die altbekannten schweren, hohen, klobigen, aus schwarzem Leder werden verfertigt. »Das ist das Schwierigste, mobile Klumpfüße«, sagt Herr Malinowski, »welche, die so labil sind, daß sie keinen Halt haben, wo es an Muskulatur fehlt, wo man dann alles abstützen muß, damit der Fuß nicht umknickt beim Gehen. Bei so einem Schuh braucht man Stabilität, auch Kantenstabilität, damit sich der Fuß abstoßen kann.« Er reicht mir den Schuh, der weniger schwer ist als erwartet. Ganz oben auf einem Regalwagen stehen zwei Gebilde mit dem Volumen eines größeren Übertopfes, sie sind aus grauem, weichem Leder, mit einer Paspelkante und Klettverschlüssen. »Elephantitis«, klärt uns Herr Malinowski auf, »hier ist mit Maßnahmen nichts mehr zu machen. Die kranken Füße können nicht mehr gestützt werden. Wir verhüllen das Volumen, und gleichzeitig schützen wir den Fuß vor äußeren Einwirkungen. So ein hoher Schuh muß sein, denn ein Halbschuh würde hier ja einschnüren, den Halt geben die Klettverschlüsse. Das sind Hausschuhe, denn der Kranke kann ja aufgrund seiner Fülle und Schwäche gar keine größeren Strecken mehr zurücklegen, da muß es wenigstens zu Hause einigermaßen schön und bequem sein.«

MARK BENECKE, *Dr. med.*
Kriminalbiologe u. vereid. Gutachter.
Abitur 1989 am Alexander-v.-Humboldt-
Gymn. Köln. 1989–90 Zivildienst
(Caritas-Verband Köln). 1990–94
Studium d. Biologie an d. Univ. Köln,
Dipl.-Prüf. in Genetik, Zoologie,
Psychologie. Dipl. 1995 (Genetische
Fingerabdrücke von Nematoden-
stämmen), *Diss.* 1997 (Genetische
Fingerabdrücke forensischer biolo-
gischer Spuren [Urin, Haare] mittels
zweier Multiplexamplifikationen
(Dr. rer. medic., s. c. l.). 1998 Zusatz-
ausbildungen in den USA: Auswertung
von Blutspritzermustern (b. NYPD/
OCME, Manhattan); Erk. u. Spuren-
sicherung b. Vergewaltigungen (Columbia
Univ., New York); Insekten auf
Leichen (Simon Fraser Univ., Mounted
Police, Canada) u. 2000 an d. FBI-
Academy Quantico, Virginia, Detection
and Recovery of Human Remains.
Gewähltes Mitgl. int. Forschungsakad.
u. forensischer Ges., darunter d. Linnean
Soc. of London, d. American Academy
of Forensic Sciences, d. Int. Academy of
Legal Medicine, d. Dt. Ges. f. Rechts-
medizin, d. Int. Society of Forensic
Haemogenetics. Abhaltung v. Kursen
u. Gastvorlesungen an Schulen,
Fachhochschulen u. Universitäten im
In- u. Ausland. Ausbilder an Polizei-
akademien im In- u. Ausland. Aufbau
der landesweit einzigen Laboratorien
z. DNA-Typisierung (genetische Finger-
abdrücke) u. a. f. Manila, Philippinen,
u. in Ho-Tschi-Minh-Stadt, Vietnam.
Verf. zahlr. wiss. Beiträge f. in- u. ausl.
Fachzeitschr., populärwiss. Artikel
f. Zeitungen, Texte f. Lehrbücher u. a.
Leichenerscheinungen u. Todeszeit-
bestimmung. Besiedelung durch
Gliedertiere. *Autor allg. verständl.*
Bücher: Der Traum vom ewigen
Leben, *1998;* Kriminalbiologie, *1999.*
Mithg. d. Annals of Improbable
Research, *Cambridge, USA (Zeitschrift*
d. Harvard Univ. f. Skurriles u. Bizarres
in d. Wissenschaften). Mark Benecke
wurde am 26. August 1970 in Rosenheim,
Bayern, geboren.

Fauna auf Kadavern

KRIMINALBIOLOGE

…O Aas, das du nichts als Abschaum bist, wer
wird dir Gesellschaft leisten? Was aus deinen
Säften hervorgeht, Würmer, von der Fäulnis
deines elenden, verwesten Fleisches …
(*ital., 16. Jh.*)

Mark Benecke wurde 1997 durch einen Mordprozeß
bekannt, bei dem er – zusammen mit einem Myrme-
kologen, einem Ameisenspezialisten – als Gutachter entscheidende Untersuchungsergebnisse lieferte. Drei Schmeiß-
fliegenmaden, vom Körper einer im Wald liegenden
erschlagenen Pastorengattin, wurden per Sonderflugzeug zu
Benecke nach New York geschickt. Die Altersbestimmung
dieser Maden, zusammen mit der Zuordnung einer Ameise
vom Gummistiefel des Gatten, überführte den Pastor Klaus
Geyer als Mörder seiner Frau. Die biologische Forensik ist
ein Spezialgebiet, das sowohl zoologische als auch rechts-
medizinische und kriminalistische Kenntnisse voraussetzt;
dazu ein gehöriges Maß an Pedanterie und Hingabe. Ento-
mologen, also Insektenkundler, machen da weiter, wo der
Gerichtsmediziner wegen starker Zersetzung der Leiche nur
noch begrenzte Aussagen machen kann. Die Insekten auf
und in einem Leichnam können nicht nur Hinweise auf
Drogen und Gifte liefern, die vielleicht zum Tode geführt
haben, sondern es lassen sich anhand ihrer Lebenszyklen und
ihrer jeweiligen Größe der Todeszeitpunkt und manchmal
die Todesart mit überraschender Präzision bestimmen. Die
›Madenuhr‹ löst die innere biologische Uhr ab, und sie läuft
bis zur Skelettierung, witterungs- und lageabhängig, mal
Monate, mal Jahre. Die forensische Entomologie entstand in
der zweiten Hälfte des neunzehnten Jahrhunderts in Frank-

reich und Deutschland, wo man sich aus unerforschlichen Gründen ganz besonders heftig für Insekten interessierte. In Frankreich war es Jean-Henri Fabre, der mit seinem enormen insektenkundlichen Werk die Grundlage für forensische Studien schuf, in Deutschland Alfred Brehm. In seinem Insektenband von 1877 ist auf einem Stich, liebevoll bis ins Detail, ein toter Maulwurf zu sehen, aufgehängt in einem Haselstrauch, besiedelt und umschwirrt von allen heimischen Aasinsekten; neben dem Schwanz, ganz klein in der Ferne, ist ein Kirchturm zu erkennen. Nach dem Zweiten Weltkrieg spielte etwas so altmodisch Anmutendes wie die forensische Entomologie keine Rolle mehr. In ganz Europa arbeiteten nur drei Wissenschaftler weiter daran, keiner davon in Deutschland. Erst seit wenigen Jahren werden die Methoden wiederentdeckt und praktiziert, besonders in Frankreich, wo es ein eigenes entomologisches Labor der Staatspolizei gibt, dann auch in den USA und in Kanada. In Deutschland existieren erst seit kurzer Zeit zwei Arbeitsgruppen. Eine davon ist die von Mark Benecke.

Er wohnt in der südlichen Altstadt von Köln. Das Miethaus ist schlicht, die Seitenstraße ruhig. Unter der ganzen Zeile liegt ein römisches Gräberfeld. Neben der Haustür hängt ein seriös wirkendes Messingschild, auf dem Dr. Benecke seine Tätigkeiten avisiert. Die kleine Vierzimmerwohnung liegt im zweiten Stock. Es duftet nach Kuchen. Mark Benecke macht uns mit seiner Freundin Corinna bekannt, sie beschäftigt sich mit Business-Chinesisch. Unser Gastgeber führt uns ins Wohnzimmer und sagt: »Den Kuchen habe *ich* gebacken, einen gedeckten Apfelkuchen, nach Davidis Kochbuch ... zum ersten Mal übrigens ...« Wir nehmen Platz in abgewetzten roten Plüschsesseln. Zwischen uns steht ein ausgestopfter Fuchs mit aufmerksamem Glasaugenblick, er hält ein Mobile in den Pfoten. Auch auf dem verschnörkelten Bücherschrank kauert eine Dreiergruppe junger Füchse, im Spiel erstarrt. Ein ausgestopfter Raubvogel steht neben einem großen indischen Elefantengott. Vor dem Bücherregal trägt eine messingfarbene Nixe eine gläserne Tischplatte auf ihrem Kopf, samt Tee und dem gelungenen Kuchen.

Nach dem Vorgeplauder zeigt Mark Benecke uns sein Labor im Nebenzimmer. Der Raum ist hell und klein.

Schreibtisch mit Computer, eine große Kordcouch und ein paar Schränkchen möblieren ihn. Zwei ausgestopfte Eichelhäher sitzen auf ihrem Zweig, in einer Glasvitrine liegt ein vorsichtig aufgebrochenes und schön präpariertes Wespennest, an der Wand hängen, wie in Amerika üblich, gerahmte Urkunden, u. a. von einer FBI-Academy, einem Hospital in Manila, dem Zoologischen Garten in Köln. »Ja«, sagt Mark Benecke, »ich habe dort die Patenschaft für einen Tausendfüßler übernommen. Ich war der erste Wirbellosensponsor.« Seine Sprechweise ist enorm schnell. »Die meisten nehmen eben Giraffen und Löwen ... Was ich also jetzt hier in diesem Raum eigentlich mache, ist erst mal Reduktion. Reduzieren, reduzieren, aufs Wesentliche. Hier zum Beispiel« – er deutet auf einen kleinen Aktenstapel –, »das wird im Herbst im Landgericht verhandelt, ich bin Obergutachter, muß also auch über Gutachten von wesentlich älteren Kollegen entscheiden. Das war ein Riesenstapel, den ich Wort für Wort gelesen habe, und das ist nun alles, was davon übrig ist. Vom Rest der Akten habe ich nur je eine Handakte angelegt. Und in der Natur, dem Bereich, wo ich zuständig bin, da ist es genauso. Bei einer Leiche findet man ja unheimlich viel Getier. Was ist jetzt wichtig, was nicht? Die Milben auch? Bis zu welchem Umkreis soll ich suchen? Was nehme ich mit ins Labor? Milbenbisse beispielsweise können einen Täter verraten, wenn sie von Milben stammen, die nur am Leichenfundort leben. Zu meinen ersten Aufgaben gehört, daß ich genau berechne, seit wann der Leichnam an der Fundstelle liegt. Wenn er für Gliedertiere zugänglich gewesen ist, kann ich die Liegedauer, günstigstenfalls, bis fast auf die Stunde genau berechnen. Neben den Entwicklungszeiten der verschiedenen Insekten muß ich natürlich auch andere Begleitumstände genauestens kennen, wie beispielsweise die Wetter- und besonders die Temperaturverhältnisse, Luftfeuchtigkeit und so weiter. Das erfahre ich von den meteorologischen Instituten.«

Mark Benecke deutet auf ein verstöpseltes Gefäß, in dem etwas Bräunliches in einer klaren Flüssigkeit schwimmt: »Das ist jetzt so eine Made da, eine große, die habe ich also von der Leiche. Die kommen hier dann jede in so ein Einheitsgläschen, in billigen Brennspiritus. Diese hier habe ich schon seziert. Zum Teil muß man nämlich das Kopfskelett anschaun, also die Mundwerkzeuge, an denen man dann, mit sehr viel Vorsicht und Kenntnis, schon vor dem Schlüpfen erkennen kann, um welches Tier es sich handelt. Also diese Maden hier, die können nur kratzen, deshalb können sie auch nur faules Gewebe aufnehmen. Das, was die Bakterien vorher schon zersetzen, reißen sie auf und fressen's. Und um mir diese Mundwerkzeuge ganz genau anschaun zu können, habe ich das hier.« Er nimmt fast andächtig die Hülle von einem großen Mikroskop ab. »Das ist wirklich das Allerallergeilste! Es ist tierisch teuer ... also für mich ... für normale Menschen vielleicht nicht. Es ist stufenlos und hat die beste Optik, die es auf der Erde derzeit gibt. Dieses Gerät ist absolut unverzichtbar. Und hier habe ich dann noch«, er verhüllt das Mikroskop und klappt ein flaches Köfferchen auf, »meine verschiedenen Pinzetten und Skalpelle in allen Größen. Aber das kann ich natürlich nicht immer bei mir tragen, deshalb habe ich hier diese Ausrüstung immer bei mir.« Er deutet auf seinen schwarzen Gürtel, den er um die Hüften trägt und an dem allerhand befestigt ist. »Ich habe nämlich ›twenty-four-seven-Service‹, das heißt, vierundzwanzig Stunden, sieben Tage in der Woche bin ich durchgehend erreichbar, wo immer ich grade sein mag.« Ich bitte ihn auszupacken, was er am Gürtel hat, und er beginnt, von links nach rechts um den Leib herum alles auf den Tisch zu legen: eine hochauflösende Digitalkamera mit Fernauslöser und Austauschchip; ein zusammenklappbares Multifunktionswerkzeug aus Stahl; ein Taschenmesser, mit dem er auch ißt oder im Boden stochert. Hinten in der durchlöcherten Hosentasche hängt eine kleine Metalltaschenlampe an einer Kette und verfängt sich im Loch, ebenso der praktische Vierkantschlüssel. Auf der rechten Hüfte lastet ein Lederetui mit geladenen Akkus für die Kamera. In der rechten Hosentasche befindet sich, neben den selbstentworfenen Schildchen mit Maßstabsanzeige in Zentimetern und Inches (zur Größenbestimmung auf den Tatortfotos), auch noch ein sehr umfangreiches Schweizermesser mit integrierter Pinzette und Laserpointer. Der Gürtel selbst ist aus Aufzugsgummi.

Wenn man Mark Benecke mit seinem Gürtel, seinen alten, schwarzen Jeans, seinem Ring im linken Ohr zufällig auf der Straße träfe, würde man ihn höchstwahrscheinlich für einen jungen Handwerker halten, nicht aber für einen von weltweit knapp zwei Dutzend Experten der Kriminalbiologie. Wir bitten ihn zu erzählen. »Also ich werde meistens gerufen, wenn's schon stark riecht. Jeder kennt den Geruch irgendwoher, wenn nicht, legt man fünf bis zehn Tage ein Stück Leber auf den Balkon ... Eklig ist er eigentlich nicht, es ist eher so, daß es *nervt*. Und es haftet an, es zieht in die Klamotten, das heißt, wenn man nach Hause kommt vom Fundort ... also erst mal in der Bahn sitzt man bald alleine, danach gehe ich sofort runter in den Keller, noch bevor ich hier hochgehe, und werfe alles komplett in die Waschmaschine ... das zieht durch bis zur Unterwäsche. Deshalb ist es auch sinnlos, sich bei der Arbeit irgendwas auf die Nase zu setzen, das macht keiner. Im *Schweigen der Lämmer,* diesem Film, wird ja gezeigt, daß sie sich mit Tigerbalsam schützen, aber das ist eben schlecht. Wenn man das nächste Mal einen Pfefferminztee aufbrüht oder einen Kaugummi kaut, ist die Assoziation Leiche da, denn der Geruchsnerv zieht ja sofort durch, der ist ja die basalste Verbindung zum Gehirn. Da darf man nichts mischen. Ich habe wirklich eine sehr gute Nase für Fäulnis bekommen mit der Zeit. Wenn ich zum Tatort fahre, eine Wohnung betrete, dann weiß ich schon vom Geruch her, wie die Leiche aussieht, in welchem Stadium sie ist, denn jedes Stadium riecht anders.«

Er reicht uns einige Farbfotos. Sie zeigen den stark aufgedunsenen, teils geöffneten, bläulich-grün-gelblich verfärbten Körper einer korpulenten alten Frau, das Gesicht wirkt weitgehend zerstört. Die Leistengegend und der Bauch sind besiedelt von großen Maden. »Ich fotografiere inzwischen alles ohne Blitz, die Maden verschwinden nämlich, wenn Licht kommt. Sie haben ihre Ein- und Austrittsstellen ... das kann auch der Nabel sein am Anfang, aber es werden dann natürlich immer mehr Öffnungen, in denen sie verschwinden können, auch im Mund verstecken sie sich. Wenn man jetzt hier, bei dieser Leiche beispielsweise, wartet, bis es ein bißchen wärmer und dunkler wird, dann könnte es sein, daß sich mit einemmal ein richtiger Madenteppich auf der Leiche bewegt. Normalerweise sind sie zuerst im Gesichtsbereich. Die schwangeren Schmeißfliegen legen, wenn man angekleidet ist, ihre Eier eigentlich immer im Gesichtsbereich ab … Augen, Nase, Ohren … nur wenn die Hose runtergezogen ist oder gar nicht vorhanden, dann legen sie schon auch mal, ganz selten, im Genitalbereich. Also die ersten, die einen freiliegenden Leichnam für ihren Nachwuchs nutzen, sind die Schmeißfliegen, dazu gehören die metallisch goldgrünen Goldfliegen, die graue Fleischfliege und die bläulich schimmernde Schmeißfliege. Sie kommen oft schon kurze Zeit nach Eintritt des Todes, und ihre millimetergroßen Larven schlüpfen bei Wärme teils schon fünfzehn Minuten später. Eine komplette Freiskelettierung durch Maden- und Insektenfraß kann unterschiedlich lang dauern. Es hängt absolut vom Wetter ab. Also ich hab's mit eigenen Augen gesehen in Amerika, wie das innerhalb von zwei Wochen vor sich ging. Es hat aber immer wieder geregnet zwischendurch, und es war heiß. Feuchtigkeit ist notwendig, damit das Gewebe weich genug ist für die feinen Mundwerkzeuge.«

Mark Beneckes Augen funkeln, seine kleinen weißen Zähne blitzen. »Von Carl von Linné – er hat ja 1751 die moderne Benennung von Pflanzen und Tieren eingeführt – stammt auch der Satz, daß drei Fliegen einen Pferdekadaver ebensoschnell zerstören können wie ein Löwe. Wenn aber die Leiche austrocknet, dann kommen Museumskäfer, Teppichkäfer … ganz spät die Schinkenkäfer. Bestimmte Insekten, meist Käfer, die können die Feinzersetzung einer Leiche noch dann geschmacklich unterscheiden, wenn sie mit all den technischen Methoden die *wir* haben, schon gar nicht mehr meßbar ist. Die verschiedenen Zersetzungsstadien ziehen verschiedene Insekten an. Die schwangeren Käsefliegen zum Beispiel fliegen hierzulande nach etwa drei Monaten das erste Mal eine Leiche an, weil es etwa so lange dauert, bis sich die Weichteile in einen breiigen Zustand verwandelt haben und die Leiche einen typischen käsigen Geruch ausströmt. Die Käsefliegenmaden wachsen in elf bis neunzehn Tagen zu erwachsenen Tieren heran. Nehmen wir an, es werden im November, im Freien, die Überreste einer Leiche gefunden. Der Haarschopf ist noch intakt, unter den Haaren befinden sich Käfer und Fliegenpuppen, auf der Leiche Zehntausende von etwa acht Millimeter großen länglichen, springenden Maden der Käsefliege – Piophila casei nach Linné – und ebenso ein dichter Teppich von

Käsefliegeneiern, dazu werden auch tote erwachsene Tiere gefunden. Aus diesen Informationen berechne ich dann die Liegezeit der Leiche folgendermaßen: Erste Besiedelung nach zirka neunzig Tagen, plus zweimal (das heißt zwei Generationen) elf bis neunzehn Tage Entwicklungszeit = 112 bis 128 Tage Liegezeit im Freien. Dieses Ergebnis ist für die Kriminalpolizei sehr hilfreich. Sie kann sich zum Beispiel bei den Ermittlungen auf solche Personen konzentrieren, die in diesem Zeitraum verschwunden sind.«

Mark Benecke reicht uns ein anderes Foto: »Das hier ist ein Fall, da haben sie – was früher fast immer passierte, heute nicht mehr – vergessen, einen Maßstab mit aufs Bild zu legen, deshalb verschenke ich Tausende von diesen Maßstabsanzeigern. Die habe ich entworfen. Man benutzt sie gern, denn sie sind selbstklebend. Das polizeieigene ›Krim/Fo-Band‹ ist von der Rolle und hat den Nachteil, daß man, vor der Leiche stehend und die Hände voller Faulleichensekret, reinbeißen muß, um es abzureißen. Also bei diesem Fall gab's für mich nur diese Bilder. Die Leiche war schon beerdigt, eine Exhumierung wäre zu teuer gewesen.« Er deutet auf das Foto. »So lag sie da. Das ist ein Madenteppich und Blut, sehr viel Blut war ausgelaufen.« Zu sehen ist im Profil das gepiercte Gesicht eines jüngeren Mannes. »Guckt mal das Gesicht, das ist Grünfäulnis. Und das ist eine Fäulnisblase. Das Paradies, aus der Madenperspektive… deshalb sage ich immer … das hat auch … das ist auch schön im höheren Sinne, weil das halt unabwendbar der Kreislauf des Lebens ist. Und es paßt eben einfach alles genau zusammen. Einfach deswegen, weil es zusammengehört! Die ganze Fäulnis da, die kommt nicht über uns, die ist integraler Bestandteil der Wiederverwertung. Da ist überhaupt nichts Schlimmes dran … nicht?« Alle blicken auf das Bild. »Hier lautete also die Frage: Wie groß waren die Maden? Ich kam dann auf die Idee, mir die Ringe zum Maßstab zu machen. Ich ging also zu einer Piercerin hier an der Ecke. Sie guckte sich das an und sagte, genau könne sie es nicht sagen, der eine Ring sei aus Indien, der andere aus chirurgischem Stahl, und keinesfalls größer als das oder kleiner als das. Die Aussage war unbrauchbar, die Sache nicht zu klären. Und das lag nur am vergessenen Maßband.«

Er zieht ein anderes Foto hervor. »Diese Geschichte zeigt, weshalb es sehr nützlich ist, wenn ich möglichst immer an den Tatort gehe, statt mir das Material kommen zu lassen. Hier seht ihr die Haare auf dem Kopf. Sie fallen aber im Verlauf der Fäulnis eigentlich immer runter. Die Maden sind derart gründlich, daß die Haare als Schopf runterfallen, mit der verwesten Kopfhaut zusammen. Hier aber nicht. Da war alles lagegerecht. Ein schöner langer Bart und längere Haare, alles an Ort und Stelle. Das übrige war komplett freiskelettiert. Das konnten keine Maden gewesen sein. Es waren andere Tiere, und ich habe sie gefunden. Speckkäfer, so eine Art Museumskäfer, die können ganz trockenes ledriges Material fressen. Nun war die Frage: Weshalb gab es keine Schmeißfliegen? Den Grund seht ihr hier, das ist ein Heizgerät. Das hatte er neben sich gestellt und ist dadurch sehr schnell ausgetrocknet. Irgendwann ist das Gerät dann überlastet gewesen, nach ein, zwei Monaten, und ist durchgebrannt, daher der schwarze Fleck. Er hat mir eigentlich den ganzen Zusammenhang erst klargemacht.« Mark Benecke schiebt die Fotos zur Seite und sagt: »Ach ja, den Fall mit dem kleinen Dominik wollte ich euch noch erzählen, Bilder habe ich im Moment nicht zur Hand. Also der kleine Junge, zwei Jahre alt, wurde im Juli 2000 tot in einer Wohnung gefunden, bei geschlossenen Fenstern. Sehr schnell wurde die Mutter gefunden, sie war zwanzig Jahre alt und eine drogenabhängige Straßenprostituierte. Sie konnte sich nicht erinnern, wann sie das Kind zum letzten Mal gesehen hatte, wann sie die Wohnung verlassen hatte. Sie war völlig weggetreten, zeitlich und räumlich. Jetzt gab's das Problem, daß nicht nur sie angeklagt war, sondern auch die Sozialarbeiter. Die Frage lautete nun: Wäre das Kind zu retten gewesen, oder hätte es überhaupt nicht gerettet werden können, wie lange hat es gedauert, bis es nach dem Verschwinden der Mutter gestorben ist? Nun war es so, daß sich an dem Kind zwei verschiedene Sorten von Maden fanden. Im Gesichtsbereich fand sich nur eine einzige, mehrere im Mund, auffallend war, daß die Augen überhaupt nicht besiedelt wurden, der Genitalbereich hingegen viel stärker besiedelt war als das Gesicht. Das kann aber gar nicht sein normalerweise. Ich habe die Tiere also bestimmt, und es stellte sich heraus, es sind Tiere, die sich überhaupt nicht von Leichengewebe ernähren, sondern von Kot und Urin. Sie wurden vom Geruch angezogen und haben die Windel besiedelt. Das sind sozusagen Vernachlässigungs-indikatoren. Die Windel wurde besiedelt, als das Kind noch lebte, die Tiere, die da gefunden wurden, waren viel älter als die Tiere im Gesichtsbereich. Man konnte jetzt ausrechnen, wie lange war die Windel besiedelt, wie lange war das Gesicht besiedelt, daraus ließ sich errechnen, wie lange es her sein mußte, daß die Mutter die Tür hinter sich geschlossen hatte, wie lange mindestens!

Ich habe das Material untersucht, also es stellte sich dann heraus, das Kind ist nicht innerhalb von Stunden gestorben, sondern eher im Bereich von sieben bis vierzehn Tagen, das bedeutete juristisch, das Kind hätte theoretisch noch gerettet werden können durch die Sozialarbeiter. Nur, dazu sag ich natürlich nichts. Für mich darf keine Rolle spielen, ob jemand jetzt schuld ist oder nicht. Mir ist die Schuld-frage meistens sogar gleichgültig, ich arbeite nur an Sach-beweisen, und diese wissenschaftliche Arbeit beleuchtet nur Ausschnitte, Fragmente der Wirklichkeit; die allerdings manchmal ganz grell!« Mark Benecke bietet seinen Finger einer umherkreisenden Fliege an: »Sie haben keine Scheu, die sind hier in der Wohnung geboren ... Ein schönes Beispiel noch für meine Arbeit, das auch mit Fliegen zu tun hat, will ich noch erzählen. Das war der erste Fall, so bin ich überhaupt dazu gekommen – ich hatte ja in Amerika eine Ausbildung gemacht. Also eines Tages riefen die Kollegen von Nebraska an, sie brauchten vor Gericht hieb- und stichfeste Beweise in folgendem Fall: Man fand in einem geschlossenen Raum zwei erschossene Menschen. Hoch oben an der Decke gab es unerklärlicherweise Blut-spuren, Spritzer, obwohl das Blut der Erschossenen so weit nicht hatte spritzen können und ein weiterer Toter aber auch nicht gefunden wurde. Unsere Nachforschungen haben dann erwiesen, daß Fliegen diese Blutspritzer verursacht hatten. Sie sind unten im Blut herumgegangen – aufgenommen haben sie wohl kaum was, sie mögen lieber Kekse und Brot, Kohlehydrate, nur die Maden wollen Protein – sie haben es nur verschleppt an die Decke und in der Nähe eines Abzugschachts, durch den sie kamen, blutspritzerähnlich verteilt. Wir haben Versuche gemacht, eine Fliegenzucht angelegt, Tapeten und rote Substanzen besorgt. Und aufgrund der typischen Muster, der Punkte und Ausziehungen haben wir dann eine mathematische Formel erstellt. So läßt sich eindeutig auseinanderhalten, *das* sind Blutspritzer und *das* ist von Fliegen gesetzt worden. Der Fall war aufgeklärt. Kommt, gehn wir ein bißchen auf den Balkon, ins Warme.«

Der Balkon zieht sich über die Länge von drei Zimmern hin und liegt nach hinten hinaus, mit Blick auf ein Holzlager und efeubewachsene Mauern. Wir fragen, wie denn alles so kam mit ihm: »Na, ich gehöre noch so zur letzten Wollsockengeneration, die halt Bio studiert hat, damit die Vögel leben und die Insekten ... das gibt's ja heute nicht mehr. Meine Eltern – die sind keine 68er, eher siebziger Generation – sind zu Hause immer nackt rumgelaufen, kamen ins Fernsehzimmer und wollten mit uns über die Filme reden. Mein Vater sagte immer, paß auf, iß auch das Fette vom Fleisch, sonst werd ich echt böse, im Lager wären wir froh gewesen! Er war als Flüchtlingskind aus Ostpreußen im Flüchtlingslager. Dann hat man gesagt: Vater!!! Und er sagte: Okay, Entschuldigung. Na ja, ich habe dann Molekularbiologie gewählt; weil mich aber wirbellose Tiere interessierten, habe ich hauptsächlich Zoologie gemacht, denn da kann man sich ja mit ihnen als Tieren beschäftigen, statt nur auf molekularer Ebene. Ich habe auch mit Tintenfischen gearbeitet. Dann habe ich angefangen, Methoden zu transferieren – alle reden immer vom multidisziplinären Arbeiten, aber kaum einer macht's –, ich mach's heute noch. Während des Studiums habe ich in der Rechtsmedizin gearbeitet, genetische Fingerabdrücke gelernt, hab dann meine Diplomarbeit in Zoologie gemacht, und zwar mit den genetischen Fingerabdrücken aus der Rechtsmedizin an wirbellosen Tieren. Dann hab ich wieder zoologische Methoden in die Rechtsmedizin genommen, nämlich Insekten auf Leichen. Es war mehr oder weniger Zufall, nur weil ich neugierig bin und immer gefragt habe, was darf ich bei euch machen?«

Er lächelt und wirkt neugierig wie eh und je. »Manchmal stößt man auf Unverständnis, deshalb arbeite ich lieber mit jüngeren Leuten. Die Gerontokraten, die alten Herrn, die Magnifizenzen und so was, die sind völlig unbedeutend mit ihrer wissenschaftlichen Arroganz, mit der sie sich panzern.

Ich bin sehr dafür, die Dinge verständlich zu erklären als Experte, und dafür muß ich sie eben vereinfachen, das ist verpönt. Aber ich will alles transparent machen, und ich will versuchen, nicht mißbrauchbar zu sein. Das gehört ja zusammen. Ich weiß, was den Leuten in den zwanziger und dreißiger Jahren passiert ist, wir wissen, wo die Fehler liegen, wir können studieren, wie es kam, daß Leute von Systemen vereinnahmt worden sind, obwohl sie vielleicht wirklich nichts weiter gemacht haben, als nur ganz kauzig ihre Kleinarbeit, ohne über den Tellerrand zu blicken. Man dachte, dieses kleine Feld, das ich bearbeite, das kann keine soziale Relevanz haben, oder man sagte, wenn ich's nicht tu, dann tut's ein anderer. Ich denke, der Satz muß heißen: Wenn's keiner tut, dann tut's keiner. Und zu keiner gehöre auch ich.«

Eine junge Hummel nähert sich brummend seiner Brille. Zärtlich sagt er: »Du Kleine, du! Sie mögen mich, und ich mag sie auch.« Auf die Frage, ob er denn nie Probleme gehabt habe mit den Leichen, sagt er: »Nein, ich hab das total zu hundert Prozent integriert in mein Leben, den Tod.« Wir fragen ihn, ob nicht grade ein fortgeschrittener Verwesungsgrad dazu verführe, ehemals individuelle Züge sich vorzustellen, ob nicht ein kaum noch zu erkennendes Gesicht oder Genital anrührender sei als das eines eben Verstorbenen und der herabgefallene Haarschopf nicht auch an den eigenen erinnere. »Ich nehme es so gar nicht wahr, wirklich. Ich verstehe, daß ihr das fragt, aber es spielt bei mir keine Rolle. Außerdem hat mein Beruf ja fast nur mit Gewaltverbrechen zu tun, da muß man echt 'ne Panzerplatte dazwischentun, finde ich. Ihr müßt euch das so vorstellen, ich guck mir die Leiche genau wie ein Insekt an, und für ein Insekt gibt's auch kein Gesicht, kein Genital, keine Haare. Wenn die Leiche hier ein Loch hat, beispielsweise«, er bohrt der neben ihm stehenden Freundin den Finger demonstrierend in die Hüfte, »dann guck ich mir dieses Loch zuallererst an. Und noch mal zum Gesicht, grade das Gesicht ist oft schon längst nicht mehr erkennbar. Also ich nähere mich der Leiche mit Insektenaugen und erkunde, was es überhaupt hier Interessantes gibt für mich, wo ist Licht, wo ist es warm, wo ist es feucht, mit der Erwartungshaltung einer Fliege, die gleich eine köstliche Eiablagestelle findet für ihre Brut.«

WERNER NIETSCHMANN,

Werkzeugmacher. 1940 Einschulung Volksschule Berka, Wipper, bei Sondershausen, 1948 Beendigung d. Schulzeit, Werkzeugmacherlehre b. d. Elektronikfirma Lindner-Installation, Kabel, Apparate (ab 1949 S.A.G. u. ab 1950 VEB-I.K.A.) in Sondershausen. 1951 Beendigung d. Lehre m. gutem Abschluß, Gesellenstück: ein sog. Kombinationsschlüssel (Werkzeug, m. d. sich mehrere Funktionen ausführen lassen). Wünsdorf (Reparaturwerkstatt f. d. russischen T-34-Panzer). Ab 1955 dreizehn Jahre lang VEB-Schaltgerüstbau Sperenberg. Qualifiz. im Metallbau u. Ablegung sämtlicher Schweißerprüfungen, einige Zeit Brigadier. 1968 Betriebswechsel (aus polit. Gründen) z. mechan. Abt. d. Forstwirtschaft Schönefeld. Nach Feierabend Leitung eines Fotozirkels. 1974 Betriebswechsel z. IFA-Autowerke-Ludwigsfelde, Ratio-Mittelbau (Herstellung v. Verbesserungen u. Neuerungen).

Nach Erkrankung d. Lendenwirbelsäule ab 1986 Arbeit b. d. Gebäudewirtschaft Zossen als Abteilungsleiter e. Betriebsteiles in Baruth. Am 30. Juni 1991 letzter Arbeitstag, vorz. Rente. Ehrungen, Auszeichnungen, Mitgliedschaften u. a. Goldener Blutstropfen (f. 16 Jahre Blutspenden), 4mal a. Aktivist ausgezeichnet in versch. Betrieben, für 20jähr. Tätigkeit a. Schöffe Verleihung d. Auszeich. Verdienter Schöffe des Volkes der DDR, 20 Jahre Mitgl. d. Freiw. Feuerwehr Kummersdorf (zuletzt als Löschmeister), 3 Jahre Vorsitzender e. Grundorganisation d. DRK. Langj. Leiter e. Arbeitsgruppe Modelleisenbahn, Mitinitiator u. Mitgl. d. Bürgerinitiative z. Erforschung d. Geschichte von Kummersdorf-Gut u. d. Museumsvereins. Verf. e. Schrift Cummersdorf-Schießplatz, *u. Hersteller d. großen Modells dess. im Museum. Herr Nietschmann wurde am 6. Januar 1934 im Dorf Berka an d. Wipper geboren, er ist verh. u. hat fünf Kinder.*

Kummersdorf Schießplatz

WERKZEUGMACHER

Unser ganzer gepriesener Fortschritt der Technik,
überhaupt die Civilisation,
ist der Axt in der Hand des pathologischen Mörders vergleichbar.
Albert Einstein, 1917

An einem sehr schönen und kalten Dezembermorgen
des Jahres 2002 fahren wir fünfzig Kilometer südlich
von Berlin auf einer schnurgeraden Straße dahin. Sie führt
von Sperenberg nach Kummersdorf-Gut und ist gesäumt
von wucherndem Gestrüpp, Mauern, rostenden Zäunen,
hinter denen graue Kasernen und Wohngebäude verfallen.
Der Eindruck, lediglich an einem der zahlreichen 1994
von den russischen Truppen verlassenen militärischen
Areale vorbeizufahren, täuscht in diesem Fall. Hinter diesem
verwitterten Mauerwerk erstreckt sich ein fast dreißig
Millionen Quadratmeter großes geschlossenes militärisches
Sperrgebiet mit einer ganz besonderen Geschichte. Hier
wurde zwischen 1875 und 1945 unter strengster Geheimhaltung der moderne Krieg experimentell vorbereitet. Ausgestattet mit großzügigen Mitteln und den jeweils neuesten
technischen Anlagen, testete man über siebzig Jahre lang
immer raffiniertere und ausgeklügeltere Vernichtungswaffen.
Die innige Zusammenarbeit von Militär, Industrie, Wissenschaftlern und Technikern brachte eine Todesmaschinerie
hervor, mit der die Effizienz des Verstümmelns und Zer-
fetzens von Körpern und das Zertrümmern und Vernichten
ganzer Städte in einem bis dahin undenkbaren Ausmaß
gesteigert werden konnte.

Mitten in diesem nun vorübergehend zur Ruhe gekomme-
nen riesigen Areal liegt wie eine vergessene Exklave die ehemalige Heeresarbeitersiedlung des Schießplatzes Kummers-

dorf-Gut. Heute leben noch vierhundertfünfzig Bürger hier. Es gibt einen Sportplatz, ein Wasserwerk, die Freiwillige Feuerwehr, ein geschlossenes Feierabendheim und den Friedhof. Morgens und nachmittags hält ein Bus. Der 1937 fertiggestellte Ort besteht hauptsächlich aus typischen NS-Siedlungshäusern mit kleinem Grundstück, ringförmig gruppiert. Dazwischen neuere Eigenheime aus der DDR- und Nachwendezeit. Herr Nietschmann wohnt in einem der Siedlungsdoppelhäuser, die rechte Hälfte hat er zu DDR-Zeiten als Eigentum käuflich erworben. Der Vorgarten mit Obstbäumen und kleinen Beeten ist winterlich karg. Frau Nietschmann, klein, resolut, empfängt uns am überdachten Eingang des Hauses und sagt, wir sollen nur einfach geradeaus ins Wohnzimmer gehen, ihr Mann telefoniere gerade. Er sitzt auf einer mit Zierdeckchen und Kissen geschmückten Couch unter einem Wandbild mit Gebirgslandschaft, blinzelt uns freundlich zu und zeigt mit einladenden Gesten auf die Sessel. »Einen Moment Geduld bitte noch …«, sagt er tröstend und spricht dann weiter ins tragbare Telefon. Das kleine Wohnzimmer hat weiße Rauhfasertapeten und ist mit Geschick eingerichtet. Der Teppichboden ist hell, es gibt eine Schrankwand, ein großes Fernsehgerät, an der Wand ein Pferdebild und eine Sammlung von Zinntellern. Alles wirkt hell, säuberlich und angenehm maßvoll. Herr Nietschmann, fast ebenso klein und resolut wie seine Frau, erhebt sich, ruft Abschiedsfloskeln ins Telefon und drückt uns dann nach alter DDR-Manier freundschaftlich fest die Hände. Wenig später fahren wir zum Museum im ehemaligen Konsum, einem verwitterten Gebäudekomplex aus der NS-Zeit auf der anderen Seite der Landstraße.

»Das war die ehemalige Textilverkaufsstelle«, sagt Herr Nietschmann. »Es gab auch einen Bäcker, einen Fleischer – und unsere Dorfkneipe. Das wurde nach der Wende alles geschlossen, und wir, der Bürgerverein Kummersdorf, haben die Räume gemietet. Wir haben uns ja 1990 gegründet, um politisch tätig zu werden, um hier sozusagen die Regierungsgewalt in unserer Gemeinde zu übernehmen, und 1994, nachdem die Russen abgezogen wurden aus Deutschland, haben wir uns dann mit der militärisch-historischen Geschichte von Kummersdorf-Gut befaßt, die ja bis dahin immerzu der Geheimhaltung unterlag, wir haben Zeitzeugen befragt, Material gesammelt, Akten studiert. Das Ergebnis sehen Sie vor sich.« Das Museum beherbergt eine kleine Sammlung historischer Zeugnisse, die Originalstücke liegen in Vitrinen, an der Wand hängen Lagepläne und alte Fotografien, daneben ein gerahmtes langes Antikriegszitat von Karl Kraus. Das größte Ausstellungsstück aber ist ein Modell des Schießplatzes zur Zeit des Jahres 1918. Herr Nietschmann hat es in eineinhalbjähriger Bauzeit selbst hergestellt, indem er auf einer sehr großen Platte all die Anlagen, Kanonen, Einschlagstellen der Geschützmunition, Wälle, Gräben, Gleise und Züge, Fahrzeuge, Gebäude und Bäume in der Manier einer Spielzeugeisenbahnlandschaft nachgebaut hat. Vorn an der zur besseren Übersicht geneigt befestigten Platte erlaubt eine beschriftete elektrische Tastenleiste die jeweiligen Objekte aufzurufen, an denen ein Lämpchen blinkt, solange man die Taste drückt. »Einige sind schon ausgefallen«, sagt Herr Nietschmann und klopft auf die Schaltungen, »na ja ... Also 1873 hatte der Kaiser die Genehmigung gegeben, hier in seinen Forsten einen Schießplatz zu errichten, 1875 wurde dann die Strecke der Militäreisenbahn Berlin-Schöneberg–Kummersdorf-Schießplatz eröffnet, mit täglich zwei Zügen. Das ist sozusagen die Geburtsstunde, und 1882 wurde auf der Schießbahn-Ost das erste Versuchsschießen veranstaltet. 1917 wurde dann die 7,5 Kilometer lange Schießbahn-West eröffnet. Das Modell hier zeigt übrigens nur einen Ausschnitt des Gesamtgeländes. Weil ich mich nach der Raumgröße hier richten mußte, war ich eingeengt, und auch der Maßstab ist nicht so ganz hingekommen. Aber das ist in diesem Fall ja nicht das Wichtige, und das Wichtigste habe ich drauf.« Er drückt eine Taste, auf der Strecke Schießbahn-Ost glühen die Lämpchen. »Die ist 12,7 Kilometer lang, hier hat man später dann anfangs auch solche großen Geschütze getestet wie den 42-cm-Mörser von Krupp, der im Volksmund ja ›Dicke Berta‹ hieß, nach Frau Berta Krupp. Der hat 14,5 Kilometer weit geschossen, also weit über diese Teststrecke hinaus, die Geschosse wogen tausend Kilo, waren so groß wie ein Mensch und schlugen zwölf Meter tief in den Boden ein, das muß man sich mal vorstellen; damit wurde im Ersten Weltkrieg unter anderem die Festung Lüttich zerstört.« Das Lämpchen erlischt wieder, und Herr Nietschmann macht eine kreisende Handbewegung: »Also hier auf dem Gelände wurde im Laufe der Zeit allerhand getestet, hier haben zum ersten Mal Zeppeline Bomben abgeworfen, hier wurde der deutsche Stahlhelm unter Dauerbeschuß getestet, auch erbeutete französische und britische Helme wurden 1915 beschossen. Im Grunde genommen, wie ich immer sage, wurde hier alles getestet, bei der Schuhsohle angefangen bis hin zu den Anfängen des Weltraumfluges. Man hat auf diesem Heeresversuchsgelände alle erdenklichen Waffen und Munitionen geprüft, man hat die Belagerungsartillerie getestet, die Bombensicherheit kasemattierter Anlagen, man hat Schießversuche gegen Gewölbe- und Panzerziele betrieben, gewölbe- und bunkersprengende Techniken ausprobiert an extra errichteten Testbauwerken, es sind heute noch Überreste davon zu finden. Und nebenher wurden natürlich auch Soldatenstiefel getestet, Autoreifen, Ketten für Panzerfahrzeuge, Feldküchen, Granatwerfer, Kleinbahnen und viel erbeutetes Kriegsgerät. Die Hauptaufgabe war aber das Schießen. Also man hat hier sozusagen ununterbrochen geschossen, über hundert Jahre lang!! Tag und Nacht. Das kann man auch in dieser Zeitung dort nachlesen, in der werden die schießfreien Tage angegeben. Und das mußte ja gemessen werden, man wollte auch wissen: Wie weit läßt es sich mit welchen Treibladungen und Projektilen schießen? Das hat man dann hier mit solchen Meßtürmen gemacht, wie Sie sie auf dem Modell sehen, wenn Sie mal gucken wollen.« Er betätigt eine Taste, am Meßturm leuchtet ein Lämpchen auf und ein weiteres an der Einschlagstelle, beide Male in Rot, sogar den aufspritzenden Sand hat er modelliert. »Na ja«, sagt er etwas verlegen, »das sind so die Details ... aber hier habe ich geschummelt, um die Sache attraktiver zu machen. Weil mir diese Strecke der Schießbahn zu leer erschien, habe ich die Meßtürme da reingeschmuggelt. Die sind aber erst ab den dreißiger Jahren des zwanzigsten Jahrhunderts aufgestellt worden, und das Modell zeigt eigentlich den Zustand im Jahr 1918 ... aber man kann an so einem Modell ja viel machen, man kann ja auch einfach den Zweck darstellen, um den es hier geht.«

Herr Nietschmann tritt zu einer großen Geländekarte an der Wand und sagt zögernd: »Eigentlich fallen die zwölf

Jahre Nazizeit kaum ins Gewicht … denn sehnse mal, welche Zeitspanne das ist, von 1875 bis heute … Also hier wahrscheinlich, an dieser Stelle, stand die erste Raketenversuchsanlage. Chef der Prüfabteilung war Walter Dornberger, der hat die geheime deutsche Raketenforschung bis zum Kriegsende geleitet. 1932 hat er einen Studenten als Mitarbeiter aufgenommen, der hier seine Doktorarbeit geschrieben hat, Wernher von Braun war sein Name. Er machte hier bis 1937 seine Versuche und zog dann mit seinen Mitarbeitern zum Raketenversuchsgelände nach Peenemünde um. Hier ist nur eine kleine Gruppe zurückgeblieben, die weiterhin neue Triebwerke und Treibstoffe getestet hat, bis auch die zu Kriegsbeginn nach Peenemünde gingen. 1942 haben sie dort ja dann die streng geheime, sogenannte Vergeltungswaffe-2, die V-2-Rakete, erfolgreich gestartet.« Wir erzählen von unserem Besuch im ehemaligen KZ Dora-Mittelbau vor vielen Jahren, wo genau dokumentiert ist, unter welchen Bedingungen dort ab 1944 zwanzigtausend Häftlinge in unterirdischen Fabrikationsanlagen gezwungen wurden, V-2-Raketen für den Kriegseinsatz herzustellen. Die ›Deutsche Wunderwaffe‹. Herr Nietschmann nickt und sagt: »Wenn Sie Dora kennen, dann sind Sie auch durch Sondershausen gefahren, das ist bloß zwanzig Kilometer weg, die Ecke dort ist ja meine Heimat, 1944 war ich zehn Jahre alt …« Er wendet sich wieder der Karte zu: »Also wie gesagt, da haben wir das Raketenversuchsgelände … Und hier haben wir noch etwas sehr Interessantes, hier steht der erste Atommeiler in Deutschland! Die Wissenschaftler vom Kaiser-Wilhelm-Institut in Berlin – wo ja auch der Otto Hahn gearbeitet hat, der 1938 die Kernspaltung entdeckte –, die kamen auch hier raus in die Atomversuchsstelle Gottow. In den vierziger Jahren wurde dann nur noch daran gearbeitet, die kriegsmäßige Variante der Atomentwicklung und Kettenreaktion voranzutreiben. Es ist aber nicht gelungen, eine Bombe zu bauen! Die Atomversuchsstelle Gottow wurde 1939 errichtet, ebenso diese Anlage von vierzehn hochmodernen Laboren, die Chemisch Physikalische Versuchsstelle Gottow – Gottow nach dem Dorf, das in der Nähe liegt. Das waren Labore für die physikalische und chemische Waffenentwicklung, die hat hier stattgefunden. Die Labore stehen in drei Reihen und waren alle miteinander verbunden ... wir werden uns die Reste anschließend anschauen.«

Man muß sich vergegenwärtigen, daß die Deutschen auf dem Gebiet der Entwicklung tödlicher chemischer Waffen und Nervengase schon im Ersten Weltkrieg eine außergewöhnliche Perfidie und Bösartigkeit an den Tag legten. Verknüpft damit sind nicht nur berüchtigte Namen wie IG-Farben, sondern auch geehrte spätere Nobelpreisträger wie Fritz Haber, der für die Entwicklung der chemischen Kriegsführung zuständig war und persönlich die Giftgasangriffe bei der Schlacht von Ypern und an der Ostfront leitete. Sein Kollege Otto Hahn führte bei der Ypernschlacht eine Spezialgaseinheit. Auch die deutsche Atomforschung im Zweiten Weltkrieg war keineswegs so harmlos gemeint, wie sie ausgegangen ist. Werner Heisenberg, Nobelpreisträger für Physik, verfaßte Anfang der vierziger Jahre ein Gutachten für das Heereswaffenamt und stellte in Aussicht, daß eine kontrollierte Kettenreaktion technisch realisierbar sei und Uran ein gewaltiger Sprengstoff. Kurt Diebner, promovierter Physiker, Experte für Kernphysik und Sprengstoffe, war Leiter des Heereswaffenamtes und machte Heisenberg zum verantwortlichen wissenschaftlichen Leiter des deutschen Kernspaltungsprojekts. In den Laboren verschiedener deutscher Städte forschte man, gut dotiert, an der deutschen Atombombe. Auch Kurt Diebner forschte und experimentierte in seinem ›Uranofen‹ in Kummersdorf, er war nämlich zugleich auch Chef der Versuchsstelle des Heereswaffenamtes in Gottow.

Herr Nietschmann begibt sich hinter die Verkaufstheke, auf der Bücher, Broschüren und Faltblätter zum Thema angeboten werden, und schiebt uns zwei Formulare hin: »Das müssen Sie bitte kurz ausfüllen, sonst kommen wir nicht aufs Gelände. Besuche auf diesen Flächen sind ja immer noch verboten, nur im Interesse der Historie dürfen wir vom Verein ausnahmsweise Leute führen, und zum Atommeiler zu gehen ist selbst uns verboten worden von oben, weil da angeblich immer noch Strahlung ist, na ja, Sie müssen jedenfalls unterschreiben.«

Wenige Minuten später stehen wir mit unserem Auto am Wachhäuschen eines Torgebäudes, eine ältere Frau vom Wachdienst öffnet nach kurzer Verhandlung – es liegt keine telefonische Anmeldung vor – den Schlagbaum. In engen Verschlägen neben der Straße erhebt sich wütendes und halbherziges Gebell. »Das sind die Wachhunde für die Streifengänge, einer davon ist noch von den Russen«, sagt Herr Nietschmann und gibt den Weg an. Die Fahrbahn ist bereits von Unkräutern, die überall durch den Asphalt brechen, stark angegriffen. Eine hohe große Kaserne mit Ecktürmchen, 1875 von italienischen Gastarbeitern erbaut, liegt am Wege. Die ehemalige Heeresstandortverwaltung ist grau verputzt, der Putz fällt ab. »Hinter diesen Häusern rechts«, sagt Herr Nietschmann, »ist der Sport- platz, drunter war lange Zeit ein Massengrab, 1945 sind Tausende hier bei den Kämpfen umgekommen, inzwischen hat man sie umgebettet. Da drüben war das Lazarett zur damaligen Zeit. Die Russen haben das nicht genutzt hier.« Wir drehen um und fahren vorbei an der Rückseite des alten Backsteinbahnhofs von 1875 und an einem schön ge- gliederten schwungvollen Turm mit pickelhaubenförmigem Dach. »Der Wasserturm«, erklärt Herr Nietschmann, »ist 1907 fertig geworden. Er ist siebenunddreißig Meter hoch, früher konnte man raufgehen, aber im vorigen Jahr haben irgendwelche Bekloppten da drin alles zerstört, dreißig Fenster kaputtgemacht. Da hätten wir jetzt einen schönen Rundblick gehabt. Vor uns dort sehen Sie Bad und Sauna, das haben die Russen gebaut für die Offiziere ... So und hier sind wir jetzt im Zentrum des Schießplatzes, also gebäudemäßig meine ich. Und dort war die sogenannte Null-Linie, das heißt, dort stand das Geschütz, von dort aus wurde geschossen und gemessen, das habe ich Ihnen ja auf dem Modell gezeigt. Und dort vorne waren diese Gebäude der Munitionsanstalt – auf der Karte waren sie ja noch zu sehen. Das ist 1943 alles in die Luft geflogen. Eine Woche lang mußte man Leute bergen mit Panzern, ein Depot nach dem anderen ist explodiert. Hier wurde ja die Versuchsmunition selbst hergestellt, Leute aus den umliegenden Ortschaften waren hier als Munitionsarbeiter, hauptsächlich Frauen, sie hatten unter anderem auch die Aufgabe, die Granatsplitter aus den Versuchen im ›Spreng- garten‹ zu sortieren und auszuwiegen. Also in der Blütezeit des Schießplatzes, zur Zeit der Machtübernahme war das, da waren etwa 1700 Menschen hier beschäftigt.«

Herr Nietschmann gibt Fahranweisungen und zeigt nach rechts auf einen ehemaligen Prachtbau aus dem neunzehnten Jahrhundert, er erinnert an ein Kurhaus und wirkt relativ gut erhalten. »Das täuscht, die Scheiben sind kaputtgeschlagen, der Stuck kommt runter, und das ganze Dach ist hinüber. Das ist der sogenannte Kaiserbahnhof beziehungsweise das Offizierskasino. Die Kleinbahn ging ja vor dem Kasino entlang, und immer, wenn vor dem Ersten Weltkrieg ein neues Geschütz getestet wurde, dann kam der Kaiser hierher, das nannte man das ›Kaiserschießen‹. Hitler war später auch sehr oft hier mit seinem Stab, Sie haben ja das Foto im Museum gesehen, ja? Das Erinnerungsfoto auf der Treppe des Offizierskasinos und mittendrin – ich glaube als einziger in Zivil – Wernher von Braun.« Wir verlassen dieses Gelände und fahren zu den ersten Raketenversuchsständen des besagten Wissenschaftlers. Betonruinen im Unterholz, denen man ihren ehemaligen Zweck kaum noch ansieht. Wir überqueren die zwölf Kilometer lange und zweihundertfünfzig Meter breite Schießbahn – auf der die ›Dicke Berta‹ schoß. Sie ist jetzt von Heidekraut und anderen harten Kräutern erobert. Zwischen den beiden Schießbahnen liegt der ehemalige Raketenprüfstand Nr. 4, das Hauptversuchsgelände. Herr Nietschmann zeigt auf den überwachsenen Schutzwall und die schlanken Birken, die sich überall aus den ehemals hoch geheimen Testanlagen herausarbeiten und dabei den Beton sprengen: »Die Natur holt sich alles zurück«, sagt er zufrieden und erklärt, auf die Reste deutend, wie man hier die Triebwerke testete, was für ein Feuerschweif entstand, wie man durch das immer noch vorhandene Marienglas der Sehschlitze alles beobachtete. Hier und in den anderen Prüfständen rundum haben sich seit 1964 die russischen Soldaten verewigt, meist durch Einritzung von Name, Datum und Heimatort im Putz, der aber allmählich in kleinen Schollen abfällt, mitsamt den Inschriften. Wir fahren durch den lichten Wald, der sich hier überall ausgebreitet hat, teils auf zugefrorenen Wegen mit tiefen Fahrspuren, teils auf Plattenwegen, die plötzlich in tiefen Sand übergehen. »Also hier ist jedes Jahr ein paarmal große Treibjagd, vor gut sechs Wochen waren hundertfünfzig Jäger unterwegs, aus Deutschland und den angrenzenden Ländern … im vorigen Jahr hat man siebenundneunzig Stück Wild geschossen, meistens Schweine, aber auch Damwild, Rehe, Füchse. So, wir sind jetzt an der Atomversuchsstelle Gottow, wo die physikalischen und chemischen Versuche gemacht wurden.« Zu sehen sind wiederum bunkerartige Gebilde im Unterholz. »Die vierte Gebäudereihe ist von den Russen dazugebaut worden, die hatten das als Munitionsdepot verwendet. So, und jetzt fahren wir zum Atommeiler weiter...«

An einem überschwemmten Waldstück entlang gehen wir zu Fuß. Über einen Hügel muß man steil hinaufklettern, um ins Untergeschoß des ehemaligen Uranmeilers hinunterschaun zu können. Damals hatte es einen Holzaufbau, wie eine Bockwindmühle, für den Fall der Explosion. Die Russen benutzten das kleine ›Bassin‹ dann als Löschwasserbecken. »Wir hatten ja Mitarbeiter vom Hahn-Meitner-Institut hier, und sie haben eine Spur Radioaktivität gemessen. Also wenn jetzt, nach knapp sechzig Jahren, der Geigerzähler noch reagiert, dann ist eine gewisse Strahlung vorhanden, aber sie haben gesagt, daß man wenigstens hundert Jahre hier stehen müßte, um drei Bequerel abzukriegen.« Elisabeth fragt: »Ist das ein Holunder, der dort unten im ›Reaktor‹ so schön heranwächst?« Herr Nietschmann nickt und sagt: »Es ist einer, sogar ein seltener, er ist blaublühend.«

Zum Abschluß fahren wir eine weite Strecke nach Norden, passieren nochmals Schranken und Wachpersonal, bis wir auf verschlungenen Wegen an einen großen, von Wald gesäumten See gelangen. Auf der Wasserfläche spiegelt sich der lachsfarbene Abendhimmel, und die gemauerten Stümpfe der ehemaligen Brückenpfeiler werden von schimmernden Wellen umspült. »Auf diesem Gelände und auf der ehemaligen Brücke über dem See«, sagt Herr Nietschmann, dessen Leidenschaft die Eisenbahn ist, »haben die Eisenbahnpioniere Belastungsproben durchgeführt und Sprengungen... So, das war's... Jetzt habe ich kalte Füße, fahren wir zu mir nach Hause, was Heißes trinken.« Herr Nietschmann, der sich auf diesem großen, unübersichtlichen Gelände ebenso gut auskennt wie in der Geschichte, stapft mit wehendem Atem vor uns her zum Auto und sagt: »Das Ganze ist übrigens eine Liegenschaft des Bundesvermögensamtes und nennt sich ›Vorhaltegebiet bis 2030‹ für den eventuellen Großflughafen Schönefeld. Wir wünschen uns aber was anderes: einmal, daß die historischen

Zeugnisse erhalten werden, und zum anderen, daß auch die Artenvielfalt von Flora und Fauna erhalten bleibt, die sich hier in der Abgeschlossenheit entwickelt hat. Am liebsten wäre uns eine Verbindung von Militärgeschichts- und Naturlehrpfad.«

Fast fühlt man sich gerettet, von all den modernden, feuchten, klammen Kasernen, Bunkern und Offizierskasinos hierher gefunden zu haben, an einen weihnachtlich gedeckten Tisch. Frau Nietschmann ist unablässig um unsere Bequemlichkeit bemüht, rückt unsere Sessel näher an den Tisch, schenkt Kaffee ein, holt ein selbstgemachtes Adventsgesteck herbei und zündet die Kerzen an. »Das war ein normaler, einfacher Ast aus dem Wald ...«, sagt sie und fragt: »Möchten Sie Stollen, oder wollen Sie lieber eine Scheibe Brot essen? Manch einer will lieber Brot.« Sie lächelt aufmunternd. Herr Nietschmann erzählt, wie geschickt seine Frau sei, sie habe sogar mal einen Verbesserungsvorschlag im Betrieb gemacht, mit dem man einen Arbeitsgang einsparen konnte. »Wir haben tausend Mark gekriegt«, sagt sie, und er fügt hinzu: »Das war viel Geld in der DDR. Ich habe als ausgelernter Handwerker siebenhundertsechzig Mark brutto bekommen, sechshundertsechzig auf die Hand.« Wir fragen, was seine Eltern von Beruf waren. Herr Nietschmann kaut, Frau Nietschmann sagt: »Er ist unehelich ...« und er fährt fort: »Meinen Vater kenne ich nicht, meine Mutter war in Stellung, wie man sagte, sie hat immer nur im Dienst anderer gestanden und hatte keinen Beruf. Ich war der einzige ...« Sie sagt flink: »Eine Fehlzündung?« Er trinkt einen Schluck und sagt: »Ich bin bei den Großeltern aufgewachsen, mein Großvater war selbständiger Handwerker, Sattlermeister, also er hatte seinen Betrieb, mit dem konnte er aber die Familie nicht voll ernähren, darum ging er, um dazuzuverdienen, noch auf den Schacht, Kalischacht. Das war bei uns wie hier auch, alle Bauernjungen haben ja auf dem Schießplatz gearbeitet, und die haben dann zu Hause ihre Landwirtschaft noch nebenbei gemacht. Wir hatten ja auch ein bißchen Landwirtschaft, hatten unser Schwein, Hühner, Gänse, Karnickel, und selbständig hat sich unsere Familie mit Kartoffeln ernährt, also Eigenbau. Und da es bei uns ja Weizen gibt, haben wir unsere Familie auch damit ernähren können. Wir haben einen Zentner

Weizen zur Mühle gebracht und vom Müller dafür zwei Zentner Roggenschrot gekriegt, so war das damals.«

Frau Nietschmann schenkt Kaffee nach und bittet uns, noch Stollen zu nehmen nach dem kalten Tag im Freien. »Arm waren wir eigentlich nicht«, sagt Herr Nietschmann, »aber viel leisten konnten wir uns auch nicht. Als Kind hatte ich Pfeil und Bogen, die waren selbstgemacht, und einen Holzsäbel – wir haben viel Krieg gespielt –, natürlich hatte man keine elektrische Eisenbahn ...« – »Die hat er jetzt ...«, sagt Frau Nietschmann amüsiert, aber er bleibt eher ernst und erzählt weiter: »Der Großvater hatte nur vierundfünfzig Mark in der Woche, und ich ging also mit der Milchkanne von Hof zu Hof, von einem Bauern zum andern, bis die Kanne voll war. Aber das war keine Spende, sondern die Bezahlung dafür, daß der Großvater das kaputte Pferdegeschirr und Kummet repariert hatte. Wir hatten eine ganze Reihe Schuldner, die waren in einem Buch vermerkt. Da gab's eines Tages, am 8. Mai 1945, ein furchtbares Eisenbahnunglück mit einem Benzinzug. Wir wohnten gegenüber vom Bahnhof, und eine Stunde später war das ganze Haus abgebrannt. Ich hatte nur Sandalen, Hemd und Hose. Der Großvater war auf der Arbeit, die Oma beim Doktor, und mein Cousin war in dem brennenden Haus zurückgeblieben, da habe ich ihn im letzten Moment rausgeholt, die Farbe hat schon Blasen geworfen auf den Türen ... und da sind dann auch vom Großvater die ganzen Bücher verbrannt, und er wußte nicht mehr genau, wer alles Schulden bei ihm hatte – und die haben natürlich alle gesagt: Ich?? Nee, nee! So war das damals ... und nun sitze ich hier, bin Rentner und habe wieder mit dem Krieg zu schaffen, diesmal aber freiwillig! Ich bin ja, wie gesagt, nicht von hier, aber es ist meine zweite Heimat geworden, und da will man dann schon wissen, wo man überhaupt gelebt hat die ganzen Jahre.« Frau Nietschmann sagt: »Ich bin ja Kummersdorferin ...«, und er fügt hinzu: »Ja, mein Schwiegervater war Eisenbahner auf der Jüterbog-Strecke, der hat damals auch die ganzen Gefallenen hier mit beerdigen müssen, die lagen aber schon eine ganze Weile ... Wir hatten ja einige Zeitzeugen hier, die wir noch befragen konnten, einige sind inzwischen gestorben. Das meiste an Kenntnissen hat man sich ja selbst beibringen müssen in der Zeit, seit es die

Bürgerinitiative und den Museumsverein gibt. Viel Literatur gibt's ja darüber nicht, weil eben immer alles streng geheim war... Ich hoffe, ich habe Ihnen beiden trotzdem was Interessantes zu dieser ganzen Geschichte erzählen können ...« Wir bestätigen das begeistert.

Zum Abschluß zeigt er uns noch seine elektrische Eisenbahn, die in der Waschküche aufgebaut ist, umrahmt von Arbeitsgeräten, auf denen er verschiedenes bohrt und drechselt für die Bahn oder sein Modell. In der Garage zeigt er uns eine große selbstgebaute Maschine, aus Gußeisen scheint sie zu sein, es ist eine Drehmaschine, glaube ich, jedenfalls sieht sie imposant aus und wie für die Ewigkeit geschaffen. »Na ja«, sagt Herr Nietschmann, »ich bin ja Werkzeugmacher...«

FRIEDRICH HIRZEBRUCH,

*emer. Univ.-Prof., Dr. rer. nat. s. c. l.,
Dr. h. c. mult. (12), ehem. Direktor
d. Max-Planck-Instituts f. Mathematik
Bonn. 1945–50 Studium d. Mathematik, Physik u. Mathematischen
Logik, Univ. Münster u. ETH Zürich.
Diss. 1950. 1952–54 Mitgl. d.
Institute for Advanced Study, Princeton,
USA. Habil. 1955 (Neue Topologische Methoden in der algebraischen
Geometrie). 1955–56 Ass. Prof.
an d. Princeton University, USA.
1956 Berufung z. ordentl. Prof.
an d. Mathematisch-Naturwissen-
schaftlichen Fakultät d. Univ. Bonn.
1962–64 Dekan d. Fak. (emer. 1993).
1969–85 Mitbegr. u. Sprecher
d. Sonderforschungsbereiches Theoretische
Mathematik an d. Univ. Bonn.
1995 Mitbegr. u. Direktor d. Max-
Planck-Instituts f. Mathematik, Bonn.
Mitgl. v. 21 Akademien, darunter:
Dt. Akad. d. Naturforscher Leopoldina,
1963; Foreign Associate National
Academy of Sciences, USA, 1986;
auswärt. Mitgl. d. Russ. Akad.
d. Wiss., 1993; ausw. Mitgl. d. Royal
Soc., London, 1994. Div. Ehrungen
u. Auszeichnungen u. a. Wolf-Preis
Mathematik, 1988; Lobatschewski-
Preis d. Akad. d. Wiss., 1990;
Gr. Verdienstkreuz m. Stern, 1993;
Seki-Preis; Goldmedaille d. Albert
Einstein Ges., 1999; Krupp-Wissen-
schaftspreis, 2000. Mitgl. bzw. Vors.
mehrerer int. Math. Vereinigungen
u. Ges.; Mithg. d.* Mathematischen
Annalen *(1962–96) u. d. Zeitschrift*
Topology *(seit 1962). Autor d. Lehr-
buchs* Neue topologische Methoden
in der algebraischen Geometrie.
Ergebnisse der Mathematik und
ihrer Grenzgebiete *sowie Verf. zahlr.
wiss. Veröff. u. Buchbeiträge. Friedrich
Hirzebruch wurde am 17. Oktober 1927
in Hamm, Westfalen, geboren, seit
1952 verh. m. Ingeborg Hirzebruch,
drei Kinder; beide Töchter studierten
Mathematik.*

Apodiktische Gültigkeit

MATHEMATIKER

Die Mathematik strukturiert unseren Alltag und steckt in jedem Ding der gemachten Welt, die uns umgibt. Daß das nur selten auffällt, liegt daran, daß sie, Präzision vorausgesetzt, funktioniert. Mehr will man eigentlich davon nicht wissen. Das kränkt die Mathematiker. Während Biotechnologie in aller Munde ist und selbst das Feuilleton erobert hat, bleibt es um die Meilensteine der Mathematik – insbesondere der reinen – meist ganz still, während die ›Entschlüsselung des Genoms‹ öffentlich bejubelt und dem Zeitungsleser liebevoll erklärt wird, beschränkten sich Jubel und Streit um den endlich gefundenen Beweis des Vierfarbensatzes weitgehend auf das kleine internationale Kollektiv der Mathematiker. Außenstehende bleiben von den unverständlichen Problemen unbeeindruckt. Dazu kommt, daß die Mathematik eine äußerst wortkarge Wissenschaft ist. Dennoch, wenn sie in einer gut erzählten Geschichte in Erscheinung tritt, finden sich, trotz des hohen Schwierigkeitsgrades, erstaunlich viele interessierte Leser. Die Fermatsche Vermutung, 1637 an den Rand einer Buchseite geschrieben, hat viele Mathematiker heftig herausgefordert und konnte erst Ende des zwanzigsten Jahrhunderts endgültig als wahr bewiesen werden. Ein Buch hat sie berühmt gemacht. *Fermats letzter Satz* erzählt von der Suche nach Lösungen und Beweisen und wurde ein Weltbestseller. Aber solche Beispiele sind selten. Für den mathematischen Laien vollzieht sich die hochabstrakte moderne Mathematik jenseits seiner Wahrnehmungsgrenze, hinter verschlossenen Türen und in verschlossenen Köpfen. Was eigentlich gemacht wird und wozu, bleibt unbekannt, ein Geheimnis, das die Öffentlichkeit kaum interessiert. Was das Wozu betrifft, so geraten in Zeiten anwendungsorientierter Wissenschaft und des schnellen Vermarktungszwanges die Vertreter der reinen Mathematik natürlich unter zunehmenden Druck. Heute wagt es wohl kaum einer von ihnen mehr, laut zu sagen, daß die Mathematiker stolz darauf sind, unnütz zu sein, nur dem Reinen verpflichtet, der Wahrheit und Schönheit und der Lösung immer komplexerer Probleme. Auch die kontemplativen Mönchsorden hatten diese Schwierigkeit, sich zu rechtfertigen für die totale Hingabe an die Erkenntnis, ans Reine und Absolute. Die asiatischen Mönche lösten das Problem elegant, sie trugen zum Beweis ihrer rein geistigen Orientierung einen halbierten menschlichen Schädel als Bettelschale mit sich.

Natürlich ist die reine Mathematik heute kein brotloser Beruf. Die etablierten Mathematiker leben wohl honoriert in Forschung und Lehre, reisen viel und pflegen intensiv den Kontakt zum internationalen Kollektiv. Ihre Forschungsarbeit selbst hingegen ist – im Vergleich zu den experimentellen Naturwissenschaften – ausgesprochen kostengünstig. Das Max-Planck-Institut in Bonn, ein Forschungszentrum von internationaler Bedeutung, nimmt nur ein halbes Prozent des Gesamthaushalts der Max-Planck-Gesellschaft in Anspruch. Die Physik dreißig Prozent. Herr Professor Hirzebruch, der ehemalige Direktor, ohne den dieses Institut nicht existieren würde, mußte jahrzehntelang für die Gründung eines solchen Instituts plädieren. Nachdem der erste Versuch 1960 gescheitert war, gründete er 1969 am Mathematischen Institut der Universität Bonn einen Sonderforschungsbereich ›Theoretische Mathematik‹ (gefördert von der Deutschen Forschungsgemeinschaft): Elf Jahre später gelang es ihm schließlich, aufgrund der großen Reputation seines Forschungsbereichs, die Gründung eines Max-Planck-Instituts durchzusetzen und hochkarätige Wissenschaftler zu gewinnen. Hirzebruchs eigene mathematische Karriere begann im Alter von zwanzig Jahren mit der Entdeckung der nach ihm benannten Hirzebruch-Flächen, was ihm einen zweijährigen Forschungsaufenthalt in den USA, am Institute for Advanced Study in Princeton, einbrachte. Dort wurde er mit mathematischen Methoden vertraut, die in Deutschland – das nach der Vertreibung der jüdischen Wissenschaftler weit zurückgefallen war – vollkommen

unbekannt waren. Methoden mit so seltsamen Namen wie
›kohärente analytische Garben‹ oder ›Vektorraumbündel‹.
In Princeton gelang ihm das, was für jeden Mathematiker das
höchste Glückserlebnis ist, er fand einen Beweis, konnte den
sogenannten Satz von Riemann-Roch in beliebigen Dimensionen beweisen. Das brachte ihm sofortigen Weltruhm in
der internationalen Fachwelt. Viele der besten Mathematiker
hatten sich vergeblich mit diesem Problem beschäftigt. Seit
1954 nimmt der Satz von Riemann-Roch-Hirzebruch in
der algebraischen Geometrie eine Schlüsselrolle ein. Damit
war Hirzebruch aktiver Mitstreiter und Konkurrent im
internationalen Wettstreit des Mathematikerkollektivs.

Herr Professor Hirzebruch war umstandslos zu einem
Treffen bei ihm zu Hause bereit. Gleich beim ersten Tele-
fonat machten wir einen Termin aus, und er erklärte mir
präzise und ohne jede Umständlichkeit, wie wir vom Bahnhof aus mit der Straßenbahn zu dem Vorort gelangten,
in dem er wohnt. Dabei nannte er nicht etwa nur die Lage
der Haltestelle, Nummer und Richtung der Straßenbahn,
sondern auch den Preis des Fahrscheins, Zone A, die Anzahl
der Stationen und die genaue Abfahrtzeit, damit wir zum
vereinbarten Zeitpunkt am Ziel ankämen, wo er uns mit
dem Auto abzuholen versprach. Beim zweiten Anruf wurde
der Plan dann allerdings umgestoßen, er schlug vor, uns
zuerst sein Institut zu zeigen und anschließend gemeinsam
mit der Straßenbahn zu ihm nach Hause zu fahren. Bei
dieser Verabredung blieb es. Wir fürchteten uns ein wenig
davor, auf einen pedantischen alten Herrn zu treffen.

Der Bahnhof der ehemaligen Bundeshauptstadt erinnert
stark an Berlin, er riecht nach Urin, die sozialen Problem-
fälle lagern mit Bierbüchsen am unteren Ausgang zur
Fußgängerzone, eine alte Frau im Rollstuhl, beladen mit
zahlreichen Tüten, hat ein Pappschild aufgestellt, auf dem
sie vor dem Vierten Reich warnt. Sie schläft. Nicht weit
vom Bahnhof ist der Münsterplatz mit Münster, Beethoven-
Denkmal und dem ehemaligen Fürstenbergschen Palais. Im
Erdgeschoß dieses gelben Gebäudes aus dem achtzehnten
Jahrhundert befindet sich die Post, in den darüber liegenden
Stockwerken residiert das Max-Planck-Institut für Mathematik, wo uns Professor Hirzebruch pünktlich empfängt und
in sein geräumiges Büro geleitet. Er trägt ein Tweedjackett,

helle Jeans und schwarze Reebock-Turnschuhe, wirkt sehr sanft, umgänglich, wohlsortiert und etwas trocken. Mit fester Stimme und westfälischer Sprachmelodie bittet er uns, Platz zu nehmen, erzählt mit sehr präzisen Sätzen von der Gründungsgeschichte des Instituts und dessen Arbeitsschwerpunkten. Auf dem Tisch liegt eine hellblaue Mappe, in der er nicht nur Curriculum vitae und eine Liste seiner Veröffentlichungen bereitgelegt hat, sondern auch eine kleine Auswahl von Broschüren, Vorträgen und fotokopierten Texten zu unserer Orientierung und zum besseren Verständnis der Angelegenheit. Er deutet zum Schreibtisch, auf dem das Modell eines modernen Gebäudes steht: »Das haben mir meine Studenten gemacht, zur Erinnerung an unser ehemaliges Institutsgebäude. Es lag auf der anderen Rheinseite. 1982 sind wir in das angemietete Haus eingezogen, deshalb betrachten wir das als unser Gründungsjahr.« Das Modell ist liebevoll mit Details ausgestattet, durchs aufgeschnittene Dach blickt man ins voll eingerichtete Hirzebruchsche Arbeitszimmer, unten am Haus lehnt ein Fahrrad aus Draht. »Ich habe das ja gegründet, insofern gehört es zu meinen wichtigsten Kindern. In diesem Hause hier – das ich Ihnen anschließend zeigen werde – sind wir erst seit März 1999. Die Hauptidee war, daß die beste Förderung der Mathematik darin besteht, daß man Gastmathematiker aus vielen Ländern zusammenführt, und zwar so, daß sie miteinander reden können, denn die Fortschritte entstehen auch bei der Diskussion. Sie müssen natürlich etwas zueinander passen, vom Fachgebiet her. Und das wird ihnen dann für ein, zwei Jahre geboten, oder auch für ein paar Monate, sich frei von anderen Verpflichtungen nur der Forschung zu widmen.« Er putzt sich die Nase mit einem großen Herrentaschentuch.

»Diese Art von Gastforschungsinstituten gab es nicht. Ich habe die großen Vorteile in Princeton kennengelernt, am Institute for Advanced Study. Es wurde ungefähr 1933 gegründet, und hat dann auch aus Deutschland vertriebene großartige Wissenschaftler aufgenommen, wie zum Beispiel Einstein und Gödel; die waren dort. Also Einstein haben wir in Princeton oft gesehen, sind ihm begegnet, er hatte sein Büro im Hauptgebäude. 1955 ist er ja schon gestorben. Aber dieses Institut, an dem ich dort als Gastforscher war, das wurde für mich das Muster. Nach diesem Muster, als reines Gastforschungsinstitut, und ganz anders als die anderen Max-Planck-Institute, wurde dieses MPI dann aufgebaut. Aber das war nicht ich alleine. Und es gab Vorarbeiten, wie die jährliche Arbeitstagung, die ich 1957 gegründet habe und die ohne die Mitarbeit von so herausragenden Mathematikern wie Sir Michael Atiyah aus Edinburgh nie eine solche Bedeutung gewonnen hätte. Die Arbeitstagung war der Kern für den 1969 gegründeten Sonderforschungsbereich, und aus ihm ging sozusagen das MPI hervor. Seit meinem Ausscheiden gibt es ein Viererdirektorium, bestehend aus den Professoren Gerd Faltings, Günter Harder, Yuri Manin und Don Zagier. Alle vier Direktoren sind gleichberechtigt, sie wechseln sich alle zwei Jahre in der Geschäftsführung ab. Derzeit ist Professor Manin der geschäftsführende Direktor.« Herr Hirzebruch erhebt sich, um mit uns durchs Haus zu gehen. Bevor wir sein Büro verlassen, in dem akribische Ordnung herrscht, möchten wir noch wissen, was es mit den Dekorationsstücken auf sich hat, mit den Bildern, Fotos, der asiatischen Dame unter einem Glassturz. »Also die zahlreichen Chinesen und Japaner, die hier durch Bonn reisen, die bringen mir immer was mit, einen Fächer, ein Täschchen ... Und wo das nun herkommt ... Das Bild dort, das ist aus Indien, die Eltern von Professor Zagier haben es mir anläßlich meiner Emeritierung geschenkt, dahinten das kleine Porträt von Kopernikus ist ein Geschenk aus Polen ... und dann hier ... ja ... die Harvard Universität hatte 1999 eingeladen zu einer Tagung, zu Ehren von vier Mathematikern. Das nannte sich dann im Volksmund ›Viererbande‹, es waren: Sir Michael Atiyah; Raoul Bott, Professor in Harvard; Singer, Professor am MIT, und ich. Unsere Arbeiten waren in gewisser Weise eng miteinander verknüpft ...« Wir zeigen auf den Schreibtisch und fragen nach dem Computer. »Ja, es ist so«, sagt Herr Professor Hirzebruch, während er ein herumliegendes Buch zurückstellt, »mein Verhältnis zum Computer kann man als sehr gemischt bezeichnen, im Augenblick ziehe ich die traditionelle Arbeitsweise vor. Die Sekretärin macht auch die E-Mails. Es ist so, die mathematischen Sätze werden ja bewiesen, mit dem Computer kann man keine mathematischen Sätze beweisen, weil sie grundsätzlich Aussagen über unendliche Mengen sind, der Computer aber kann nur endliche Mengen behandeln, man kann Vermutungen testen, aber nicht beweisen. Der Mathematiker möchte eigentlich einen Beweis, den er am Schreibtisch machen kann, den die sogenannte Mathematical Comunity auch kontrollieren kann. Bei Beweisen mit Computerhilfe würde es viele Menschenleben brauchen, um die Berechnungen wirklich nachzuprüfen. Also ein Beweis, der völlig im Kopf konzipiert ist, wobei er schließlich ganz durchdrungen und vereinfacht wird, der ist schön. Das ist es, was gemeint ist mit der Schönheit in der Mathematik.«

Dann besichtigen wir das Haus. Wer zufällig den Weg kreuzt, wird uns vorgestellt, ein amerikanischer Gastprofessor ebenso wie eine vorbeieilende Angestellte. Im Gebäude befand sich ehemals die alte Hauptpost, sie zog aber, nach dem Wechsel der Politbürokratie in die neue Hauptstadt, in ein kleineres Quartier. Vom ersten bis vierten Obergeschoß wurde das weiträumige Gebäude dann um- und neu ausgebaut nach den Bedürfnissen und Vorstellungen des MPI, das aber nur Mieter ist. Man verfügt nun über dreitausendfünfhundert Quadratmeter. Hundertneun Büros gibt es, wobei die der Gastwissenschaftler von zellenartiger Größe sind und neben der Tür, in gleicher Höhe, einen gläsernen Sichtschlitz haben. Manche der Glasscheiben wurden zugehängt. Derzeit sind sechzig fast ausschließlich männliche Wissenschaftler aus verschiedenen Nationen anwesend. Neben den vier festangestellten wissenschaftlichen Mitarbeitern des Direktoriums gibt es noch drei weitere Wissenschaftler auf Dauerstellen sowie etwa ein Dutzend Angestellte in der Verwaltung, meist Frauen, die hier das weibliche Geschlecht repräsentieren. Wir gehen treppab, treppauf, durch schmale Flure und lichtdurchflutete Räume, vorbei an schmalen Bogenfenstern, durch die man direkt in die Herrenabteilung des benachbarten Kaufhauses blickt, auf nackte, grausilberne Schaufensterpuppen, die statt des Kopfes einen Fernsehapparat auf den Schultern tragen. Es gibt einen großen Hörsaal, der ehemals, in den alten Zeiten der Handvermittlung, der Telegrafensaal war, in dem die Fräuleins vom Amt die Verbindungen stöpselten. Zuletzt besichtigen wir die Bibliothek unterm Dach, das schöne Gebälk liegt frei, dazwischen sind die Regale über dreihundertfünfzig Quadratmeter verteilt. Es ist kein Mensch da. Wir spazieren an der Fachliteratur vorbei und an einem Regal mit dem Schild ›Light Literature‹. »Das gehört nicht dem Institut, das stellt die Allgemeinheit hier so hin nach dem Gebrauch«, erklärt Herr Professor Hirzebruch. Dort stehen vor allem japanische Taschenbücher, meist Comics, teils dick wie ein Telefonbuch. Es gibt auch Abgegriffenes in kyrillischer Schrift. Beim Hinuntergehen fällt uns ein Lichthof auf. Im Freien, unter einem gläsernen Schutzdach, steht ein recht unwirtlich aussehendes Ensemble von Sitzgelegenheiten. Der Katzentisch für die Raucher, wird uns erklärt. Im gesamten MPI herrscht strengstes Rauchverbot. Es sind weniger die Mathematiker, mehr die Physiker, erfahren wir, und da wiederum sind es besonders die Russen und Franzosen, die leidenschaftliche Raucher sind. Wir haben alles besichtigt. Es ist Mittag, die Glocken des Münsters läuten melodisch. Herr Professor Hirzebruch schultert einen schwarzen Cityrucksack mit dem Namenszug von Alexander von Humboldt (ein Geschenk der gleichnamigen Stiftung an ihre Gutachter) und lädt uns zum Essen ein in sein Lieblingsbistro. Als er unterwegs eine kurze Zeit vor uns hergeht, fällt uns auf, daß seine linke Schulter steil nach unten hängt. Er erklärt uns, das sei nichts weiter als eine Angewohnheit, im Prinzip durch das Hochziehen der Schulter zu beheben. Einige Momente lang hebt er die arme Schulter, die unter der totalen Vorherrschaft des Kopfes einfach in Vergessenheit geraten ist.

Die anschließende Straßenbahnfahrt – Karten hatte Herr Hirzebruch bereits in der Tasche, vergaß aber, sie abzustempeln – endet in St. Augustin, wo wir in seinen alten, mit verchromten Stoßstangen ausgestatteten Mercedes umsteigen und nach wenigen Minuten vor einem modernen, weißen Einfamilienhaus ankommen, das am Rande einer Villensiedlung liegt. Frau Hirzebruch empfängt uns sehr unverkrampft und herzlich. Sie hat Mathematik und Biologie studiert, beim Studium ihren Mann kennengelernt und 1952 geheiratet. Die beiden scheinen ein gut eingespieltes Team zu sein. Wir werden durch eine offene Diele ins große Wohnzimmer geführt. Der Blick fällt durch eine breite Glasfront direkt ins sanfte Grün des Gartens. Es gibt einen ziegelfarbenen Kachelboden, schöne Teppiche, Regale voller

Kunstbände und einen offenen Kamin. Wir loben Haus und Garten. Frau Hirzebruch lächelt etwas bitter und sagt: »Aber wir haben Rehe!« – »Was???« ruft er aus. Sie führt uns in den Garten, zeigt auf Pflanzen und Gewächse: »Hier, diese Pflanze war gestern noch voll mit Blüten. Wir haben enorme Verluste ... sie fressen Geranien, Rosen ... ich bin ganz ärgerlich.« Er sagt: »Diesen Ärger hatten wir schon mal vor ein paar Jahren. Sie kommen von hier hinten, wo der Golfplatz ist, setzen wohl über Brombeerhecke und Zaun und fressen dann die Rosen, unerhört!!« Frau Hirzebruch zeigt uns Losung und Hufabdruck der Missetäter. Dann werden wir zurück ins Haus gebeten, zu Tee, Kaffee und einem selbstgebackenen Pflaumenkuchen, der zart nach Zimt schmeckt. Herr Professor Hirzebruch nimmt ungerührt seine Kuchengabel und sagt: »Am Beispiel dieses Pflaumenkuchens läßt sich gut etwas, das zur Zahlentheorie gehört, erklären. Also ich kann, mit Zirkel und Lineal, den Kreis in 6 gleiche Stücke teilen, weil ich ein gleichseitiges Dreieck konstruieren kann, ich kann ihn auch in 4 gleiche Stücke teilen und damit in 8 ... immer mit Zirkel und Lineal, es wird ja hier an einen idealen Kreis gedacht, nicht an einen Pflaumenkuchen. Ich kann ihn also in 3, 4, 6, 8 gleiche Teile einteilen. Aber zum Beispiel nicht mit Zirkel und Lineal in 7 gleiche Teile, 5 geht wiederum. Gauß hat mit zahlentheoretischen Methoden, mit Methoden der Algebra, herausgekriegt, für welche Primzahlen man den Kreis mit Zirkel und Lineal in p gleiche Teile einteilen kann, also zum Beispiel in 17 gleiche Teile oder auch in 257.« Frau Hirzebruch lächelt und sagt: »Ich bin nur mit Messern ausgestattet, deshalb sind unsere Stücke natürlich nicht alle gleich.« Wir fragen, ob es ihr schwergefallen sei, Studium und Beruf aufzugeben. Sehr souverän sagt sie: »Nein, ich hatte nie das Gefühl, daß mir etwas fehlt. Schon bevor ich heiratete, war mir ganz klar, ich werde, wenn ich heiraten würde, Kinder haben wollen. Mich ihnen widmen. Das klingt vielleicht ein bißchen altmodisch, aber so war ich aufgewachsen, und das war mein Wunsch. Und gelangweilt habe ich mich ja nie, durch die vielen Auslandsaufenthalte, die Gespräche, die vielen Gäste durch den Sonderforschungsbereich. Selbst wenn ich gewollt hätte, da wäre kein Platz mehr gewesen für einen selbständigen Beruf. Und mein

Mann hätte sich ja nicht um die Kinder kümmern können, er hatte ja so wenig Zeit.« Sie blickt mild auf den Gatten. Er fügt hinzu: »Ich hab immer gerne mal geholfen, bin beispielsweise mit dem Kinderwagen durch die Stadt Bonn hindurch gefahren, zu Zeiten, wo das in Deutschland noch vollkommen ungewöhnlich war, als unmännlich galt. Wir kamen gerade aus Amerika, dort war das so üblich.«

Auf unsere Frage, ob es ein mathematisches Problem gebe, an dem er ein Leben lang herumgedacht habe, sagt er: »Nein, erfreulicherweise nicht. Ich habe gar nicht erst mit so etwas angefangen. Es gibt ja Probleme, wo gar keine Aussicht besteht, sie zu lösen, zum Beispiel daß jede gerade Zahl als Summe von zwei Primzahlen geschrieben werden kann, die Goldbachsche Vermutung aus dem Jahr 1742, scheint unbeweisbar. Wenn man sich da reinstürzt, wird man vielleicht sein Leben lang nichts anderes mehr machen, allenfalls dabei hilfreiche Theorien entwickeln, für andere Zwecke. Aber an das Problem wäre man nicht herange-kommen vermutlich. Das Clay Mathematics Institute hat im Jahr 2000 sieben Probleme ausgeschrieben, in Anlehnung an die dreiundzwanzig Probleme, die Hilbert 1900 in Paris vorschlug. Das Preisgeld beträgt eine Million Dollar. Die Probleme sind so schwer, daß sie ihr Geld nicht so schnell loswerden. Es sind auch alte Probleme dabei, die Riemannsche Vermutung aus der ersten Hälfte des neunzehnten Jahrhunderts. Also es gibt Probleme, wo es gefährlich ist, sich da reinzusteigern.« Alle bekommen noch ein Stück Kuchen auf den Teller gelegt, wobei sehr darauf geachtet wird, daß die Stücke gerecht geteilt werden – oder auch gleich groß sind –, was Frau Hirzebruch mit ironischem Augenspiel begleitet. »Also weil wir von Teilbarkeit reden, mal noch was anderes: Sie kennen doch die International Standard Book Number, die vorn in jedem Buch drin ist, seit ...«, sie assistiert, »etwa dreißig Jahren.« Er greift nach einem Buch und schlägt es auf: »Ja, hier haben wir also die ISBN 3-932529-61-8. Was ist das Besondere an dieser Zahl, mathematisch? Diese ISBN ist so gemacht, daß 3×1, plus 9×2, plus 3×3, plus 2×4, plus 5×5, plus 2×6, plus 9×7, plus 6×8, plus 1×9, plus 8×10 durch 11 teilbar ist. Rechnen Sie es nach, es stimmt. 1 ist eine Primzahl, und weil das Ganze durch 11 teilbar sein soll, können Sie, wenn Sie die ersten Ziffern kennen, die letzten berechnen, oder auch wenn alle Ziffern da sind und eine fehlt, dann können Sie die auch berechnen. Hinten ist die Kontrollziffer. Es ist mehr Information drin, als Sie brauchen, wenn aber der Drucker beim Abschreiben einen Fehler macht, ist die Summe nicht durch 11 teilbar, der Fehler läßt sich mathematisch feststellen ... das nennt man Codierungstheorie. Da gibt's ganz komplizierte Systeme, die Fehlerkontrolle können auch Computer machen ... beispielsweise auf allen Geldscheinen finden sich Nummern, die haben solche Systeme, zur Sicherheit gegen Fälschungen. Ja, das ist also eine zahlentheoretische Anwendung, solche gibt es viele in der Codierungstheorie. Das gehört zwar nicht zu meinem Forschungsgebiet, ich habe aber gerne Vorlesungen darüber gehalten.« Wir fragen, ob er eine spezielle Leidenschaft hat. Er sagt, das Wort verkostend: »Leidenschaft ... ja, die Beziehungen zwischen Topologie und Zahlentheorie gehören schon dazu, also Mannigfaltigkeiten, das sind spezielle topologische Räume, die wunderschön glatt sind, in jeder Dimension betrachtet werden können, so wie die Kugeloberfläche oder die Torusoberfläche ... «

Herr Professor Hirzebruch bittet uns hinauf in sein Arbeitszimmer. Ein hoher Raum unter dem Dach, mit Regalen bis zur Decke und Blick in die Bäume, das ist sein Reich. Ein Fernsehgerät steht da, eine Liege, bedeckt mit einem gelockten Fell, eine Blattpflanze. Im Regal hinter dem Schreibtisch liegen sehr schöne geometrische Körper aus geschliffenem Glas. Herr Hirzebruch gibt uns die schwere Pyramide in die Hand und hält einen kleinen Vortrag über die fünf Platonischen Körper, ihre wunderbaren Symmetrien, Art und Anzahl ihrer Ecken sind angeordnet wie die schwarz-weißen Felder beim Fußball. »Eine Sonderanfertigung, das Geburtstagsgeschenk eines Schülers, er hat es in Murano machen lassen. Dieser gehört zu den dreizehn Archimedischen Körpern, sie haben diese ganzen wunderbaren Eigenschaften nicht mehr ganz. Sie dürfen unterschiedliche regelmäßige Vielecke haben.« Er bringt einen Lederfußball mit leichtem Platten. »Damit kann ich jetzt den Eulerschen Satz $E + F = K + 2$ kontrollieren. Der Fußball hat regelmäßige Fünfecke und regelmäßige Sechsecke, die Eckpunkte sind alle gleichberechtigt, und alle Kanten haben gleiche Längen. Ecken sind es 60. Es gibt 20 Sechsecke und 12 Fünfecke, also 32 Flächen. Ecken 60, plus 32 Flächen, ist 92. Das muß nach Euler 2 plus Anzahl der Kanten sein, und das heißt, es gibt 90 Kanten. Da brauche ich gar nicht abzuzählen.« Elisabeth fragt: »Und wenn ich den Fußball eindrücke?« Er sagt: »Dann ist er topologisch immer noch dasselbe. Sie dürfen ihn drücken, aber nicht zerstören, wenn man ihn ganz aufeinanderpreßt, ist es im Grunde immer noch eine Kugeloberfläche.« Er nimmt ein DIN-A4-Blatt. »Wenn ich dieses Blatt betrachte, könnte ich immer noch sagen, das ist eine zweidimensionale Welt. Die Leute krabbeln oben herum und auch unten herum, ich könnte immer noch sagen, dieses Blatt, mit seinen beiden Seiten, ist ein zusammengequetschter Ball. Aber man müßte das Zusammenquetschen natürlich korrekt machen, nicht daß Sie diesen Punkt und den Gegenpunkt als gleiche Punkte ansehen. Und wenn Sie jetzt dieses doppelte Blatt ansehen, dann kann ich wieder sagen, es gibt 4 Kanten, 4 Ecken, 2 Flächen … und Euler ist wieder richtig. Jedes Stück Papier taugt als Beispiel für den Eulerschen Polyedersatz, jetzt schneide ich eine Kante ab …« (Er tut's, schnapp!) »… jetzt habe ich immer noch zwei Flächen, habe jetzt aber mehr Kanten und auch mehr Eckpunkte … Der Eulersche Polyedersatz stimmt immer noch.«

Herr Professor Hirzebruch brachte uns am Ende dieses langen Tages zur Straßenbahn. Obwohl ohne Mantel, bestand er darauf, mit uns in der Kälte zu warten, gab uns die Fahrscheine und den Rat, unbedingt abzustempeln. Prompt war der Stempelautomat kaputt.

HANS-JÖRG VOSS, *Techniker,*
zust. f. d. Rohrpostanlage in d. Uni-
Klinik Charité Berlin. 1950 Ein-
schulung Gerhart-Hauptmann-Schule in
Friedrichshagen. 1961 Beginn d. Lehre
a. Elektrotechniker u. Elektromechaniker
b. VEB f. Fernsehelektronik in Berlin-
Rummelsburg. 1964 Ablegung
d. Prüfung z. Elektrotechniker. Bis
1965 Weiterarbeit. Wg. 3-Schicht-
System Wechsel z. FFAB (VEB-Funk-
u. Fernsehanlagenbau) Berlin. Beginn
m. d. Montage v. Rohrpostleitungen.
1965–66 Wehrdienst. Danach
Fortsetzung d. Rohrpostmontage
beim FFAB. Ab Oktober 1971 in
d. Funktion a. bauleitender Monteur im
Ausland gearbeitet. Ab 1979 Einsatz
a. d. Baustelle d. Charité. Montage
d. Siemens-Rohrpostanlage NW 100.
1982 d. 1. Bauabschnitt in Betrieb gen.
Montageaufenthalt Algerien, 1984
Guinea (fernmeldetechn. Anlagen in
e. Hotelkomplex eingebaut). Weiter-
arbeit an d. Charité. 1989 direkte
Anstellung Charité (Brigadier d. Rohr-

postkollektivs). 1997–98 Einbau
d. Walther-Rohrpost-Anlage NW 100.
Schulungen: 1985 Schweißerpaß,
Lehrgang Starkstromtechnik f. Fach-
arbeiter Nachrichtentechnik. Ehrungen
u. Ausz.: zw. 1979 u. 1982 mehr-
malige Auszeichnung (a. Mitgl.
d. Kollektivs) Bestes Kollektiv d. Groß-
baustelle Charité; Aktivist d. sozialist.
Arbeit, 1970; b. d. Überg. d. Rohrpost-
anlage Ausz. Banner der Arbeit
Stufe III; Berliner Waldlaufmeister
über 1500 Meter, Hallenmeister über
1000 Meter, Berufsschulmeister
(alles Ende 1960, 1957 Eintritt in
d. Sportverein Turbine Bewag).
Hans-Jörg Voß ist am 3. September
1944 in Gablonz, Böhmen (heute
Jablonec, Tschechien), geboren, sein
Stiefvater war Ingenieur u. Haupt-
abteilungsleiter im Werk f. Fernseh-
elektronik, seine Mutter arbeitete im
Betrieb a. Sekretärin. Er ist gesch.
u. hat a. erster Ehe drei Kinder. Seine
zweite Frau ist gelernte Schneiderin
u. berufstätig.

Pneumatische Beförderung

ROHRPOSTMEISTER

S chier unvorstellbar scheint heute, im Zeitalter von Internet, Electronic-Mail und Fax, daß es bereits vor fast hundertfünfzig Jahren ein überaus modernes, nicht elektronisches Übermittlungssystem für schriftliche Botschaften gab. 1853 wurde in England die erste Rohrpostanlage der Welt in Betrieb genommen, zu einer Zeit, als an die allgemeine Einführung des elektrischen Stromes, an Telegrafenamt und Telefon noch nicht zu denken war. Sie durchquerte das Bankenviertel Londons und führte auf direktem Weg zur Börse. Diese ›pneumatische Bahn‹ hatte noch einen wesentlich größeren Rohrdurchmesser als die späteren Anlagen. Sie trat eine Weile in Konkurrenz zur Dampflokomotive und entwickelte sich dann zur ersten U-Bahn Londons. Man kam schnell davon ab, Briefe, Waren, bis hin zu Personen im neuen System transportieren zu wollen, und beschränkte sich bald auf das Wesentliche: die Rohrpost als Transportsystem, mit dem sich Briefe, Telegramme, Karten und Kleinsendungen schnell, geheim und zuverlässig in zylindrischen, projektilartigen Hülsen mittels Druck- oder Saugluft über weite Strecken durch unterirdisch verlegte Rohre befördern ließen. Bis 1912 gab es in fast allen Weltstädten neben den privaten Hausrohrpostanlagen für den Geschäftszweck ein immer umfangreicher werdendes öffentliches Rohrpostnetz. Paris besaß die größte Anlage, man hatte die Rohre kurzerhand durch die Katakomben verlegt. Wie sehr die ›bessere‹ Pariser Gesellschaft das neue Medium nutzte, spiegelt sich auch in Marcel Prousts *Suche nach der verlorenen Zeit* wider, im Versenden der ›petits bleus‹, der graublauen Rohrpostbriefchen, mit belanglosen Einladungen und Benachrichtigungen. Vom Sender zum Empfänger brauchte die Sendung nur maximal zwei Stunden, sie wurde von Fahrradboten überbracht – und da ›le petit pneu‹ in aller Munde war, gab man sogar Sendungen auf in benachbarte Häuser. Die Rohrpost schien das Morgenrot zu sein für die großen Visionen der Ingenieure des frühen zwanzigsten Jahrhunderts von der durchgestalteten, funktionellen Metropole, der Beherrschbarkeit des Durcheinanders der Dinge und Interessen. Die Blütezeit der Rohrpost liegt in der Zeit zwischen 1880 und 1945. Den explosionsartig ansteigenden öffentlichen und vor allem amtlich-bürokratischen Schriftverkehr verschlang sie mühelos, trotz Konkurrenz durch Telegrafie und Telefon. Besonders bemerkbar machte sich die Schriftstücklawine in Deutschland. In Berlin stieg die Zahl der Rohrpostsendungen unter der Naziherrschaft sprunghaft an, zudem hatten alle Reichsministerien (z. T. geheime) Rohrpostverbindungen untereinander. Nach dem Zweiten Weltkrieg jedoch schien die Zeit der Rohrpost vorbei zu sein. Nicht nur in Europa, auch in Nordamerika wurden die meisten öffentlichen Rohrpostsysteme in den fünfziger Jahren stillgelegt. Nur Paris betrieb seines bis zum Jahr 1984.

Kaum von der Öffentlichkeit bemerkt, werden auch heute immer noch Rohrpostanlagen benutzt und neu eingebaut. Sie können nämlich etwas, was kein Fax oder E-Mail je können wird, sie transportieren Material. Deshalb sind Hausrohrpostsysteme z. B. für Banken, Bibliotheken, Supermärkte, Flughäfen oder auch für große Krankenhäuser wie die Charité unverzichtbar.

Wir sind verabredet mit Herrn Voß. Er ist quasi die Mutter der Charité-Rohrpost, baute sie in den siebziger Jahren mit ein, hat sie sozusagen großgezogen, kennt sie in- und auswendig, er kann jedes ihrer Wehwehchen erlauschen und beseitigen. ›Sein‹ Rohrpostsystem versorgt eines der berühmtesten deutschen Krankenhäuser. Die Charité wurde zwischen 1976 und 1982 modernisiert und um ein Bettenhochhaus für alle chirurgischen Disziplinen erweitert. Seit 1994 – dem Zusammenschluß mit dem Rudolf-Virchow-Klinikum – ist sie die größte medizinische Fakultät Europas.

Vor dem Hochhaus zeigt sich der übliche Patienten- und Besucherverkehr. Die automatische Tür steht offen. Man wandelt in Bademänteln, hat Verbände, ist an Schläuche gefesselt, hält Zigarette oder Getränkedose in der Hand.

Herr Voß erwartet uns an der Information, hat einen sehr festen Händedruck und führt uns zum Aufzug. Es geht hinunter, zum tiefsten Punkt der Charité. Die letzten zwei Stockwerke steigen wir zu Fuß hinab in den Keller. Hier unten befinden sich die Versorgungs- und Funktionsebenen. Hier befindet sich auch die Rohrposthauptzentrale hinter einer unscheinbaren Tür, ein weißgetünchter hoher Raum, durchzogen von Rohren, die, teils gebündelt nebeneinander, teils sich trennend, in der Decke verschwinden. Die an- und abfahrenden Büchsen in ihrem Inneren sieht man an einer transparenten Stelle im Rohr vorbeihuschen. Sie machen ein Geräusch wie eine Kegelbahn. Herr Voß deutet zur Decke: »Hier kommen neun Rohre an und gehen neun Rohre wieder ab. Es kommen alle Rohrpostbüchsen erst mal hierher, und über diese Zentralweiche werden sie dann abgeleitet in die einzelnen Linien zu ihrem Ziel. Also vielleicht zuerst, bevor ich's genauer erkläre, ein paar Zahlen: Diese Anlage ist also eine Siemens NT 100. So eine automatische Zentrale hatten wir damals in der DDR noch nicht, bei uns saß anstelle dieser automatischen Weiche immer noch eine Bedienperson, die umgeladen hat, deshalb wurde damals die Siemens-Anlage importiert und hier eingebaut. Die Gesamtlänge unserer Rohrpostleitung beträgt fünfundzwanzig Kilometer. Pro Tag haben wir etwa 3500 Fahrten im Durchschnitt auf vierundzwanzig Stunden. Etwa 815 Büchsen sind in Umlauf. Die meisten Fahrten gehen zwischen den Stationen und Laboren hin und her, mit Urin- und Blutproben, Analysematerial und den Ergebnissen, Akten, Berichte, Röntgenbilder auch. Die Küche hat täglich auch sehr viele Fahrten für Bestellungen und Nachbestellungen, Essenszettel usw. So eine Büchse kann im Prinzip zwei Kilogramm an Gewicht mit aufnehmen, es muß eben nur hineinpassen, letzten Endes.«

Er reicht uns eine Büchse, sie ist aus massivem Kunststoff, hat einen transparenten Zylinder, zwei schmale Filzmanschetten und metallene Einstellringe zur Codierung, sowie einen Deckelverschluß. »Bombe sagen wir dazu, schicken Sie uns mal 'ne Bombe«, erklärt Herr Voß, steckt die Büchse in die Versandklappe und sagt: »Lassen wir sie mal rumfahren. Wir fahren mit acht bis zwölf Metern pro Sekunde, also etwa mit vierzig bis sechzig Kilometer pro

Stunde.« Kurze Zeit später landet die Büchse mit klackendem Geräusch in einem elegant geschwungenen, kufenversehenen Auswurf am Boden, dem sogenannten Schuh. »Dieser Auswurfschuh ist praktisch eine Fehlstation, hier – oder auch in unserem Werkstattraum – kommen die Büchsen heraus, die das System ausspuckt, weil sie falsch codiert sind. Es ist ja eigentlich ganz einfach, hier auf der Büchse haben wir den Buchstabenring, mit dem ich die Line einstelle, also Linie A, B, C… und dann haben wir den Zahlenring, auf dem stelle ich das eigentliche Ziel in dieser Linie ein. Also A ist alles, was unterm Hochhaus ist, bis in die fünfte Ebene, B ist im Prinzip Röntgentrakt und Hautklinik, C und D wäre das Hochhaus ab der fünften Ebene, E ist Intensivstation und OP-Bereich, G ist im Prinzip die Speisenversorgung und die Verbindung rüber zur Zentrale II. Das muß also richtig eingestellt werden, und wichtig ist auch, weil ja die Einstellung der Ringe innen im Rohr auf eine Abtastung trifft, daß die Büchse nicht falsch herum eingelegt wird, denn dann kann sie ja nicht abgetastet werden, dann wird's eine Fehlbüchse, die bei uns landet. Sie muß immer in Pfeilrichtung eingelegt werden, also am Sender, wo sie eingelegt wird, ist ein Pfeil, und an der Büchse selbst ist auch einer. Das müßte eigentlich zu machen sein von qualifiziertem Personal wie Ärzten und Schwestern. Aber die interessiert das gar nicht, sie schmeißen's rein, und dann heißt es, das war der Doktor selber, der hat ja kein Verständnis für die Technik. Wir erklären immer wieder alles, es geht aber leider oft schief.«

Wir gehen durch den halbdunklen Kellergang hinüber in den Gebläseraum. Nach dem Öffnen der schweren Eisentür ist ein ohrenbetäubender Motorenlärm zu hören. Drin stehen drei Kompressoren, zwei davon arbeiten, ein dritter ist in Reserve. »Die werden turnusmäßig umgeschaltet«, brüllt Herr Voß, »so daß jedes Gebläse mal arbeitet… Also die saugen jetzt praktisch alle Büchsen, die in den Linien drin sind, zur Zentrale, ich erkläre das gleich noch etwas genauer…« Es bläst und zischt. Man hat das Gefühl, das Schließen der Tür ist wie das Verstopfen einer undichten Stelle zur Hölle. Wir kehren in die vergleichsweise ruhige Hauptzentrale zurück, in der nur Gepolter wie beim Kegeln zu hören ist. »Das sind nur die Schleusenklappen«, sagt Herr

Voß und deutet auf eine Fehlbüchse, die im Auswurfschuh liegt. »Schon wieder!«

Herr Voß tritt zum Schreibtisch, auf dem ein Computer steht, ein paar Filzmanschetten liegen herum, eine Beißzange und eine defekte Büchse. Er skizziert mit flüchtigen Strichen das Schema der Anlage. Die ypsilonförmig sich verzweigenden Leitungen, erfahren wir, sind die Zentralweiche, von der aus die Büchsen, wie gesagt, in ihre Ziellinie gebracht werden. »Die Sendelinie ist ja so aufgebaut wie eine Schleife durchs Haus, so daß sich einmal aufsteigend, einmal senkrecht fallend die Büchsen zum Ziel bewegen ... Also die Gebläse, die Sie gerade gesehen haben, die saugen die Büchsen *aller* Linien gleichmäßig an, zur Zentrale. Normalerweise wird die Büchse dann gesaugt bis zum höchsten Punkt des Hauses, von da aus fährt sie durch eine Schleuse und fällt in der Senkrechten quasi, dann durch das Eigengewicht befördert, in die Station rein. Sie wird dabei noch ein bißchen abgebremst durch die Klappen in den Röhren, dadurch bildet sich ein Luftpolster, denn die Büchse schiebt ja Luft vor sich her. Das Spiel der Büchse in der Röhre beträgt maximal zwei bis vier Millimeter, das schließt also sehr gut ab. Deshalb müssen wir auch gut darauf achten, daß der Filz nicht zu sehr abgefahren ist, sonst wird die Büchse ›unter-maßig‹. Darum müssen eben die Filze regelmäßig erneuert werden. Man kann das Rohrpostsystem eigentlich mit einem Staubsauger vergleichen. Der saugt den Dreck vom Boden, und wir saugen die Rohrpostbüchsen durch die Rohre. Die Gebläse sind jetzt quasi der Motor, der einen Unterdruck herstellt, und je nachdem, wie stark der ist, verhält sich auch die Geschwindigkeit, mit der angesaugt wird. Wenn ich aber sauge, muß ich die Büchse ja irgendwie aus dem System wieder rauskriegen, wäre es an beiden Seiten offen, dann würde ich sie nie rauskriegen. Dafür gibt's das Ausschleusen der Büchse, und das muß man sich so vorstellen, als wenn ich eine Wasserschleuse arbeiten lasse, wenn das Schiff einfährt. Die Büchse fährt also in die Schleusenkammer ein, dann geht die Klappe zu, die andere Klappe wird kurz betätigt, und dadurch ist praktisch wieder dieser Ausgleich mit der Außenluft hergestellt, und die Büchse fällt durchs Eigengewicht heraus am Ende.«

Auf der Bahnhofsuhr über Schreibtisch und Computer rückt der große Zeiger entschlossen über den kleinen. Es ist zwölf Uhr. Die polternden Kegelgeräusche aus den Rohren der Weiche haben stark abgenommen. Herr Voß sagt, daß er oftmals an den Geräuschen bereits erkennt, daß etwas nicht in Ordnung ist, und sogar, *was* nicht in Ordnung ist. »Beispielsweise der Ton der Klappen, der ist ja ganz typisch, oder wie hier die Schieber laufen ... das höre ich sofort, wenn die andere Geräusche bringen, oder auch wenn die Spindeln nicht sauber laufen, das hört man ja ... und natürlich auch wenn hier irgendwo eine Verstopfung ist, da wo die Rohre abgehen, also wenn's einigermaßen ruhig ist, so wie jetzt, dann höre ich ganz genau diesen Rauscheffekt im Rohr ... da ist ein anderes Rauschen, ja ... und ungefähr kann ich das dann einschätzen, da oder da muß die Verstopfung sein. Wir reparieren ja alles alleine, was andere längst von Fremdfirmen reparieren lassen, und dann kriegen sie oft Leistungen in Rechnung gestellt, die gar nicht notwendig sind, wenn man die Anlage gut kennt. Wir reparieren nicht nur Büchsen, wir beseitigen alle Störungen, die so auflaufen, selber... Verstopfungen, alles. Hier kommt es auf eilige Behebung an, es kann ja sein, daß in so einer Büchse, die verstopft, Material drin ist, Blutproben... dann könnte das schon hart werden, zu warten, bis so eine Firma kommt. Wir machen uns sofort an die Arbeit. Wir können, wie gesagt, in etwa einschätzen, wo es sitzt, und versuchen es erst mal mit Luft, aber viele Sachen kann man nicht mit Luft machen, da müssen wir dann öffnen und es rausschieben ... und wenn sich das richtig verkeilt hat, dann gibt es natürlich erst mal Probleme. Früher wurden die Muffen – also die Verbindungsstücke zwischen den Rohren – alle geklebt, und da konnten wir nur an ganz bestimmten Punkten das Rohr aufmachen, heute, bei dieser Anlage, ist es so, daß ich praktisch jede Muffe aufmachen kann. Sie sehen, die Muffe ist hier nur verschraubt, wir haben ja keine PVC-Rohre, sondern Stahlrohre – deshalb auch dieser Erdungsdraht hier überall, für den Potentialausgleich, damit nicht, wenn mal ein Kabel von der Decke fällt und beschädigt ist, das alles unter Strom setzt. Ja, und wenn wir die Muffe dann aufgemacht haben, dann stoßen wir die Büchse raus, der Abstand zwischen zwei Muffen beträgt so ca. sechs Meter, das geht ganz gut. Und dann gibt's Störungen, die im Prinzip gar keine sind, wenn also Sender, also Eingabeöffnungen für die Büchsen, offengelassen wurden ... das ist auch wie beim Wasser, Wasser sucht sich immer den kürzesten Weg, die Luft auch. Wenn ich irgendwo aufmache, dann ist die Strecke dahinter so gut wie tot, und dann entsteht eine Störung. Ebenso durch Büchsen, die nicht gleich entnommen werden, wie es in der Entbindungsstation häufig vorkommt. Da sind im hinteren Bereich ja die Kreißsäle und vorne ist die Rohrpoststation. So gegen Feierabend passiert es meist, daß sich die ankommenden Büchsen übereinander stapeln, weil niemand sie rausnimmt. Die Station ›fährt zu‹. Alle Diensthabenden sind hinten im Kreißsaal, die haben zwar ein Signal für die Rohrpost, aber können sich nicht kümmern in dem Moment. Nach einer gewissen Zeit bekommen wir dann bei der Schichtleitung hier eine Störmeldung und handeln.«

Er führt uns in den hinteren Teil des Raumes, wo unter den Rohrleitungen die Relaiskästen ab und zu Geräusche von sich geben wie professionelle Spielkartenmischer. Er zeigt auf ein Gerät: »Das haben wir uns selber mal gebaut, damit wir wirklich 'ne anständige Anlage haben, denn wenn es nach ›Herrn Siemens‹ gegangen wäre, dann hätten wir hier nur Störungen, solche, die eigentlich keine sind, aber sofort als solche gemeldet werden. Das haben wir also verzögert um einen Spielraum von zwanzig Minuten, bevor sie durchgeschaltet werden. Es ist ja möglich, daß die Schwester zwischenzeitlich die Büchsen rausnimmt, und dann ist alles in Ordnung. Siemens hätte die Störung sofort durchgeschaltet. Von den aufgestapelten Büchsen wird der Stapelkontakt betätigt, dann schaltet die Linie ab, und wie in der Kettenreaktion: die Hauptanlage, die nächste Anlage, und am Schluß steht *alles* still. Das ersparen wir uns. Also, wir haben die Anlage unseren Bedürfnissen etwas angepaßt, haben einige Sachen reingebracht zur Verbesserung. Die Kollegen sind ja alle sehr praktisch, es wurde viel erfunden früher, Neuererwesen hieß das in der DDR, das ist damals sehr gefördert worden. So, jetzt gehn wir mal zur Zentrale II, damit Sie auch mal so die Dimensionen sehen. Drüben in der Inneren Klinik haben wir ja die Walther-Rohrpostanlage, die unterscheidet sich aber von der Siemens-Anlage beispels-

weise durch das Codierungssystem. Die Siemens-Anlage ist
ja büchsengesteuert, und bei der Walther-Rohrpostanlage
wird das Ziel an der Station eingegeben und auf einem
Transponder gespeichert, ein Transponder ist ein Sender-
Empfänger-Element in einer kommunikationstechnischen
Anlage. Beide Rohrpostsysteme sind miteinander verbunden,
also die roten Transponderbüchsen fahren auch in das alte
System. 1997 bis 98 wurde die Anlage in der Inneren Klinik
eingebaut, sie wollten eigentlich was Modernes reinbringen
... gut, es ist zwar die modernere Anlage, aber es ist auch die
langsamere Anlage, das muß man ganz deutlich sagen.«

Wir treten hinaus in den neonbeleuchteten Kellergang
und folgen dem Gewirr von Leitungen, Rohren und Röhren,
die sich an der Decke entlangziehen und unter denen auch
die Rohrpostleitungen sind, ab und zu biegt ein Rohr ab
in die Wand. »Da können Sie ihn schön sehen, den Biege-
radius, er hat eine bestimmte Größe, er ist eineinhalb
Meter, und dieser Radius muß also in jedem Fall eingehalten
werden, damit die Büchsen sauber in die Bögen fahren
können. Es gibt nur eine Ausnahme, in der Senkrechten,
da haben wir einen erweiterten Bogen, ein bißchen größer,
wegen der Fallgeschwindigkeit. So und da sehen Sie die
Rohre, die zur Küche gehen, und dort der ganze Strang, die
sechs, die gehen von der Zentrale I zur Zentrale II, und das
sind die anderen Linien, die rübergehen zur Inneren Klinik,
dann ist hier noch ein Rohr vorgesehen für die Pathologie.
Früher hatten wir auch mal eine Leitung zum Schnell-
schnittlabor, da wurden dann die Proben hingeschickt,
direkt aus dem OP; während der Patient in Narkose auf
dem Tisch lag, da mußte ganz schnell analysiert werden,
ist es Krebs oder nicht – also wenn mal eine Büchse
irgendwo fehllief, das war schlimm. Inzwischen sind die
Schnellschnittlabore direkt in den OP-Sälen untergebracht
in unmittelbarer Nähe zum Patienten.« Wir passieren
zahlreiche Brandschutztüren und die Großküche, in der
Hochbetrieb herrscht. Die Frauen tragen Häubchen wie die
Köchinnen in Rußland. Nun durchqueren wir einen Gang
und sind bereits unter dem alten Teil der Charité, passieren
eine Weiche, die über drei Ebenen geht, gelangen dann ins
Souterrain und hinauf in die Frauenheilkunde. Der Flur der
Pränatalen Forschung ist leer und glänzt. »Wir hatten mal

eine Kurzbüchse, die war für Blutproben und Blutkonserven, das wurde aber wieder verworfen, weil das Blut enorm aufschäumte durch die Fahrgeschwindigkeit, und dadurch war es nicht zu gebrauchen. Jetzt werden keine Blutkonserven mehr verschickt.« Wir betreten die ehemalige Anmeldung, im leeren Zimmer befindet sich die Zentrale, zwei Stockwerke über der Stelle, wo uns die große Weiche gezeigt wurde. Herr Voß öffnet den Relaisschrank, zeigt auf die Kontakte und auf farbige, sauber in Bündeln verlegte und verlötete Kabel. »Das hab ich mal gemacht, ist meine Arbeit mal gewesen, und das daneben«, er zeigt auf ein wirres Durcheinander von Drähten, »ist das Gegenstück. Das hat ein Kollege dann gemacht, und so sollte es eigentlich nicht sein ... «

Elisabeth, die sein Werk genauer betrachten will, stellt fest, daß sie ihre Brille drüben in der Hauptzentrale vergessen hat. Herr Voß greift lächelnd zum Telefon: »Bruno, kannst du mal die vergessene Brille auf dem Tisch zur M7 schicken ... gut, danke.« Wir verlassen das Haus. Es ist eines jener fast hundertjährigen, von wildem Wein umrankten roten Backsteingebäude, wie sie hier auf dem Campus überall zu sehen sind. Im Schatten unter einer schönen Buche sitzen Patienten im Gras, Schwalben fliegen geschäftig umher. Am Sauerbruchweg steht ein blaues Fahrrad am Ständer mit der Aufschrift *Blutbote.* In der Ultraschallabteilung, zu der wir hinauffahren, herrscht reger Betrieb. In einem Dienstraum warten wir vor einem weißen Drahtkorb mit Sandsackeinlage auf die Ankunft unserer Büchse, und tatsächlich schießt sie bald mit Karacho aus der Röhre, wird vom Sack abgepuffert. Die Brille ist unversehrt, fürsorglich in ein Tuch gehüllt. Elisabeth schickt ein Dankesschreiben zurück. »Ziel aktiviert?« sagt Herr Voß. »Das hier ist übrigens das Walther-System, Sie haben es bemerkt?« Nun trennen sich unsere Wege vorübergehend bis zum Nachmittag. Wir gehen in die Kantine, und Herr Voß geht noch einigen Aufgaben nach.

Herr Voß wohnt in Werneuchen, südöstlich von Berlin, das wir nach fast zweistündiger Fahrzeit in strapaziösem Pendlerverkehr erreichen. Der ruhige Ort ist umgeben von Feldern und Weiden, hat einen Bahnhof, Geschäfte, Gasthäuser, Parkanlage, Post, Tankstelle. In einem Weg nahe der Bahn liegt das Haus der Familie Voß hinter einer

Ligusterhecke mit Bogen. Im Vorgarten stehen hellrosafarbene Rosen, Obstbäume, Schilf, eine Kinderschaukel, seitlich wächst Gemüse. Der einstöckige verklinkerte Neubau hat einen vorgesetzten Wintergarten. Frau Voß heißt uns herzlich willkommen. Sie ist resolut und arbeitet in einem Berliner Kaufhaus, muß also auch die weite Strecke pendeln. Während der Kaffee durch die Maschine läuft, zeigt uns das Ehepaar stolz sein Haus. Es ist innen größer als erwartet, hat acht Zimmer, das Dach ist voll isoliert und geschickt ausgebaut, oben und unten befinden sich gekachelte Bäder, viel helles Holz. Oben im Dachgeschoß ist alles für die Besuche der Kinder und Enkel bereit, unten wohnt und schläft das Paar. Die Küche ist groß und mit dem üblichen Equipment ausgestattet. Auch das Schlafzimmer, mit matrimonialem Bett, ist groß und hell, ebenso das Wohnzimmer mit hoher Schrankwand aus Kirschbaumholz, Sitzgruppe, TV. Oben auf Wandregalen stehen liebevoll aufgereiht die verschiedensten kleinen Sammelstücke, Vasen, Becher, Kannen, sowohl aus Steingut als auch aus Glas. Herr Voß, so erfahren wir, hat bis auf Heizung, Verklinkerung, Fenstereinbau und den Fertigwintergarten alles selbst auf- und ausgebaut; inklusive Elektrik natürlich, das ist ja ohnehin sein Fachgebiet. Gattin, Freunde und Verwandte, alle haben mitgeholfen, damit von 1994 bis 2002 ein ansehnliches und großzügig geschnittenes Heim entstand. 1987 hat Herr Voß das Grundstück erworben, zwei Jahre danach einen Bungalow zum Datschengebrauch errichtet und später, um diesen Bungalow herum, dann das Haus aufgebaut, um beim Bau eine Unterkunft zu haben. Erst ganz am Ende der Rohbauphase wurde innen der Bungalow Stück für Stück abgetragen. Sicher eine originelle Methode.

Der Kaffeetisch ist im Garten gedeckt, Herr Voß spannt den Sonnenschirm auf, Frau Voß kredenzt Gebäck und empfiehlt das Nougat, zeigt ein Foto von Kater Moritz, der aus dem Allgäu stammt und kurz darauf leibhaftig erscheint. Tatsächlich ist der graugetigerte Kater so ungewöhnlich groß und schön wie behauptet. Dann kommen Tochter, Schwiegersohn und Enkel. Herr Voß erzählt vom Einbau und Betrieb der Charité-Rohrpost. Es fällt das Wort »Büchsenmoral«. »Gemeint ist«, erklärt Herr Voß, »daß die Nutzer die Büchsen, statt sie zu horten, zurückschicken.

Wir haben eine bestimmte Anzahl von Büchsen – so eine Büchse kostet ja vier- bis fünfhundert Euro –, und jede Station hat eine gewisse Menge Büchsen mit Büchsennummer zu ihrer Verfügung. Damit das funktioniert, müssen die Büchsen zurückgeschickt werden. Weil sich aber heute jeder selbst der Nächste ist, wird das nicht mehr gemacht, ankommende Sachen werden nicht gleich erledigt, sondern vom Personal – das ja jetzt auch knapper besetzt ist – auf den Nachmittag verschoben. Wir haben festgestellt, daß fast alle zur selben Zeit verschicken, so zwischen fünfzehn und siebzehn Uhr, und dafür werden, weil man eine Menge auf einmal braucht, Büchsen gehortet. Es gibt eine regelrechte Büchsensucht. So viele Büchsen könnten wir gar nicht anschaffen, wie da gehortet werden. Manchmal, wenn wir in Schränke gucken, was wir ja an sich nicht dürfen, dann finden wir zwanzig Büchsen! Die nehmen wir dann raus und schicken sie zurück. Aber das ist natürlich keine Lösung, die Schwester hat so einen Stapel von Zetteln und sagt: Huch!!! Wo sind denn meine Büchsen?! Wir werden dauernd angerufen, schickt uns bitte Büchsen. Wir haben dreißig Büchsen in Reserve, die wir in Notfällen eingeben, die kommen auch nicht wieder. Manchmal haben wir nicht eine einzige, das ist natürlich eine riesengroße Katastrophe. Das war zu DDR-Zeiten vollkommen anders. Da ist das gut gelaufen. Die Büchsen wurden nach Erhalt zurückgeschickt und zu einer bestimmten Zeit ... so um fünfzehn Uhr, haben die einzelnen Stationen ihre Büchsen zu den Laboren geschickt, damit sie ihre Analysen und Auswertungen dann praktisch da abfordern konnten, *mit* ihrer Büchse. Das wird natürlich nicht mehr gemacht, ist logisch, weil sie haben ja keine Büchsen mehr auf den Stationen, angeblich. Aber wo sind die Büchsen? Diese Frage verfolgen wir jetzt, machen eine Analyse, und zwar so: Ein Kollege sitzt unten in der Zentrale, die sie gesehen haben, dort kommen ja alle vorbei. Der Kollege vermerkt die Büchsennummer, die Absender und das Ziel. Nur so können wir uns ein Bild machen, wie viele Büchsen im Umlauf sind, und vor allem, wer schickt sie nicht mehr weiter, denn dieses Verhalten behindert ja den ganzen, eigentlich von seiner Natur her flüssigen Verkehr, und es verlangsamt die Geschwindigkeit, mit der wir alles verschicken könnten mit unserer Rohrpost.«

SILJA SAMERSKI, *Dr. phil.,*
geboren am 25. Februar 1970 in
Stuttgart. Abitur 1989 in
Neckarsulm. 1989–96 Studium
d. Biologie u. Philosophie (Schwerpunkt
Humangenetik) an d. Univ. Tübingen.
Mitbegr. d. Arbeitskreises Gentechnologie.
Mitinitiatorin d. interdiszipl. Veranst.
Lebens-Bilder – Lebens-Lügen: Leben
und Sterben im Zeitalter der Biomedizin
(wurde i. Programm d. Studium Gene-
rale d. Univ. Tübingen aufgenommen).
Seit 1994 beobachtende Teilnahme
an genetischen Beratungssitzungen
u. Analyse d. Gesprächsprotokolle.
Beschäftigung m. Empirischer
Kulturwiss. u. d. Charakteristika
d. biolog. u. med. Fachsprache
im Verhältnis z. Alltagssprache
(in Seminaren v. Prof. Illich an
d. Univ. Bremen, WS 95/96).
1996 Dipl. in Biologie (Ribosomale
und mitochondriale DNA-Marker
zur Differenzierung von Microcebus-
Arten). *Anschl. Studienaufenthalt an*
d. Pennsylvania State University, USA.
Befassung im Rahmen des STS-Programms
(science, technology and society)
m. d. Geschichte d. statistischen Denkens.
Kontakte zu div. Wissenschaftlerinnen
u. Wissenschaftlern z. Stand d. genetischen
Beratung, z. Gesundheitspolitik u. ä.
1997 Immatrikulation a. d. Univ. Bre-
men (Kulturwissenschaft u. Philosophie).
Diss. 2001 (Eine Untersuchung
über die Popularisierung eines
neuen Entscheidungsbegriffes in
professionellen Beratungsgesprächen,
dargestellt am Beispiel der genetischen Beratung). *Publikationen u. a.*
Schwanger gehen mit dem ›Risiko‹?
Professionelle Verratlosung in der
genetischen Beratung, *in:* Psychomed
(2, 1999). *Seit 1995 Vorträge*
über Pränataldiagnostik u. genetische
Beratung.

HUMANGENETIKERIN

Es vergeht kaum ein Tag ohne das Erscheinen neuer Heils- und Horrormeldungen mit dem Verbindungswort GEN. Das autoritäre Auftreten der neuen Expertenelite und die Überschwemmung der Öffentlichkeit mit einem bedeutungsschwanger klingenden Wissenschaftsjargon führt wunschgemäß zur Übertölpelung. Die meisten Bürger Mitteleuropas und Nordamerikas glauben inzwischen fest daran, etwas Substantielles in sich zu tragen, das GEN genannt wird. Es gibt, so offenbarte die Wissenschaft, für alles ein Gen, für mangelhafte Intelligenz ebenso wie für Homosexualität, Kurzfingrigkeit, Brustkrebs oder zu starke Behaarung. Diesen »linear auf den Chromosomen« angeordneten lauernden Schicksalsschlägen versprechen die Bioingenieure ein Ende zu bereiten und locken mit aufdringlichen Heilsversprechen. Zu deren Verwirklichung benötigen sie einen gesetzlich geregelten Zugang zur Instrumentalisierung des menschlichen Lebens. Die Vertreter und Interessenten machen Druck mit dem Argument, daß sie tatenlos zuschauen müssen, wie Deutschland in die Schlußlichtposition gerät, während das Ausland den Wettlauf um Märkte und Produkte, um Forschungsgelder, Forschungsergebnisse, Patente, Karrieren und Auszeichnungen gewinnt. Derweil werden, umgeben von der Aura des Wissens, Fetische und Ikonen aufgestellt. ›Therapeutisches Klonen‹ ist das aktuellste Beispiel. Die ›genetische Ausstattung‹, wird suggeriert, sei fortan kein hinzunehmendes Schicksal mehr, sondern optimierbar und reparabel. Es ist viel von der Freiheit die Rede, von der Freiheit der Wissenschaft, aber auch verdächtig viel von der Freiheit der Kranken und der von Schwangeren, denen geraten wird, wenn Präimplantations- oder Pränataldiagnostik schwere Entwicklungsstörungen einer Leibesfrucht ergeben, sich nach ärztlicher Beratung für oder gegen eine Austragung zu entscheiden. Denn, so der rhetorische Trickbetrug: »Mich schreckt am meisten der Geist erbarmungsloser Moral und zugleich des rechtlichen Zwanges auf betroffene Einzelne im Dienste vermeintlicher Gemeinschaftsinteressen. So als gehörten eine Frau und ihr Reproduktionsverhalten und sogar die dabei instrumentalisierten Behinderten zuallererst einmal dem Staat, der dieser Frau in den von Mehrheitsmeinungen abhängigen Grenzen Freiheiten hinsichtlich ihres ureigensten Menschenrechts, nämlich der Entscheidung über die eigene Fortpflanzung, einräumt oder versagt und sie gegebenenfalls dazu zwingt, ein schwerstbehindertes Kind sozusagen als Exempel für andere auszutragen und aufzuziehen.« (Hubert Markl, Biologe und Präsident der Max-Planck-Gesellschaft, Juni 2001) Herr Markl geht noch weiter, er verkündet die Utopie vom »aus dem Naturzwang entlassenen Menschen«, und das Marktschreierische an den Offerten läßt ein vielleicht noch viel erbarmungsloseres Zwangsverhältnis erahnen. Ob es sich allerdings bei all den Behauptungen der Biotechniker um einen der größten Bluffs in der Wissenschaftsgeschichte handelt oder nicht, das wird erst die Zukunft zeigen.

Verständlicherweise finden sich auf diesem Wissenschaftsgebiet – noch weniger als auf allen anderen – kaum Kritiker des eigenen Faches. Schon gar nicht dann, wenn sie ihre Karriere noch vor sich haben. Deshalb waren wir sehr erfreut über die Bekanntschaft mit Frau Dr. Samerski, die wir beim Fünften Internationalen Russell-Tribunal kennenlernten, wo sie auf dem Symposium zu Bioethik und den Folgen der Biotechnologie einen Vortrag hielt über das Eindringen der medizinisch-biologischen Fachsprache in die Alltagssprache und dessen Folgen.

Ein anschauliches Beispiel dafür fanden wir bereits bei der Fahrt zu ihr auf der Landstraße nach Bremen. Große CDU-Wahlplakate warben mit zwei lachenden Kindern und folgendem Text: »Die Zukunft liegt nicht nur in den Genen. Sondern in unseren Herzen.« Es ist ein heißer Tag im August. Unser Auto lassen wir an der Universität zurück, die am östlichen Stadtrand von Bremen liegt, erfrischen uns im Universitätssee und fahren dann mit der Straßenbahn ins Zentrum. Silja Samerski öffnet die Tür und begrüßt uns herzlich, umschwebt vom Duft eines gerade gebackenen Kuchens. Zusammen mit ihrem Freund, er ist Musiker, bewohnt sie eine kleine Neubauwohnung. Wir nehmen Platz auf Futons, die um ein niedriges Tischchen herum auf dem Boden liegen. An der Wand hängen ein Saiteninstrument und ein Wandteppich, es gibt einen Vitrinenschrank, ansonsten ist die Möblierung spärlich und funktional. Auf dem Balkon wächst eine Blaue Winde in einem kleinen Dschungel aus Pflanzen, Blumen und Kräutern. Die Tür steht offen, vom Innenhof her hört man Amseln singen.

»Ich habe eine ganze Weile nachgedacht, darüber gegrübelt, wie es sich außerhalb des Labors über das ›GEN‹ reden läßt, ohne dem populistischen Gen-Gerede auf den Leim zu gehen. Das ist ja wirklich spannend, daß es jetzt sogar auf den Wahlplakaten auftaucht, man kann bereits an etwas Verinnerlichtes appellieren. Ja ... die Leute lesen es heute sogar im Feuilleton oder diskutieren am Stammtisch darüber, ob adulte Stammzellenforschung besser ist als embryonale. Und der Bundeskanzler hat an die *Zeit* einen Leserbrief geschrieben, in dem er fragt, wie wir das bewerten, wenn durch die Spirale befruchtete Eizellen abgehen. Man glaubt, man ist im Irrenhaus!! Ich weiß es nicht ... es ist doch einfach absurd, daß sich der Bundeskanzler um Eizellen sorgt, so als müsse man sich darüber ernsthafte Gedanken machen als Politiker. Das ist etwas Neues, denn bisher hatte sich ein Politiker um die Belange und die Bürger des Landes zu kümmern ... um die Geldströme, um Ökonomie, aber nicht um die Eizellen verhütender Frauen. Das ist ein Frauenthema und keine Frage für einen Bundeskanzler. Aber gemeint ist natürlich etwas anderes. Und so ist es mit dem gesamten Gen-Gerede, es läuft ins Leere. Es geht hier um Begrifflichkeiten, die aus dem Labor kommen, die sich in der Alltagssprache populärwissenschaftlich eingenistet haben und nun zum Weltbild des modernen, gebildeten Menschen gehören. Ihre wissenschaftliche Bedeutung kann der populärwissenschaftlich gebildete Dilettant natürlich nicht nachvollziehen, an ihre Bedeutsamkeit kann er nur glauben. Und auf diese Art und Weise kommt es zu Denkzwängen, zur Veränderung der Wahrnehmung.

Auch der Wissenschaftler selbst geht sich ja sozusagen auf den eigenen Leim. Bereits die mehrjährige Einweihung ins genetische Denken während des Studiums stellt ganz spezifische Denkgewohnheiten her. Gepaukt wird ein widerspruchsfreies System aus wissenschaftlichen Tatsachen, so wie sie im Lehrbuch stehen. Wenn die Denkgewohnheiten dann nach mehrjähriger Einübung gefestigt sind, darf ich mich in den Dschungel der Fachzeitschriften vortasten. Und das ist zugleich die Einführung in die Kunst, nur solche Fragen zu stellen, die sich an das erlernte Denksystem anschließen und für deren Beantwortung Drittmittel beantragt werden können. Ich stand monatelang im Labor. Ich weiß, wovon Genetiker *nicht* sprechen. Ich weiß, wie mühsam Forschungsergebnisse im Labor hergestellt werden, wie sehr diese Ergebnisse bereits schon durch den Aufbau des Experiments vorwegnehmbar sind, wie strittig die allermeisten Resultate bleiben und auch wie anstandslos dann bei der Auswertung ›gerade‹gebogen wird. Beobachtungen im Labor sind noch lange keine wissenschaftlichen Tatsachen, ebensowenig ihre Bezeichnungen.

So, wie es in den Lehrbüchern und populärwissenschaftlichen Abhandlungen steht, gibt es ›GENE‹ nicht. ›GEN‹ bezieht sich nämlich auf keine nachweisbare Tatsache, es gibt keine einheitliche Definition des Begriffes. Wenn Genetiker von ›GENEN‹ sprechen, so bezeichnet das etwas ganz Unterschiedliches. Populationsbiologen benutzen den Terminus anders als Molekulargenetiker oder klinische Genetiker. ›GEN‹ ist nichts anderes als ein Konstrukt für die leichtere Organisation von Daten, es ist nicht mehr als ein X in einem Algorithmus, einem Kalkül. Aber außerhalb des Labors wird es dann zu einem Etwas gemacht, zu einem scheinbaren Ding mit einer wichtigen Bedeutung, mit Information für die Zukunft ... über das sich anschaulich und umgangssprachlich reden läßt. Es ist doch sehr fraglich, ob man umgangssprachlich über Variablen von ... oder den Bestandteil eines Kalküls oder Algorithmus sprechen kann, ob sich also überhaupt außerhalb des Labors sinnvolle Sätze über ›GENE‹ bilden lassen, die von irgendeiner Bedeutung sind. Wenn aber solche Konstrukte in der Umgangssprache auftauchen und plötzlich zu Subjekten von Sätzen und mit Verben verknüpft werden, dann werden sie sozusagen in einer gewissen Weise wirklich. Dadurch, daß ›GENE‹ immer etwas *tun*, nehmen sie Gestalt an – hieße es X, wäre es ganz klar, X kann nichts tun – ›GENE‹ liegen auf den Chromosomen, sind Bausteine des Organismus, Vererbungseinheit und Träger von ›Informationen‹, wird behauptet, aber das sind alles lediglich Zuschreibungen. Man hat mir auch manchmal entgegengehalten, es sei eben abstrakt. Aber ein Abstraktum geht ja immer vom Konkreten aus, das ist beim ›GEN‹ nicht der Fall, da gibt's nichts Konkretes. Auch der Vergleich mit dem Atom ist unzulässig – man hat diese vielfach beschworenen ›Atome der Biologie‹ nicht gefunden – der Atombegriff ist formalisierbar, der Gen-Begriff war ja nie formalisierbar, war nie einheitlich definiert. Und heute glaubt man gar nicht mehr daran, daß er irgendwann mal definiert werden kann.« Silja Samerskis Blick richtet sich auf unsere Tassen, sie erhebt sich vom Boden, wo sie die ganze Zeit über auf ihren Fersen gesessen hat, schenkt uns Tee ein und fragt: »Mögt ihr noch Kuchen, oder vielleicht etwas Saft?«

Zwischen den wohlschmeckenden Bissen fragen wir Frau Dr. Samerski nach ihrer Einschätzung des GENOM-Projektes. Sie läßt sich auf ihre Fersen nieder, lächelt ein wenig und sagt: »Ich habe vergeblich versucht, herauszubekommen, was *meinen* die Wissenschaftler, was meint die Biotechfirma, wenn verkündet wird, 30000 ›GENE‹ hat der Mensch... Wie kommen sie auf diese Aussage?! Was wurde sequenziert? Das *wie* ist bekannt. Den Hauptanteil der Arbeit erledigen Rechner, Informatiker, Roboter und Techniker, die das Tempo der ›GEN‹-Sequenzierung aufsehenerregend beschleunigt haben. Was sich dabei angesammelt hat, ist eine enorme, durch den Computer gejagte Datenmasse, deren ›Geheimnis‹, so wird gesagt, nun ›entschlüsselt‹ werden müsse. Das ganze Projekt erinnert doch mehr an die Kalkulationen von Börsenspekulanten über die Chancen und Risiken von Finanzderivaten, also von Optionen, mit denen an der Börse gehandelt wird, ohne daß ihnen noch ein konkreter, existierender Wert zugrunde liegen muß. Und man muß wissen, daß das Ziel dieser gigantischen Verwaltung von Daten die Simulation und Modellierung von Proteinen, der Proteinentstehung, der ›Genomorganisation‹ und so weiter ist, aber *nicht* deren Analyse. Ich weiß

169

auch gar nicht, ob man dazu noch Wissenschaft sagen kann, es ist eher ein undurchschaubares Konglomerat aus Technologie, Wissenschaft und auch Industrie, wo es eigentlich nicht so darauf ankommt, ob man ›GEN‹ definieren kann oder nicht. Irgendwann gab es doch mal so was …« Sie denkt lange nach, ungewohnt lange, und fährt dann zögernd fort: »… wie Wahrheit … ich glaube, es gibt auch die alte Vorstellung von Objektivität gar nicht mehr, also daß Wissenschaft verifizierbare und reproduzierbare Aussagen über Phänomene macht. Aber heute kommt es primär darauf an, *daß* es funktioniert. Es gibt dafür ein schönes Beispiel. Richard Strohman, ein Molekulargenetiker, hat vor längerer Zeit in *Nature Biotechnology* einen Artikel geschrieben über all die Fehlannahmen der Genetik, über Gen-Kult und genetischen Determinismus. Zu diesem Artikel kam ein langer, ausführlicher Leserbrief von einem Herrn Bains, Engländer, Berater für Biotechnologieunternehmen. Er schreibt unter anderem: ›Die meisten Anstrengungen in der Forschung und in der biotechnologischen industriellen Entwicklung basieren auf der Idee, daß Gene die Grundlage des Lebens sind, daß die Doppelhelix die Ikone unseres Wissens ist und ein Gewinn für unser Zeitalter. Ein Gen, ein Enzym, ist zum Slogan der Industrie geworden.‹ Und er fragt: ›Kann das alles so falsch sein? Ich glaube schon, aber ich bin sicher, das macht nichts.‹ Denn die Hauptsache ist, daß es funktioniert: ›Manchmal funktioniert es, aber aus den falschen Gründen, manchmal wird es mehr Schaden anrichten, als Gutes tun … Aber die beobachtbare Wirkung ist unbestreitbar.‹ Dann sagt er: ›Wir müssen nicht das Wesen der Erkenntnis verstehen, um die Werkzeuge zu erkennen …‹ Der Leserbrief endet mit dem schönen Satz: ›Und inzwischen führen die Genom-Datenbanken, die geklonten Proteine und anderes Zubehör der funktionalen Genetik zu Werkzeugen, Produkten, Einsichten, Karrieren und Optionen an der Börse für uns alle.‹

Silja Samerski lächelt ein wenig, rückt ihre Brille zurecht und sagt: »Das ›GEN‹ läßt sich vor jeden Karren spannen, und gerade dadurch erscheint es unentwegt in der Öffentlichkeit, das ist das Problem. Ich denke, viele Leute wären überrascht, zu erfahren, daß ein ›GEN‹ *nie entdeckt* wurde, in keinem einzigen Labor der Welt. Vielleicht trägt es ein wenig zur Entmystifizierung bei, wenn ich ein bißchen von der Begriffsgeschichte, also von der Entstehungsgeschichte, von den Vorstellungen und Hypothesen über ›GEN‹ erzähle: Also die Vererbungswissenschaft entstand zum Ende des neunzehnten Jahrhunderts, Francis Galton, ein Vetter Darwins, gilt als ihr Begründer. Er hat 1883 den Begriff ›Eugenik‹ geprägt, die Wissenschaft von der Verbesserung der Menschheit durch Zucht. Vererbungsforschung war von Anfang an mit der Idee und Vorstellung verknüpft, wissenschaftliche Grundlagen für eine neue Gesellschaftsordnung zu schaffen. Und sie war von Anfang an verknüpft mit der Errechnung mathematischer Gesetzmäßigkeiten – Galton war ein unermüdlicher Meister im Messen, Zählen und der Korrelation … die moderne Statistik verdankt ihm eine ihrer grundlegenden Techniken, die Methode der statistischen Assoziation … das führt jetzt zu weit, ist aber für den Zusammenhang natürlich interessant. Alfred Plötz hat dann 1895 den deutschen Begriff ›Rassehygiene‹ geprägt, den wir alle aus schrecklichen Zusammenhängen kennen. Als im Jahr 1900 Mendels Abhandlung wiederentdeckt wurde, vermuteten viele Vererbungsforscher, daß es sich bei Mendels ›Anlagen‹ (oder Vererbungsfaktoren) um die gesuchten korpuskulären Einheiten – also die kleinsten Teilchen – handelt. Die durch Mendel eröffnete Möglichkeit, gezielte vererbungswissenschaftliche Experimente zu machen, eröffnete ganz neue Visionen der Manipulation und Kontrolle über das Lebendige. Auch der dänische Vererbungsforscher Wilhelm Johannsen hat Pflanzen gekreuzt und die Versuche statistisch ausgewertet, und seine Begriffe ›Phänotyp‹ und ›Genotyp‹, das waren *auch* statistische Begriffe.« Elisabeth bemerkt, daß diese Begriffe sogar von Gottfried Benn in seine Lyrik eingearbeitet wurden. Silja Samerski lächelt überrascht und sagt: »Ja, die Begriffe waren ziemlich neu damals … der Herr Johannsen hat auch das Kunstwort ›GEN‹ geprägt, 1909, er wollte damit die Diskussion über die materielle Existenz merkmalsbestimmender Einheiten und ›Erbanlagen‹ versachlichen, hat sogar davor gewarnt, sich vorzustellen, daß einem ›GEN‹ eine jeweilige Einzeleigenschaft oder ein Merkmal entspricht. Diese Auffassung nannte er naiv und empfahl, sie als ganz und gar irrig – so sagte er – aufzugeben. Aber das hat die englischsprachigen Vererbungsforscher nicht daran gehindert, hypothetische, merkmalsbestimmende Einheiten mit dem Wort ›GEN‹ zu bezeichnen und ihm einen alles umfassenden Erklärungswert zuzuschreiben. Immer mehr medizinische und soziale Klassifizierungen, vom ›Schwachsinn‹ bis zur ›Asozialität‹, wurden auf ›GENE‹ zurückgeführt. In Deutschland allerdings wurde weiterhin bis weit nach dem Zweiten Weltkrieg der Begriff ›Erbanlage‹ bevorzugt.

Das faschistische Deutschland hatte übrigens durchaus Anschluß an die internationale genetische Forschung, die entsprechenden Kaiser-Wilhelm-Institute wurden sogar von Amerika finanziell unterstützt, teilweise bis zum Kriegseintritt. Genaugenommen war es aber, glaube ich, so, daß die deutsche Genetik schon vor dem Faschismus eine Richtung eingeschlagen hatte, die sich international nicht durchsetzen konnte, die vielfach als ›veraltet‹ abgelehnt wurde. Den deutschen Vererbungswissenschaftlern waren die amerikanischen Forschungen, zum Beispiel Morgans Chromosomentheorie der Vererbung, zu reduktionistisch, zu sehr auf den Zellkern fixiert, man wollte den Zusammenhang zum Organismus nicht derart aus den Augen verlieren. Durchgesetzt haben sich dann die Rassehygieniker mit ihren ›Erbbiologischen Bestandsaufnahmen‹ und den mörderischen Folgemaßnahmen. Deutschland hat als erstes Land theoretische Laborkonstrukte und Lehrmeinungen auf Menschen angewandt. Und das gehört *mit* hinein in die Geschichte der Genetik, die ja der flüchtige Betrachter für eine Nachkriegsgeschichte hält.

Die folgenden fünfzig bis sechzig Jahre sind in der Wahrnehmung ja eher präsent, es gab eine Reihe spektakulärer Fortschritte, aber ›GEN‹ als wissenschaftliche Tatsache zu etablieren gelang nicht. Was passierte, war die Verschleierung der Leere durch Kennzeichnung. Noch bevor die DNA als Vererbungsansatz galt, führte Erwin Schroedinger, ein Physiker, 1944 den Begriff des ›Codes‹ in die Biologie ein, mit Hilfe der Quantenphysik sollte Aufbau und Funktion des ›GENs‹ gefunden werden. Nachdem 1953 Watson und Crick mit ihrem Modell der Doppelhelix berühmt geworden waren, das einen Code in der Abfolge der Basen nahelegt, arbeiteten Militär und Biochemie fieberhaft daran, den ›genetischen Code‹ – wie den sowjetischen Code – zu knacken. Eine Nebenbemerkung zum Militär: Die Erforschung genetischer Wirkungen war ja von Anfang an Teil der Atomwaffenforschung, es gab ein genetisches Forschungsprogramm an den Atombombenopfern, und die Atomenergiekommission der USA war bis Anfang der siebziger Jahre Hauptgeldgeber für die Humangenetik. Sie vergab auch Doktorandenstipendien, Watson arbeitete mit Hilfe eines solchen Stipendiums. Ironischerweise war's dann in der weiteren Geschichte der Molekularbiologie so, daß, als man die DNA endlich direkt untersuchen konnte, deutlich wurde, das Konzept ›GEN‹ läßt sich nicht halten, ist nur tauglich als Hilfsmittel zur Organisation von Daten. Inzwischen waren aber der Begriff des Codes und der hinzugekommene Begriff der Information nicht mehr wegzudenken. Wenn nun die DNA als ›Code‹, als verschlüsselter Text, bezeichnet wird, der ›Information‹ enthalte, dann suggeriert das Inhalt, Bedeutung, Mitteilung. In der Informationtheorie aber ist ›Information‹ eine rein quantitative Größe und daher bedeutungslos. Die eingängige Rede vom ›genetischen Text‹ oder der ›genetischen Information‹ täuscht vor, Genetiker könnten anhand einer DNA-Sequenz irgendwelche Aussagen über deren Auswirkungen machen. Inzwischen wird allerdings – mehr intern – eingeräumt, daß sich bei Vielzellern in der Regel nicht einmal vorhersagen läßt, welches Eiweiß auf der Grundlage dieser DNA-Sequenz synthetisiert wird, geschweige denn, wie sich eine Mutation, eine Veränderung im Organismus auswirken wird. Ich entschuldige mich für die Verwendung der Fachsprache, manchmal geht es nicht anders.

Man muß sich also vergegenwärtigen, daß die Freisetzung genetischer Begrifflichkeiten, all das öffentliche Reden über ›GENE‹, nichts mit wissenschaftlichen Tatsachen zu tun hat. Es schafft jedoch neue Denkformen, die scheinbar mit Biologie zu tun haben, viel mehr aber mit statistischen und kybernetischen Konzepten wie ›Risiko‹, ›Entscheidung‹, ›Information‹ oder auch ›Wahrscheinlichkeit‹, denen alltagssprachliche Bedeutung zugeordnet wird. Eine sehr gute Linse zur Betrachtung dessen, was passiert, ist die genetische Beratung, die in Deutschland seit Beginn der siebziger Jahre Bestandteil der medizinischen Schwangerschaftsvorsorge ist.

In der genetischen Beratung aber wird nicht beraten, sondern ›Entscheidungshilfe‹ angeboten, die Frau darf dann in vollkommen ›freier Entscheidung‹ über das ihr mitgeteilte Risiko befinden. Das ›Risiko‹ ist zwar Ergebnis einer Wahrscheinlichkeitskalkulation, wird aber als ›persönliches Risiko‹ bezeichnet. Es beträgt, sagen wir im Falle von Frau X, altersbedingt eineinhalb Prozent für ein Kind mit Down-Syndrom. Fragt die Frau nun, ob sie das hoch oder niedrig finden soll, so sagt ihr der Genetiker, das läge einzig und allein in ihrer eigenen, freien Entscheidung. Daß diese Zahl gar nichts über Frau X und ihr kommendes Kind, sein ›Risiko‹ und seinen Gesundheitszustand aussagt, gerät aus dem Blickfeld der Betroffenen. Ein ›persönliches Risiko‹ gibt es nicht in diesem Zusammenhang. Eineinhalb Prozent sind nicht etwas an sich ›Hohes‹ oder ›Niedriges‹, es sind statistische Wahrscheinlichkeiten, und die beziehen sich per definitionem auf das Eintreten von Ereignissen in Grundgesamtheiten – so heißt das – in statistischen Populationen. Es hat nichts mit Frau X zu tun, dennoch soll sie Entscheidungen treffen auf dieser Grundlage. Und schuld an der Geburt eines nicht normgerechten Kindes ist Frau X dann selbst, wenn sie sich zwischen den zur Verfügung gestellten Optionen nicht entschieden oder nicht richtig entschieden hat. Das ist die neue Form freiheitlicher Selbstbestimmung. Es wird immer weniger darum gehen, Menschen in eine bestimmte Richtung zu steuern, sondern vielmehr dafür zu sorgen, daß sie sich auf eine neue Art und Weise selbst sehen, mit einer Art Verwaltungsblick, mit Sinn fürs Selbstmanagement. Das ist auch billiger, wenn die Leute alles selber machen, bis hin zur Selektion, aufgrund eines errechneten Risikos.

Und dieses ganze Gerede über ›GENE‹ ist meiner Meinung nach eine Einstimmung auf dieses Selbstmanagement, ins Management des Biologischen angeblich. Der Mensch, wird gesagt, nimmt jetzt seine Evolution selbst in die Hand, es wird gesagt, daß der Mensch sich neu definieren müsse. Aber ich glaube, was neu ist, ist nicht, daß er sich *neu* definieren muß, sondern, daß er sich *überhaupt* definieren muß. Menschen haben sich bisher nie definieren müssen in diesem beschriebenen Sinne. Heute ist es eine Frage der Definition ... ab wann ist er ein Mensch? Wann ist der

Mensch tot? Das sind alles Definitionsfragen. Früher war es evident, daß ein Mensch tot ist, wenn das Herz aufhört zu schlagen. Heute ist es eine Frage der Messung, der Definition, über die Experten sich streiten können. Und früher war Menschwerdung der Moment der Geburt. Und es ist auch eine Definitionsfrage, ob irgendwas eine Person sein kann, was nur unter dem Mikroskop sichtbar ist. Das ist heute alles eine Frage von Definition. Definitionen können sich jederzeit ändern, und das tun sie auch. Es ist eigentlich erschreckend, mit welcher Selbstverständlichkeit biologische Konzepte unsere Alltagswahrnehmungen bereits durchdrungen haben und unseren Umgang miteinander bestimmen.«

JOSEF WEIZENBAUM, *emer.*
Univ.-Prof. Bis 1988 Prof. f. Com-
puter Science am Massachusetts Institute
of Technology (MIT) Cambridge, USA.
Trat 1934 in d. Luisenstädtische
Gymn. Berlin ein. 1935 (aufgrund
antisemitischer Nazigesetze) Übertritt
in d. jüd. Knabenschule Berlin.
1936 m. Eltern u. Bruder Emigration
nach Detroit, USA. Ab 1941
Studium d. Mathematik an
d. Wayne Univ. Detroit, Michigan.
1942–45 Kriegsdienst. 1948 Bachelor
of Science. 1950 Master of Science
(Diss. über Punktmengentopologie).
1948 verantwortl. Mitarb. b. Bau
e. d. ersten Digitalcomputer (Wayne
Univ.). 1952 Abschluß d. Studiums.
Gastdozenturen, 1955–63 Arbeit in
d. Industrie b. General Electric, entwarf
Computersysteme (u. a. f. d. Bank
of America). Entwickelte d. frühe
Computersprache Slip. 1963 Berufung
als Associate Professor an d. Laboratory
of Computer Science am MIT,

Cambridge. Spracherkennungsprogramm
Eliza (1965). 1970–88 lehrte
u. forschte ebd. als Informatikprofessor.
Verf. zahlr. Beiträge f. wiss. Fach-
zeitschr. u. u. a. folgender Bücher
Die Macht der Computer und die
Ohnmacht der Vernunft, *1976;*
Kurs auf den Eisberg, *1984;*
Computermacht und Gesellschaft
(Hg. Gunna Wendt u. a., 2001).
1977–81 Gastlehraufträge an
d. Universitäten Harvard,
Stanford, Hamburg u. TU Berlin.
Nach 1988 Gastprof. an versch. Univ.
Auszeichnungen: Dr. h. c. d. Adelphy
Univ. of N. Y., Doctor of Human
Letters, h. c. d. Webster College of New
Hampshire, Dr. h. c. d. Univ. Bremen;
Norbert-Wiener-Preis, 1997; FIfF-
Preis, 1998; Gr. Bundesverdienstkreuz,
2001; Preis d. Tschechischen Republik,
2002. Josef Weizenbaum ist am
8. Januar 1926 in Berlin geboren,
als Sohn eines Kürschnermeisters,
ist gesch. u. Vater dreier Kinder.

Kratzen, wo es juckt

COMPUTERWISSENSCHAFTLER

Wir sind die letzten der Generation, durch die das
Entwicklungs-, Kommunikations- und Dienstleistungswesen
zum weltweiten Bedürfnis geworden ist.
Ivan Illich

An einem kalten trüben Vormittag Ende November überqueren wir die Rathausbrücke, schauen auf die bleigraue
Spree hinab und streben dann eilig einem Appartementhaus
aus Betonelementen zu, dessen spreeseitige Fassade von einer
riesigen Friedenstaube mit gesträubtem Gefieder beherrscht
wird und der Aufschrift ›Berlin – Stadt des Friedens‹. Neben
dem Eingang hängt eine 1998 angebrachte Kupfertafel
zur Erinnerung an die Märzgefallenen, die 1848 an dieser
Stelle Barrikaden errichtet hatten. Hier wohnt Josef Weizenbaum seit einiger Zeit. Ganz in der Nähe, am Gendarmen-
markt, ist er geboren und hat seine ersten zehn Lebens-
jahre verbracht. Es ist ein Katzensprung von hier nach
dort, aber historisch ist es ein weiter und chaotischer Weg.
Das Appartementhaus samt dem rundum wiederaufgebauten
›historischen‹ Nikolaiviertel gäbe es nicht ohne die DDR,
diese hätte es nicht gegeben, und jenes wäre nicht zerstört
worden ohne den Zweiten Weltkrieg, die Familie Weizenbaum hätte nicht fliehen müssen ohne dessen Verursacher, den
Hitler-Faschismus, und, zuletzt, Herr Weizenbaum hätte in
dieses Haus nicht einziehen können ohne den Zusammen-
bruch der DDR. Und auch der Computer – hervorgegangen
aus den Rechenmaschinen des siebzehnten und achtzehnten
Jahrhunderts, ein Flickenteppich verschiedener Entwürfe,
Autoren und heterogener Materialien, aus Radio, Telefon,
Lochstreifen von Hollerith, der elektronischen Orgel usw. –,
mit dem sich Weizenbaum ein Leben lang beschäftigte, hat

eine parallele Geschichte. Der erste elektronische Digitalcomputer entstand in England, als ›Geheimwaffe‹ im Anti-
Hitler-Krieg, um die Dechiffrierung zu mechanisieren und
das Codierungssystem der Funksprüche des deutschen Mili-
tärs zu knacken. Auch in Deutschland wurden Computer
gebaut, analoge Spezialrechner, genutzt für die Flügel-
vermessung ferngesteuerter Bomben. In Amerika deckte
IBM den Bedarf der Marine an Rechnertechnik. Nach dem
Kriegsende verhalfen der Kalte Krieg, der ›Sputnik-Schock‹
der Amerikaner und ein immer weiter hinaufgeschraubtes
Wettrüsten dem Computer zu seiner rasanten Entwicklung
und Verbreitung, in alle Bereiche des zivilen Lebens hinein.
Dies wiederum verhalf Herrn Weizenbaum zu einer wissenschaftlichen Karriere und ließ ihn auf deren Höhepunkt zum
Kritiker der technisch-instrumentellen Vernunft werden.
Weizenbaum gehörte zu den Wissenschaftlern, die am MIT
Mitte der 60er Jahre an einem militärischen Forschungs-
auftrag arbeiteten. Zu lösen war das Problem, wie die Daten-
übermittlung des Pentagon im Fall atomarer Zerstörung
aller Kommunikationswege sichergestellt werden kann. Das
damals entwickelte Arpa-Net (Advanced Research Project
Agency Network) zur Kommunikation räumlich getrennter
Rechner wurde 1979 zum Modell für das World Wide Web
und in den neunziger Jahren zu dem des Internet.

Im achten Stockwerk bittet uns Herr Professor Weizenbaum freundlich, näher zu treten. Er bewohnt eine Zwei-
zimmerwohnung mit Balkon zum Marx-Engels-Forum hin.
Von hier oben hat man einen weiten Blick. Ganz hinten
schimmert die Kuppel der Synagoge in der Oranienburger
Straße, näher und weiter westlich wölbt sich die Kuppel des
klobigen Domes, und rechts ragt der zierliche Turm der
Marienkirche etwas hervor, dort werden jeden zweiten Sonntag die Obdachlosen gespeist, umgeben von mittelalterlichen Tafelbildern. Unten, am Fuße des Hauses quasi, liegt
am Ufer der Spree die Rückseite der asbestsanierten Ruine des
Palastes der Republik. Früher Sitz der DDR-Volkskammer
und Kulturveranstaltungsort, dient das verrottende Gebäude
nun den Rabenkrähen und Dohlen aus Osteuropa, die sich
zu Tausenden Abend für Abend vor Einbruch der Dämmerung auf dem Dach des Palastes versammeln. Im Park
gegenüber sieht man vom Balkon aus auf die Rücken der

Bronzeplastiken von Marx und Engels. Wir nehmen an einem Tisch vor dem Fenster Platz. Herr Weizenbaum deutet achselzuckend auf einen kleinen Berg aus Papieren, Briefen, Stadtplänen, Notizbüchern, diversen Füllhaltern von Mont Blanc, schönen Ledermäppchen, einem Schweizermesser und Digitalkamera samt Zubehör und sagt: »Leider bin ich nicht richtig vorbereitet.« Alles wird ein wenig zur Seite geschoben, damit Tassen und Cookies noch Platz finden. Hinter einem Sideboard stehen Schreibtisch und Computer, ein Fernsehgerät gibt es nicht. Über dem Computer hängt eine Farbfotografie seiner jüngsten Tochter. Auch im Bücherregal stehen Fotos von seiner Frau und den Töchtern aus früheren Zeiten in Amerika. Und daneben, in und auf dem schönen Vitrinenschrank, stehen ebenfalls Fotos aufgestellt und Andenken, z.B. ein roter Spielzeugkran aus Metall. Herr Weizenbaum kommt mit der Kaffeekanne aus der kleinen Küche, wirft einen traurigen Blick auf den Kran und das daneben stehende Foto, denn beides stammt von seiner vor kurzem gestorbenen Lebensgefährtin.

Auf unsere Frage, was ein Computer ist, lächelt Herr Professor Weizenbaum melancholisch und beginnt zu erzählen: »Was ein Computer ist... Na ja, es hat ja angefangen mit der Artillerie, man wollte so schnell und so exakt wie möglich die Bahn eines Geschosses berechnen. Und auf der anderen Seite, die Gruppe um Alan Turing in England – Mathematiker, Linguisten, Programmiererinnen, Ingenieure und Arbeiter –, sie haben die Colossus gebaut im Zweiten Weltkrieg, um den Geheimcode der Deutschen zu dechiffrieren... Turing war vielleicht der größte Pionier des Computerwesens in der modernen Zeit, er beging Selbstmord übrigens, man hatte ihm mit Kastration gedroht, weil er schwul war, im *modernen* England! Er hat 1936, lange bevor wir moderne Computer hatten, ein Papier geschrieben über ein komplexes Problem der mathematischen Logik, und das Papier enthält auch die Beschreibung seiner ›Universalmaschine‹, eine genaue Äquivalenz des Computers in einem gewissen Sinn. In diesem Papier erscheint das Wort Computer sehr oft, Studenten, die dieses klassische Papier heute lesen, verstehen es meist überhaupt nicht. Der Grund dafür ist, daß, wenn Turing ›Computer‹ sagt, dann meint er Menschen, die rechnen... (to compute), und meint sogar meist Frauen, denn damals waren die Programmierer meist Frauen. Ja, das ist interessant, die erste war die ... ah, jetzt hab ich den Namen vergessen, eine Adlige... Ja! Lady Lovelace, 1815 geboren, ihre Mutter war Mathematikerin, und ihr Vater war Lord Byron übrigens ... und diese junge Engländerin lernte einen Mann namens Babbage kennen, der die Idee hatte, einen Computer herzustellen. Er dachte sich alles vollkommen richtig aus, aber er war zu früh, im neunzehnten Jahrhundert war die Technik einfach noch nicht da. Und für diesen noch nicht existierenden Computer hat Lovelace Programme geschrieben. Sie sind so genial, sie würden heute noch laufen ... also sie hat sehr viel vorhergesehen, was später erst Realität wurde ... sie war die erste.

Also, was ist ein Computer, ich vereinfache es mal ... ein Computer ist in einem gewissen Sinn eine ganz einfache Maschine – Maschine kann man sagen ... MUSS man sagen –, die ganz einfache Operationen, könnte man sagen, an ganz einfachen Symbolen durchführt. Zum Beispiel, wir wissen heute, die Symbole sind zum größten Teil Null und Eins. In einem gewissen Sinn muß man sagen, mehr kann er nicht. Die MACHT der Computer, also ihre enorme Rechenkapazität, kommt daher, daß man sehr viele solcher einfachen Elemente zusammensteckt, nicht – und wenn man das macht, dann lassen sich sehr komplizierte Muster bearbeiten, und diese Muster kann man natürlich interpretieren als Zahlen, so daß man Arithmetik machen kann ... man kann sie aber auch anders interpretieren. Was die Muster *sind,* sollte man sich gar nicht fragen, die Frage ist, was die Muster *bedeuten* – und die Bedeutung dieser Symbole ist und muß sein die Interpretation eines Menschen. Und Menschen interpretieren Symbole aufgrund der ›Technik‹ ihrer Kultur und Zivilisation. *Ich* sehe da, sagen wir, 1-1-0-1, und das ist dann im binären System ... mh ... äh ... das ist dann 13 ... ja. Aber das ist eine Interpretation. Und die andere Qualität und Charakteristik der Zusammensteckung der vielen einfachen Elemente, von denen ich anfangs sprach, ist, daß heute mit den modernen Methoden diese sogenannten Operationen, die ausgeführt werden sollen, sehr, sehr schnell gemacht werden können. Und unsere heutige Vorstellung von dem, was schnell ist, ist natürlich ganz anders als, sagen wir, vor dreißig oder vierzig Jahren. Heute ist es gar nicht ungewöhnlich – und ich spreche hier nicht von einem Supercomputer –, daß er eine Million solcher Operationen in einer Sekunde ausführen kann, und das bedeutet natürlich, daß man richtig komplexe Strukturen bearbeiten kann. Ja, das ist sozusagen die Essenz des Computers ... Und das weiß ja heute jeder, daß man nicht nur Zahlen, sondern auch Texte bearbeiten kann, also ich kann ein Sonett von Shakespeare mit Hilfe von Symbolen schreiben. Das alles beruht auf der Fähigkeit einer ganz einfachen Maschine, eine Null von einer Eins zu unterscheiden und zu entscheiden, ob das dieselben Symbole sind oder nicht. Alles beruht darauf ... Im Grunde genommen ist es sehr einfach, wie gesagt, die Komplexität kommt durch die Kombination so vieler Elemente ... ah ... ich hab da grade einen schönen Vogel gesehen!« Herr Weizenbaum zeigt auf das mit Körnern gefüllte Futterhaus draußen auf dem Balkon und lächelt ein wenig: »Das war der Star, meist kommen zwei, entweder sind die verheiratet, oder sie leben zusammen ...«

Er trinkt einen Schluck Kaffee und fährt fort: »Bei der Komplexität waren wir ... alles wird dann so kompliziert, daß es beinahe unmöglich ist, ein Programm ohne Fehler zu schreiben, das ist fast unmöglich! Heutzutage werden die Programme ja mit dem Computer geschrieben, aber zu meiner Zeit – es ist ziemlich lange her –, da hat man sie aufs Papier geschrieben, dann wurde das irgendwie verwandelt in Symbole, zum Beispiel auf Lochkarten, auf denen gibt es ja Plätze, wo Löcher sind, und Plätze, wo Löcher sein *könnten,* aber wo keine sind, und das ist wieder mal das Prinzip: DA oder NICHT DA ... Null oder Eins. Was ein bestimmtes Loch bedeutet, hängt davon ab, *wo* auf der Karte es ist. Das ist, wie gesagt, relativ einfach, nur die Kombination ... nur die Möglichkeiten, die werden dann so komplex. Es ladet Fehler ein, kann man sagen, und dann muß man eben das Programm probieren, die Fehler finden und korrigieren, das war früher relativ einfach. Aber heutzutage würde ich sagen, die Programme, die die Arbeit der Welt tun, sagen wir Flugzeuge landen, Artillerie abschießen, Versicherungs- oder Börsenrechnungen machen und so weiter, daß diese Programme niemand mehr völlig versteht. NIEMAND! Und wenn die ganze Struktur so hochkomplex ist, dann wird die Frage, was ein Fehler ist, auch hochkomplex ... Man stellt sich das vielleicht so vor: Irgendwo im Programm soll ein Komma stehen, der Programmierer schreibt aber einen Punkt. Oh, so was kann ein Flugzeug abstürzen lassen ... ein Schiff versenken ... eine Stadt zerstören! Man denkt, das ist der Fehler, wenn er gefunden ist, ist es okay, aber das ist ein Irrtum. Bei dieser Komplexität, von der wir sprechen, da ist es, als würde man eine Krankheit diagnostizieren, der diagnostizierte Fleck auf der Lunge ist noch weit entfernt von einer Heilung. Und so ist es auch mit den hochkomplexen Systemen, heutzutage sind wir dem Computer ausgeliefert ... zum größten Teil; der Rest ist menschliches Versagen ...«

Herr Weizenbaum nimmt seine Brille ab, putzt sie eine Weile hingebungsvoll und schweigend, dann setzt er sie wieder auf: »Also ich habe viel Phantasie, manchmal ist es wie ein kleines Stückchen Film, das in ein Woody-Allen-Movie passen würde, und da sah ich grade vor mir folgende Szene: Der Präsident von Amerika sitzt in der ›Air Force One‹, er sitzt auf der Toilette und macht sein großes Geschäft, und es ist nicht leicht, er muß sich etwas bemühen. Plötzlich klopft der Mann mit dem Aktenkoffer an die Tür, der Mann ruft: Mister President, eine dringende Angelegenheit! Und der Präsdient sagt: Just a minute! Aber er hat vielleicht, sagen wir, fünfundvierzig Sekunden, um zu entschieden, ob die Welt zerstört wird oder nicht. ›Just a minute‹ ist dann die Entscheidung! Schaun Sie mal, da kommt die verdammte Taube!« Herr Weizenbaum zeigt zum Fenster hin. »Jagen Sie die weg, klopfen Sie an die Scheibe! Ich mag Tauben nicht, unter anderem fressen sie zuviel.« Wir geben zu bedenken: »Der Liebesvogel, die Friedenstaube, der Heilige Geist?« Herr Weizenbaum sagt: »... bitte?«, schweigt eine Weile und sagt: »... das erschreckt mich, daß das der Heilige Geist ist, denn jetzt habe ich Schuldgefühle, ich habe den Heiligen Geist beleidigt, das bringt Unglück! Der Gedanke erinnert mich an einen Witz: Oppenheimer – er ist in Dänemark zu Besuch bei Niels Bohr, der dort am Meer ein kleines Häuschen hatte. Sie laufen am Strand entlang, vertieft in wissenschaftliche Unterhaltungen, und als sie sich dem Häuschen nähern, fällt Oppenheimer auf, daß ein Hufeisen über der Tür hängt, und er sagt: ›Mein Gott, Niels, es ist doch nicht möglich, daß du abergläubig bist?!‹ Und Bohr sagt: ›Beruhige dich, natürlich nicht, aber ich habe gehört, es funktioniert auch bei Leuten, die es nicht glauben.‹ Aber gut, ich muß nachdenken über die Taube und die Dreifaltigkeit und alles… Unwissenheit schützt vor Strafe nicht. Ich werde also Taubenfutter kaufen… Oder ich werde eine Eule aufstellen, dann kommt keine Taube näher als hundert Meter heran!«

Bei unserem nächsten Besuch bringen wir eine Eule aus Pappmaché mit. Herr Weizenbaum setzt sie in den Blumenkasten auf dem Balkon und nimmt den Faden wieder auf: »Ich hatte vom Aktenkoffer gesprochen, und ich meinte, daß der Entscheidungsspielraum in Krisen heute unmenschlich ist. Zwar hat sich seit dem Untergang der Sowjetunion die weltpolitische Lage verändert, aber nicht zum Guten. In gewisser Weise ist es noch gefährlicher geworden als damals, und es gilt nach wie vor, was damals mal der Präsident vom MIT sagte: ›Das Militär ist das Schwungrad unserer Wirtschaft.‹ Die Firmen, die fast exklusiv … oder exklusiv fürs Militär produzieren, machen Profit, ihre Aktien stehen gut, es ist eigentlich schon die Androhung des Krieges ein Schwungrad, aber das ist eine andere Sache … Was wir brauchen, ist Zivilcourage – Courage heißt Herzensfuror –, also Herzensfuror des einzelnen gegen den fortdauernden und tödlichen Wahnsinn der instrumentellen Vernunft. Einstein ist mal gefragt worden, warum er nicht an diesem oder jenem Problem arbeite, und er hat geantwortet: ›Wo es nicht juckt, kratzen wir nicht.‹ Wir wissen ganz genau, wo wir kratzen müssen! Was wir brauchen, sind soziale Erfindungen und nicht schnellere Computer und perfektere Waffen und auch keine ›künstliche Intelligenz‹ in dieser Form und Richtung, wie sie unter anderem von Hans Moravec vertreten wird. Kennen Sie den Namen? Er spricht davon, daß man sich ›downloaden‹ kann in einen Computer, also: TO DOWNLOAD A HUMAN BEING INTO A COMPUTER. Er behauptet, der ganze konkrete Mensch kann in einem Roboter erfaßt werden. ER ist dann ICH, keine Kopie, keine Simulation, sondern ich bin dann der Roboter. Er beschreibt in einem dicken Buch ganz genau, wie man das macht. Viele werden sich vielleicht fragen, ist es möglich, ein Gerät, sagen wir, einen Roboter, herzustellen, der das elementare menschliche Wissen beinhaltet? Die Antwort ist NEIN! Denn die Menge – und jetzt benutze ich mal den Begriff mathematisch –, also das SET, die Sammlung des menschlichen Wissens ist nicht total beschreibbar, schon deshalb nicht, weil das menschliche Wissen sozusagen ›unbeschreiblich‹ ist zum großen Teil, wir erleben es, in einem gewissen Sinne wissen wir auch, daß wir es wissen, aber wir können es nicht sagen. Und mit dem Sagen meine ich Ausdruck in irgendeiner mathematischen Form, selbstverständlich auch in Form der Sprache. Ah, da! Schaun sie, der Star«, Herr Weizenbaum beugt sich vor, um besser zu sehen, »wieder allein! Der hat so einen großen Schnabel, warum frißt er nicht? Weg ist er!«

»Zurück zu Moravec«, sagt Herr Weizenbaum, »es gab da eine interessante Begegnung. Was Sie wissen müssen, sein Buch ist Ellen gewidmet, seiner Frau – inzwischen sind sie wohl geschieden – ›to Ellen, who makes me whole‹. Ich habe ihm eine ganz einfache Frage gestellt: ›Also sagen wir, deine Ellen geht auf der Straße, und in wenigen Sekunden wird sie von einem Auto getötet werden ... and she downloads herself into a robot, would you then say, that this robot makes you whole?‹ Er hat dann eine halbe Stunde nur noch gestottert, aber heute erzählt er immer noch dieselben Dinge. Die Menschen ganz loszuwerden, das ist sein Forschungsziel. Dan Dennett, ein amerikanischer Philosoph sagt: Wir müssen uns von der Ehrfurcht vor dem Leben befreien, wenn wir mit der künstlichen Intelligenz weiterkommen wollen. Es ist übrigens auffallend, es gibt in diesem Forschungsbereich, der sich mit der Ersetzbarkeit des Menschen durch Maschinen befaßt, *keine* Frauen. In einem Vortrag in Freiburg, so vor sechs Jahren, habe ich darüber mal gesprochen. In der Künstlichen-Intelligenz-Bewegung gibt es ja das Dogma, der ›liebe Gott‹ war ein mittelmäßiger Ingenieur und sein mittelmäßiges Produkt müssen wir verbessern, wir sind in der Lage dazu, künstliche Menschen herzustellen, die eben nicht den Fehler haben, zu sterben oder auch in Gewerkschaften einzutreten. Wie kommt das, warum denkt man so? In unserer Welt können Männer alles besser als Frauen, außer dem einen, das Männer überhaupt nicht können: ein Kind gebären, aus dem eigenen Leib, nicht nur to have it ... das ist der Haken ...« Herr Weizenbaum hat aus einer kleinen Menge von Münzen, trotz unterschiedlicher Größe, durch beharrliches Hinundherrücken während des Redens, einen makellosen Rhombus zusammengeschoben. »Aber wir werden es beweisen, wir können es doch! Freud spricht vom Penisneid, ich halte in unserem Fall die Bezeichnung Uterusneid für passend. Für diesen Versuch, Gott zu spielen, einen Menschen herzustellen, scheinen Frauen sich einfach nicht zu interessieren, besser gesagt, sie haben es gar nicht nötig, sich dafür zu interessieren. Sie können es einfach.«

Herr Weizenbaum schiebt den Rhombus zur Seite, trinkt einen Schluck und sagt: »Die Künstliche-Intelligenz-Elite dieser Richtung glaubt, daß sie Liebe, Kummer, Freude, Trauer in ein Computerhirn transferieren kann, die vielen Bedeutungen, die das Spüren einer Hand auf der Schulter haben kann. Was ist mit diesen Leuten los? Und was ist mit den Leuten los, die an Waffensystemen arbeiten, die wir heute ›weapon of most destruction‹ nennen? Ich weiß, es gibt verschiedene Methoden, das zu rationalisieren, das wegzudenken, das zu vergessen ... wir Menschen können das ... Ich habe Sachen gemacht in meinem Leben, für die ich mich jetzt schäme. Aber es ist sehr selten, daß ich daran denke ... und es kann auch sein, daß ich Dinge getan habe, für die ich mich zwar schämen sollte, die ich aber so sehr verdrängt habe, daß sie einfach nicht mehr dazusein scheinen. Eines aber weiß ich, daß diese riesigen Berge von Katastrophen, die uns bedrohen, und der Massenmord, der jeden Tag stattfindet, nicht deshalb existieren, weil da etwas ist, was wir nicht wissen. Das ist wichtig, wichtig zu erkennen. Wir wissen alle, was notwendig ist zu tun. Es liegt in der Verantwortung jedes einzelnen. Die Ohnmacht des einzelnen, von der immer die Rede ist, ist eine Illusion; die gefährlichste, die wir überhaupt haben können. Der einzelne kann sich und muß sich als einzelner entscheiden, seine Entscheidung hat Bedeutung! Die Lösung der Probleme besteht beispielsweise im Verwerfen der Spielregeln, die das ganze Dilemma hervorgebracht haben, beispielsweise müssen wir endlich einsehen, daß es Berechenbarkeit nicht gibt. Wir wissen inzwischen, daß es nicht möglich ist. Das ist keine Frage mehr, ob es Weizenbaum oder irgendwer nicht glauben kann, oder ob es nicht doch in Gottes Hand liegt. Nein, nein! Wir haben zwei sehr große Revolutionen gehabt in der Naturwissenschaft des vorigen Jahrhunderts, die Einsteinsche Revolution und dann die Quantenmechanik, wir wurden belehrt, da sind verschiedene Dinge, die wir im Prinzip nicht wissen können. Und dazu fällt mir der sicherlich größte Mathematiker ein, den Deutschland jemals hervorgebracht hat, David Hilbert. Auf seinem Grabstein steht: ›Wir müssen wissen, wir werden wissen‹, und er meinte *nur* die Mathematik, aber seit Gödels Unvollständigkeitssatz ist beweisen, daß die Mathematik – ganz einfach gesagt – entweder unvollständig, ist oder widersprüchlich, eins von den beiden. Und wenn man Widersprüche eliminiert, dann wird es unvollständig, und umgekehrt. Spätestens seit der Chaostheorie wissen wir, daß Berechenbarkeit und Steuerung nicht möglich sind.«

Herr Weizenbaum schaut auf die Uhr. »Oder lösen wir das Problem der großen und immer größer werdenden Arbeitslosigkeit beziehungsweise das Problem, daß die Arbeiter ihren Anspruch aufs Bruttosozialprodukt verlieren dadurch, daß computergesteuerte Maschinen nun die Arbeit verrichten. Ich will jetzt nicht ins Detail gehen, nur kurz andeuten, was ja bereits Karl Marx gesagt hat, daß die Instrumente der Arbeit den Arbeitern gehören müssen. Die Maschinenstürmer ... jetzt hab ich den Namen vergessen ... die Ludditen, haben in der Anfangsphase der Industriellen Revolution gesagt, durch die Effizienz der Maschine verdient der Unternehmer mehr Geld, aber ohne uns würde es diese effiziente Maschine nicht geben, also muß ein Teil des Geldes weiterhin uns gehören. Und heute, wo Computer die komplexesten Werkzeugmaschinen und Geräte steuern, ist es ja genauso ... Also die alte Forderung der Maschinenstürmer, das ist das Rezept in einem gewissen Sinne für die Zukunft. Notwendigerweise muß sich natürlich die Produktivität einer solchen Gesellschaft auf die Erzeugung von nützlichen Dingen beschränken wie Nahrungsmittel, Kleidung, Wohnungen, öffentliche Gesundheit und Erziehung, Verkehrsmittel ... statt einer überflüssigen Warenmasse und ungeheurer Waffensysteme. Einerseits würde es der Computer ermöglichen, dadurch, daß er harte und unangenehme Arbeit weitgehend übernimmt, für alle eine Welt der Fülle und des friedvollen Lebens herzustellen, andererseits sind wir aber auf dem Wege in die genaue Gegenrichtung. Dazu fällt mir immer ein Witz ein: Also nehmen wir an, wir sitzen in einem Lufthansa-Flugzeug, sind über dem Atlantik, es ist drei Uhr morgens, und da meldet sich der Kapitän über Lautsprecher. The Captain is speaking: ›Ich habe eine gute Nachricht und eine schlechte Nachricht. Die gute Nachricht ist, wir haben einen Rückenwind von dreihundert Stundenkilometern, unsere Geschwindigkeit ist zwölfhundert Kilometer in der Sunde, das ist sehr schnell ... the bad news ist, unsere Navigationsinstrumente sind alle ausgefallen, wir wissen nicht, wo wir sind, und wir wissen nicht, wohin wir fliegen.‹ Das ist unsere Situation. 1938 entdeckte man in Deutschland die Möglichkeit der Kernspaltung, und acht Jahre später bereits starben so ungefähr 400000 Menschen an diesem Phänomen, das meine ich mit der Beschleunigung, dem Rückenwind ... eigentlich waren fast alle diese Erfindungen des vorigen Jahrhunderts Werkzeuge des Todes ... auch der Computer ... ja, das wissenschaftliche Denken muß man geradezu als menschenfeindlich bezeichnen ... wir leben im Irrenhaus, unsere Welt ist wahnsinnig, wir halten die Beschleunigung immer noch für den Fortschritt und wollen ... Da, die Tauben, gleich zwei heilige Geister!« Herr Weizenbaum ist teils empört, teils amüsiert. »Sehn Sie, sie sitzt auf dem Kopf der Eule. NEIN! Ich sah mal in einem Park in New York – wo die Leute Tauben füttern, sogar auf ihrer Hand –, wie ein alter Mann kam mit einer Tüte. Er fing an, die Tüte zu lüften, und holte eine hölzerne Eule hervor, zeigt sie den Tauben, und da fliegen alle weg voller Entsetzen, obwohl doch der Park ihr Zuhause ist, in dem sie gefüttert werden ... ich verstehe das nicht ...« Wir fragen: »Wollen wir aufhören und essen gehen?« – »Ja, bitte ... ja!« sagt Herr Weizenbaum und zieht seine Schuhe an, ohne daß ihm das Bücken zu den Schnürsenkeln sonderliche Mühe zu bereiten scheint.

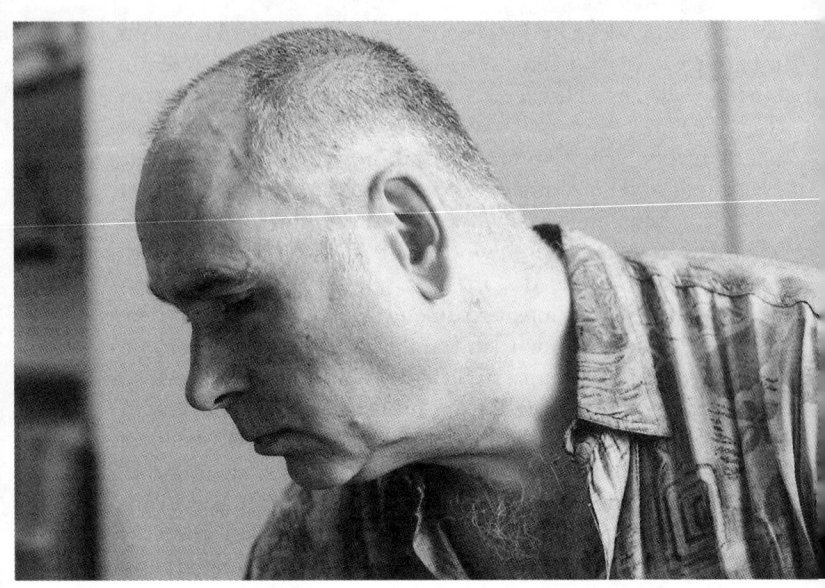

GERHARD BACIGALUPO,
Blindenlehrer an d. Johann-August-
Zeune-Schule f. Blinde in Berlin-
Steglitz. Herbst 1947 Einschulung
Gritzner-Schule Berlin-Steglitz,
ab April 1949 Mühlenau-Grundschule
Berlin-Dahlem, ab Frühjahr 1953
Gertrauden-Oberschule. Mittlere Reife
1957. Beginn d. Lehre als Groß-
handelskaufmann 1957 in d. Firma
Autobedarf Steglitz. Abschluß 1960
m. d. erfolgreichen Ablegung d. Prüfung
als Industriekaufmann v. d. Industrie-
und Handelskammer. Gasthörer
v. Vorlesungen u. Seminaren am
Hochschulinst. f. Wirtschaftskunde
über Werbewirtschaft. Ab April 1960
Kaufmannsgehilfe in d. Lehrfirma,
zun. Außendienst, später, bis März
1970, Einkauf. Anfang 1967
Erblindung durch Netzhautablösung.
Ab 1969 Besuch d. blindentechn.
Grundausbildung. Besuch d. Silex-
Handelsschule f. Blinde, bis 1970,

n. best. Abschlußprüfung, Berufstätig-
keit als Stenotypist im Gartenbauamt
Berlin-Steglitz. Besuch v. Vorlesungen
u. Seminaren an d. Pädagog.
Hochschule Berlin zu d. Schwer-
punkten: Programmierte Instruktion,
Sensomotorisches Lernen, Pädagogik
u. Psychologie, sowie 4 Std. pro Woche
Hospitant an d. Blindenschule.
Zusätzl. Unterw. in Blindenpädagogik
u. d. Gesch. d. Blindenbildung.
Januar 1974 Tätigkeit als Fachlehrer
an d. Joh.-Aug.-Zeune-Schule,
seit 1978 Klassenlehrerfunktion in
d. blindentechn. Grundausbildung,
Fachr. Wirtschaft u. Verwaltung
(zusätzl. Verwaltung d. auditiven
Medien u. Blindenhilfsmittel). Herr
Bacigalupo wurde am 15. Mai 1941
in Berlin geboren, als Sohn eines
selbst. Kaufmanns, d. Mutter war
Büroangest. Er ist verh. u. hat zwei
adoptierte Kinder, einen Sohn u. eine
Tochter; die Tochter ist blind.

Der tastbare Punkt

BLINDENLEHRER

Ich meinerseits möchte lieber,
daß Emile seine Augen an den Fingerspitzen hätte,
als beim Lampenhändler.
Jean-Jacques Rousseau

Die Ausbildung und Förderung Blinder hat eine vergleichsweise kurze Geschichte. Bis ins achtzehnte Jahrhundert herrschte in Europa die Auffassung vor, daß Blinde
nicht bildungsfähig seien und – bis auf einige ganz wenige
Ausnahmen aus den oberen Schichten, die z. B. erstaunliche
Fähigkeiten als Mathematiker oder gelehrte Frauen auf-
wiesen – sich allenfalls zum Betteln und zu musizierenden
Almosenempfängern eignen. Blindheit war lediglich als
Metapher erkenntnistheoretischen Philosophierens von Interesse. Berühmtestes Beispiel ist das sogenannte Molyneux-
Problem. William Molyneux (1685–1735), irischer Naturwissenschaftler, Jurist, Gatte einer blinden Frau, stellte in
einem Brief an John Locke die Frage, ob ein Blinder, der mit
seinem Tastsinn gelernt hat, eine Kugel von einem Würfel
zu unterscheiden, wohl in der Lage wäre, würde er plötzlich
sehen, rein mit dem Gesichtssinn und ohne Zuhilfenahme
des Tastsinnes, Würfel- und Kugelform zu identifizieren.
Locke hat das im Sinne seines Empirismus natürlich verneint.
Die Frage löste eine nicht enden wollende philosophische
Debatte aus, an der sich u. a. Berkeley, Voltaire, Diderot,
Leibniz und Kant beteiligten. Sie ist bis heute wirksam.
Der Neurologe Oliver Sacks befaßte sich eingehend damit
in seiner Schilderung eines sehend gewordenen Blinden,
der nicht mal die eigenen Haustiere voneinander unterscheiden konnte per Augenschein. Weil er sie dauernd
verwechselte, tastete er sie zur Sicherheit weiterhin ab, und

nur so erlangte er Gewißheit, ob es der Hund oder die Katze war, die er sah.

Ganz in diesem Sinne argumentierte Diderot bereits 1749 in seiner Schrift *Brief über die Blinden zum Gebrauch der Sehenden.* Dadurch, daß er sich, statt die Debatte vorschriftsmäßig fortzusetzen, mit den Erfahrungen realer Blinder auseinandersetzte, eine Art ersten blindenpsychologischen Versuch wagte (in dem die Unzulänglichkeit der Sehenden eine zentrale Rolle spielt), setzte er der rein philosophischen Kontroverse ein Ende. Eine enorme Provokation stellte seine Behauptung dar, Blinde seien bildungsfähig. Damit hat er für die Blinden mehr getan als andere vor ihm.

Dennoch dauerte es fast vierzig Jahre, bis sich die kühne Behauptung durchsetzte. Am Vorabend der Französischen Revolution entschloß sich die Königliche Akademie der Wissenschaften zu Paris aufgrund von Beweisen dazu, die Bildbarkeit Blinder anzuerkennen und ihre schulische Unterrichtung zu empfehlen. Valentin Haüy, Sprachwissenschaftler, Dolmetscher des Königs und pragmatischer Philanthrop, hatte diese Beweise erbracht. 1784 gründete er, finanziert von der Philanthropischen Gesellschaft, die erste Blindenschule der Welt. Mit öffentlichen Vorführungen der Fortschritte seiner Schüler überzeugte er die Zweifler und die wechselnden Geldgeber der neuen politischen Verhältnisse. Aus dieser Schule in Paris ging die heute in aller Welt gebräuchliche tastbare Punktschrift für Blinde, die Brailleschrift, hervor. Seltsamerweise basiert sie auf einer militärischen Geheimschrift, erfunden von dem französischen Oberst Charles Barbier. Dieser Punktecode bestand aus zwölf Punkten und bildete die sechsunddreißig Grundlaute der Französischen Sprache nach. Barbier überließ sie der Blindenschule zum Gebrauch, wo man sie aber zu schwerfällig fand und lieber weiterhin die reliefgeprägte Schrift benutzte. Louis Braille, Schüler dieser Schule, entwickelte 1825 (mit sechzehn Jahren) eine Punktschrift, er reduzierte die 6 x 2 auf 2 x 3 Punkte, setzte statt der Laute Buchstaben und konnte so mit vierundsechzig Punktkombinationen das gesamte Alphabet darstellen – und eine Notenschrift für Musik. Er wurde Blindenlehrer. Im Jahre 1837 erschien sein Lehrbuch, das erste gedruckte Buch in Blindenpunktschrift.

Es dauerte weitere vierzig Jahre, bis sich die Braille-schrift in Europa gegen den Widerstand der sehenden Blindenpädagogen durchsetzte. In Deutschland per Beschluß auf dem Blindenlehrerkongreß 1879 in Berlin (in den USA erst 1917). Zu dieser Zeit gab es 138 Blindenschulen – ausschließlich in Europa und den USA –, und das pädago-gische Ziel war, die Blinden zu nützlichen Mitgliedern der Gesellschaft zu machen, was in der Regel hieß, vor allem ihre rein mechanischen Fähigkeiten und ihre Schicksals-ergebenheit zu trainieren. Sie sollten ja zu ihrem Unterhalt beitragen, und in den typischen Blindenberufen wie Seiler, Schleifer, Korb-, Besen- und Bürstenmacher, Mattenflechter, Strickerin, Klöpplerin, Peitschenflechterin usf. hätte sich die überflüssig erworbene Bildung nicht nutzen lassen. Ironischerweise hat der Erste Weltkrieg viel mehr an Emanzipation für die Blinden bewirkt als die stagnierende Anstaltspädagogik. Die Kriegsblinden mit ihrer Lebens-erfahrung und ihrem Anspruch auf Rehabilitation gaben sich natürlich nicht zufrieden mit derart niedrigen Be-schäftigungen, sie drängten in neue Tätigkeiten wie Steno-typisten, Phonotypisten, Kaufleute, Musiker, Masseure, sogar Industriearbeiter wurden sie und Akademiker. Neue Techniken und Hilfsmittel wurden entwickelt, alte ver-bessert, neue Bücher wurden gedruckt für die Zentral-bücherei für Blinde in Leipzig (gegründet 1894), und die gelbe Blindenbinde mit den drei schwarzen Punkten wurde eingeführt als Verkehrszeichen, sie ist zugleich Indiz dafür, wie viele Blinde in der Öffentlichkeit zirkulieren. Das Tragen der Binde ist bis heute im Straßenverkehr Vorschrift für Blinde ohne Begleitperson.

Die Zwangssterilisationen der Blinden durch die Nazi-gesetzgebung ist bekannt, weniger bekannt ist, wie man auch die Blinden ideologisch indoktrinierte, beispielsweise durch Rassenkundeunterricht. In der Johann-August-Zeune-Schule (gegründet 1806) gab es im Lehrmittelkabinett spe-zielle Gipsköpfe zum Ertasten der sogenannten nordischen, dinarischen und negroiden Rassemerkmale. Die soziale Lage der Blinden bekam erst in der Nachkriegszeit wieder einen Entwicklungsschub, vor allem durch stetig sich verbessernde gesundheitliche Versorgung, umfangreichere soziale Ab-sicherung und technische Verbesserung der Hilfsmittel für

Blinde. Heute gibt es zahlreiche, sehr nützliche Schreib-
und Lesehilfsgeräte (die Punktschriftschreibmaschine wurde
bereits 1909 von Oskar Picht, Lehrer der Zeune-Schule,
entwickelt). Seit Mitte der achtziger Jahre benutzen Blinde
auch die Computertechnik zum Schreiben und Lesen. Eine
taktile Braillezeile, versehen mit beweglichen, elektronisch
gesteuerten Stiften, gibt den Inhalt der jeweiligen Bild-
schirmzeile wieder. Auch synthetische Sprachausgabe ist
möglich und ebenso Ausdruck in Punktschrift. Blinde und
Nichtblinde können ein und denselben Computer benutzen.
Es gibt Ultraschallstöcke zur Orientierung, aber es gibt in
Deutschland, im Vergleich zu anderen europäischen Ländern
(besonders zu Frankreich), noch immer zu wenige blinden-
gerechte Verpackungen oder auch Ampelanlagen. Bei der
Bundestagswahl von 2002 konnten Blinde erstmals selbständig und geheim wählen mittels einer Schablone. Bisher
mußte dazu eine zur Geheimhaltung verpflichtete Hilfs-
person in Anspruch genommen werden.

Herr Bacigalupo, der von alldem unmittelbar betroffen
ist, wohnt im Süden Berlins, in einer Eigenheimsiedlung
aus den fünfziger und sechziger Jahren. In der Straße stehen
Birken, sein Haus ist hell verputzt, die Fenster sind gar-
dinenlos. Im kleinen blühenden Vorgarten steht eine DDR-
Naturschutzeule. Wir werden von dem Ehepaar gemeinsam
ins Haus gebeten. Er trägt helle Jeans, ein weißes T-Shirt,
benutzt den Blindenstock und drückt uns dynamisch die
Hand. Sie, etwas größer als er, graumeliert, mit Pagen-
frisur, trägt Hosen und wirkt mädchenhaft schlank und
schlaksig. Wir folgen den beiden unter Hinterlassung
unserer Schuhe hinauf in den ersten Stock. Die Wände des
Treppenhauses sind inkrustiert mit Eulen, Sammelstücke
aus allen erdenklichen Materialien, in allen Formen. Auch
im großen Wohnzimmer, das hell, modern, mit Sesselgruppe
aus Leder, Standuhr, Anrichte, Schrankwand und Regalen
eher funktional eingerichtet ist, dominieren Eulen. Eulen
aus Plüsch in den Regalen, Eulenmobiles, Eulenfigürchen.
Herr Bacigalupo eilt geschickt um den Tisch herum, bevor
wir alle uns setzen. Hinter unseren Gastgebern an der Wand
hängen drei Eulenbilder. Frau Bacigalupo hegt diese Leidenschaft für das Tier mit den übergroßen, scharfen Augen.
3300 Sammelstücke sind bereits zusammengekommen. Herrn

Bacigalupos Objekt der Leidenschaft hingegen befindet sich im Hobbyraum des Kellers. Es ist eine große, weitgehend von ihm selbst aufgebaute Modelleisenbahnanlage, mit vielen Loks und Wagen, und einem Punktschriftaufkleber auf allem, fürs Identifikations- und Ordnungssystem. Er liebt aber auch sehr das Hören von Musik, besonders von alten Schellackplatten, und er liest gern. Oben unter dem Dach hat er sein Reich voller Bücher, ein Arbeitszimmer mit Oberlicht, Pflanzen, großen Studiotonbandgeräten, Plattenspieler, einem Arbeitsplatz mit Computer, Drucker, Schreibmaschinenschrank, davor ein Kniestuhl mit Nackenstütze. Alles ist akribisch geordnet.

Auf die Frage, ob auch sie die Blindenschrift gelernt habe, sagt Frau Bacigalupo zögernd: »Ja, aber nur Vollschrift, mein Mann benutzt ja Kurzschrift.« Herr Bacigalupo räuspert sich und erklärt, während sie uns Kaffee einschenkt und ihm genau mitteilt, wo seine Tasse steht: »Alles, was Sie an Büchern und Zeitschriften für Blinde zu kaufen kriegen, ist üblicherweise in Kurzschrift. Also Bücher für Erwachsene werden Sie kaum irgendwo in Vollschrift kriegen. Weil Punktschrift eben viel mehr Platz braucht als Schwarzschrift – also das ist die, die Sie lesen –, hat man schon recht früh, so 1875, durch Kürzungen reduziert, aber es ist immer noch wesentlich mehr Platz erforderlich. Sie können rechnen 1:25. Am Beispiel des Duden wird es besonders deutlich, wie notwendig die Kurzschrift ist. Das sind in Kurzschrift siebenundzwanzig Bände, jeder so in der Größe eines Leitzordners. Trotzdem ist der Platzbedarf gegenüber der Vollschrift um ein Drittel geringer, etwa. Ist natürlich immer noch mehr als Schwarzschrift, und dicker ist das ganze Buch ja auch schon deshalb, weil das Papier fürs Relief der Punkte viel stärker sein muß. Ja, ein weiterer Vorteil der Kurzschrift ist der, daß man viel weniger schnell ermüdet beim Lesen. Ebenso wie beim Sehenden die Augen ermüden bei uns nämlich die Finger. Man liest ja eigentlich mit beiden Zeigefingern, der linke fängt die Zeile an, der rechte übernimmt ab der Mitte, und während er die Zeile zu Ende liest, soll der linke schon wieder den Anfang der nächsten Zeile suchen. Also diejenigen bei uns, die es seit der ersten Klasse so gelernt haben, die lesen mich unter den Tisch, die können ohne Mühe annähernd so schnell und so lange lesen wie Sie mit Ihren Augen. Aber diejenigen, die ihre Grundausbildung erst als Jugendliche oder Erwachsene machen, die schaffen am Anfang so etwa fünfzehn Minuten, später eine halbe bis eine Stunde, und das steigert sich dann erst ganz allmählich bis dahin, daß man sich ganz normal hinsetzt, um ein Buch zu lesen. Es sind übrigens nicht mal so sehr die Finger, die ermüden, sondern es ist der Tastsinn. Man tastet nicht mehr richtig, weiß nicht, ist das nun ein G, ein F oder ein D. Aber das ist eben alles eine Übungssache. Wir fangen bei den Kindern so in der fünften Klasse mit der Kurzschrift an. Im Moment unterrichte ich zwei Mädels – die werden Sie dann kennenlernen, wenn Sie zu uns in die Schule kommen –, beide sind jetzt soweit, sagte mir die Lehrerin. Alles, was es für sie zu lesen gab, haben sie gelesen. Dreihundert Kürzel müssen sie nun lernen im Deutschen – in Englisch sind's nur etwa hundertfünfzig –, und sie müssen sie schon deshalb lernen, damit sie wieder was Neues lesen können.« Eine trillernde Vogelstimme ertönt. »Die nächste geht gleich hinter Ihnen los«, sagt Herr Bacigalupo. Sie ergänzt: »Wir haben eine Menge Uhren...« Dann schlägt und spielt und trillert es nach- und durcheinander, zum Schluß ertönen sehr getragene Schläge mit Hall. Die Uhr hinter uns hat die Form einer Eule und bewegt mit dem Ticken die Augen.

»Soviel zur Kurzschrift«, sagt Herr Bacigalupo. Ich nehme meinen Faden wieder auf, möchte gerne wissen, wie er zur Schule gelangt. »Meine Frau ist in der Regel so nett und bringt mich, nachmittags fahre ich meist mit dem Bus nach Hause und benutze eben meinen Stock – nicht diesen, den ich hier benutze«, er streckt ihn uns entgegen, »der wird so etwa einen Meter zwanzig haben, der, mit dem ich auf der Straße laufe, ist noch mal um zwanzig Zentimeter länger. Die machen wir uns übrigens selber, bzw. meine Frau macht sie mir, sie sind aus Bambus – die offiziellen Stöcke sind deutlich schwerer –, und meine Frau beklebt sie dann mit weißem Tesaband. Den benutze ich zu Hause. Sobald Besuch kommt, lauf ich mit Stock. Die Kinder bei uns in der Schule laufen übrigens alle ohne Stock rum, sogar die Großen gehn ohne. Ich finde das nicht richtig. So genau kann man seinen Bau gar nicht kennen! Und draußen, da geht es natürlich nur mit Stock. Da muß ich dann eben genau aufpassen, wohin ich gehe, denn es kann immer was sein, was am Vortag noch nicht da war. Ich tippe ja mit jedem Schritt oder mit jedem zweiten Schritt vor mich, da merke ich auch an der Art, wie der Stock auftippt, ob er auf Pflaster oder auf Sand auftippt, das gibt mir ja Hinweise, und ich merke auch, wenn das glatt ist, ob das Beton oder Asphalt ist oder sonst was. Wenn ich jetzt, sagen wir, auf dem rechten Bürgersteig laufe und ich hab vor mir eine Baustelle, dann versuche ich erst mal, vermutlich, nach links wegzukommen. Aber es kam auch schon mal vor, daß ich gepennt habe, da war eine Baustelle, ich habe die Absperrung nicht erkannt und lag dann plötzlich unten. Es war weich und weiter nicht schlimm. Nur eben unangenehm.« Sie wirft ein: »Das war ja noch nicht das Schlimmste ...«

Er sagt lächelnd: »Ich bin früher U-Bahn gefahren und einmal, ich war mit Schülern unterwegs, und wir haben rumgealbert, und rums, fiel ich plötzlich auf die Schienen, und das tat auch richtig weh ...« Sie bemerkt ironisch: »Wenn man mit seinen Schülern ein Wettrennen macht, muß man mit so was rechnen!« Er wendet ihr das Gesicht zu, lacht und sagt, zu uns gewandt: »Na ja, aber das zweite Mal gab's kein Wettrennen, da ist es mir auf demselben Bahnhof abends wieder passiert. Ich war relativ müde, es war nach einer Konferenz, es war so sieben Uhr. Der Zug fuhr ein, und dann war da eben die Lücke, die ich erwartet hatte und wo ich dachte, das ist die Tür in den Wagen ... aber es war die Lücke zwischen zwei Wagen. Gesehen hat das keiner. Ich bin wieder alleine, nur schneller, da rausgekommen. Ich hatte schon gehört, daß der ›abfahren‹ gesagt hatte. Wir wollten eigentlich an dem Abend tanzen gehen, aber das konnten wir uns abschminken.« Sie sagt trocken: »Und er hatte dann auch noch irgendwelche Blessuren ...« – »Ich war eben müde«, sagt er etwas trotzig, »und da habe ich einfach nicht kontrollgetippt, ob da der Boden ist oder nicht, wo ich einsteigen will. Aber das sind vermeidbare Unfälle, die wirklich gefährlichen Hindernisse, das sind solche in Kopfhöhe, wie die Außenspiegel der BVG-Busse und auch die hydraulischen Ladeflächen der Lastwagen. Ich hab's auch mal mit Ultraschall probiert, aber das zeigt ja jeden Zweig an, der zehn Zentimeter über mir hängt. Also ich komme mit meinem Stock sehr gut zurecht, nicht meisterlich vielleicht, aber es geht!«

Die ganze Zeit, während er sprach, schienen beide Augen uns anzuschauen, er richtete sie auf das Gesicht des jeweils Sprechenden, sein Blick wirkte lebhaft, anteilnehmend. Wir äußern unsere Verwunderung und fragen, welches von beiden eigentlich das Glasauge ist. »BEIDE«, sagt er lakonisch. – »Ich dachte, es ist das linke«, erkläre ich etwas betreten. – »Ja, ist richtig! Aber das rechte auch!« sagt er mit ironischem Unterton. Alle brechen in Lachen aus. »Das Auge wird ja normalerweise von zwei Muskeln bewegt«, erklärt er mit fester Stimme, »die sind in Rudimenten immer noch vorhanden und führen sozusagen die künstlichen Augen noch mit. Nicht so gut wie im Originalzustand, aber ausreichend, wie es scheint.« Er lächelt listig. Unsere Frage, wie es denn eigentlich zur Erblindung kam und wann, wird von den dienstbeflissen schlagenden und spielenden Uhrwerken untermalt. Zum Ton des hallenden Gongs der Standuhr berät sich das Paar, ob es mit fünfundzwanzig oder sechsundzwanzig gewesen ist. »Mit sechsundzwanzig«, sagt Herr Bacigalupo, »1967, es ist schon so lange her. Der Grund war eine Netzhautablösung. Dazu kam noch eine Wucherung am Rand der Sehöffnung, die durch eine Staroperation entstanden war. Die wollten sie entfernen, diese Operation hat das Auge nicht überstanden. Und ich hatte nur noch dieses eine Auge. Das andere Auge war ich schon früher als Kind losgeworden. Es war wohl grüner Star, ich weiß nur noch, das Auge haben sie mir mit vier oder fünf rausgenommen. Es war ein ziemlich trüber, nebliger Tag irgendwo am Anhalter Bahnhof. Es wurde ambulant gemacht, man hatte wohl 1945 keine Betten übrig … Also ich kann mich nicht erinnern, daß mich das sehr getroffen hat. Es hat sich an meiner äußeren Situation nichts geändert, auf dem Auge konnte ich ja schon vorher nicht sehen. Ich bin mit einem Augenpflaster reingegangen und ich bin mit einem Pflaster überm Auge wieder rausgekommen. Unangenehmer war, was später kam. Wenn Sie in einer normalen Schule sind und schlecht sehen, dann werden Sie leicht das Opfer, das immer gehänselt wird. Und das nächste war dann die völlige Erblindung, das war natürlich … ich hatte damit gar nicht gerechnet. Zum Glück war ich schon verheiratet, 1962 haben wir uns kennengelernt ... Also ich denke, wenn ich meine Frau nicht gehabt hätte«, er wendet ihr einen Moment lang konzentriert das Gesicht zu, »ich glaube nicht, daß ich mit der Geschichte ... daß ich da so gut durchgekommen wäre!« Sie lächelt ihn an und sagt: »Na ja ... wer weiß, jedenfalls, wir waren jung, beide. Natürlich hatte ich mir nicht vorgenommen, mit einem blinden Mann verheiratet zu sein, meinen Beruf aufzugeben, damit uns das Jugendamt die Kinder adoptieren läßt, aber ich kann sagen, wir haben versucht, das Beste für uns alle daraus zu machen.«

Das scheint gelungen. Einen verlegenen Moment lang schweigen alle, irgendwo bellt ein Hund. »Als ich 1969 mit der blindentechnischen Grundausbildung an der Johann-August-Zeune-Schule angefangen habe, da war ich froh und stolz, daß ich wieder lesen und Blindenschrift schreiben konnte. Aber damals hätte ich nie gedacht, daß ich dort eines Tages mal Lehrer sein würde.« Sie sagt: »Und ein guter Lehrer. Die Schüler lieben meinen Mann ... unsere Erwartungen allerdings waren damals ja andere, und es hat uns hart getroffen, als der Schwiegervater gesagt hat, daß er das Geschäft verkauft. Mein Mann sollte das ja an sich übernehmen, und wir hatten beide gedacht, daß wir das zusammen managen ...« – »Ach nee, komm!« sagt Herr Bacigalupo. »Ich habe mir irgendwann klargemacht, daß ich eigentlich ganz zufrieden sein kann. Ich kann sagen, als Lehrer fühle ich mich wirklich wohl, die Arbeit macht mir immer noch Freude. Als Kaufmann würde ich mich heute bestimmt nicht so wohl fühlen, ja!! Ich wäre abhängig von der Geschäftslage, müßte bangen, kommen genug Kunden oder nicht, bleibt genug übrig, kannst du die Unkosten nächsten Monat zahlen oder nicht, sind die Angestellten ehrlich? Das wäre kein Leben. Insofern ... Ich habe mir das nicht ausgesucht mit der Blindheit, aber wenn's nun schon so gekommen ist, kann ich sagen, also ... es hätte mir nicht besser passieren können!«

Zehn Tage später besuchen wir Herrn Bacigalupo im Unterricht. Die Schulgebäude liegen in einem großen alten Park. Wir finden alles vor, wie von ihm beschrieben: den neuen Anbau am Backsteingebäude, die soundso viel Stufen nach oben, den langen Flur und hinter der letzten Tür rechts sein Klassenzimmer. Es ist ein großer, sonniger Raum mit hohen Fenstern, davor die Zweige der Lindenbäume, in denen die Vögel zwitschern. Die Schüler sitzen an schmalen Tischen, auf denen Blindenschreibmaschinen stehen. Wir werden einander vorgestellt. Drei Schüler, junge Männer allesamt, sind anwesend: ein Russe, ein Türke kurdischer Abstammung und ein Deutscher, der in Amerika aufwuchs. Ein Schüler fehlt. Wir nehmen hinten Platz, und der Unterricht wird fortgeführt. Herr Bacigalupo sitzt hinter seinem Pult, hat das Uhrenglas offenstehen und tastet ab und zu nach der Zeit. An der Wand hängt ein Plakat, die Haken an der Garderobe zeigen nach innen und haben eine Blende, wohl um Verletzungen zu vermeiden. Ein surrendes, schleifendes Geräusch ist zu hören. Alle scheinen uns vollkommen vergessen zu haben. Plötzlich wird klar, wie ungeheuer erleichternd die Abwesenheit des sozial kontrollierenden Blickes ist, und daß der, der von uns ausgeht, keinerlei Resonanz findet.

»Wie Nase oder wie Mutti?« fragt Herr Bacigalupo. »Mit Nase«, sagt der Schüler, »ich habe IHN über alles unterrichtet.« – »Richtig«, sagt Herr Bacigalupo lobend, »der nächste bitte!« Der Schüler räuspert sich: »Er ging *in* ersten Morgen … äh … grauen … aus dem Hause. Aus DEM, mit Mutti!« – »Ja«, sagt Herr Bacigalupo geduldig, »und nun davor, er ging *in* oder *im* ersten Morgengrauen?« – »Mutti!« ruft der Schüler aus. »IM!« Die Schüler tasten konzentriert an ihren Lesegeräten und tippen in ihre Punktschriftmaschinen. Sie üben Punktschrift und deutsche Rechtschreibung, bis es zur Pause läutet. Sofort erheben sich die jungen Männer und verlassen grüßend und ohne Verwendung eines Stockes zügig den Raum. Herr Bacigalupo schließt das Deckglas seiner Uhr und sagt in unsere Richtung: »Also das ist eine spezielle Anlage hier, die Tische haben alle eine Braillezeile, auf die ich, vom Lehrertisch aus mit meinem Datenträger, die jeweiligen Vorlagen und Aufgaben übertragen kann. So eine Braillezeile kostet übrigens um die 10000 Euro. Und das Geräusch, das Sie hören, das ist der Zeilenwechsel. Es entsteht, wenn man eine Zeile gelesen hat und will die nächste haben, dann wechseln nämlich die Punkte … es sind eben noch elektromechanische Braillezeilen, die wir hier haben.« Wir folgen ihm und seinem tippenden Stock über den spiegelblanken Flur zum Lehrerzimmer.

Der Raum ist klein und angefüllt mit Arbeitstischen und blindentechnischen Schreib-, Lese- und Kopiergeräten, mit Computer und Drucker, mit Regalen voller Ordner und Material, das Herr Bacigalupo verwaltet. Schnell wie ein Eichhörnchen erklimmt er eine hohe Aluleiter, wählt einen Ordner mit Hilfe der Blindenschriftkennzeichnung und ist schon wieder unten: »So, da trage ich ein, was ich heute aufgegeben habe und dergleichen, auch, daß ein Schüler fehlte ... Sagte ich übrigens schon, daß im Blindenunterricht nach der Vorschrift maximal sechs Schüler unterrichtet werden? Nicht, daß Sie denken, daß es hier wie in den anderen Schulen ist.« Zwei Mädchen in leichten Sommerkleidern, etwa elf oder zwölf Jahre alt, betreten den Raum, begrüßen den Lehrer und auch uns, nachdem ihnen unsere (bereits angekündigte) Anwesenheit mitgeteilt wird, dann tasten sie sich geschickt zu ihren Arbeitstischen. »Wir üben Kurzschrift«, sagt Herr Bacigalupo zu uns gewandt und beginnt dann seinen Unterricht, der schnell, witzig und wie ein Spiel gestaltet ist. Aber es vibriert auch ein scharfes Bewußtsein davon mit, daß es hier ums Leben geht, für das gelernt wird; mehr, als an irgendeinem anderen Ort. Herr Bacigalupo fragt: »So... ›Defekt‹. I., willst du mal bitte?« I. antwortet spontan: »Defekt wird groß geschrieben!« B.: »Tutti, richtig! Mit K oder CK?« I. fast beleidigt: »Mit K!« B.: »Gut! So, und nun zu dir, A., wie kürzt man ›schwierig‹?« A., die ausgelassener reagiert als die verschlossen wirkende I., antwortet lachend: »Ist nicht schwierig: S-C-H-I-G.« B.: »Na also! ›Republik‹?« A.: »R-K.« B.: »Und bei ›Politik‹ ist's genauso, aber wie ist es bei ›politisch‹, liebe I.?« I. sagt vorsichtig: »P-S-C-H...?« B. sagt erfreut: »Ja, stimmt doch! Und ›Philosoph‹?« I.: »S-H!« B.: »Wie wär's denn mit P-H, junge Frau?! Jetzt wieder mal A. Am Ende jedes Satzes steht ein Punkt, also ›jedes‹?« A.: »J-D-S.« B.: »Stimmt! Und ›Satzes‹, liebe I.?« I., überrascht, schon wieder dran zu sein, sagt zögernd: »S...Z-S-E?« B.: »Tutti! Und ›Punkt‹, du darfst, A.« A., etwas unkonzentriert, sagt lächelnd: »P-H?« B.: »Na, P-H ist ›Philosoph‹!« A.: »P-K hab ich gemeint.« B., in ruhigem Tonfall: »... ist ›Politik‹. Junge Frau, es ist in fünfundsiebzig Prozent aller Fälle das

erste und das letzte Zeichen eines Wortes, wie ist das nun bei
›Punkt‹?« A. freudig: »P-T!« B.: »Na, sehnse mal … gut!«
A. seufzt und sagt: »Herr Bacigalupo, das ist wirklich eine
schwere Geburt, wissen Sie!« Er antwortet fröhlich: »O ja!!
Ich kann darüber reden, junge Frau, ich muß es schon viel
länger erdulden …« Anschließend wird der Stoff noch mal
in Diktatform geübt und von den Mädchen in die Blinden-
schriftmaschinen getippt bis zum Ende des Unterrichts.
Dann erheben sie sich, murren leise über die Hausaufgaben
und tasten sich mit den Händen schnell davon.

Für heute ist der Unterricht für Herrn Bacigalupo be-
endet. Er nimmt unser Angebot, ihn nach Hause zu fahren,
gerne an. Nachdem er die Klassenbücher zurückgestellt hat
ins Regal, ergreift er seinen Stock und geht energisch voran,
stürmt mit großer Gewandtheit und seinem grimmigen
Streben nach Unabhängigkeit die Treppen hinab, eilt durch
den Park, so daß wir Mühe haben, ihm zu folgen. Vor
dem Einsteigen tastet er kommentarlos unser Auto mit dem
Stock ab. Zu Hause angekommen, steigt er ohne Hilfe aus,
verabschiedet sich in knapper Form und winkt dann noch
einmal kurz, bevor er in sein Haus tritt.

IVAN ILLICH, *Prof. Dr. phil.*
Geboren 1926 in Wien. 1942 Matura
in Florenz (Wiss. Lyceum Leonardo da
Vinci). 1942–45 Studium d. anorg.
Chemie u. Kristallographie, Univ. Florenz.
1945–51 Studium d. Geschichte, Theo-
logie u. Philosophie an d. Gregorianischen
Univ. Rom, Collegium Romanum.
1950 Priesterweihe u. Tätigkeit im
Vatikan. Diss. 1951 (The Philo-
sophical and Methodological
Dependencies of Arnold Toynbee).
1952 Einl. an d. Univ. Princeton,
USA, u. Habilitationsvorhaben
über Albertus Magnus. Verwerfung
d. Vorhabens. Mehrj. Tätigkeit als
Armenpriester. 1956–60 Vizekanzler
d. kath. Univ. v. Santa Maria, Puerto
Rico. Konflikte m. Klerus u. Vatikan,
legt 1969, nach Veröff. d. kirchl.
Verfahrens gegen ihn, alle priesterlichen
Funktionen nieder. 1960 Gründ.
d. unabh. Centro intercultural de
documentación, CIDOC, in Cuernavaca,
Mexiko (sowie e. weiteren Zentrums
in Petropolis, Mexiko). Zahlr. Studien

u. a. z. Pädagogik d. Dritten Welt,
z. Soziologie u. Entwicklungspolitik, über
Instrumentarium u. Leiden d. Industrie-
systems u. d. industriellen Wachstums.
1974–79 Studien in Indien, Indonesien,
Pakistan. 1979–81 Gastprof. Gesamt-
hochschule Kassel. Prof. Univ. Berkeley,
USA. 1983–86 Gastprof. Theol.
Fakultät d. Univ. Marburg. Bis 1996
Prof. Pennsylvania State University, USA.
1990–91 Gastprof. Univ. Marburg. Ab
1991 spez. Gastprof. Univ. Bremen. Buch-
veröff. in mehreren Sprachen. In Deutsch
u. a. Almosen und Folter, *1970;*
Entschulung der Gesellschaft, *1972;*
Selbstbegrenzung, *1975;* Die Nemesis
der Medizin, *1981;* H$_2$O und die
Wasser des Vergessens, *1987;* Im Weinberg des Textes, *1990. Zahlr. Studien*
u. Vorträge u. a. Fortschrittsmythen,
1978; Entmündigende Experten-
herrschaft, *1979;* Schattenarbeit, *1981.*
Ivan Illich ist Sohn eines kath. Dalmatiners
und einer lutherisch getauften dt. Jüdin,
er besitzt die amer. Staatsbürgerschaft
u. ist unverheiratet.

Gut Leiden

KULTURKRITIKER

Ivan Illich wurde in den siebziger Jahren durch vier seiner Bücher – *Entschulung der Gesellschaft, Selbstbegrenzung, Fortschrittsmythen, Die Nemesis der Medizin* – weithin bekannt. *Selbstbegrenzung* war sein erster Beitrag zu einer allgemeinen Theorie der Industrialisierung. Die drei anderen Bücher treiben diese Untersuchungen weiter und befassen sich mit den Technologien und Auswirkungen von Energie, Produktion, Konsumtion und medizinischem System. Ivan Illich beschreibt die Gefahren, die von einer totalen Technisierung und Institutionalisierung menschlicher Bedürfnisse ausgehen: von der Medizin für die Gesundheit, vom Transport und Verkehr für die Fortbewegung, vom Bildungswesen für das Lernen und von der Urbanisation für die Fähigkeit, sich ein Zuhause zu schaffen. Er führt vor, daß eine allseitige Reglementierung nicht zur Maximierung von Gesundheit, Fortbewegung, Lernen und Behausung führt, sondern zu deren Verkümmerung. Er warnte zugleich vor dem Export dieser Patentlösungen der Industriegesellschaft nach Lateinamerika, freilich vollkommen vergeblich. Der Weg in die Armut sei mit technischer Hilfe gepflastert, schrieb Illich 1970 in *Almosen und Folter,* Unterentwicklung greife ganz besonders in solchen ›Entwicklungsländern‹ um sich, in denen das Angebot von Klassenzimmern, Autos, Markenartikeln, neuen Lebensmitteln und Kliniken rasant zunimmt. Die Themen, die Illich vor zwanzig, dreißig Jahren aufgegriffen hat, sind nach wie vor aktuell, die meisten seiner Untersuchungsgegenstände sind in der Zwischenzeit zu unübersehbarer Monstrosität herangereift. Nicht nur das Bildungssystem mit seinem vollends feindselig gewordenen Normierungs-, Leistungs- und Konsumdruck ist auf der Höhe der Zeit angekommen, auch das fort und fort wuchernde Medizinsystem, in *Nemesis* prophetisch von Illich untersucht, stolpert heute kollabierend voran wie nie zuvor. Sehr aktuell ist auch das Thema seiner Untersuchung zu dem, was er ›Schattenarbeit‹ nannte. Zu ihr zählt er neben der unbezahlten Hausarbeit auch den Streß der Konsumzwänge, die Reglementierung durch Bürokraten, Ärzte und selbst Familienleben, Bildung und Zerstreuungen der Freizeit. »Die unbezahlte Selbstdisziplin, die in der Schattenarbeit steckt, wird immer wichtiger für weiteres ökonomisches Wachstum«, und »Schattenarbeit wird wichtiger werden als Lohnarbeit«, schrieb Illich vor zwanzig Jahren.

Ivan Illichs Kultur- und Zivilisationskritik bedient sich einer Art historischer Archäologie, ob er nun wie in *Gender* die allmähliche Veränderung der Geschlechterrollen und deren Auswirkung freilegt oder, wie im *Weinberg des Textes,* eine Geschichte des Lesens entfaltet am Beispiel eines Lesers aus dem zwölften Jahrhundert, des Abtes Hugo von St. Viktor. Und immer spürt er den Metaphern nach, ihren sich wandelnden Bedeutungen an den Schnittstellen der kulturellen und technischen Veränderungen. »Metaphern sind Sinnfähren zu semantischen Ufern.« Ivan Illich ist ein sehr guter Spürhund, der, wenn er mal die Spur aufgenommen hat, sie aufmerksam bis zu ihrem Ausgangspunkt zurückverfolgt. Diese ganz spezielle Art des aufspürenden Blickes, verbunden mit lebhafter Vorstellungskraft, ist ganz typisch für Ivan Illich. Er tritt zurück, um aus dem scheinbaren Abseits die Proportionen der Details aus einer anderen Perspektive betrachten zu können, um das Wesen und die vermeintliche Unabdingbarkeit von Gewißheiten in Frage zu stellen, Täuschungen bloßzulegen, die Probleme und ihre Ursachen zusammenzutreiben. Nur so gelingt es ihm, die modernen Institutionen als Rituale und soziale Liturgien vor Augen zu führen. Und die Phantome der waren- und wachstumssüchtigen Gesellschaft zu demaskieren ist sicherlich der erste Schritt dazu, sich ihrer Macht zu verweigern. Von entscheidender Bedeutung ist, daß sich Ivan Illichs analytisches Denken immer außerhalb der herrschenden Meinungen und laufenden Debatten voranbewegt hat. Er zog alles in Zweifel, auch die für fortschrittlich gehaltenen ideologischen Vorstellungen und Entwürfe, und ist gerade dadurch nicht – wie so viele – in marxistischen, theologischen oder alternativen Scheingefechten zwischen zwei Positionen steckengeblieben. Erich Fromm nannte Illich einen radikalen Humanisten und sagte über seine Schriften: »Sie machen den Leser lebendiger, weil sie das Tor öffnen, das aus dem Gefängnis landläufiger, unfruchtbarer und vorgefaßter Vorstellungen hinausführt. Sie vermitteln einen schöpferischen Schock.«

Ivan Illich ist gebildet in einem alten, umfassenden Sinn. Er kennt sich in Philosophie und Soziologie ebenso gut aus wie in scholastischer Philosophie und Kirchengeschichte, er befaßt sich mit Themen der Naturwissenschaft und kann, wenn es sein muß, elf Sprachen sprechen. Er schreibt in Englisch, Deutsch und Spanisch. Und das Wichtigste: er weiß, daß ›Bildung‹ sich einer Kette von Zufällen verdankt, die zur Summierung des Wissens und der Neigungen führen, und ganz gewiß nicht erworben werden kann im Maßregelvollzug einer Schule und Prägeanstalt. Und er weiß und beherzigt, daß die Ideen und Denkergebnisse seiner Arbeit nicht ihm allein gehören, sondern sich entwickelt haben durch Lektüre und durch Gespräche mit Freunden, worauf er mit langen Fußnoten und namentlichem, ausführlichem Dank nie vergißt hinzuweisen. Er lebt, denkt, entdeckt und erkennt am liebsten inmitten eines kleinen Freundeskreises gemäß einer platonischen Doktrin, die besagt, daß Wissen ohne Freundschaft, die sich am Wissen des Freundes erfreut, unzureichend ist.

Ende Juni 2001 tagte in Berlin die Internationale Konferenz Freedom of Thought zu Fragen der Menschenrechte. Sie fand, nachdem die Freie Universität ihr die Räume verweigert hatte, in der Urania statt und bestand aus zwei Hauptveranstaltungen, dem fünften Russell-Tribunal und dem Symposium ›Geist gegen Gene‹. Zum Symposium war auch Ivan Illich eingeladen. Irgendwann gegen Nachmittag rechne man mit seinem Eintreffen – falls alles gutgehe, denn er sei ja sehr krank –, wurde mitgeteilt. In der halbleeren Cafeteria vermischt sich das Klappern des Geschirrs mit den sonoren Stimmen des Russell-Tribunals, das im großen Saal vor bestürzend leeren Sitzreihen verhandelt. Einige der Zeugen, die ihre Anhörung bereits hinter sich gebracht haben, trinken Kaffee und erzählen schreckliche Einzelheiten, für deren Darstellung vor dem Tribunal die Zeit zu kurz war. Nach und nach wird die Geräuschkulisse ein wenig lebhafter, das scheint aber am Symposium zu liegen, zu dem einige Neuankömmlinge streben. Als ich nach einer Weile zufällig die Augen vom Buch hebe, fällt mein Blick auf einen hageren Mann, der, sehr aufrecht und gemessenen Schrittes, die Cafeteria durchquert. Die gesamte Wange seiner rechten Gesichtshälfte ist bedeckt von einer enormen hügeligen Geschwulst. Sie ist umhüllt von bräunlich pigmentierter Haut, die sich von der Haut des Gesichtes und Halsansatzes kaum unterscheidet. Dadurch geht das Gewächs irgendwie bruchlos in ein schmales, harmonisch schönes Gesicht über – und umgekehrt. Es ist das Gesicht von Ivan Illich. Ich erkenne es wieder, nach Fotos aus früherer Zeit.

Schon ist er die Treppe hinunter. Ich eile hinterher, erreiche ihn im Foyer und stelle mich vor, hoffend, daß er meinen Brief erhalten hat. Er verabschiedet sich sehr förmlich von einer Dame und ergreift mit dem Ausruf »Sie habe ich schon gesucht!« meine Hand. Er wirkt sehr nervös. Plötzlich zieht er mich unvermittelt mit sich fort in Richtung Garderobe in einen abseits gelegenen, anscheinend unbenutzten düsteren Raum. Schweigend weist er auf einen Stuhl, setzt sich neben mich, öffnet seine Aktentasche, holt eine Kerze hervor, ein Stück Aluminiumfolie, zündet die Kerze an und bittet mich, sie zu halten, was ich etwas irritiert tue. Nun legt er ein dunkles Kügelchen aufs Stanniol, hält beides über die Kerzenflamme und inhaliert dann mit einem Röhrchen den sich entwickelnden hellen Rauch. Sein Gesichtsausdruck wirkt verschlossen und aufs Höchste entspannt. Das Kügelchen schmilzt, gleitet und hinterläßt auf dem Stanniol eine schmale, schwarze Brandspur. Plötzlich läßt mein Gegenüber alles sinken, rutscht vornüber vom Stuhl, bricht vor mir ins Knie mit enormer Geschmeidigkeit, krümmt sich tonlos zusammen und bleibt einen Moment lang in dieser Position. Ich halte derweil, ein wenig zerrüttet, aber nicht wirklich beunruhigt, brav die brennende Kerze. Es schwebt ein Geruch nach Harz und Terpentin, Weihrauch und Myrrhe in der Luft. So schnell und geschmeidig, wie Herr Illich niederbrach, erhebt er sich auch wieder, nimmt auf seinem Stuhl Platz und beginnt, ohne die geringste Verlegenheit, ein Gespräch voller Wärme und Aufmerksamkeit. Er erklärt, daß er seit fünfzehn Jahren Opium raucht, sehr genau dosiert, ohne eine Sucht zu entwickeln, daß, gerade als ich ihn vorhin begrüßte, er das Herannahen eines epileptischen Anfalles spürte – daher die Eile. Er erzählt von den Metastasen, die er hat, besonders am Rückgrat, was Anfälle und Schmerzen auslöst, und fügt beruhigend hinzu, daß es jetzt gut ist und er die Dinge wieder in der Hand hat. Seinen Krebs will er nicht schlechtmachen lassen von der Schulmedizin, er sagt sanft: »Ich bin nicht krank, das ist keine Krankheit. Es ist ein vollkommen anderes, viel komplizierteres Verhältnis.« Zum Schluß sagt er, ebenso sanft und entschieden, daß er sich für ein Gespräch nicht zur Verfügung stellen möchte und in den letzten Jahren alle Interviews abgelehnt hat. Die Verabschiedung ist innig, und ich bleibe ratlos zurück.

Zwei Tage später sind Elisabeth und ich mit Ivan Illich in seinem Hotel zum Frühstück verabredet. Die Soziologin Barbara Duden, eine gemeinsame Freundin, hat am Vortag innerhalb von Sekunden zwischen Illich und mir vermittelt, wofür ich sehr dankbar bin. Um neun Uhr sitzen Elisabeth und ich, wie verabredet, im Frühstückssaal des Hotels Savoy an einem Tisch am Fenster. Um uns herum frühstücken amerikanische Touristen, Geschäftsleute und einige der Teilnehmer des Russell-Tribunals. Ivan Illich kommt nicht. Während wir warten, beschließen wir, keine Fotos zu machen. Die Selbstverständlichkeit, mit der er sein Gewächs im Gesicht trägt, mit der er sich mimisch und gestisch ausdrückt, würde sich auf einem Foto nicht festhalten lassen. Festzuhalten wäre nur ein dem diagnostischen Blick preisgegebenes Gesicht mit Wucherung. Und die Alternative dazu, ein perspektivisch oder sonstwie verschummeltes Foto zu machen, verwerfen wir gerade in dem Moment, als Ivan Illich in Begleitung von Barbara Duden den Saal betritt. Auf seinem Gewächs prangen, kreuzweise aufgeklebt, zwei weiße Pflaster. Illich entschuldigt sich für die Verspätung. Er hat sich beim Rasieren geschnitten, und das Blut war kaum zu stillen. Plötzlich wird meine Vorstellungskraft enorm erhellt. Wer wird schon einen Krebs rasieren? Was ich rasiere, das bin *ich!* Manchmal kommen die Erkenntnisse komisch daher. Gelassen beginnt Illich in kakanischem Österreichisch, mit rollendem R: »... Mir scheint, das ist es, was wir zu tun haben, wenn nur noch Monate – oder was immer – Zeit bleiben. Dann möchte ich klarmachen: Wenn es *einen* Grund für mich gibt, die Regeln zu verstehen, unter denen dieses Absurdistan, in dem wir leben, funktioniert, dann darum, weil ich und auch meine Freunde wissen möchten, wo wir NICHT mittun. Wodurch wir unsere Seele, unsere Wahrnehmung, unsere innere Welt nicht beeinflussen lassen. Das ist eine Übung, sie schließt an die Tradition der Augenzucht an. Das ist ein Wort, das ich in Wien kennengelernt habe vor siebzig Jahren, in der Jesuitenschule. Es gibt da einiges Geschriebenes, lauter ediertes Zeug ... von der Geschichte des Blicks zur Geschichte des Leidens, ja, das ist neu, ja ... Ich hüte mich, laß es nicht ins Herz hineinkommen; nicht die Gen-Angelegenheit, nicht die Illusionen von Gesundheit. Leute haben mich angesprochen auf dem Kongreß und mitfühlend gefragt: Ist es nicht furchtbar, so krank zu sein? Aber warum *muß* ich denn krank sein?! Ich kann mich elend fühlen, ich habe eine Beule, ich habe Ungemach, gut! Das ist etwas Natürliches. In der ganzen Welt, in allen anderen traditionellen Kulturen müssen sie getragen werden, der Schmerz und das Leid. Also kann ich es auch ertragen.« Wir essen still unser Rührei mit Schinken, auch Illich, obwohl er Vegetarier ist.

»In allen anderen Kulturen der Welt wurde das irgendwie akzeptiert, eine conditio humana ... unter gewissen Bedingungen, die im wesentlichen unveränderlich sind. Leben ist auch Leiden, Altern, Sterben. Die Medikalisierung des Todes verhindert das eigene Sterben. Aber Lebenskunst setzt die Kunst des Alterns und Sterbens voraus. Leidenskunst bringt auch eine neue Kunst des Genießens hervor. Die Intensität meines Erlebens ist nicht mehr die alte, wenn ich mit Freunden zusammen bin, dann werden die Farben leuchtender.« Barbara sagt: »Erlaubt, daß ich etwas anfüge. Ich sehe das ja schon lange mit der Backe und sehe den Ivan vor verschiedensten Auditorien, und was ich so wunderbar und bewundernswert finde an ihm, was mir Respekt einflößt, ist, in welchem Maße er diese Schachtel, die für ihn vorgesehen ist, einfach nicht akzeptiert, daß er sich weigert, mit einer Diagnose zu leben. Weil, die Genetik läuft ja als ökonomischer Begriff darauf hinaus, daß Leute lebenslang in einer diagnostischen Schachtel stecken, in Form ihrer genetischen Ausstattung, ihrer sogenannten Defekte. Und Ivan führt wirklich radikal vor, daß man es sich vom Leibe halten kann, sogar dann, wenn man einen terminalen Krebs hat.« Ivan Illich lächelt und sagt: »Gesundheit ... das ist eine stark gesellschaftsprägende Metapher geworden. Und das Definitionsmonopol dessen, was gesund ist, was krank, hat die Medizin sich angeeignet, weshalb sollten wir das akzeptieren? Die Wahrnehmung der eigenen Bedürfnisse setzt ja nicht das Ergebnis einer Expertendiagnose voraus, oder? Medizinische Ideologie hat eine absolut lähmende Wirkung auf die Lebenskraft des einzelnen, das muß man sich vom Leibe halten, davon darf nichts ins Herz hinein.«

Ivan Illich läßt seine Augen irgendwie liebevoll auf uns allen ruhen. Er hat überhaupt eine ungewohnt freundliche Präsenz, die über höfliche Mimikri − mit der man ja oft schon zufrieden wäre − weit hinausgeht. Er ist ein leidenschaftlicher Zuhörer und ausgesprochen aufmerksam. »Wir sind alle bedürftig, sind Erziehungsbedürftige, Transportbedürftige, Medizinbedürftige ... von den so Bedürftigen haben die meisten kein Glück. Andere kriegen eine Menge, Übermenge, dieser Bedürfnisse befriedigt. Aber wie kann ich mich aus den Bedürfnissen herauslösen, prinzipiell? Das ist der Sinn. Und dann geht es darum, mit anderen zusammenzusein, an die man sich langsam gewöhnt hat. Die man langsam gelernt hat, gut ... riechen zu können, sagt man in Wien. Ich kann dich ... gut leiden. Da steckt was Tragisches drin, diese conditio tragica ist seltsam. Daß man grade die liebhat, die man gut-leiden kann, daß man wen gut-leiden können muß, damit man ihn liebhaben kann. Und gemeinsam mit diesen Freunden, die ich liebhabe, komme ich zu Erkenntnissen und zu Klarheit. Der Zusammenhang ist ja sehr einfach zu diesem *bösartigen* Krebsgeschwür, das man bösartig nennt ... ich kann's auch, so bösartig wie es ist, bösartig gut leiden!« Er lacht. »Als das Ganze so klein war wie ein Knödelchen, bekam ich die Diagnose Parotiskrebs, vom Herrn Hasenohr − das war der bedeutendste Parotiskrebsspezialist. Er sagte, *sofort* operieren, gab mir fünf Jahre Überlebenschance. Die Diagnose wurde mir 1983 gestellt. Mein Todesurteil. Meine Güte, da war ich sieben-

undfünfzig Jahre alt, da sollte ich auf einmal sterben?!
Wenn ich mich an diese moderne Denkart halte ... nein!
Keine Operation. Ich habe nie in einem medizinischen Fach-
buch nachgeschlagen – ich war in Versuchung, ja, habe ihr
aber widerstanden. Die Diagnose war vor neunzehn Jahren.«
Es wird nochmals Tee serviert, Illich dankt dem Kellner und
blickt ihm dabei in die Augen.

»1986 wurde es dann ernst. Der Schmerz ist überraschend
zudringlich. Mit den Nervenschmerzen umzugehen ist gar
nicht leicht. Zu der Zeit habe ich ein Vierteljahr in Pakistan
verbracht und mit dem Leiter der Islamischen Ärzteschaft
viel diskutiert, auch darüber, daß die galensche Medizin-
tradition es nicht erlaubt, gegen den Tod zu kämpfen. Und
ich redete auch von mir, ließ mir den Puls nehmen. Er
sagte, da gibt's nur Ergebung. Das Wort bedeutet zugleich
ja Zuneigung, Hinneigung. Und er sagte: Wenn Sie nicht
mehr schlafen, nicht mehr denken können vor Schmerz,
dann ganz wenig Opium. Ich bekomme Opium verschrieben
vom Arzt, in Tropfenform, die Wirkung ist etwas minder-
wertiger, es liegt vielleicht an der Reinigung. Deshalb
begehe ich das VERBRECHEN, Opium zu rauchen! Wenn
ich ordentliches Opium bekommen kann, dann nehme ich
ordentliches Opium. Aber meine Notration Tropfen und
mein Rezept habe ich natürlich immer bei mir.« Ivan Illich,
der eigentlich geplant hatte, mit Barbara Duden zusammen
den Zug nach Bremen zu nehmen und anschließend weiter-
zufahren nach Genua, beginnt, sich von uns zu verabschieden.
Aber Barbara erhebt sich schnell und sagt: »Nein, nein,
bleib noch und mach weiter, es wäre schade, das Gespräch
ausgerechnet an dieser Stelle abzubrechen, ich fahre alleine!«
Sie verabschiedet sich herzlich und eilt davon, Illich, der
überraschend schnell in der Lage ist umzudisponieren, schlägt
vor, daß wir uns in fünf Minuten oben in seinem Zimmer
einfinden.

Als wir nach der vereinbarten Zeit an der Tür klopfen,
öffnet Illich und sagt unwirsch: »Zwei Minuten zu früh!«,
legt sich auf den Teppich, vollzieht einen Schulterstand,
klappt die Beine über den Kopf nach hinten, verharrt eine
Weile in dieser Stellung, rollt sich dann mit einer schau-
kelnden Bewegung übers Rückgrat ab und kommt mit
diesem Schwung wieder auf die Beine. »Beim Rückgrat muß

ich immer um die Metastasen herumrollen«, sagt er und lächelt. Ich lobe seine Elastizität und besonders seine großartige Kunst, ins Knie zu brechen. Sofort bricht er ins Knie und gleitet, in derselben Bewegung, in eine seitliche, entspannte Haltung, erhebt sich wieder, ohne daß ein Gelenk knackt, und erklärt: »So vermeide ich Verletzungen, wenn ein Anfall kommt.« Wir setzen uns, und er fährt fort:

»Zum Opium noch folgendes: Seit dreißig Jahren schon plädiere ich für die Tilgung aller Paragraphen, die Drogenkonsum, Abtreibung und unzünftiges Heilen reglementieren. Ich bin für die Entkriminalisierung der Selbstbeschädigung, bin Mitbegründer von zwei Institutionen gewesen, die eine trat für das Recht des Puertoricaners ein, seine eigenen Toten selbst begraben zu dürfen, die zweite, die Drug-Research Association, plädiert für den legalen Umgang mit den sogenannten Gewöhnung erzeugenden Drogen. Es gibt nicht nur das Definitionsmonopol der Medizin für Gesundheit, respektive Krankheit, es wurden auch die Mittel monopolisiert, die es jedem erlauben würden, selbst mit dem Schmerz zurechtzukommen. Das zu verhindern ist auch Teil der Drogenpolitik. Der amerikanischen Gesandtschaft ist es beispielsweise damals gelungen, den mexikanischen Ärzten im Dorfbetrieb die Verabreichung aller schweren, schmerzstillenden Mittel – natürlich inklusive Opium – zu untersagen. Amerikaner könnten über die Grenze kommen und sie sich aneignen, hieß es. Man ließ die Leute mit schweren terminalen Schmerzen sterben, ungestillt! Das ist ungeheuerlich! Das Argument ist immer die Sucht. Aber ich nehm's jetzt seit achtzehn Jahren. Von einer Gewöhnung würde ich kaum sprechen, schon gar nicht von Sucht. Ich nehme nicht genug davon. Jetzt habe ich grade für einen Monat etwa keins genommen, um dem, was man Schmerzen nennt, gegenüberzustehen; möglichst gelassen. Aber das Ungemach ist dann so ... pff ... stark, dieses Bohren, dieses Krallen ... diese ...«, er seufzt, »großen Verzerrungen meines Gesichts, daß ich dem doch nicht gelassen gegenüberstehen kann auf Dauer. Es ist gut, daß ich durch gutes, tiefes Einatmen des Opiums fähig bin, mir nichts anmerken zu lassen. Die Qualität und Wirksamkeit dieses Stoffes schafft mir eine Plattform, von der aus ich an die Öffentlichkeit gehen kann.«

Er deutet auf sein Gepäck. »In den letzten drei Jahren bin ich im Frühjahr zwei bis drei Monate in Mexiko, wo ich fünfzehn Jahre lebte, im Spätsommer bis Herbst habe ich in den Vereinigten Staaten ein halbes Semester unterrichtet, und von Herbst bis Frühjahr bin ich an der Universität Bremen. Zwölf Jahre Regiment mit Barbara, das haben wir geschaffen. Mein Kampagnenleben der sechziger und siebziger Jahre habe ich vollkommen aufgegeben. Ich habe es auch aufgegeben, Interviews zu geben, habe mich geweigert, im Fernsehen aufzutreten, lehne Radiointerviews ab, enthalte mich vollkommen.« Er lacht. »Ich lebe in partieller Verweigerung, Verweigerung, bestimmte Dinge zu denken, zu sagen, bestimmte Worte, Begriffe zu benutzen. Viele Gewißheiten, in denen es sich früher leben ließ, sind dahin. Die Theorien, die Einfälle, die Einsichten und Geistesblitze sind in der Macht des Faktischen aufgegangen. Aber an diese Momente erinnert man sich. Ich war ein diszipliniert arbeitender Historiker, Sozialwissenschaftler. Jetzt will ich die Welt von einer Eßtischhaltung aus sehen, mit Freunden. Jetzt will ich bestimmt keine Zeit mehr verlieren ... Wie heißt das auf arabisch? ›Zeit, der Herr des Dämmerns, der hinter der Tür steht ...‹ Der Abenddämmerung. Sie kommt in der Wüste in sieben Schritten, dann ist es dunkel.«

PEGGY TRABER, *Hochseilartistin, Inhaberin d. Hochseil-Performance ›Die Trabers‹. 1973 Einschulung Volksschule Kemberg b. Dessau. Beendigung d. Schule 1983 in Kemberg. Ausbildung u. Berufstätigkeit als Raubtierdompteurin, Engagements a. versch. Zirkussen, u. a. 1985 am Russ. Staatszirkus. 1985 plötzlicher Tod d. Mutter. Ab 1986 Ausb. z. Hochseilartistin b. Karl Traber (d. ihr Ehemann wird). Nach d. Ende d. DDR 7 Jahre Zirkusarbeit, dann, zus. m. Ehemann u. Töchtern, Aufbau d. Hochseil-Performance ›Die Trabers‹ in Eigenregie. Geboten wird große Freiluft-Hochseilartistik, u. a. spektakuläre Motorradfahrten auf einem 16 mm dünnen Schrägseil aus Stahl, Fahrer Karl Traber, d. in dieser Disziplin am 31. Mai 2003 einen Geschwindigkeits-Weltrekord über 97 km/h aufstellte.*

Mit seinem Motorrad macht er in b. zu 40 m Höhe einen dreifachen Todessalto m. Trapez. Am Trapez mitfahrend bieten abwechselnd Peggy Traber u. d. beiden Töchter Jessica (15) u. Jennifer (16) sensationelle akrobatische Kunststücke dar. Des weiteren zeigt d. Artistenfamilie atemberaubende Seilläufe in b. zu 20 m Höhe auf einem 12 mm dünnen, schräg aufgespannten Stahlseil, teils m. verb. Augen. Als Höhepunkt präsentiert Peggy Traber ihr Können a. d. Spitze eines 53 m hohen, schwankenden Stahlmastes. Ohne Netz u. Fangseil macht sie Kopf- u. Handstände in einsamer Höhe an e. schmalen Halterung. Sie ist d. einzige Frau in Deutschland, d. diese Darbietung zeigt. Peggy Traber ist am 1. Februar 1967 in Kemberg geboren. Die Eltern waren beide Raubtierdompteure. Peggy Traber ist verh. u. hat drei Töchter.

HOCHSEILARTISTIN

Die Trabers sind eine altbekannte und weitverzweigte Artistenfamilie, deren Mitglieder sich nach dem Zweiten Weltkrieg in beiden Teilen Deutschlands wieder einen Namen machten. Peggy Traber heiratete in den ostdeutschen Zweig ein. Ihre Schwiegermutter, die selbst bis zum vierzigsten Lebensjahr aktive Hochseilartistin war und sich nun um Büro und Enkelkinder kümmert, sagt voller Anerkennung: »Die Peggy, die macht den Mast, die läuft Seil, die kann mit Raubtieren umgehen, die Frau ist ein absolutes Naturtalent, so was ist selten!« Nach der Wiedervereinigung fanden auch die Trabers Ost und West zusammen, die Wiedersehensfreude jedoch währte nur kurz, zu verschieden waren die Erfahrungen und besonders die Auffassungen von der Arbeit. Verbunden aber bleiben sie alle mit ihrer geradezu altehrwürdigen Tradition. Seit dem fünfzehnten Jahrhundert sind die Trabers Seilläufer, Generation um Generation. Eine erste Urkunde stammt von 1406, ging aber verloren, eine weitere ist aus dem Jahre 1512 und erlaubt den Trabers Aufenthalt, Auftritt und Umherziehen im Lande, ausgestellt vom Landgrafen des Elsaß. Heute ist das Umherziehen im Lande zwar nicht mehr genehmigungspflichtig und wesentlich komfortabler, nach wie vor aber ist der ganz profane Begleiter dieses Broterwerbs die unablässige Lebensgefahr. Sie ist nur im Zaume zu halten durch absolute körperliche Disziplin bei der Arbeit.

Peggy Traber empfängt uns im Oranienburger Haus, einem alten Gebäude mit kleinem Giebel, das als einziges stehenblieb in einer Zeile mit grauen Wohnblocks. Hinter dem Maschendrahtzaun liegt ein Vorgarten mit künstlichem Teich, um den herum Gartenzwerge gruppiert sind. Wir werden in einen schmalen, holzgetäfelten Raum gebeten, ein runder Tisch ist gastlich mit Kaffee für uns gedeckt, im Wandregal ist eine Clown-Sammlung zu sehen, unter dem Tisch balgen sich zwei kleine Hunde. Es herrscht ein wenig Hektik, denn die Trabers ziehen gerade um in ein neues Haus. Beim Gespräch anwesend ist Tochter Jessica, die Mittlere, das Sorgenkind, denn sie ist gut in der Schule und will womöglich Abitur machen! Jessica lächelt fein und schweigt. Peggy Traber erzählt: »Ich selbst stamme ja aus einer Familie von Raubtierdresseuren. Wir hatten sibirische Tiger, einen Grizzly, einen Braunbären, schwarze Panther ... alle frei geboren auf unserem Hof, die haben wir dann großgezogen. Sie kamen auch richtig in unseren Haushalt zur Tür hereinspaziert im Sommer und haben sich ihr Leckerli abgeholt. Die liebevollsten Tiere sind das, die man sich überhaupt vorstellen kann. So haben wir unsere Raubtiergruppen aufgebaut, sie wurden dressiert, und wir haben sie dann abgegeben an alle Staatszirkusse der DDR, und nebenbei auch an Privatzirkusse, die damals in der DDR existiert haben. Meine Mutti war eine ganz hervorragende Dresseurin, sie hat alles ohne Stock und Peitsche gemacht! Ich habe sehr viel von ihr gelernt. Als ich achtzehn war, ist sie leider tödlich verunglückt – nein, nicht durch die Tiere, sie hatte nie auch nur eine Schramme davongetragen bei den Tieren – nein, sie ist mit dem Lkw verunglückt. Mein Vater war ja schon gestorben, da war ich erst zwölf. Inzwischen hatte ich einen sehr lieben und verständnisvollen Stiefvater, zum Glück. Aber für ihn, für meine kleine Schwester und mich ist natürlich eine Welt zusammengebrochen. Meine Mutter hinterließ mir damals – ich weiß nicht, ob's eine Vorahnung war – eine Rotfuchsdressur, gemischt mit Polarfüchsen, acht Stück. Die wollte sie eigentlich für sich, wenn sie älter geworden wäre, denn bei Raubtieren muß man schnell sein, sehr schnell in den Reaktionen, und im Alter läßt das nach, ist ja ganz normal. Sie sagte: Wenn's soweit ist, dann nehm ich mir die Fuchsdressur, oder *du* machst das mal weiter ...

Meine Eltern waren damals in Westdeutschland unterwegs, hatten ein Engagement in Dortmund, und ich hatte grade einen Vertrag unterschrieben beim Russischen Staatszirkus. Das war eine große Ehre. Ich war noch so voller

Glücksgefühle über diese wunderbare Chance, da kam jemand vom Staatszirkus und hat mir die Todesnachricht überbracht. Meine Mutti war damals achtunddreißig Jahre, ich konnte es einfach nicht glauben! Sie hatte vorher mal von ihrem Tod gesprochen, sie hatte gesagt: ›Wenn es mal sein sollte und du in diesem Moment nicht bei mir bist, weil du woanders ein Engagement hast, dann wünsche ich mir folgendes: Deine letzte Vorstellung gibst du für mich, und das muß die beste überhaupt werden!‹ Und so habe ich es gemacht. Ich bin fast zugrunde gegangen. Aber dann kam die Abendvorstellung, vor unwahrscheinlich hohen Gästen – ich weiß nicht, wer damals dran war, Gorbatschow, Andropow, 1985 – und ich glaube, es war wirklich die beste Vorstellung meines Lebens. Es war eine Nummer mit fünf Bären – und das waren nicht meine, sondern die Tiere von einem fremden Kollegen, wohlgemerkt. Und während die anderen Bären auf ihrem Postament saßen, legte sich der knuffigste von allen auf den Rücken. Der hatte keinen Maulkorb, keine Kette und nichts. Ich war damals die einzige Frau, die das ohne Maulkorb vorgeführt hat. Ich hab mich bei dem Bären auf dem Bauch eingekuschelt, dann bin ich wieder aufgestanden und habe auf den Hinterpfoten dieses Bären einen Handstand gedrückt, danach standen wir beide auf – das war ein Bär von 2,41 Meter Größe, müssen Sie sich vorstellen – und der nimmt mich stehend so mit den Pfoten hoch und schmust mich ab. Der hätte nur einmal kurz *so* machen müssen, und er hätte mich zerdrückt wie nichts. Die Russen sind ja ein sehr emotionales Publikum, ich habe unglaublich langen Beifall bekommen, und nachher so viele Rosen, die mußten auf einem Handwagen eingesammelt werden. Und eine Presse hatte ich, danach würde sich jeder sehnen, aber ich habe durch meine wahnsinnige Trauer von alldem nichts richtig mitbekommen. Nur die Tatzen vom Bären, das weiß ich noch, die waren so groß!« Sie malt riesige Kreise in der Luft und nimmt dann einen Schluck Kaffee.

»Um meine Trauer dann irgendwie in den Griff zu kriegen, habe ich angefangen, Verträge zu machen, selbständig, mit achtzehn Jahren. Und ich habe ja auch mit achtzehn meine Zulassungsnummer bekommen, habe eine eigene Abnahme gehabt und alles, was dazugehört. Damals konnte sich ja nicht einfach jeder, der wollte, Artist nennen, da mußte man einen Berufsausweis vorlegen, und dann wurde nach Qualitäten und Klassen unterschieden. Heute gibt's nichts mehr in dieser Art. Mein Mann hat zum Beispiel im internationalen Artistenausscheid den ersten Platz gemacht, das zählt leider gar nichts mehr. Das finde ich schade, denn es steckt ja wirkliches Können drin. Jedenfalls ging's damals durch die Arbeit mit meiner Seele irgendwie voran, und plötzlich stand dann auch mein Mann vor der Tür. Aber er ist Hochseilartist und ich war Dompteur, das ergab irgendwie keine passende Chemie. Deshalb war's dann für mich eine Entscheidungs-frage. Da war ein Apfelbaum, da war ein Pflaumenbaum, die waren das erste Grundgerüst für meinen Weg nach oben. Sie standen so fünf Meter auseinander, und das Seil war in zweieinhalb Meter Höhe angebracht. Und ab da gab's nur noch blaue Flecken, Blutblasen, Schwielen, Wutausbrüche. Das allererste, was ich gelernt habe, ist, die Ablaufbrücke zu würdigen. Die Ablaufbrücke ist so eine Art Podest, von dem aus man abläuft, auf dem man auch ankommt. Sie ist ein Ruhepunkt für jeden Hochseilartisten, und ein Ruhe-punkt ist etwas sehr Wichtiges! Den haben aber die meisten Leute nicht, sie lassen ihn heutzutage meistens weg, weil es ja etwas mehr Arbeit beim Aufbauen macht. Das erste Mal, als ich hochging, wußte ich nicht, wie es sein würde. Das Seil war aus Stahl mit einer Hanfseele drinnen. Zwölf Millimeter. Sehr dünn für einen nackten Fuß. Mein Mann sagte: ›Ich laß dich mal ne Stunde allein, aber mach keinen Blödsinn. Setz dich hin und schau dir alles an. Denk dran, wenn du dort oben abgehst, du brauchst nur das Stahlseil zwischen die Beine kriegen, da kann dir sonstwas passieren, oder du rutschst schräg weg, dann rollt dir das Stahlseil original die Haut von den Beinen!‹ Kaum war er weg, habe ich mich vorsichtig hingestellt, hab versucht, einen Schritt zu machen, dann habe ich mich aber lieber wieder hingesetzt.«

Sie ermahnt die balgenden Hündlein und fährt fort: »Nach einer Stunde kam er wieder und sagte: ›Jetzt stehst du auf und stellst den ersten Fuß drauf. Bevor du aber losläufst, sag ich dir was: Wenn du merkst, daß du gleich fällst – und du merkst, bevor du fällst –, dann springst du, verdammt noch mal, zur Seite weg! Das würdest du doch machen, ja?‹ Ich, ganz gelehrige Schülerin, sage jaa, das würde ich machen! Und er sagt darauf: ›Wenn ich das je sehe, dann nehme ich dich an deinem dürren Gänsehals, denn das ist der tödlichste Fehler, den man machen kann! Stell dir vor, du bist in zwanzig Meter Höhe. Springst du dann auch zur Seite weg?!‹ Aber wie soll ich es denn machen, fragte ich. ›Der Herrgott hat dir zwei Hände gegeben‹, sagte er, ›und wenn du fällst, ist dein einziger Freund nur noch das Seil. Du gehst runter und greifst dir das Seil, RAN! Du darfst niemals fallen!‹ So, und das wurde dann geübt. Es war hart, all die Fehler zu machen, die man macht, aber dann ging's vorwärts: Haltung. Er stand unten und rief: ›Hoch! Brust raus!‹ Oft kam ich mir vor wie bei der Armee. Es war eine harte Schule, die ich da durchgemacht habe, oft habe ich vor Wut gebrüllt, ich wollte alles schmeißen. Er hat mich einfach einen ganzen Tag lang das Fallen üben lassen, ich hätte ihn erwürgen können. Er sagte ungerührt: ›Wer nicht perfekt fallen kann, der wird auch niemals laufen lernen.‹ Letzten Endes hat mir das eingeleuchtet. Mein Mann ist ja zwölf Jahre älter als ich, und er hat's von klein auf gelernt, er ist sehr sicher, aber niemals leichtsinnig. Also hab ich alles brav gemacht. Dann wollte ich eine Balancierstange, wie sie im Zirkus benutzt werden, wo ich mir als Kind immer die Seiltänzer angeschaut habe. Mein Mann hat nie gesagt, nein, das ist ein Quatsch, er hat mir eine vom Schmied machen lassen aus Metall, mit Gewinde und allem, aber die war so unbrauchbar für mich, ich hätte mich fast damit erstochen, so daß ich sie freiwillig wieder weggelegt habe. Für mich war es besser, es erst mal ohne zu lernen.«

Das Handy klingelt und wird ignoriert. Peggy Traber schaut die konzentriert zuhörende Tochter liebevoll an und sagt: »Meine Töchter, ja, die benutzen die Stange. Aber die laufen ja beide schon in unendlichen Höhen! Und sie haben einen noch verbisseneren Ehrgeiz als ich. Wenn sie im Winter draußen üben, dann warten sie, bis das Seil total vereist ist, erst dann üben sie, und zwar mit einem derart eisernen Willen, das ist einfach Wahnsinn. Und daß es so ist, das freut mich, denn wir haben oben auf dem Seil ja nicht nur schönen Sonnenschein, sondern auch Regen. Wir haben außerdem ein schräges Seil, und jeder, der mal einen Berg hochgewandert ist, weiß, wie das ist. Auch dann beim

Runterlaufen, nur daß wir es eben auf dem Seil tun. Wir fangen unten an, gehen schräg nach oben, und da müssen wir eben mit allem rechnen. Plötzlich kommt ein Sturm auf, oder es kommt ein nicht enden wollender Wolkenbruch, das Wasser läuft in die Augen, man sieht nichts mehr, das Seil wird rutschig wie Schmierseife. Damit muß ich fertig werden, denn ich kann ja nicht absteigen. Wenn ich aber viele Erfahrungen gemacht habe mit extremen Bedingungen, dann kann ich mich verhalten und mache das Richtige. Aber es muß gar nicht so extrem sein, die Gefahren lauern auch schon im Kleinen, fast unauffällig. Unsichtbare Gefahren. Beispielsweise haben wir unterschiedliche Wetterschritte aus diesem Grund. Bei trockenem Wetter, also wenn die Luft auf eine bestimmte Weise – ich kann es nicht erklären, ich bin kein Meteorologe. Also wenn ich merke, das Seil ist ›heiß‹, dann kann ich schieben, das ist ein eleganter Gang. Kommt aber gegen Abend eine gewisse Luftfeuchtigkeit auf, etwa Nebel, der sich aufs Seil legt, dann muß ich mich drauf einstellen. Es passiert nämlich folgendes: Wir gehen auf dem Seil hinauf, und überall da, wo unser Fuß es berührt hat, da ist das Seil trockener. Komme ich nun auf dem Rückweg nach unten auf eine Stelle, die zwischen meinen Schritten lag, dann ist da die Feuchtigkeit, da rutscht es, und komme ich dann auf eine trockene Stelle, so bremst die mich und ich bekomme das Übergewicht, das ist tödlich! Diese Stellen kann man nicht sehen, auch mit noch so scharfen Augen nicht. Diese Stellen muß man fühlen. Das ist die unsichtbare Gefahr. Mein Zeh ist der erste, der aktiv wird, er hat den direkten Kontakt zum Seil. Ich merke schon beim Vorschieben, es ist ›stumpf‹, kann ich ausrutschen, oder muß ich tack, tack, tack laufen. Diese unsichtbare Gefahr muß praktisch mein Fuß ans Gehirn melden, und umgekehrt sagt das Gehirn: *du teste!* Das ist praktisch so wie ... wer hat so einen Vorkoster? Die Ratten, die sind kluge, soziale Wesen, sie schicken ihre Vorkoster, statt die ganze Brut zu vergiften. Mein Vorkoster ist mein Zeh. Er sagt mir, STOPP, du mußt die Schrittfolge ändern. Und wenn das dann ausgeführt wird von mir, dann laufe ich nicht mehr Schub, Schritt, sondern dann laufe ich: tack, tack, tack. Das ist sehr anstrengend, weil dann nämlich das Seil zu weit rüberschwingt, und es ist möglich, daß man das mit dem kleinen Zeh wieder verliert, es muß der Fuß rüber, und dann hat man's wieder – es ist der Bruchteil von weniger als einer Millimillisekunde vielleicht. Unbegreifbar! Unerklärbar!«

Peggy Traber, die leidenschaftlich spricht und das Erzählte mit knappen, selbstsicheren Gesten unterstreicht, schiebt die Ärmel ihres Pullovers hoch. Das Goldarmband funkelt ein wenig, und die Muskeln bewegen sich wie Fischchen unter der Haut. »Viele sagen – uh, ist doch bloß ein Stahlseil. Aber dieser Stahldraht, das sind meine Adern und meine Arterien, mit denen lebe ich, ich muß mit dem Seil zusammenarbeiten. Wenn ich beispielsweise zu schnell laufe – ich laufe ja mit meiner Tochter zusammen –, entsteht eine schädliche Vibration, wie eine Welle, und diese Welle kann bei einer bestimmten Aktion meines Partners unglaublichen Schaden nach sich ziehen. Wenn man sich da nicht genauestens auskennt und nicht hunderttausendprozentig ein Fleisch und ein Blut ist, *einen* Herzschlag, *einen* Rhythmus hat, dann ist das Ganze zum Tode verurteilt. Wir nehmen das sehr ernst, und darum, toi, toi, toi … Die Unfälle hat man eher unten, man knickt an der Bordsteinkante um, oder ich brech mir beim Staubsaugen das Bein. Allerdings kommen auch solche Sachen vor – zum Glück selten –, wie es in Magdeburg passiert ist. Ein Betrunkener ist umgefallen und hat den ganzen Bock umgehauen, damit werden die Fangseile gehalten, die oben übers Seil geworfen liegen, damit es nicht so unmöglich schlägt. Und wenn so ein Bock umgeworfen wird, dann ist das sehr schlimm für den, der oben auf dem Seil ist, denn es gibt einen unerwarteten, heftigen Schlag. Meine Tochter, die ja genau dieselbe Schule durchhat wie ich – wobei diese Notsituation ja eisern geübt und vorgedacht wird –, hat in diesem Moment ganz genau das Richtige getan. Sie ist *sofort* in die Hocke gegangen und hat das Schlingern des Seils mit den Füßen, mit ihren Waden ausbalanciert. Sie fängt das praktisch ab, das Schlingern, leitet es aber nur bis zum Knie, läßt es nicht durch den ganzen Körper. Die Schwingung kommt nicht mehr weiter, das ist ein ganz physikalischer Ablauf. Sie beruhigt praktisch das Seil. Sie selbst hat dann ihre Arbeit ganz normal weitergemacht. Als sie runterkam, hab ich nur gesagt, Kind, die Gefahr läuft immer mit, steht immer neben dir. Sie ist immer da. Du hast sie wunderbar gemeistert, mach weiter so! Mein Mann und ich, wir waren furchtbar erleichtert und furchtbar stolz auf unsere Große, denn sie hatte ausgerechnet an diesem Tag zum ersten Mal ohne Sicherheitsleine gearbeitet. Weil ich mir ja den Fuß an der Bordsteinkante umgeknickt hatte beim Ausladen des Lastwagens, kurz vorher, mußte sie mich bei diesem Eulenspiegelauftritt vertreten, und ich brauche keine Sicherheitslonge, deshalb hatten wir auch keine mit. Von dieser Sekunde an hat sie sich dieses Ding nie wieder umlegen lassen.«

Peggy Traber ignoriert wiederum das Telefon und zeigt nicht die geringsten Ermüdungserscheinungen. Sie ist ganz außergewöhnlich präsent und zugleich gelassen. Wie nebenbei sagt sie: »Ich selber habe eine ganz ähnliche Situation erlebt, aber das war nicht unsere eigene Performance, das war bei einem Kollegen, bei dem wir ausgeholfen haben. Und irgendwie war das Material nicht so in Ordnung, wie es sein sollte, und da sind dann zwei von den Böcken einfach weggebrochen, während mein Mann und ich auf dem Seil waren. Mein Mann kam mit verbundenen Augen von unten nach oben gelaufen und war so etwa auf sieben, acht Meter Höhe, und ich, ein absoluter Frischling in einer solchen Höhe, kam von oben nach unten ihm entgegen, so etwa zwanzig Meter hoch. Mein Mann, wie gesagt, sah nichts, er hatte sechsfach zusammengelegten Stoff auf den Augen und einen Sack über dem Kopf. So, und deshalb sind wir ganz auf Sprecherfunktion angewiesen. Da ist unten einer, der sagt durch den Lautsprecher: Erste Gabile, zweite Gabile, die dritte – das sind die Abfangleinen, von denen ich Ihnen vorhin erzählte –, und dadurch weiß mein Mann ganz genau, wie weit er noch von mir entfernt ist. In diesem Moment passierte es dann, daß die Böcke wegbrachen – wie gesagt, es war Fremdmaterial –, und das Gefühl unter den Füßen vergesse ich nicht, ich habe urplötzlich mit den Fußsohlen gemerkt, wie das Seil – ptsch – so absackt unter mir, unten würde man sagen, daß man den Boden unter den Füßen verliert… Das läuft in Bruchteilen von Sekunden ab. Mein Mann, der ja nichts sehen konnte, schrie nur ein Wort: RAN! Mehr habe ich nicht mitgekriegt als dieses RAN! Und das war jetzt genau die Situation, die er mir damals eingeprägt hatte beim Fallen-Üben. Nicht *so* RAN, denn *so* kannst du dich nicht halten, sondern *so* RAN, notfalls beißt du mit den Zähnen rein, alles egal, nur RAN! Also, jetzt war es soweit, jetzt hing ich am Seil, ich hatte mir das Seil unter den Arm geklemmt, sozusagen, und hier, in der anderen Hand, hatte ich die Balancierstange. Die hätte ich fallen lassen können, klugerweise, um mich besser halten zu können, konnte ich aber nicht. Ich war so verkrampft, so zusammengezurrt, ich konnte gar nichts fallen lassen! Ich weiß nicht, wie ich da wieder hochgekommen bin mit meinem ganzen Knüddelkram. Ich hab nur gesehen, mein Mann hat auch noch seine Balancierstange gehabt. Und er ging hoch und hat dabei geschrien: HOCH! RAUF! Und LAUF! Und das ging alles in einem, ich weiß nicht, wie ich wieder hochkam. Dann war ich plötzlich wieder oben, und wir sind sofort weitergelaufen. Mit der Stange lief ich weiter, die hatte ich irgendwie mit raufgebracht, ich war unter dem Arm verletzt, die Achselhöhle, das war alles offen, es blutete, aber ich fühlte keinerlei Schmerzen, ich dachte nur, das ist der Angstschweiß. Und auch mein Mann war sehr beruhigend, er hat einfach weitergearbeitet. Er muß ja über mich hinwegsteigen mit verbundenen Augen, er arbeitet nur auf Zuruf, ich sage: Halbe Gabiletti, zehn Zentimeter, STOP. Wenn ich das verkehrt angebe, dann ist er einen Schritt zu früh und würde mir praktisch gegen den Kopf treten, und dann schmeißt es ihn aus der Bahn. Wir müssen uns bedingungslos aufeinander verlassen können.«

Die Schwiegermutter kommt kurz herein und erinnert an einen Termin, für den es längst zu spät ist. Peggy Traber trinkt einen Schluck und fährt fort: »Es ging dann einfach so zu Ende, daß mein Mann über mich hinwegstieg. Ich bin sitzen geblieben, bis er oben auf der Brücke war. Balancierstange anheben, linker Fuß steht! Oben hat er den Sack abgemacht, die Binde abgenommen von den Augen, und die Leute unten haben applaudiert, rasend fast vor Begeisterung, die haben gepfiffen, gerufen, ein Krankenwagen fuhr vor – nicht für uns –, und ich stand da und dachte: Was wollen die denn alle? Es war in dem Moment zuviel für mich, weil ich in dem Sinne ja noch kein Profi war, ich war noch ein Frischling. Ich bin aufgestanden, bin weitergelaufen, habe meine Figuren gemacht, dann bin ich runter und fragte mich: Hab ich alles richtig gemacht? Und da hat mich mein Mann in die Arme genommen und gesagt: ›Siehst du, die Realität hat dir gezeigt, wie wichtig es war, daß du die Blutblasen gekriegt hast.‹ Dann kam der Arzt und hat meinen Arm verbunden, mein Mann hatte auch am Knie etliche Verletzungen gehabt, und er sollte an diesem Tag noch eine Motorradfahrt absolvieren. Ich hatte genug für dieses Mal. Das war für mich eine Lehre. Ich wollte von da ab nie mehr mit fremden Sachen arbeiten, denn die eigenen, die kennt man ganz genau, zu denen baut man regelrecht eine Beziehung auf. Ich kenne meine Schräubchen, ich kenne alles, ich kenne jeden Handgriff, und ich weiß, wenn mein Mann sagt, er hat die und die Schraube angezogen und da ist eine Kontermutter drauf und dort ist eine selbstsichernde drauf, dann weiß ich zu hundert Prozent, daß das wirklich so ist! Mein Mann ist penibel, er wechselt grundsätzlich jedes zweite Jahr das Seil, es würde noch zehn Jahre halten, aber sicher ist sicher. Er verschenkt es an andere Schausteller für ihre schweren Seilwinden. Wir legen sehr großen Wert auf Perfektion, wir arbeiten ja von März bis Dezember, im Freien! Das ist ein ziemlicher Streß, wenn sonntags der letzte Auftritt ist, dann wird Sonntagnacht abgebaut, Montag früh wird gefahren, Dienstag wird schon wieder aufgebaut. Den Aufbau machen wir selber, das ist ein Ehrenkodex bei den Trabers, und an unseren Seilen darf nicht mit Handschuhen gearbeitet werden, denn wann stellt man fest, ob ein Stahlseil defekt ist? Wenn man es durch die Hände gleiten läßt! Da ziehen zwölf bis dreizehn Personen, wenn das Seil zum Beispiel über einen Fluß gezogen werden muß, und jeder paßt auf. Die Veranstalter – das kann eine Kaufhauskette sein, die neu eröffnet, oder eine 750-Jahr-Feier irgendwo –, die sagen uns oft, daß allein schon der Aufbau ein Event ist bei uns, so synchron und problemlos geht das.

Der Gittermast, auf dem ich meine Vorführung mache, der ist teleskopierbar, hydraulisch ausfahrbar auf vierzig Meter, und obendrauf ist die Stahlpeitsche, die ist dreizehn Meter lang und grade so dick, daß man sie umfassen kann. Da oben arbeite ich. Habe eine richtige Choreographie mir ausgedacht, damit man von unten auch erkennt, was ich da oben mache. Große, langsame Bewegungen zu der Musik

›O My Love‹ aus dem Film *Nachricht von Sam.* Aber das ist nicht nur eine Untermalung für mich, es ist mehr, ich gehe darin auf, besser kann ich es nicht erklären. Zum Mast kam ich folgendermaßen. Es gab eine Selma Traber, die war die einzige Frau – neben der Frau Bügler von den ›Montis‹, die dabei abgestürzt ist –, die jemals diese Mastspitze bestiegen und da oben gearbeitet hat. Nach der Selma Traber war es wieder eine reine Männerdomäne, jahrzehntelang. Und ich habe mir gedacht, das mache ich, das ist was für mich! Da war ich dreiundzwanzig, zwei Kinder waren schon da, der Entschluß war gefaßt. Als ich das erste Mal raufgeklettert war, da dachte ich, dreiundfünfzig Meter, um Gottes willen, was mache ich da?! Der Aufstieg nahm kein Ende. Oben sah ich die Wolken ziehn, sie zogen in die eine Richtung, und ich mußte in die andere, das brachte mich vollkommen durcheinander. Ich dachte, die Stange biegt sich immer mehr. Oben hab ich grade so viel Platz, daß ich stehen kann. Dann habe ich es geschafft, mich hinzusetzen. Dann habe ich mich vorsichtig hingelegt auf der winzigen Stütze, oben in der Sonne, es schwankte leicht hin und her, ich machte die Augen zu, und es war plötzlich sehr schön. Dabei hatte ich Selma Trabers Vorgaben in meinem Kopf, und dann habe ich praktisch, bis auf zwei Dinge, das so übernommen, wie diese Frau das vor vielen, vielen Jahren gemacht hat. Ich knie mich frei hin – bin ungesichert, habe praktisch nirgendwo Halt –, dann fange ich an, absichtlich zu schwanken, hole Schwung, wenn ich nicht aufpasse, rutscht mir die Kniescheibe weg. Dann freies Hinstellen, frei schwanken, und Handstand dort oben, was die Selma Traber damals nicht gemacht hat, ebenso ist's mit dem Kopfstand. Ich stehe auch noch auf einem Bein, lauter sehr schwierige Sachen. Also die Hauptarbeit machen meine Hände. Ich habe unwahrscheinlich viel Kraft in meinen Händen, und die brauche ich auch, denn ich mache da oben alles in Zeitlupe, das ist eine zusätzliche Leistung. Ich arbeite bei Wind und Wetter, im Hellen und im Dunkeln. Und ob Sie es glauben oder nicht – man soll ja nicht runterschaun –, aber ich schaue beim Kopf- und Handstand nach unten, ich beobachte alles. Meine Aufmerksamkeit ist so geschärft, daß ich sehe, wie grade ein Hund einem Kind, das zu mir raufschaut, die

Wurst wegnimmt, und ich denke mir: Ist das nicht ein verkommener Köter, so die Situation auszunutzen?! Und ich sehe sogar, wohin der Hund verschwindet mit seiner Wurst, noch bevor das Kind etwas bemerkt hat. Unser Artistengehirn funktioniert so, wie wenn man Eier in einen Eierschneider legt. Man schneidet das Ei durch. Dann hat man lauter Scheibchen. Und jedes dieser Scheibchen hat bei uns eine ganz klar definierte, zugeordnete Funktion. Deshalb bin ich auch nach zwanzig Minuten auf dem Mast so strapaziert, als hätte ich sechzehn Stunden härtester, konzentriertester Arbeit hinter mir. Versuchen Sie sich mal Ihr Gehirn in Scheibchen zerteilt vorzustellen und wie alle diese – sagen wir mal zehn – Scheibchen höchst wichtige, unterschiedliche Funktionen in Ihrem Leben übernehmen. Mancher hat ja schon Probleme, drei Dinge gleichzeitig zu tun. Ein Scheibchen beispielsweise bei mir ist für die Atmung zuständig. Ich zwinge meinen Adrenalinspiegel, der mir eigentlich eine Preßatmung verschaffen möchte, ganz gelassen zu bleiben. Ich arbeite mit dem Zwerchfell, mein ganzer Körper befindet sich, während ich arbeite, in einer ausgewogenen, ruhigen Phase. Angst kennen wir natürlich auch, die ist ein wichtiger Bestandteil unseres Berufes, allerdings nicht während der Arbeit selbst – da halten wir sie ganz raus –, aber bei den Vorbereitungen, beim Aufbau, da habe ich manchmal Angst, daß auch alles paßt mit dem Platz, mit dem Veranstalter. Oben muß man dann vollkommen den Kopf frei haben. Zehn Minuten bevor mein Glockenschlag ertönt, konzentriere ich mich ganz alleine, ich steh bei mir am Mastwagen, rauche noch eine Zigarette oder spiele mit meinen Füßen, und ich gehe meine Arbeit durch. Bevor ich den Gittermast berühre, war ich im Geiste schon oben.«

LUTZ JÄNCKE, *Prof. Dr. rer. nat.,*
Inhaber d. Lehrstuhls f. Neuropsychologie
an d. Univ. Zürich. 1964–67 Besuch
d. Volksschule Hügelstraße in Wupper-
tal. 1967–77 Humanistisches Gymn.
Siegesstraße in Wuppertal-Barmen.
1977 Abitur. 1977–78 Wehrdienst.
1978 Entschluß, den erfolgr. betriebenen
Leistungssport (Wasserball) zugunsten
d. Wissenschaft zurückzustellen.
1978–79 Forts. d. Psychologie-
studiums an d. TU Braunschweig.
1981–84 Forts. d. Psychologiestudiums
an d. Heinrich-Heine-Univ. Düsseldorf.
1984 Dipl. im Fach Psychologie.
1980–90 nach Ausscheiden aus seinem
Bundesligateam Trainertätigkeit in
versch. Wassersportvereinen z. Geld-
erwerb f. Studium. 1984–90 wiss.
Angestellter a. Inst. f. Allg. Psychologie
Heinrich-Heine-Univ. Düsseldorf.
Diss. 1989 (Die Bedeutung der
auditiven Rückmeldung des eigenen
Sprechens für die Kontrolle der
Phonationsdauer). 1990–96 Hoch-
schulass. a. Inst. f. Allg. Psychologie.

1995 Forschungsaufenthalt am Beth
Israel Hospital d. Harvard Medical
School Boston, USA. Habil. 1995
(Funktionelle u. anatomische
Hemisphärenasymmetrien).
1996–97 Senior Researcher am
Forschungsz. Jülich u. Heisenberg-
Stipendiat d. Dt. Forschungsgem. ebd.
1997 Preis f. d. beste Habil. an
d. mathematisch-naturwiss. Fakultät
d. Heinrich-Heine-Univ. 1997–2002
Inhaber d. Lehrstuhls f. Allg. Psycho-
logie d. Otto-von-Guericke-Univ.
Magdeburg. Ab April 2002
Inhaber d. Lehrstuhls f. Neurowiss.
d. ETH Zürich. Verf. zahlr. Buch-
u. Zeitschriftenbeiträge. Mitgl. in
div. Berufsverb. u. wiss. Vereinigungen,
u. a. New York Academy of Science.
Zahlr. Gutachterarbeiten f. wiss.
Zeitschr., f. div. Org. u. Gerichte.
Lutz Jäncke wurde am 16. Juli 1957
als Sohn eines Polizeibeamten in
Wuppertal geboren. Er ist m. d. Diplom-
psychologin Petra Jäncke verh. u. hat
zwei Söhne.

Der Schatten der Hand

HIRNFORSCHER

Das Institut für Neuropsychologie befindet sich im östlich vom See gelegenen Teil Zürichs, sechs Straßenbahnhaltestellen vom Bahnhof entfernt. Wer zu Fuß geht, steigt vom Hottinger Platz aus die Dolderstraße hinauf, vorbei an hell verputzten bürgerlichen Mietshäusern aus der ersten Hälfte des vorigen Jahrhunderts, denen man ihr Alter kaum ansieht. In den ehemaligen Läden der Eckhäuser haben sich Künstler und Bürogemeinschaften eingemietet. Das Institut liegt in einer Seitenstraße und teilt sich mit verschiedenen anderen Einrichtungen einen modernen Zweckbau. Im Obergeschoß riecht alles noch neu. Die Institutsgründung liegt grade mal ein Jahr zurück. Nach einiger Zeit erscheint federnden Schrittes Herr Professor Jäncke, bestellt bei seiner freundlichen Sekretärin Kaffee und bittet uns – dynamisch voraneilend – in sein Arbeitszimmer. Erfreut registriert er unser Interesse an drei gerahmten Bildern, die wie ein Triptychon an der Stirnwand hängen. Sie stammen unverkennbar von Kinderhand, zeigen ein Krokodil, eine Gottesanbeterin und einen Adler, der einen Hasen schlägt. Gemalt hat sie der ältere Sohn. Reptil, Insekt und Vogel sind mit sicherer Hand und klaren Farben ins große Format gesetzt. Herr Professor Jäncke blickt diskret auf die Uhr und beginnt dann, uns von seiner Arbeit zu erzählen:

»Also die Neuropsychologie ist die Wissenschaft, die sich mit dem Zusammenhang zwischen Gehirn und Verhalten auseinandersetzt. Das kann man auf verschiedene Art und Weise machen, indem man sich zum Beispiel mit Menschen befaßt, die Hirnschäden haben, und sich die psychischen Auffälligkeiten anguckt oder indem man mit bestimmten

Methoden arbeitet, die es erlauben, die Funktionen des Gehirns genauer zu erforschen. Dabei kann man auch mit gesunden Leuten arbeiten, das mache ich insbesondere, und da habe ich als Methode zum Beispiel die Kernspintomographie, mit der ich arbeite, oder auch die transkranielle Magnetstimulation – ich komme noch genauer darauf zurück – wird eingesetzt, und wir beschäftigen uns in angewandter Form auch mit der sogenannten virtuellen Realität. Was sich als roter Faden so durchzieht, ist die Plastizität des Gehirns. Also zu verstehen, wie kann das Gehirn bestimmte Sachen lernen, und da benutzen wir als Modell Profimusiker und untersuchen, was bei denen jetzt alles anders ist im Gehirn, hat das was zu tun mit Training, mit Begabung. Die Gehirne von Musikern sind hervorragend dazu geeignet, die Plastizität zu studieren, denn viele der Profis fingen schon in der Kindheit an und üben oft viele Stunden am Tag das ganze Leben lang. Das beeinflußt die Gehirnpartien, die an der Fingerfertigkeit, der Geschicklichkeit der Hand beteiligt sind. Also wir machen Bilder von Musikergehirnen, messen Hirnstrukturen aus ... das sind eben die Sachen, die für uns wichtig sind.« Er lehnt sich zurück und fährt fort:

»Inzwischen haben wir ja schon einen solchen Ruf, daß die Musiker fast von sich aus kommen. Grade hatte ich einen interessanten Fall. Ein berühmter Pianist, Russe, hatte vor zwei Jahren ein seltsames Erlebnis. Er sah in einem Museum in Brüssel ein Klavier mit einer umgedrehten Tastatur für Linkshänder, also die hohen Töne liegen auf der linken Seite. Er, der eigentlich Linkshänder ist, aber bis zum Alter von sechsunddreißig Jahren ein ganz normales Klavier benutzte, setzt sich davor und kann spielen! Er war sehr fasziniert und wußte, das ist besser für ihn. Heute gibt er berühmte Konzerte auf einem solch umgedrehten Klavier, er hat natürlich etwas üben müssen, ist aber absolut auf dem hohen Level wie zuvor. Er ist der festen Überzeugung – auch andere sind es – daß er anders und besser spielt. Er kommt demnächst hierher, und wir werden Versuche machen, uns angucken, was bei ihm anders ist im Gehirn, wie sind die Hände lokalisiert und so weiter. Und das, was bei den Musikern als Grundlageninformation rauskommt, dient uns dann als Modell des Umsetzens für Rehamaßnahmen. Plastizität, jetzt als Oberbegriff genommen, für alles das, was sich im Gehirn verändert – das können Verbindungen sein, Strukturen, die größer oder kleiner werden, verschwinden oder was auch immer, und diese kann man auslösen durch diverse Prozesse, durch externe Stimulation, das Üben, durch bestimmte Trainingsmaßnahmen. Also die Art und Weise dieser Trainingsmaßnahmen führt zu Veränderungen in bestimmten Gehirngebieten. Und das ist es, worum es hier geht, beispielsweise haben sechzig Prozent aller Schlaganfälle mit motorischen Lähmungserscheinungen zu tun, und wir möchten, daß unsere Patienten hinterher wieder ihre Finger bewegen können. Eine der Fragen ist: Welches Training mache ich?, und die Antworten müssen wir eben ableiten aus unseren Befunden.«

Nach einer kleinen Pause sagt er: »Ja, also die kognitive Neurowissenschaft ist eigentlich ein sehr modernes Forschungsgebiet, das immer noch sehr viel erbringt, einerseits für die Grundlagenforschung und andererseits für klinische Anwendungen. Das ist ja der erste Ordinarienlehrstuhl für Neuropsychologie in der Schweiz, und ich versuche ihn so zu gestalten, daß er eben den klassischen und neuen Anforderungen, so wie sie sich ergeben in der kognitiven Neurowissenschaft und der Neuropsychologie, gerecht wird. Also ich definiere ihn entsprechend meiner Einschätzungen und will die Studenten auch diesbezüglich ausbilden. Das bedeutet, sie machen bei mir auch die klassische neuropsychologische Ausbildung, was ja eine klinische ist, aber jetzt – anders als sonst – auf der Basis moderner kognitiver Neurowissenschaft. Denn man sieht ja ganz schnell, daß klassische klinische Neuropsychologie im Grunde genommen in vielen Punkten überholt wird von der kognitiven Neurowissenschaft und klinische Bilder nun auch anders interpretiert werden müssen. Und weil Sie mich vorhin in bezug auf die Erforschung des Verhaltens sehr apodiktisch gefragt haben, wie ich mich gegenüber der Psychoanalyse abgrenze, will ich folgendes sagen: Man müßte grade andersherum fragen: Wie grenzt sich die Analyse ab?! Weil das ja eigentlich eine Außenseitergeschichte ist, im wesentlichen. Also man muß sagen, wissenschaftlich gesehen ist die Analyse im Grunde genommen völlig überholt. Sie ist keine Wissenschaft aus unserer Sicht. Zwar denken viele, die Neurowissenschaften würden die Psychoanalyse bestätigen, das ist aber ein Irrtum. Also ich persönlich sehe das folgendermaßen und dergestalt, daß sicherlich die Neurowissenschaften sich *auch* mit solchen Phänomenen auseinandersetzen, wie es die Psychoanalyse tut, aber die Psychoanalyse hat das alles ›belegt‹, ›besetzt‹ mit bestimmten Konzepten, und diese Konzepte haben sich zu einem Perpetuum mobile entwickelt. Das heißt, wenn ich das ›Unbewußte‹ in der Neurowissenschaft anerkenne und nachweise, so bestätige ich doch damit nicht gleichzeitig das ganze gedankliche Gebäude, das die Psychoanalyse entwickelt hat! Davon abgesehen ist der Sigmund Freud, würd ich mal sagen, sicherlich eine der bemerkenswertesten Persönlichkeiten der Neuzeit, ein scharfsinniger und origineller Denker ... und er hat ja auch immer wieder betont, daß alles davon abhängt, was die Biologie hinterher für Erkenntnisse bringt. Wenn Sie seine Schriften mal durchlesen, sehen Sie, er ist ja eigentlich Biologe, Neurobiologe, hat zum Beispiel einen schönen Artikel zur Apraxie geschrieben – über die Unfähigkeit, sich zu bewegen. Also ich bin sowieso überzeugt, wenn Sigmund Freud heute leben würde, der wäre kein Analytiker. Mit Sicherheit nicht, der wäre so was wie wir hier. Mit hundertprozentiger Sicherheit!«

Herr Professor Jäncke schiebt entschlossen die leere Kaffeetasse zur Seite und fährt in verbindlichem Tonfall fort: »Also fassen wir mal zusammen, sagen wir's mal so: Die Neurowissenschaft nähert sich diesen Gebieten, die eigentlich der Analyse und auch der Philosophie vorbehalten waren, mit großen Schritten: Bewußtsein, Unbewußtes, Bewußtes, Selbstwahrnehmung, Identität, Halluzination, gespaltenes Bewußtsein zählen zu unseren Forschungsgegenständen. Das Interesse der Öffentlichkeit ist natürlich ungeheuer groß. Jeden interessiert ja: Wo komme ich her, was mache ich, warum bin ich so, warum denke ich so. Innerhalb der Fachdisziplin ist es mittlerweile so, daß die Philosophie, die eigentlich dieses Gebiet besetzt hatte – ›Philosophie des Geistes‹ ist eine eigene Disziplin –, sehr heftig reagiert. Und zwar auf zwei Arten. Die eine Art ist die, sich den Neurowissenschaften stark anzunähern, damit ist natürlich die Gefahr verbunden, sich selbst aufzulösen. Der andere Teil der Philosophie des Geistes versucht mit Macht, die alten Konzepte zu verteidigen. Interessant an dieser Auseinandersetzung ist, daß sie in der Philosophie stattfindet und die Philosophen jeweils die Argumente der Neurowissenschaftler übernehmen und sie gegeneinander als Gegenargumente verwenden. Und im Grunde ist es doch so, die neuesten Befunde und Argumente kommen aus der Neurowissenschaft, eindeutig! Es gibt phantastische Ergebnisse, faszinierend für die Erkenntnis der Bewußtseinsforschung. Aus der Philosophie kommen eben nur schlaue Argumente, aber keine Befunde. Aber auch in unseren eigenen Reihen gibt es bestimmte Ressentiments im Bereich der Hardcore-Neurowissenschaftler, die sich natürlich lieber mit Molekülen, mit chemischen Sachen auseinandersetzen, die wollen von unserem ganzen Kram nichts wissen. Aber die sind in der Community der Neurowissenschaftler eine Minderheit. Man kommt ja einfach nicht darum herum, daß viele klinische Probleme mit Bewußtseinsproblemen verbunden sind. Wir haben Patienten, die machen sich nicht klar, daß sie rechts ein Bein und einen Arm haben. Das, was da an ihnen herumschwankt, das ist ihnen fremd. Es gibt ein Depersonalisationssyndrom, bei dem der Körper nicht mehr als eigener Körper empfunden wird. Oder sie haben das Problem der ›fremden Hand‹, wo der Betroffene plötzlich gar nicht mehr weiß, woher die kommt und was das ist. Das ist nur ein kleiner Ausschnitt von den Problemen, mit denen man es in der Klinik zu tun bekommt ...«

Das Telefon auf dem Schreibtisch klingelt. Während eines längeren Fachgesprächs mit einem Kollegen betrachtet Professor Jäncke einige Gehirnschichtaufnahmen auf dem Computerbildschirm. Während wir nach Beendigung des Telefonats unser Gespräch wiederaufnehmen, zeigt der Bildschirmschoner abwechselnd private Familienszenen und Bilder von Gehirnen. »Aber ich wollte noch auf einen Punkt zurückkommen, der für uns Neuroleute und Gehirnforscher sehr interessant ist. Unser Gehirn schafft es, uns durch die Welt zu transportieren, ohne daß wir ein Bewußtsein brauchen. Wir brauchen nur für bestimmte Sachen Bewußtsein, und wahrscheinlich ist es so, daß wir vielleicht nur für zehn Prozent der wichtigen Sachen überhaupt ein Bewußtsein brauchen, alles andere macht das Gehirn von alleine ... denn wenn das so wäre, daß wir das Bewußtsein bräuchten, um unsere Handlungen zu kontrollieren, dann würde das ja bedeuten, daß alle unsere Handlungen irgendwann mal durch unser Bewußtsein gelaufen wären. Ich schätze sogar – und da bin ich nicht alleine –, daß von dem kleinen Teil, der bewußt ist, viele Sachen uns erst im nachhinein bewußt werden. Aber auch das ist von Fall zu Fall verschieden, beim einen mehr, beim anderen weniger. Zum Stichwort weniger, da fällt mir ein, ich habe gestern einen Film gesehen über diese ganzen Jugendlichen im Osten, die jetzt die andern verprügeln, quälen und umbringen, einfach so. Ich war ja fünf Jahre Professor in Magdeburg, kenne diese Klientel, das ist alles die gleiche Variante von Personen – ob nun Skinheads oder nicht. Und meine Erfahrung bezieht sich da nicht auf das, was man so in den Medien hört, sondern ich habe als Gutachter gewirkt, ich habe die ja untersucht. Habe richtige psychologische Diagnostik gemacht mit denen, alle möglichen Tests. Wenn Sie von denen was hören über den Tathergang, dann werden Sie kaum was erfahren, Erinnerung ist nur noch in Fragmenten vorhanden, das Bewußtsein für die Tat selbst fehlt völlig. Die bringen Menschen um und sind sich dessen gar nicht bewußt. Viele von denen sind klassische Soziopathen nach unserer Definition. Wir zeigen ihnen Bilder von Leichen und messen den Hautwiderstand. Bei jedem Menschen geht in der Regel, wenn er eine verstümmelte Kinderleiche sieht, der Hautwiderstand hoch und dann wieder runter – bei den Hartgesottenen geht er etwas schneller wieder runter –, aber bei denen, da tut sich gar nichts, kommt gar nichts an! Wir wissen mittlerweile so ein bißchen, womit das zusammenhängt. Das ist übrigens auch so eine Sache, die uns sehr interessiert, der orbitofrontale Cortex«, er zeigt auf seine Stirn, »hier unten drunter, über den Augen! Und das ist halt das Tor zur Realität. Sigmund Freud würde sagen, das ICH ... Da wird also das limbatische System, das Emotionszentrum eigentlich gekoppelt an die Realität, da werden alle Reize gekoppelt mit Emotionen. Bei diesen Straftätern scheint irgendwo ein Mangel zu existieren ... in der Verbindung der Realität mit der Emotion. Sie können deshalb nie aus Konsequenzen lernen, sie können letztlich die Konsequenzen gar nicht mehr ziehen, weil dieses Tor zum ICH ... zur Realität nicht mehr effizient funktioniert.

Das war aber nur eine Nebentätigkeit gewesen, in Magdeburg gab's ja wenige Psychologen, und wenn man mal angefangen hat mit den Gutachten, ist man schon in der Mühle drin ... Also mein originäres Arbeitsgebiet ist ja die Plastizität des Gehirns, und als Modell untersuche ich, wie gesagt, vor allem Musiker. Das ist mein Hauptthema. Ich bin jetzt seit 1993 damit beschäftigt, zehn Jahre. Schon damals habe ich begonnen, mich auf hochspezialisierte Supermusiker zu konzentrieren, die kenne ich mittlerweile gut – sie rufen mich aus dem Ausland an, sagen, ich bin jetzt irgendwann in der Nähe, falls du mich brauchst. Das ist das eine, dann gibt es natürlich auch eine Reihe von Leuten, die Probleme haben, beispielsweise geht das seit neuestem wieder los mit den Dystonien, seit sich herumspricht, daß man auch was dran machen kann – der Thomas Elbert hat grade die erste Publikation darüber gemacht. Die ›fokale Dystonie‹ ist ein Phänomen, das sehr leidvoll ist, besonders für Pianisten. Wenn sie spielen, dann können sie ihre einzelnen Finger nicht mehr bewegen, da werden immer Mitbewegungen gestartet, die hemmen dann das Spiel natürlich entscheidend. Man kann's als Betroffener weder verbergen noch verbessern, und früher haben sich die Leute umgebracht oder das Spielen aufgegeben. Robert Schumann hatte es auch. Er hörte auf, Klavier zu spielen, und hat dann nur noch komponiert – welch ein Glück, denn er war ein besserer Kompositeur. Der erste historische Bericht über diese Störung – auch ›Musiker-Krampf‹ genannt – stammt übrigens von 1830, aus den Tagebüchern von Schumann. Der Grund für dieses Problem ist die Repräsentation der einzelnen Finger im Gehirn, die sich durch das massive Training vergrößert hat, das heißt, die überlappenden Gebiete sind so groß geworden, daß die einzelnen Finger nicht mehr eindeutig repräsentiert sind. Es gibt eben durch das exzessive Training eine Vergrößerung der Gesamtrepräsentation der Hand ... aber das geht natürlich nur bis zu einem bestimmten Punkt.

Sie müssen sich das so vorstellen: Daß diese Repräsentationsgebiete sich nicht weiter vergrößern können, liegt einfach daran, daß in der Nachbarschaft der Hand wichtige Gebiete liegen, zum Beispiel das Gesicht.« Er demonstriert es mit beiden Händen an seinem Schädel. »Die Hand liegt hier etwa, das Gesicht ist genau drunter, obendrauf ist das Bein, der Fuß. Das Gesicht hat riesig Platz, es hat genauso eine große Repräsentation wie die Hand, acht- bis zehnmal so groß wie der Fuß und das Bein. Die Mimik ist ein ganz wichtiger Bereich nonverbaler Kommunikation, wir brauchen das Gesicht den ganzen Tag, darum können sich die Hände in diesen Bereich hinein nicht ausbreiten, außer beim Verlust der Hand. Wenn die Hand weg ist, dann übernimmt das Gesicht das Handareal. Und das Bemerkenswerte ist, es bleibt ein Schatten der Hand erhalten. Sie können das Gefühl, die Hand gestreichelt zu bekommen, noch evozieren, indem Sie über das Gesicht streichen. Und nun komme ich wieder zurück auf die Pianisten und das Problem mit den Fingern. Dagegen machen wir nun folgendes: Der Professor Thomas Elbert – mit dem ich viel zusammen mache, jeder mit eigenen Methoden – hat konsequent versucht, den Prozeß rückwärts laufen zu lassen. Die Finger immobilisiert er mit einer spezifischen Manschette, so daß der Pianist drei bis vier Wochen nur einen Finger benutzen kann, danach dasselbe mit einem anderen Finger. Und ich mache im Prinzip die gleiche Geschichte, aber mit Hilfe der ›transkraniellen Magnetstimulation‹ – die haben die Briten Mitte der achtziger Jahre entwickelt, es sieht aus wie ein großer Aufziehschlüssel für ein Spielzeugauto und erzeugt starke Magnetfelder, die induzieren wiederum elektrische Ströme. Ich halte das Gerät an die entsprechende Stelle des Kopfes und kann so das darunter liegende Hirngewebe erregen, oder auch hemmen, also entsprechend beeinflussen. Jeden einzelnen Finger! Damit hemme ich also die Repräsentation dieser Finger, die eigentlich störend sind, und lasse den andern trainieren. Unter anderen Bedingungen errege ich den, während er trainiert wird. Die Befunde zeigen, daß die Reorganisation wesentlich schneller geht. Ich brauche jetzt nicht mehr ein halbes Jahr, sondern nur noch drei bis vier Wochen, das ist natürlich für einen Pianisten, der vielleicht gerade auf dem Höhepunkt war und gefragt ist, eine enorme Erleichterung.

Es sind ja besonders die modernen Techniken, die auch grade im Bereich der kognitiven Neurowissenschaften einen unheimlichen Schub an Fragestellungen ausgelöst haben. Bis vor, sagen wir mal, zwanzig Jahren war der Zusammenhang zwischen Verhalten und Gehirn eine eher klinisch dominierte Forschung. Das hat sich fundamental geändert durch so eine wichtige Entwicklung wie die Kernspintomographie, das war eine Revolution. Man konnte bei einem lebenden Menschen sich das Gehirn angucken! Der zweite wichtige Sprung kam ein paar Jahre später mit verschiedenen Verfahren, die es erlauben, die Durchblutungsveränderungen bestimmter Gehirnregionen genau zu lokalisieren, oder auch mit der Magnetenzephalographie, wo Magnetfelder, die am Cortex entstehen, mathematisch so verarbeitet werden, daß man zurückschließen kann auf das, was im Gehirn passiert. Eine große Rolle spielten natürlich die Amerikaner, die ja immer sehr schnell sind. Als Präsident Bush senior die Jahre 1990 bis 2000 zur ›Dekade des Gehirns‹ erklärte, sind enorme Forschungsgelder zur Verfügung gestellt worden. Das brachte einen großen Aufschwung der Neurowissenschaften, und davon haben auch wir profitiert.«

Wir erheben uns, um uns den Fahrsimulator anzuschauen. Er steht in einem abgedunkelten Raum, besteht aus einer offenen, naturgetreuen Fahrkabine und drei davor aufgebauten, leicht gegeneinander gekippten großen Bildschirmen. »Das ist ein Beispiel der virtuellen Realität, zu der wir auch grade eine Studie machen«, sagt Herr Professor Jäncke und steigt geschmeidig hinters Lenkrad. »Wir messen die Fähigkeit oder die Neigung der Person, sich in einer virtuellen Realität wiederzufinden. Oder wir messen die Augenbewegungen, und wir stimulieren im Nebenraum mit dem transkraniellen Magnetstimulator, von dem ich vorher gesprochen habe, bestimmte Gebiete des Gehirns, machen dann hier Fahrsimulation mit der gehemmten Gehirnregion. Die Person gerät dabei in Schwierigkeiten, und wir können sehen, welche Gehirnregion für welche Funktion zuständig ist.« Herr Jäncke wählt im Programm: Landstraße mit Gegenverkehr, schönes Wetter usw. und ›fährt‹ in einer sich mitbewegenden Kabine ›durch‹ eine recht realistische grüne Agrarlandschaft zügig direkt auf ein Reh zu, das nach dem Abbremsen etwas steifbeinig zur Seite tritt. Nun geht die Fahrt durch eine Kleinstadt. Geschäfte, ein Brillenladen von Fielmann sind zu sehen. Einem Ball samt spielendem Kind kann der Fahrer grade noch ausweichen. Fahr- und Bremsgeräusche wirken sehr animierend. »Ihnen wird wahrscheinlich gleich ein bißchen übel werden! Kinetose ... weil Sie stehen und zusehen, passen die vestibulären Informationen nicht zu den visuellen. Jetzt fahr ich mal etwas riskanter, damit Sie es sehen, wie Sie schwindlig werden ... oh, patsch!« Herr Professor Jäncke ist auf eine sich öffnende Autotür aufgefahren, noch bevor uns schlecht werden konnte.

Er steigt aus, und wir folgen ihm in den Nebenraum. Er läßt uns einen Blick auf den Magnetstimulator werfen und auf einen Mann, der eine Elektrodenkappe auf dem Kopf hat, ein Medusenhaupt, aus dem die Kabel zum Aufzeichnungsgerät führen, um dort zierliche Zacken zu melden. »Es bewegt sich was«, stellen wir befriedigt fest, worauf Herr Professor Jäncke ausruft: »O ja, der Mensch, er lebt!« Sofort schlägt der EEG-Schreiber wild aus und hinterläßt ein kurzes, großzackiges Chaos in der friedlichen Versuchsanordnung. »Das ist vom Lachen, die Muskelaktivierung ist wesentlich stärker als die Muskelaktivierung, die wir vom Cortex ableiten«, sagt Herr Jäncke und bedankt sich beim Probanden, bevor wir den Raum verlassen. Wir beschließen, nun zu ihm nach Hause zu fahren, und befinden uns wenig später in seinem Auto auf dem Weg nach Uster, das etwa fünfundzwanzig Kilometer südöstlich von Zürich liegt. Es regnet, und er fährt zum Glück moderater als im Simulator. »Wir haben eine Superanbindung an Zürich, man kann eigentlich schon sagen, es ist ein Vorort, mit 30000 Einwohnern und eigener Infrastruktur, die Schulen sind sehr gut, auch die Sportmöglichkeiten, nur das Kulturelle kommt etwas zu kurz.« Wir fragen nach der Gefährlichkeit der Magnetwellen. »Also das alles, auch die Kernspintomographie, ist vollkommen unschädlich, es sei denn, sie haben Herzschrittmacher oder Metall im Körper. In Washington lebt seit zehn Jahren eine Affenfamilie mit der vierzigfachen Erdanziehungskraft, und die vermehren sich und leben friedlich dahin. Ich selbst bin ein gutes Beispiel, ich habe zweihundert Stunden im Kernspin gelegen – wir haben unter anderem motorische Experimente gemacht, um herauszufinden, wo genau die Gebiete sind, die die einzelnen Finger repräsentieren –, und es sind weder organische Schäden aufgetreten, noch konnte ich irgendwelche anderen negativen Veränderungen an mir feststellen.«

Wir fahren durchs automatisch sich öffnende Garagentor quasi direkt ins Haus, wo wir von Frau Jäncke sehr freundlich empfangen werden. Wir trafen uns bereits kurz im Institut. Sie arbeitet dort als Psychologin und ist die Assistentin ihres Mannes. Küche und Eßraum sind groß, offen, weiß gestrichen. An der Wand, hinter dem mit Erdbeertörtchen und erlesenem Geschirr gedeckten Tisch, hängt ein großes Bild an der Wand. Es zeigt eine blaue Schüssel, in der leuchtendgelbe Zitronen liegen, und wurde vom malenden Sohn mit sechs Jahren angefertigt. Dominierend im Raum aber ist ein blauer großer Käfig, in dem der Papagei Joschi sitzt und schrill auf sich aufmerksam macht. Während Elisabeth ein heftiges Techtelmechtel mit dem Papagei beginnt, sein Balzverhalten auslöst, ihn sogar durch die Gitterstäbe hindurch am Kopf kraulen darf, lerne ich den inzwischen zwölfjährigen Sohn kennen und folge ihm nach oben, wo er mir seine Geckos zeigen will. Die Kinderzimmer der beiden Knaben sind mit allem ausgestattet, was ein heutiges Bubenherz begehrt. Ebenso ist es mit dem Terrarium der Geckos, die, weil nachtaktiv, erst aus einer röhrenförmigen Unterkunft hervorgezogen werden müssen. Sehr geschickt und zierlich präsentiert der Knabe seine Echsen und erklärt ihr Liebesspiel, das ich versehentlich für einen Kampf gehalten habe.

Während wir uns zum Kaffee niederlassen und Herr Professor Jäncke erzählt, er habe schon als Kind Wissenschaftler werden wollen, wird der Papagei wegen Nichtbeachtung so laut, daß er weggebracht werden muß nach oben, von wo seine empörten Rufe gedämpfter erschallen. »Ich habe Freud gelesen in der Schulzeit, Alfred Adler verschlungen, und zum Beginn der Oberstufe habe ich Konrad Lorenz gelesen, *Das sogenannte Böse,* und war begeistert. Da war diese ›Verhaltenssache‹ eigentlich schon bei mir ganz fest verankert als Interesse, deshalb habe ich dann auch Psychologie studiert ...« Der Vogel ruft melodisch, und Frau Jäncke sagt: »Beim Psychologiestudium haben wir uns dann auch kennengelernt, 1985 ...« – »Ja«, sagt er, »und meine Frau hat lange Jahre quasi diagnostisch gearbeitet, mit Kindern, und kommt jetzt wieder auf die ›Roots‹ sozusagen zurück. Wir müssen uns einen Stab von Therapeuten aufbauen, und sie soll das leiten und durchführen ... Die Schweizer haben übrigens keine Probleme damit, daß man als Paar zusammenarbeitet ...« Und sie fügt hinzu: »Es ist einfach so, daß man das hier als Gewinn ansieht und nicht, wie bei uns, Probleme damit hat ...« Nachdem Herr Professor Jäncke noch längere Zeit über Drittmittelbeschaffung gesprochen hat, brechen wir auf, verabschieden uns von den Kindern und Frau Jäncke, bedanken uns für alles, und als der Hausherr dem erregten Papagei begütigend über den Kopf streichen will, wird er derb gebissen vor versammeltem Publikum und ist verstimmt.

HANS SAILER, *Senatsrat, Dipl.-
Ing., Direktor der Wiener Wasserwerke.
1950–54 Besuch d. Volksschule,
1954–62 d. Realgymnasiums in
Klosterneuburg, Österr. 1962 Matura.
1962–63 Dienst b. Bundesheer.
1963 Studium d. Bauingenieurswesens
an d. TU Wien. Div. Arbeits-
aufenthalte u. a. Schweden, Schweiz.
1978 Graduierung z. Dipl.-Ing.,
1978–80 Ingenieur in e. Konstruktions-
unternehmen, Schwerpunkt Statik
u. Brückenbau. 1980 Eintritt in
d. Städt. Wiener Wasserwerke.
1980–88 Referent f. Beton u. Hochbau
m. Schwerpunkt Wasser-Reservoir-
Planung u. Ausführung f. d. Wasserversorgung. 1988–99 Betriebsleiter
d. 1. Wiener Hochquelleitung.
1999 Direktor resp. Betriebsvorstand
d. Wiener Wasserwerke. Verf. div.
Abhandlungen z. Thema Wasserversorgung. Versch. nat. u. int.
Tätigkeiten, u. a. Präsident
d. Int. Arbeitsgem. d. Wasserwerke
im Donau-Einzugsgebiet.
Seit 1990 Mitarbeit im Ständigen
Ausschuß für Statistik u. Wirtschaft im
Rahmen d. IWSA (International Water
Supply Association), seit 1992 Vertr. im
Ausschuß. Seit 1991 österr. Delegierter
im CEN (European Standardization-
Komitee Wasser-Reservoire). Mitarbeit
an d. Österreichischen Vereinigung
f. d. Gas- u. Wasserfach (ÖVGW).
Seit 1991 verantwortl. Hg. d. Betriebs-
ergebnisse d. Wasserwerke
Österreichs, Vortragender im Rahmen
d. Schulung f. Wassermeister.
Hans Sailer wurde am 13. Dezember
1944 in Klosterneuburg, Österr.,
geboren. Er ist in zweiter Ehe verh.
u. hat eine Tochter aus erster Ehe.*

WASSERWERKSDIREKTOR

Der Wasserverbrauch stieg in den Industrieländern in den vergangenen siebzig Jahren steil an. 1930 wurden in Europa ca. achtzig Liter pro Tag und Person verbraucht, heute sind es drei- bis sechshundert Liter. Weltweit fehlt es 1,2 Milliarden Menschen an sauberem Wasser. Krankheit und Tod von vielen Millionen Menschen Jahr für Jahr sind die Folge. Wasser ist ein hochprofitables Wirtschaftsgut, die Zuwachsraten liegen bei zehn Prozent und mehr. International wird zügig privatisiert, und auch die öffentlichen Wasserversorgungsunternehmen der Industrieländer werden Zug um Zug von ein paar weltweit agierenden Großkonzernen aufgekauft. Auch in Deutschland werden Woche für Woche ein bis zwei Stadtwerke von der ›öffentlichen Hand‹ verkauft und damit dem Besitz des Gemeinwesens entzogen. In vielen Städten fließt bereits ›privates‹ Wasser aus den Hähnen.

Diesbezüglich ist in Wien noch alles in der alten Ordnung und geradezu paradiesisch beschaffen. Die kommunalen Wiener Wasserwerke versorgen die Bürger mit Quellwasser, das erfrischend kühl mit starkem Druck aus den Leitungen sprudelt und so gut ist, daß es sogar in den Kaffeehäusern zum ›kleinen Braunen‹ serviert wird. Dieses Labsal wird über zwei altehrwürdige Fernleitungen, die Wiener Hochquellenleitung (die erste von 1873, die zweite von 1910), aus den Alpen über zahlreiche Aquädukte nach Wien gelenkt. Dabei durchfließt das Wasser die Leitungen in freiem Gefälle über ein- bzw. zweihundert Kilometer, etwa mit der Geschwindigkeit eines Joggers. Es wird in Wien in zwei Wasserbehälter geleitet, von wo es dann, nach dem Prinzip der ›kommunizierenden Röhren‹, auf die tiefer gelegenen

Reservoire verteilt wird und von da, immer noch mit dem eigenen Druck, in die Leitungen der Häuser steigt.

Hans Sailer ist Herr über dieses kunstvoll verflochtene System und bewacht es, wie der Drache den Schatz, wild entschlossen gegen jedwede neoliberalen Privatisierungsinteressen. Er empfängt uns spontan, trotz seiner Terminfülle und Erkältung. Das Wiener Wasserwerk residiert im 6. Bezirk; etwas oberhalb der linken Wienzeile, in einem schäbigen Ziegelgebäude mit modernisiertem Inneren. Im Chefbüro, hinter der gepolsterten Doppeltür, beherrschen ein über Eck gehender Schreibtisch und eine beleuchtete Wandskulptur mit fließendem Wasser den Raum. Kaffee wird gebracht, gelassen betrachtet der Direktor mit uns einen Videofilm über die Wiener Wasserversorgung, raucht, putzt sich unentwegt die Nase und spult das Band am Ende zurück, »damit nicht ein anderer sich beim nächsten Mal ärgert ...« Er sagt zufrieden: »Wir arbeiten zur Zeit, also im Jahr 2001, ungefähr hundertzwanzig Prozent kostendeckend mit den Wasserpreisen in Wien. Der Preis ist immer noch sehr günstig mit achtzehn Schilling (1,31 Euro), da liegen wir weit unter anderen Städten. In Berlin kosten Wasser und Abwasser zirka 3,78 Euro der Kubikmeter, und bei uns hier kostet beides zusammen 2,63 Euro. Und auch was den Kalkgehalt angeht, stehen wir ganz gut da, zwischen neun und zwölf deutschen Härtegraden, also mittelweich ... Berlin hat so zwischen siebzehn und zwanzig, das liegt allerdings in der Natur der Sache, denn Grundwasser ist per se härter, weil's im Untergrund mehr Zeit hat, sich das Kalzium anzueignen. Also wir versorgen die Bevölkerung ja zu fünf- bis siebenundneunzig Prozent mit frischem Quellwasser, den Rest liefern die diversen Grundwasserwerke, die wir als Sicherheitsreserve benötigen, falls eine der Hochquellenleitungen mal ausfällt oder die Leistung der Quellen abfällt. Aber es sind sehr ergiebige KalkKarstquellen – die Leute haben das schon sehr gut erkannt, damals –, wir haben keinen von den normalen klimatischen Schwankungen abweichenden Rückgang. Und die Kläfferquelle – das war ja im Videofilm sehr schön zu sehen –, die bewegt sich weit über dem, was wir dort entnehmen. Wir dürfen maximal zweitausend Liter entnehmen, die Quelle bewegt sich aber bei drei- bis zehntausend Litern pro Sekunde. Der Hauptteil speist den Fluß, da gibt es sehr strikte Auflagen, vom Wasserrecht her, die wurden schon damals gemacht, damit das ökologische System der Salza nicht gestört wird. Darauf achten wir besonders.

Im Ergebnis haben wir – das kann man sicherlich behaupten – vorzügliches Wasser. Wir sind die einzige Großstadt, die natives, unaufbereitetes Quellwasser aus einem absoluten Naturschutzgebiet bezieht. Also dieses ganze Schutzgebiet der Quelleitungen hat mit achthundert Quadratkilometern ungefähr das Doppelte der Fläche Wiens. Davon gehören dreihundertzwanzig Quadratkilometer der Stadt. Also alles, was im Umfeld der Quellen ist, gehört der Stadt Wien. Für den Privatbesitz gelten sehr strenge Richtlinien, die wir natürlich selbst auch erfüllen. Die Stadt war von Anfang an darauf bedacht, sich diese umfangreiche Kontrolle zu sichern. Und nun schwebt *das* im Raume ... Ich halte ja dauernd Vorträge *gegen* die Privatisierung, mit der diese strengen Qualitätsstandards verlorengingen für den Bürger. Als Beispiel: Wir haben einen eigenen Forstbetrieb da draußen, der hat als oberste Maxime nicht Gewinnmaximierung, also Holzproduktion, sondern Quellschutz. Keine Monokulturen, keine schweren Maschinen, Mischwald mit standortgerechter Bepflanzung. Die Mehrkosten werden in den Wasserpreis eingerechnet, das sind derzeit nicht ganz siebeneinhalb Cent pro Kubikmeter. Bei uns gibt es zur Zeit eindeutige politische Aussagen zur Wasserversorgung. Es ist eine Novelle zum Wiener Wasserversorgungsgesetz verabschiedet worden, sie sieht vor, daß jeglicher Verkauf von Wasserleitungsanlagen einer Zweidrittelmehrheit im Gemeinderat bedarf – das ist an sich schon ein Riegel.« Herr Sailer schneuzt sich, raucht und wirkt erregt.

»Privatisierung ist immer eine reine Geldbeschaffungsaktion, das hat mit Betriebswirtschaft als solcher gar nix zu tun. In Wien ist das *nicht* angesagt. Ich bin der Meinung, so ein Betrieb, wenn der gut und kostendeckend arbeitet, dann hat das einen Stellenwert für die Gemeinde als solche, die man ja stärken soll und nicht schwächen. Es hat sich gerade im größten Liberalismus – und der war im neunzehnten Jahrhundert – herauskristallisiert, daß gewisse Bereiche eigentlich zum Staat gehören sollen, weil man dort die Konkurrenz der kapitalistischen Marktwirtschaft

nicht zulassen möchte. In Deutschland sagt man Daseins-
vorsorge – das ist ein höchst interessantes Wort, auch wenn's
ein häßliches Kunstwort ist, es trifft was. Das muß der
Staat dem Bürger garantieren können, und zwar was die
Nachhaltigkeit betrifft. Aber die neoliberalen Bestrebungen
zielen aufs Gegenteil. Na ja, das ist eine Ideologiefrage
natürlich ... wir leben nun mal momentan in der Ideologie
des Neoliberalismus ... das ist nun einmal so! Ich meine,
die sind von ihrer Ideologie geprägt, genauso ...«, er lacht,
»wie ich von der 68er Ideologie geprägt war. Sie demon-
tieren den Staat«, er lacht, »aber eben anders, als von den
68ern erhofft. Das wird der Nachtwächterstaat des neunzehnten Jahrhunderts letztlich, der nur mehr irgendwelche
Polizeifunktionen, Ruhe, Ordnung, Sicherheit des Privat-
eigentums als seine Aufgabe betrachtet. Aber interessanter-
weise – und das ist eins von zwei Hauptargumenten in
Wien – waren unsere kommunalen Betriebe ja größtenteils in privater Hand im neunzehnten Jahrhundert. Und es
hat große Diskussionen gegeben um die Elektrizitäts- und
Gaswerke – die Wasserwerke waren ja immer schon kom-
munal –, die sind dann, ebenso wie das Bestattungswesen,
unter dem Bürgermeister Lueger kommunalisiert worden.
Dieser Mann, der ja als rechtsstehend betrachtet werden muß,
hat gefunden, daß solche Basisfunktionen nicht von irgend-
welchen ausländischen Konzernen gelenkt werden sollen,
sondern in die Hand der Kommune gehören. Also nicht
die Sozialisten haben's verstaatlicht, sondern der Bürgermeister Lueger war derjenige. Daß so einflußreiche Betriebe,
an denen das Gemeinwohl einer gesamten Stadt hängt,
zweifellos in die politische Entscheidung der Stadt gehören,
war zumindest eine richtige Überlegung.

Richtig war auch 1870 die Entscheidung des Kaisers für
die Hochquellenleitung. Es hatte damals Vorschläge gegeben,
ufernahes Donauwasser zu gewinnen, die Engländer haben
das forciert, sie wollten ja ihre großen Dampfmaschinen
verkaufen. Das war damals der Stand der Technik. Aber da
hat's zu der Zeit einen Professor gegeben an der TU Wien,
den Eduard Sueß, Geologe und Paläontologe – das war
eines von diesen wunderbaren jüdischen Genies –, der
hat vehement die Quellwasserversorgung vertreten und hat
nachgewiesen, das wäre *die* nachhaltige Lösung für Wien:

kein Kurzschluß mit Fäkalien, kein Typhus, keine Cholera, keine Qualitätsprobleme. Es gab schwere Angriffe, weil's so teuer war. Andere sagten, es kann nicht funktionieren, über so weite Strecken das Wasser zu holen. Aber die Wiener Ärzteschaft war auch sehr dafür, und letztlich hat er dann den Wiener Bürgermeister und den Kaiser überzeugt. Und das Verfahren zur Ausschreibung dieses Bauwerkes, das war damals ein europaweites. So modern waren wir. Der Bestbieter war ein gewisser Herr Gabrieli, ein italienischer Bauunternehmer mit Firmensitz in London. Der hat es dann in drei Jahren gebaut. Am 24. Oktober 1873 hat der Kaiser am Schwarzenbergplatz in Wien höchstpersönlich den Hochstrahlbrunnen aufgedreht, ein Glas Wasser getrunken und damit dokumentiert, daß das Wasser nun in Wien angekommen und gut ist. Sonst hätten wir in Wien, genauso wie andere Städte, heute auch irgendein mehr oder weniger gutes Uferfiltrat. Und dabei finde ich interessant – das wäre sicher auch mal ein Thema für sich –, wie sich solche Einzelentscheidungen eigentlich auf lange, lange Zeit noch nachhaltig positiv auswirken – oder auch negativ, wenn man Pech hat, weil, so ein Bauwerk wie die Hochquellenleitung wär heute nimmermehr möglich ...«

Herr Sailer geht hinüber zum Schreibtisch, gibt uns eine Mappe und setzt sich vor den Computer. »Hier haben Sie erst mal einige Informationen, und bis Samstag stelle ich Ihnen noch was zusammen, meine wesentlichen Vorträge kopiere ich Ihnen auf CD-Rom, vielleicht können Sie was davon gebrauchen ... ich bin ja mit allem ausgerüstet, bin ein Technikfreak, wie Sie vielleicht bemerkt haben, und das hier wollte ich Ihnen noch eben zeigen.« Er deutet auf den Bildschirm, eine statistische Grafik des Wasserverbrauches ist zu sehen. »Da ist ein Anstieg in den zwanziger Jahren zu erkennen ... stärkerer Verbrauch auch in der Industrie, und da, schaun Sie, da kommt die Weltwirtschaftskrise, und dann brauchst nix mehr! Und dann das hier, das ist 1945 ... und diese Bewegungen hier, die kommen statistisch immer wieder, wenn es sehr heiße Jahre gibt. Das alles sieht man am Wasserverbrauch, es ist sehr interessant.« Er erhebt sich und sagt: »So! Jetzt muß ich aber, weil, sonst komm ich z'spät.«

Drei Tage später fahren wir mit der Südbahn hinaus nach Mödling. Das Städtchen liegt am Ostrand des Wienerwaldes, etwa zwanzig Kilometer von Wien entfernt. Es war einst Villenort und Sommerfrische, hat einen alten Stadtkern und ein großes Aquädukt. Herr Direktor Sailer holt uns vom Bahnhof ab, er trägt Jeans und ein blaues Hemd mit Brusttaschen. Nach kurzer Fahrt erreichen wir das Aquädukt. Es überspannt mit sieben hohen Bögen ein schmales Tal und ist wegen Reparaturarbeiten am Ziegelmauerwerk derzeit mit Netzen verhüllt. »Gehen wir oben entlang, da haben Sie einen schönen Blick über Mödling«, schlägt Herr Sailer vor und ruft per Handy den zuständigen Mann herbei, der uns durch mehrere Türen aufs gesicherte Gebäude führt. In siebenundzwanzig Meter Höhe spazieren wir dahin. Überall liegen Nußschalen. Die Krähen benutzen das Aquädukt als Nußknacker, lassen von hoch oben die Nüsse auf die Betonabdeckung fallen und essen sie dann in Ruhe auf, erfahren wir. »Insgesamt gibt es zehn Aquädukte auf der ersten Hochquellwasserleitung – dieses ist das höchste –, auf der zweiten gibt's sogar mehr als hundert. Und das hier ist also hundertachtundzwanzig Jahre alt, und wir restaurieren da jetzt ganz nachhaltig, mit extra angefertigten farblich passenden Ziegeln. Das ist alles sehr stabil, also wenn da einer einen Sprengstoff zum Beispiel dranhängt, dann reißt der vielleicht ein Loch, aber das tut nicht viel. Außerdem haben wir ja ein eigenes Sicherheits- und Alarmsystem. Aber das hat eigentlich weniger was mit Eindringlingen zu tun, das verdankt sich eher ein bißchen Tschernobyl. Wir haben die Möglichkeit, zentral zu steuern und automatisch zu messen, ob's signifikante Veränderungen gibt. Und im Katastrophenfall, wenn die Radioaktivität ein schädliches Maß erreichen würde, dann laß ich das Wasser ab, bevor es Wien erreicht, ich leite es weg und gehe mit den Grundwasserwerken in Betrieb, denn ins Grundwasser gelangt die Kontamination erst wesentlich später, und bis dahin ist dann die Gefahr für den Karst wieder weg, das geht relativ schnell ... außer es ist ein Mega-GAU ... So und jetzt fahren wir zu mir, es ist gleich dort drüben.«

Das Haus von Herrn Sailer ist Teil eines Ensembles weißer Häuser, das im hellen Sonnenlicht ein wenig an eine französische Ferienanlage erinnert. Es gibt eine eigene Tiefgarage und einen kleinen Garten, in dem ein Hündchen namens Felix herumspringt. Im Wohnzimmer stehen einladend viele

Sitzgelegenheiten. Die Möblierung ist modern, an der Wand hängen einige kleine Bilder, sie zeigen das Kuppeldach der Kirche am Steinhof von Otto Wagner, ein Wasserhaus am Donaukanal und eine Winterlandschaft. Unter dem TV liegen Bücher zum Thema Kochen und über Katzen. Fotos seines Kindes sind zu sehen und Puppen mit Porzellanköpfen. »Eine Leidenschaft meiner Frau«, sagt Herr Sailer, bittet uns, Platz zu nehmen, und stellt Gläser und kalte Getränke auf den Tisch. Auf unsere Frage, was denn eigentlich ein Senatsrat sei, sagt er lächelnd: »Also es gibt den Senatsrat, das bin ich, das entspricht dem Hofrat, dann gibt's noch den vortragenden Hofrat, das entspricht dem Obersenatsrat, das ist das, wo man dann oben anstößt, höher gibt's nimmer ...« Die Gattin tritt ein in Begleitung der Hauskatze, grüßt herzlich und setzt sich zu uns. Er macht uns miteinander bekannt und sagt, mit liebevollem Blick auf die Frau: »Sie ist Schuldirektorin. Wir sind seit 1980 mehr oder weniger zusammen ... immer mehr werdend, wenn man's so sagen kann.« Sie lacht zustimmend und erwidert seinen Blick. »Also diese Titel stammen alle noch aus der Monarchie und werden eben noch verwendet beim Bund teilweise, die Dienstklassen acht und neun sind beide Hofräte sozusagen, neun würde dem Sektionschef entsprechen. Der Sektionschef ist der eigentliche Obersenatsrat, jetzt hab ich's! Das ist nicht so einfach. Ich selbst bin aus keiner Beamtenfamilie. Ich stamme aus einer Familie von Straßenwärtern und Handwerkern, also väterlicherseits. Bei meiner Familie stammen alle aus dem Waldviertel. Da waren die Möglichkeiten nicht sehr groß ... Mein Vater hat Binder gelernt, dann Faßbinder. Der war noch auf der Wanderschaft, er ist Jahrgang 1906. Fünf Jahre hat er in Deutschland gearbeitet, als Bindermeister und Weinküfer.« Die Frau wirft ein: »Faßmacher ...«

Herr Sailer dankt und fährt fort: »1933 ist er zurückgekommen nach Österreich und war dann im Stift Klosterneuburg Faßbinder und Kellermeister, das ist ja eines der ganz großen, reichen Stifte der Augustiner Chorherren. Meine Eltern haben 1943 geheiratet, 1944 kam er auf Heimaturlaub, da bin dann ich entstanden. Kennengelernt habe ich meinen Vater erst am 3. Jänner 1950. Ich kann mich noch erinnern, wie wir ihn abgeholt haben auf dem zerbombten Südbahnhof. Dort kamen die Kriegsheimkehrer aus Sibirien an.« Herr Sailer bläst den Rauch zur Decke. »Aus dem Zug sind lauter Russen ausgestiegen und über die Schuttberge uns entgegengekommen. Einer von den Russen war dann mein Vater. G'schoren, ganz mager, die Jacke war eine gesteppte, graue Wattejacke. Aber die Mutter hat ihn gleich erkannt. Wir sind dann im D-Wagen wieder zurückgefahren, und ich hab mir denkt, gut, wenn die Mutter das sagt, dann ist der Ruß also mein Vater. Vor fünf Jahren ist er gestorben. Meine Mutter lebt noch, sie ist vierundachtzig, sie wohnt im Stift. Mein Vater hatte ja seine Dienstwohnung im Kloster drinnen in diesem Teil aus dem sechzehnten Jahrhundert, dort wohnt sie und versorgt sich noch selbst. Ja und ich war dann der erste in der Familie, der mehr als eine achtklassige Volksschule g'habt hat, der Matura g'macht hat. Das war damals ja nicht so üblich in diesen Kreisen. Schuld war auch diese klösterliche Atmosphäre. Die Brüder haben immer g'schaut, wenn einer gut war in der Schule, daß der Matura macht. Er könnte ja dann Theologie studieren. Aber als ich fertig war, hab ich überhaupt nicht gewußt, was ich tun soll. So bin ich ein Jahr zum Bundesheer gegangen und hab dort ein paar Leute getroffen, die Bauingenieur studiert haben an der Technischen Universität Wien. Da dachte ich, studier ich auch Bauingenieur, da kenn ich wenigstens schon wen. Das war wirklich mein Motiv.

Na ja, das war dann die Zeit, da hat man sich mehr auch um andere Sachen gekümmert, nicht so ums Studium. 1964 bin ich zum erstenmal nach Schweden gefahren, arbeiten, in einem riesigen Stahlwerk. Im Akkord haben wir Eisenstaub abgefüllt – das wurde verwendet für Sternspritzer zu Weihnachten und für die Schweißelektroden – es war irrsinnig gesundheitsschädlich, ich hab noch monatelang schwarz gespuckt, aber ich habe dort so viel Geld verdient, daß ich davon den Rest der Zeit locker leben konnte. Dann war ich 1967 in der französischen Schweiz, in der Nähe von Genf, in einer Holzfabrik, habe einen Teil der Maschinen gewartet, dort habe ich zwangsweise mein schlechtes Französisch ein bißchen verbessert ...« – »Nein«, sagt Frau Sailer, »das ist nicht richtig, er spricht Englisch und Französisch a) fluently und b) mit Leidenschaft.«

Herr Sailer winkt ab: »Na ja, es geht. Jedenfalls hab ich mir damals gedacht, solang ich das hinausziehn kann mit der bürgerlichen Existenz, zieh ich's hinaus, und hab ein lustiges 68er Leben geführt. Wir haben viel diskutiert. Heute findet man die 68er ja in den merkwürdigsten Positionen ... entweder ganz oben oder ganz unten ... Ich hab dann diese Prüfung, das Staatsexamen, am Ende doch noch gemacht, im zwanzigsten Semester, nachdem ich sieben Jahre in verschiedenen Betrieben gearbeitet hatte. Ja, das war eine sehr harte Geschichte, aber ich hab's grade noch geschafft, denn meine Tochter war inzwischen fünf oder sechs. Ich hatte 1970 ja geheiratet, das erste Mal. 1994 zum zweiten Mal.«
Die Gattin schaut ihn liebevoll an, mit einem Anflug von Stolz. »Na ja, dann habe ich mich eines Tages beworben bei der Stadt Wien, ich hatte ja in der Staatsprüfung etwas zu Kläranlagen gemacht, und nach einer Weile haben sie mir zurückgeschrieben, für Kläranlagen haben's nix, aber beim Wasserwerk wär was frei für Stahlbetonbau. Ja, das hab ich dann bis 1989 neun Jahre lang g'macht, dann war ich zehn Jahre Leiter der Außenstrecke, also für das, was ich am Mittwoch Ihnen beschrieben habe, das ganze Quellgebiet, die Bauten, die Leitungen. Und seit ... zweieinhalb Jahre ist das jetzt her, bin ich also der sogenannte Betriebsvorstand, wie das bei uns heißt.« Die Gattin sagt mit Nachdruck: »Der Weg nach oben war ihm seelisch z'wider!«
Herr Sailer raucht heftig: »Na ja, ich hab's nicht so angestrebt, ich hab einfach viel Glück gehabt, muß ich wirklich sagen. Wie ich da zum Wasserwerk gekommen bin damals, da haben sie mir relativ viel Vordienstzeiten angerechnet, das ist damals noch gegangen – ich war ja ein Fall, der im Dienstrecht nicht so vorgesehen ist. Und nach zwei, drei Jahren bin ich Baurat geworden. Das hat mein Vater noch erlebt, da war er unheimlich stolz, denn es war schon schwer für ihn, daß ich so lange Zeit mich nicht eingeklinkt habe ... meine Tochter dagegen, sie hat Architektur studiert und ist auch im Dienst der Stadt Wien, die hat sich gleich ins bürgerliche Leben eingeklinkt ... weil momentan mit dem Leben von damals ... das funktioniert nimmermehr so ganz.

Es ist interessant, wie schnell eigentlich das gehen kann, daß innerhalb von eineinhalb Generationen sich die soziale

Lage total umdreht ... meine Tochter hat ganz selbstverständlich studiert, und ihr Vater, der ist wer. Und förderlich dafür waren die sechziger Jahre, das Durchbrechen der Gesellschaft, die Freizügigkeit ... auch wenn man von unten kam ...« Die Gattin sagt: »Wir konnten alles werden ...« Beide rauchen ... pff ...: »Ich sage immer«, fährt Herr Sailer fort, »unsere Generation, die 68er, sind die eigentlichen Kriegsgewinnler. Uns hat es nur ganz am Rande erwischt. Anfangs gab's nur einmal in der Woche Fleisch, aber dann ging's bergauf, permanent. Und wir haben dann gesagt, alles ist machbar, die Zwänge gehören noch weiter aufgehoben. Und heut haben wir eine Gegenwende, wo am liebsten sogleich alles verboten wird, was nicht effizient ist. So radikal wie früher. Also bei uns in Österreich allerdings, gab's keine radikalen Bewegungen. Wir haben diskutiert, Hasch geraucht. Die Welt verbessert haben wir nur theoretisch. Das Radikale, Kompromißlose in Deutschland, das war uns zu dogmatisch, das war einfach typisch deutsch. Besonders ich, als Arbeiterkind, fand das lächerlich, daß so bürgerliche Kinder die Arbeiter befreien wollen. Man hat hier die Ulrike Meinhof bewundert, aber es ist dann praktisch ins Sektiererische gegangen und hat zu einem Bruch geführt, weil, letztlich hat man jetzt dasselbe Muster verfolgt wie die, die man bekämpfen wollte, das hat den Unterschied dann doch verwischt für mich. Das wäre hier nicht gegangen in Österreich.

Aber andererseits, das ist interessant, waren die Österreicher im Faschismus wieder die Schärferen. Die Nationalen, Ende des neunzehnten Jahrhunderts, waren die eigentlichen Ideologiegeber für den Nationalsozialismus ... die Deutschen haben das in der Form nie gehabt ... auch nicht diesen Antisemitismus, den's bei uns in der Monarchie gegeben hat. Diese ganze Schönerer-Ideologie da, vom neunzehnten Jahrhundert, wenn man das heut liest, das war der *Stürmer* in Reinkultur; aber schon 1890! Der österreichische Antisemitismus, das war die ideologische Basis von Hitler. Denn die Deutschen haben diesen ideologischen Antisemitismus, wie ihn Hitler gepredigt hat, in der Form gar nicht gekannt, die kannten nur den ›gewöhnlichen Antisemitismus‹, der bis ins Mittelalter zurückreicht, den es in ganz Europa gab. Aber diese Ideologie mit den Schädlingen, die ausgemerzt

gehören, mit den Ariern, mit der Blutmystik, das ist österreichisch, und die Deutschen haben's dann mit Gründlichkeit und System ... Bei uns wär der Hitler vielleicht nie
aus dem Obdachlosenasyl rausgekommen, oder doch, und
er wär irgendwann Oberamtsrat worden ... Na, im Ernst,
man weiß ja oft nicht, was aus einem wird. Schaun Sie,
was mich betrifft, wenn man das jetzt extrem betrachtet,
wenn man meinen eigenen Lebensweg nähme, die Phase
zwischen fünfundzwanzig und vierunddreißig Jahren. Wär da
irgendwas passiert, wär ich aus der Bahn geworfen worden,
hätt ich das Studium nicht fertiggemacht ... man hätte sich
vorstellen können, daß ein Typ wie ich dann irgendwann
auch mal ganz unten gelandet wäre, als Alkoholiker, als
Sandler, kein Problem.« Er lacht und fragt: »Apropos,
wollen S' vielleicht ein Glas Wein trinken?«, und bringt
eine Flasche und Gläser. »Das ist eine Sonderabfüllung
von einem Freund, ein Riesling Kabinett, aus Nußberg,
sehr gut.« Er schenkt ein, wir stoßen an und rufen: »Zum
Wohl.« Herr Sailer raucht und sagt nach einem Moment der
Stille: »Irgendwann einmal, in Klosterneuburg noch, da war
ich bei der Sozialistischen Partei tätig und es hat einer, den
ich von früher gut kannte, einen Vortrag gehalten. Er war
damals Sekretär eines Ministers, heute ist er noch weiter
oben ... Wir waren nachher beim Heurigen, waren per du
und irgendwann, nach zwei Vierteln, hab ich gesagt, du, jetzt
erklär mir das mal, wie siehst du das eigentlich, du warst
doch auch mal so ein schwer linksstehender Mensch. Nächte-
lang, jahrelang, haben wir über genau das diskutiert. Jetzt
sitzt du da, wir trinken was, und draußen steht der Chauffeur
und wartet mit dem Mercedes, daß er dich heimfährt. Und
er hat's zugegeben, ja, ich bin mir dessen bewußt, daß das
eigentlich das Gegenteil von dem ist, letztlich, was wir mal
wollten, aber wenn man was bewegen will, dann muß man
sich einklinken, hat er gesagt. Nur, bewegt denn überhaupt
noch einer was??! Das ist das Problem.«

JAN VAN AKEN, *Dr. med.,*
Leiter d. Sunshine Project Deutschland
(dt.-amerik. Vereinigung kritischer
Wissenschaftler) u. UN-Waffeninspektor.
1967 Einschulung Grundschule
Glinde-Wiesenfeld, ab 1971 Besuch
d. Sachsenwald-Oberschule Reinbek.
1980 Abitur. Studium d. Biologie
an d. Univ. Hamburg. 1983 Mitbegr.
d. student. Arbeitsgruppe ›Risiken
der Gentechnologie‹. Diss. 1993.
Forschungsarb. über Gentechnik in
der modernen Medizin; Seminare
z. Friedensforschung u. Naturwiss.
1997 fester Gentechnikexperte
u. Campaigner b. Greenpeace.
1998 gekündigt (Sohn wurde geb.).
1999 zus. m. d. amerik. Gentechnik-
aktivisten Edward Hammond u.
d. kolumb. Anwältin Susana Pimiento
Gründung d. Antibiowaffenorg.
Sunshine Project (Name spielt darauf
an, daß viele Biowaffen v. Sonnenlicht
zersetzt werden). Erster Erfolg 2000:
Die Kampagne gg. d. US-amerik.
Agent-Green-Projekt (Entwicklung
genmanipulierter Pilze z. Vernichtung
v. Drogenpflanzen). Nach Anprangerung
a. d. Genfer Biowaffenkonferenz
macht Präsident Clinton d. Vergabe
e. Milliardenkredits an Kolumbien nicht
mehr von einem Agent-Green-Einsatz
abhängig. Aufklärungskampagnen
u. Aktionen: gg. d. Entw. u. Anw.
sog. nichttödlicher Chemiewaffen;
üb. d. Gefahren, Risiken v. Biowaffen-
abwehrforschung in d. USA
u. b. d. dt. Bundeswehr. Sunshine
initiierte 2001 in Dresden d. Kongreß
Biologische Waffen im 21. Jh. (zus.
m. d. Hygiene-Museum), 2002 starke
Aktivitäten f. e. weltweite Vernetzung
kl. unabhängiger Org., Gründung
d. BWPP (Bioweapons Prevention
Project), Hg. d. Bio-Waffentelegramms
(kostenlos im Internet) durch Jan van
Aken u. Sabine Schupp. Jan van Aken
wurde am 1. Mai 1961 in Reinbek
b. Hamburg als Sohn e. Werkzeugmachers
geboren, seine Mutter arbeitete als
Sekretärin, er ist verh. u. hat drei
Kinder.

Übers Brunnenvergiften

BIOWAFFENEXPERTE

Biowaffen sind so alt wie die Begierde, sich in kriegerischen Auseinandersetzungen alle erdenklichen Vorteile zu verschaffen. Im Peloponnesischen Krieg 431 v. Chr. verseuchten die Spartaner das Wasser der Brunnen durch Hineinwerfen pestbefallener Tierkadaver. Diese erste Erwähnung des Brunnenvergiftens wurde zum Synonym verwerflicher Heimtücke. Sie war historisch schon immer geächtet. Seit 1972, in der Phase der Rüstungsbeschränkung zwischen den Supermächten beschlossen, gibt es dafür eigens eine rechtsverbindliche Vereinbarung, die Genfer Biowaffen-Konvention. 1975 trat sie in Kraft und ist bis heute von 144 Staaten ratifiziert worden. Es ist das bislang einzige Verbot einer gesamten Waffenart. Angesichts veränderter politischer Konstellationen und des Fortschritts in der Gen- und Biotechnologie stellten sich jedoch drei gewichtige Mängel der Konvention heraus: 1. Es gibt keine klare Definition dessen, was eine Biowaffe ist, 2. Biowaffenschutzforschung ist erlaubt, und 3., der entscheidende Mangel, es gibt keine Instanz und kein Kontrollsystem, das die Vertragstreue überprüft.

Seit 1994 wurde mit großem Aufwand an einem Zusatzprotokoll gearbeitet. 2001 lag es endlich vor und wurde von allen Mitgliedsstaaten zustimmend begutachtet. Es sah u. a. Inspektionen vor Ort durch Experten vor und die Erstellung einer weltweiten Inventarliste der Bioindustrie. Die Verabschiedung scheiterte im allerletzten Moment an einem kategorischen Nein der USA. Die deutsche und europäische Außenpolitik war nicht bereit, sich auch ohne die USA mit den anderen gleichgesinnten Staaten zusammenzutun. Seitdem zeigen sich die USA unzugänglich. Sie drängen sogar auf Lockerung der ohnehin unzureichenden Bestimmungen und leisten einer Erosion der weltweiten Ächtung Vorschub und damit einem biologischen Wettrüsten.

Abgesehen von ›Milzbrandbriefen‹ und ›Pockenalarm‹ wird diese gefährliche Entwicklung vom öffentlichen Interesse kaum gestreift. Was die biologischen Waffen so interessant macht für den militärischen Einsatz: Sie haben eine hohe Effizienz und sind äußerst preiswert. Ein Gramm Botulinum-Toxin (das stärkste bekannte Gift überhaupt) würde rein theoretisch ausreichen, um zehn Millionen Menschen zu töten. Die Verseuchung pro Quadratkilometer kostet: mit konventionellen Waffen zweitausend Dollar, mit Nuklearwaffen achthundert Dollar, mit chemischen Waffen sechshundert Dollar und mit biologischen Waffen einen Dollar. Allerdings gehört dazu ein sehr anspruchsvolles wissenschaftliches und technisches Know-how, so daß sie für umfangreichere terroristische Zwecke eher ungeeignet scheinen. Die hauptsächliche Gefahr geht vielmehr von der Unüberprüfbarkeit der Labortätigkeiten in den Vertragsstaaten aus. Zudem gibt es kaum unabhängige, das heißt nichtmilitärische Experten, die sich kritisch mit dem Problem auseinandersetzen. Deshalb kann gar nicht genug gelobt werden, wenn sich ein Naturwissenschaftler in Eigeninitiative sein Expertenwissen erworben hat. Die Universität Hamburg wird als erste deutsche Universität ab Juni 2003 eine Forschungsstelle ›Biologische Rüstungskontrolle‹ einrichten – mit geringer finanzieller Ausstattung –, die Herr Dr. van Aken inhaltlich leiten wird.

Jan van Aken wohnt in Hamburg, unweit von Reeperbahn und Hafenstraße, in einer ruhigen Sackgasse, die an einem parkartigen Schulgelände endet. Das Haus, ein unauffälliger vierstöckiger Neubau, haben sich die befreundeten Bewohner als Gemeinschaftsprojekt vor fünf Jahren gebaut. In einigen Fenstern hängt die regenbogenfarbene Antikriegsfahne, eine Kletterpflanze erklimmt die Fassade, Platanen spenden Schatten. Im Treppenhaus hängen diverse aktuelle Plakate und Anschläge, ein selbstgebauter und praktischer Lastentransport per Flaschenzug pendelt von oben herab. Im Haus gibt es verschiedene Lebens- und Wohnmodelle, von der Kleinfamilie bis zur Wohngemeinschaft.

»Wir sind eine ganz biedere Kleinfamilie, eine sogenannte Patchworkfamilie«, erklärt unser Gastgeber unbefangen, während er uns durchs große Wohnzimmer mit amerikanischer Küche, an den fröhlichen Kindern vorbei, auf die Terrasse schleust. Hier nehmen wir an einem gastlich langen Tisch Platz, loben den Bohlenboden und die Treppe, die hinunterführt in einen schmalen Garten. Während der Hausherr den Kaffee holt, kommen die Kinder, begutachten uns kurz und eilen wieder zum Spielen davon. Alles wirkt hier angenehm frei- und großzügig, die Möbel, Bücherregale und selbst das Plakat einer Jazzband an der Wand scheinen auf keinen Repräsentationszweck auszusein. Man ist auf Besucher und Gäste lässig eingerichtet. Einige sind noch da vom gestrigen Geburtstagsfest unseres Gastgebers, so auch seine Mitarbeiterin Sabine Schupp, die uns kurz begrüßt und bald wieder verläßt. Leicht übermüdet ergreift Jan van Aken notgedrungen das Wort: »Das schönste Beispiel für den frühen Einsatz einer biologischen Waffe ist die kriegstaktische Verwendung der Sümpfe. Man wußte, die Sümpfe, die Dämpfe meinte man, sind krankmachend, und um den Feind zu schwächen oder zu töten, trieb man ihn eben einfach in die Sümpfe. Da brauchte man keine Mikrobiologie und keine Gentechnik. Man kann's natürlich auch effektiver machen.« Elisabeth sagt: »Man bringt nicht mehr den Feind in den Sumpf, sondern den Sumpf zum Feind ...« Der Hausherr lacht: »Schön gesagt, so macht man's heute. Also ich will mal am Beispiel der Hasenpest kurz erläutern, worum es geht. Ursprünglich war sie eine Erkrankung von Hasen, von Nagetieren, sie ist vor nicht mal hundert Jahren in Kalifornien, in Tulare County, zum ersten Mal beschrieben worden, deshalb heißt sie Tularämie. Der Erreger ist mit der Pest verwandt und wie diese ein Bakterium. Wir müssen hier übrigens deutlich unterscheiden zwischen Viren und Bakterien. Bakterien sind viel komplexer, Viren verändern sich sehr schnell, die haben zum Teil nur siebentausend ›Buchstaben‹, da reichen fünf Veränderungen, und alles ist auf den Kopf gestellt. Bei den Bakterien geht das alles sehr viel langsamer. Deshalb ist die Pest kein Problem mehr, man hat Antibiotika. Und diese Eigenschaften der Bakterien machen sie für die Biowaffenforschung interessant. Für die Biowaffenleute kommt Hasenpest gleich nach Milzbrand im

Beliebtheitsgrad, denn es sind eben nur ganz wenige dieser Erreger tatsächlich auch zur Biowaffe geeignet. Es gibt eine lange Liste von Kriterien, zum Beispiel ich muß sie in großen Mengen produzieren können, die Krankheit muß innerhalb weniger Tage ausbrechen – also ganz kurze Inkubationszeit von zwei, höchstens vierzehn Tagen. Also selbst der ›Blitzkrieg‹ im Irak hat vier Wochen gedauert … man kann für diesen Zweck kein Toxin brauchen, das erst in zwanzig Jahren Krebs auslöst. Ein sehr wesentliches Kriterium ist natürlich die Prophylaxe für die eigenen Leute! Deshalb können Sie Ebola-Viren nicht wirklich als Biowaffe einsetzen, es gibt keine Ebola-Impfung. Selbst die Forscher im Labor sind gefährdet. Es war, glaub ich, der Marburg-Virus, der damals in der Sowjetunion als Waffe produziert wurde. Der leitende Forscher infizierte sich im Hochsicherheitslabor, trotz Unterdruck, doppelter Handschuhe und aufgepustetem Anzug. Er hat sich bei einem Rattenexperiment durchgepikst in den Finger und blieb dann zwei Wochen bis zu seinem Tod in dem Labor. Es gibt eine drastische Beschreibung in der *New York Times,* sein Tagebuch war zum Schluß blutbeschmiert, weil die Krankheit ja sämtliche Blutgefäße … Sein Schicksal zeigt, wie gefährlich das ist. Es muß also eine Prophylaxe geben, dabei ist dann allerdings wieder wichtig, daß die vorsorgliche Behandlung dem Gegner *nicht* zur Verfügung steht. Bei Milzbrand wurde dieses Problem so gelöst: Zwar läßt sich der Erreger ganz einfach mit Antibiotika behandeln, aber nur, *bevor* die Symptome einsetzen. Das sind also die zentralen Kriterien für die Tauglichkeit zur Biowaffe, das wurde alles durchgetestet. Die ersten wissenschaftlich geleiteten systematischen Programme, die fingen in Japan an, im Zweiten Weltkrieg, und in den USA und in England. Die Deutschen hatten auch schon verschiedenes eingesetzt, als Geheimdienstaktion, aber noch nicht im industriellen Maßstab. Und ebendafür wurden Milzbrand und Hasenpest ausgewählt. Sie erfüllen ideal alle Kriterien, auch dieses übrigens, daß es sich problemlos als Aerosol einsetzen lassen muß, denn das ist ja der Weg, wie man es in die Menschen hineinbringt.«

Die Kinder laufen vorbei, und wir finden es etwas beklemmend, vor ihnen davon zu reden, doch unser Gastgeber sagt: »Der Kleine, der letztes Jahr in die Schule gekommen ist, hat dort buchstabiert: A wie Anthrax, Mhhhm wie Milzbrand. Und er findet es supercool, daß ich jetzt UN-Waffeninspekteur geworden bin. Zurück zum Thema. Also wie gesagt, Hasenpest und Milzbrand stehen ganz oben auf der Beliebtheitsliste; aber so einfach, wie die Medien das gern hinstellen, ist die Sache natürlich nicht. An den Erreger ranzukommen ist relativ einfach, ihn aber in großen Mengen zu produzieren, und zwar so, daß er seine krankmachende Wirkung behält, erfordert schon eine ganze Reihe von Einrichtungen. Man wird diese Fermenter nehmen, so eine Art Bioreaktor, mit denen heutzutage auch Impfstoffe produziert werden, Medikamente und Bier letztlich auch. Also ich sage mal, ein Land, das einigermaßen Biotechnologie oder wenigstens ein paar Biologen hat, die kriegen das damit innerhalb von drei bis vier Jahren hin, große Mengen zu produzieren. Der Irak hat ja diese ersten Schritte gemacht, sie hatten ein paar tausend Liter Milzbrandbrühe stehen, aber der dritte Schritt, der richtig schwierig ist, den haben sie nicht geschafft: Das Ausbringen ist ja das Wichtigste. Das Zeug einfach in Granaten füllen geht ja nicht, erstens wäre kein Aerosol entstanden, und zweitens wären ihnen die Bakterien alle gestorben bei der Explosion. Das war nicht wirklich gefährlich. Aber wenn man ihnen noch drei Jahre Zeit gegeben hätte, hätten sie es vielleicht geschafft. Und sehr weit entfernt waren sie auch von dem ›Sahnehäubchen‹ auf der Biowaffe, der Antibiotikaresistenz durch Genmanipulation. Dabei ist das heute ein Allerweltsexperiment in *jedem* Labor, das gentechnisch arbeitet, die Antibiotikaresistenz ist immer dabei. Und es muß gar nicht immer die militärische Forschung sein: Milzbrand mit Antibiotikaresistenz haben beispielsweise Hochschulwissenschaftler entwickelt – und zwar schon 1986. Was jetzt die Hasenpest betrifft, so sind verschiedene gentechnisch veränderte Hasenpestbakterien produziert worden, zwei davon sind notorisch bekannt. Das eine wurde damals von den Russen entwickelt, die haben ein zusätzliches Gen eingeführt, sie haben Endorphine in die Hasenpest eingebaut – das sind körpereigene opiumähnliche Stoffe, Glückskörperchen sozusagen, die auch Schmerz unterdrücken –, und das bewirkt nun, daß die Infizierten nicht mehr zu diagnostizieren sind, jedenfalls nicht als an der Hasenpest Erkrankte.«

Der Hausherr holt frischen Kaffee und stellt eine Tüte Kardamomzwieback auf den Tisch. Inzwischen ist seine Frau nach Hause gekommen und hat die Kinder drinnen am Tisch versammelt. »Das andere, an dem ich mich immer festbeiße«, fährt Jan van Aken fort, »ist das, was in der Sanitätsakademie der Bundeswehr lagert. Sie haben gentechnisch veränderte Hasenpestbakterien. Die wurden mit einem fluoreszierenden Protein ausgestattet, um den Krankheitsverlauf besser untersuchen zu können, und als sogenanntes Marker-Gen wurde ein weiteres Gen mit eingeschleust, das eine Resistenz gegen die Antibiotika Tetracyclin und Chloramphenicol bewirkt. Damit wurden die Pathogene noch ›waffentauglicher‹ gemacht, als sie es ohnehin schon sind – Hasenpest ist ja tödlich – denn im Ernstfall kann mit diesen Antibiotika nicht mehr behandelt werden. Und die Bundeswehr weigert sich bis heute, einzusehen, daß das eine Schweinerei ist von ihr, so was zu lagern! Ignoriert wird auch die Tatsache, daß man den gleichen Versuch auch ohne Antibiotikaresistenz machen könnte. Wichtig ist allerdings, hier ganz klar zu unterscheiden zwischen dem, was die Sowjets gemacht haben mit den Endorphinen, und dem, was die Bundeswehr macht. Erstere haben ganz eindeutig eine offensive, zielgerichtete Forschung betrieben, sie hatten ein Programm. Das hat die Bundeswehr mit Sicherheit nicht. Ich glaube denen den defensiven Zweck. Aber sie haben eben einfach nicht darüber nachgedacht, daß das, was sie da tun, einen Präzedenzfall schafft ... Wenn der Irak das gleiche Experiment wie die Bundeswehr gemacht hätte, wäre das Labor sofort zerstört worden. Dieses Beispiel zeigt die Zweischneidigkeit der defensiven Forschung – aber darauf komme ich später noch. In der Defensivforschung gibt es Forschungsansätze, bei denen zwangsläufig ein offensives B-Waffen-Potential mitentwickelt wird, es ist deshalb leicht vorstellbar, daß ein ganzes Arsenal der typischen B-Waffen-Erreger bei der Bundeswehr liegt und für die Testverfahren eingesetzt wird.

Besonders kraß war ein früheres ›Botulinum‹-Projekt unseres Verteidigungsministeriums im Rahmen der biologischen Abwehrforschung. Es ging um einen Impfstoff, für dessen Herstellung muß man erst mal eine große Menge des Giftes erzeugen. Das Botulinum-Toxin wird von Botulinum-

Bakterien produziert, die vermehren sich nur anaerob und kommen zum Beispiel in Fleischkonserven vor. Es ist ein Nervengift, sozusagen, blockiert die Signalübertragung der Nerven zum Muskel, dann kommt's zur Lähmung und innerhalb von zwei Tagen zum Exitus. Das ist mit Abstand der giftigste Stoff, den die Menschheit kennt. Kein chemisch produzierter Stoff reicht da auch nur halbwegs ran. Es erfüllt alle Kriterien für eine Biowaffe, sowohl als ganzes Bakterium als auch als ›aufgereinigtes‹ Gift – deshalb hat es übrigens diese Zwitterstellung und ist eigentlich bereits eine *chemische* Waffe, ›Biowaffen‹ meint die lebenden Organismen. Aber im internationalen Abkommen zählt es als natürliches Toxin zu den Biowaffen. Jedenfalls wurde es schon früh zu Waffenzwecken benutzt. Japan und die USA haben es im Zweiten Weltkrieg produziert.«

Wir unterbrechen unseren Gastgeber etwas unsanft und weisen ihn auf ein Thema hin, das gerade durch die Presse geistert, auf die Verwendung des Botulinum-Toxins in der amerikanischen Anti-aging-Medizin. Es wird gerne auf speziellen Partys verabreicht. Schönheitschirurgen bekämpfen damit bei den Reichen und Schönen Zornesfalten, Lachfalten, Denkerstirn und auch die Absonderungen der Schweißdrüsen. Das Ergebnis scheint derart durchschlagend, daß Hollywoodregisseure ihre weiblichen und männlichen Stars bereits zur Unterlassung solcher Behandlungen auffordern, weil die gespritzten Gesichter zu keinerlei Mienenspiel mehr fähig sind. Den Biowaffenexperten läßt das Thema eher kalt, er findet zwar die amerikanischen ›Botox-Partys‹ schwachsinnig, weist aber auf deren Harmlosigkeit hin, was die Giftmenge betrifft, und erwähnt, daß der Stoff inzwischen ja auch vielseitig als Medikament in der seriösen Medizin eingesetzt wird.

»Zurück zur Bundeswehr, also wie gesagt, sie machen meiner Meinung nach sicher nichts Offensives, sie haben ein relativ kleines Programm innerhalb Europas und haben in der Abwehrforschung eigentlich zwei Schwerpunkte: Impfstoffe und Nachweisverfahren. Impfstoffe finde ich da vollkommen falsch, sei's nun gegen Botulinum-Toxin oder gegen Q-Fieber ... Voriges Jahr habe ich das mal international veröffentlicht. Daraufhin schrieb mir ein alter Biowaffenexperte aus den USA: Wenn die Bundeswehr tatsächlich Q-Fieber-Impfstoff entwickelt, dann fände er das äußerst bedenklich, denn es gäbe nur einen einzigen Grund, das zu machen, nämlich den, Q-Fieber als Waffe einzusetzen! Und hier sind wir schon mitten drin im Problem der Zweischneidigkeit von Defensivforschung auf diesem Gebiet. Problematisch an ihr ist, daß sie mit dem Dual-use-Charakter behaftet ist, das betrifft besonders auch Impfstoffe. Impfstoff, das hört sich zwar extrem defensiv an. Er taugt nicht als Angriffswaffe, aber er könnte zu einer gehören und *der* Vorteil sein, der den Gegner tötet und die eigenen Leute schützt. Darüber hinaus muß gesagt werden, daß man Impfungen als Schutz vor biologischen Waffen schon deshalb sehr in Frage stellen muß, weil man unmöglich die gesamte Bandbreite von B-Waffen-Erregern impfen kann!

Alle bisher bekannten offensiven Programme haben mehrere Erreger parallel entwickelt, ganz zu schweigen von den Möglichkeiten, die die Gentechnologie da eröffnet hat, ganz zu schweigen auch von den großen gesundheitlichen Risiken, die prophylaktische Impfungen mit sich bringen würden. Und wenn dann auch noch die Transparenz fehlt, dann ist das mehr als bedenklich. Dieses umstrittene Hasenpest-Projekt übrigens, das hatten sie damals peinlicherweise nicht mal dem Bundestag gemeldet – nach der deutschen Rechtslage müssen die einmal im Jahr als Bundeswehr melden, an was für gentechnischen Projekten sie arbeiten. Ich habe das ganz zufällig rausgekriegt. Sie hatten es ganz einfach vergessen. Das glaube ich sogar. Die Sache liegt aber so, zwar ist an sich das Hasenpest-Projekt völlig belanglos, aber es torpediert sozusagen einen Prozeß auf internationaler Ebene. Denn prinzipiell soll kein gentechnisches Experiment durchgeführt werden dürfen, das erstens einen Biowaffenerreger noch gefährlicher macht und zweitens aus Militärmitteln finanziert wird. Und dieser Konflikt wird bei uns einfach ausgesessen. Das Außenministerium will weltweite Kontrolle, nur viel da hineininvestieren wollen sie nicht, und das Verteidigungsministerium will unbedingt weiterhin alle gentechnischen Experimente machen, die es für wichtig hält. Also, ich finde es generell besser, das ganz im Zivilen anzusiedeln – wo ja jetzt auch schon einiges per Auftragsvergabe gemacht wird –, also warum nicht gleich alles ans

Robert-Koch-Institut und warum nicht gleich den ganzen Biowaffenabwehretat noch dazu?!«

Der kleine Sohn kommt, will irgendwas vom Vater, ist verstimmt wegen der langen Unterredung, lehnt sich eine Weile, uns ernst anblickend, ans väterliche Knie und gibt dann resigniert auf. Jan van Aken schaut ihm zerstreut nach und fährt fort: »Aber damit ist das eigentliche Problem ja noch nicht gelöst, das Problem der Kontrolle ist unser aller Problem. Aber wer kontrolliert das? Weltweit niemand! Also im Irak haben die UN-Inspekteure kontrolliert, aber über den Irak hinaus, da gibt's nichts. Das ist das große Desaster, eigentlich. Weder die USA noch Deutschland, noch Indien, Pakistan, Israel, Ägypten, Nordkorea, Kuba, keines der guten, schlechten, bösen, blauen, roten ... Länder wird kontrolliert. Und was so an Listen vom CIA produziert wird, da stehen oft zwanzig bis fünfundzwanzig Länder drauf, aber meist gibt's da nur die Anmerkung: ›Hat die technischen Möglichkeiten‹. Also die technischen Möglichkeiten sind ja fast überall gegeben, auch in den armen und ganz armen Ländern steht heute ein Bioreaktor. Sie haben funktionierende Anlagen für Impfstoffe und andere Medikamente und könnten, mit einem Knopfdruck quasi, umschalten auf Biowaffenproduktion. Dennoch vermute ich, daß die politischen und auch die anderen Schwellen letztlich bisher relativ hoch waren. Das kann sich natürlich ändern. Die USA drängen auf Lockerung der Biowaffenkonvention, sie selbst forschen an biologischen Waffen, die ganz klar die Biowaffenkonvention verletzen. Das läuft unter ›nicht tödliche Waffen‹, beispielsweise gentechnisch veränderte Mikroorganismen, die Material zerstören. Sie sollen Materialien wie Asphalt, Zement, Farbe und Öl zerstören und damit die Gebäude, Rollbahnen, Flugzeuge des Gegners. Etwas anderes sind die materialfressenden und zerstörenden Pilze, die auch Plastik zersetzen können. Über die farbfressende Variante hat ein Navy-Offizier mal gesagt: ›Wenn man das auf den Schutzanstrich eines Tarnkappenbombers sprüht, dann wird das runtergefressen, und man sieht ihn auf dem Radarschirm.‹ Das passiert innerhalb von vierundzwanzig Stunden. Das ist jetzt ein Pilz in diesem Fall. In einem früheren Programm hat die US-Landwirtschaftsbehörde an einer Art Killerpilz gearbeitet, für die Vernichtung illegaler

Drogenpflanzen zum Einsatz in Lateinamerika. Das verstößt alles gegen die Biowaffenkonvention, die jede feindselige Nutzung lebender Organismen gegen Mensch, Tier und Pflanze verbietet.«

Wir essen vom Kardamomzwieback. Er schmeckt ein wenig nach Haschischkeksen und paßt sehr gut zum Thema. »So, und hier wird das Problem wieder sichtbar, an der Frage, ist das noch Forschung oder schon Entwicklung? Das ist noch Forschung, würde ich sagen. Forschung ist, ich habe ein Labor und experimentiere mit solchen Sachen; Entwicklung wäre, ich versuche diese Forschung umzusetzen in ein militärisches Produkt, also ich probiere es im Freiland aus und entwickle dazu Lagerbedingungen, Ausbringungsmethoden; und der nächste Schritt wäre dann die Produktion. Diese Abfolge und die Unterscheidung ist wichtig, denn die Biowaffenkonvention verbietet Entwicklung, Produktion, Lagerung, Weitergabe und so weiter. Forschung hingegen ist erlaubt, wird wie gesagt aber nicht kontrolliert. Bei den nichttödlichen Chemiewaffen, da haben wir sehr genau hingeguckt, und da kamen wir drauf, zu sagen: Wenn sie an fünf Firmen die Aufträge vergeben, Raketen oder Granaten zur Ausbringung zu entwickeln, und wenn sie die dann im Freiland unter natürlichen Bedingungen testen, dann ist das unzweifelhaft und auf jeden Fall schon Entwicklung und fällt damit unter das Verbot der Chemiewaffenkonvention. Und das gilt natürlich ganz genauso für die Biowaffen. Aber eins ist ja bei all den Ausführungen klargeworden, man kann Biowaffen nur dann verhindern, wenn es keine Geheimforschung gibt im biologischen Bereich. Deshalb hat die höchste Priorität die Transparenz! Und wie komme ich zu Transparenz? Da gibt's zwei Wege. Der eine: Die Staaten spielen untereinander mit offenen Karten. Das wäre der sicherste und der richtige Weg. Der ist durch die ablehnende Haltung der USA grade im völligen Desaster geendet – nach zehn Jahren Verhandlungen! Der andere Weg zur Transparenz muß ohne die Staaten beschritten werden, durch die Zivilgesellschaft. Also entweder die Staaten machen's, oder wir machen's!«

Unten im Garten spielen die Kinder lärmend mit einem Ball. Seltsamerweise stört das weniger als ein Hubschrauber, der uns hoch oben überfliegt ... »Neben den Recherchen oder aufgrund der Recherchen machen wir auch Kampagnen, und gleich die erste nach Gründung des Sunshine Project, die gegen den Anti-Drogen-Pflanzenpilz, das sogenannte ›Agent-Green‹, war dann so erfolgreich, daß dieses Programm von Clinton eingestellt wurde. Es war wirklich beeindruckend, wie man mit ein paar so dahergelaufenen Leuten wie uns eine internationale Kampagne erfolgreich aufziehen und gewinnen kann, das ist unglaublich! Wir haben ja alle vorher bei internationalen Organisationen gearbeitet, und da lernt man unter anderem auch eins: zielgerichtet und fokussiert zu arbeiten und zu gewinnen. Das ist eine der ganz großen Qualitäten von Greenpeace. Aber leider ist das Thema Biowaffen weitaus weniger im allgemeinen Bewußtsein als das Thema Umwelt. Wir sehen das immer bei den Konferenzen, wo wir als Nichtregierungsorganisation allein auf weiter Flur stehen. Anfangs haben wir uns auch sehr gewundert, daß nach den massiven Erfolgen und der Aufmerksamkeit in den Medien, im Internet, das Projekt sich trotzdem nicht auf solide finanzielle Füße stellen ließ. Es liegt einfach an der relativ geringen Aufmerksamkeit, die man diesen Gefahren gegenüber bisher an den Tag legt... allerdings verändert sich allmählich etwas, in den letzten zwölf Monaten hatten wir über 60 000 Internetnutzer, die unsere Seite besucht haben, das sind also im Schnitt zweihundert am Tag, also das sind interessierte Leute, die ganz gezielt Informationen möchten.«

Wir würden gerne noch etwas über seine Ernennung zum UN-Waffeninspekteur erfahren. »Na ja, das war so, zur Transparenz gehören ja Inspektionen, wir fordern sie für den Irak, und wir fordern sie auch für die USA. Ich habe mich beworben beim Außenministerium, habe lange nichts gehört von denen, und eines Tages, im vorigen Dezember – der Irak war gerade wieder geöffnet für Inspektionen – da wurde ich zu einem Vorstellungsgespräch gebeten, und man hat mich genommen. Ich bin jetzt Mitglied sozusagen eines Expertenpools, inzwischen sind wir 315 ausgebildete Leute. Zur Ausbildung – eine Grundausbildung, die muß jeder machen – war ich drei Wochen in Wien. Also, das steht auch in der Resolution drin, die Ausbildung muß kultureller und praktischer Art sein. Kulturell hieß dann, wir befaßten uns mit der Kulturgeschichte des Islam, bis

hin zur politischen Geschichte des Irak in den letzten
fünfzig Jahren, und dann gab's einen Crash-Kurs: Was haben
die Inspektoren in den neunziger Jahren gefunden? Sehr
im Detail. Dann wurden wir aufgeteilt in Fachdisziplinen.
Wir haben auch Probeinspektionen gemacht, wo, darf ich
nicht sagen. Wir haben die ganzen irakischen Erklärungen
bekommen, richtig dicke Papiere, die wir dann durch-
gearbeitet haben bis zum Exzeß, um alle auf den gleichen
Wissensstand zu bringen. Es war sehr intensiv und sehr gut,
muß ich sagen. Das war bei der IAEO auf der Donauinsel, in
der Uno-City, ich war sehr beeindruckt. Bei der Ausbildung
waren insgesamt sechzig Leute aus der ganzen Welt. Jeweils
zwanzig im Bereich Biowaffen, Chemie und Raketen. Männer, nur Männer! Fast. Unter den sechzig waren fünf Frauen,
alle bei den Biologen. Das Biowaffenteam war überhaupt
etwas anders. Das erklärt sich auch dadurch, daß es offiziell
gar keine Biowaffenprogramme gibt, also gibt es auch
keine Biowaffenexperten! Auch bei uns war natürlich die
Mehrheit mit dem Militär irgendwie verbandelt. Wir
waren dann anschließend in Brasilien, in einer Fabrik. Sie
haben uns alles gezeigt, die Brasilianer waren phantastisch,
dort haben wir sehr viel gelernt. Denn sobald man anfängt,
wirklich ins Detail zu gehen, genau zu gucken, hat man
sehr wohl die Möglichkeit, zu unterscheiden zwischen
offensiv und defensiv. Man kann ›monitoren‹, das ist ein
Begriff aus den Irakinspektionen, kann Proben ziehen, die
Produktionskapazitäten kontrollieren, kann überprüfen, wie
viele Botulismusfälle haben die Schweine, Pferde, Rinder
in dem Land, also was ist der Bedarf an Impfstoff, was
wurde vielleicht exportiert, dann würde ich die Ausfuhr-
genehmigungen sehen wollen, dann würde ich in dem Land,
das importiert hat, nachprüfen, denn wir wissen ganz genau,
die haben soundso viel gekauft, da und dafür. Und am Ende
kann man sagen, ja, das macht alles Sinn, hat Hand und Fuß,
von A bis Z.«

Die Mutter unseres Gastgebers kommt zu Besuch, begrüßt
uns freundlich und wird im Wohnzimmer von den Kindern
umringt. »Ich mußte eine ganze Menge lernen«, sagt Jan
van Aken ohne Eile. »Dieser ganze Abrüstungsbereich funktioniert vollkommen anders, der ist erzkonservativ. Mehr als
die Hälfte der Leute hat einen militärischen Hintergrund!

Da gibt's keine Alternativkultur, keine Nichtregierungs-
organisationen. Im Umweltbereich wären wir Mainstream,
hier sind wir die Linksaußen... die radikalen, absolut bunten
Hunde, obwohl wir Mainstream machen, solide Forschung,
solide Recherchen veröffentlichen. Wir sind kritisch und
seriös zugleich. Bei Konferenzen ziehe ich auch schon
mal einen Anzug an, sonst erschrecken die sich zu Tode.
Ich gehöre ja zu dieser ganz spezifischen Generation, die
Widerstand noch richtig gelernt hat. 1980 habe ich Abitur
gemacht. 1980 war die Hochzeit der Hausbesetzerbewegung.
Das war noch die Vor-Kohl-Ära. Nach 68 und vor Kohl!
Jeder, der den Wehrdienst nicht verweigert hätte, jeder, der
keinen Zivildienst gemacht hätte, der hätte sich furchtbar
rechtfertigen müssen, damals, in unserem erzkonservativen
Gymnasium. Das gehörte einfach zum Werdegang, ein auto-
nomes Jugendzentrum, die Friedensbewegung, die Fahrt zur
Startbahn West. Und auch als ich studiert habe, da gab's
viele, die sich gefragt haben, was machen wir hier eigentlich,
und die haben was dagegen unternommen, beispielsweise
Prüfungen boykottiert. Gleich im ersten Semester habe
ich damals damit angefangen, die Gentechnik zu meinem
Thema zu machen. Daß ich jetzt, nach zwanzig Jahren,
immer noch dranhänge, das hätte ich mir auch nicht träumen
lassen.«

THEODOR HIEPE, *emer. Univ.-Prof., Dr. sc. med. vet., Dr. h. c., ehem. Leiter d. Lehrstuhls u. Wissenschaftsbereichs Parasitologie an d. Sektion Tierproduktion u. Veterinärmedizin d. Humboldt Univ. Berlin. 1993–95 ordentl. Prof. an d. FU Berlin (im Rahmen d. Fusion d. Fakultäten). Dr. med. vet. 1953. Nebenamtl. Cheftierarzt am Zoologischen Garten Leipzig. Aufbau des Schafherden-Gesundheitsdienstes d. Landes Sachsen. Habil. 1958. 1960 Berufung z. ordentl. Prof. an d. Lehrstelle f. Parasitol. u. Veterinärmed. Zoologie d. Veterinärmed. Fak. d. Humboldt Univ. Berlin. 1970 Errichtung e. Forschungslaboratoriums f. Ektoparasitenbekämpfung in d. Mongolei an d. Humboldt Univ. Berlin. Zahlr. Auszeichnungen u. Ehrungen, u. a. Banner der Arbeit, 1970; Oskar-Röder-Medaille, 1985; Hufeland-Medaille in Gold, 1989; Müssemeier-Medaille, 1993; Rudolf-Leuckart-Medaille, 2000. Mitgl. d. Dt. Akad. d. Naturforscher Leopoldina, 1980 (seit 1987 Senator). Vizepräsident d. Weltverein. d. Veterinärparasitologen, 1987–93; Mitgl. d. Akad. d. Wiss. d. DDR, 1988; Gründungsmitgl. d. Berl.-Brand. Akad. d. Wiss., Ehrenmitgl. versch. Gesellschaften. Hg. Lehrbuch der Parasitologie, 4 Bde., u. Lehrbuch Schafskrankheiten. Verf. zahlreicher wiss. Veröff. u. Buchbeiträge. Wiss. Film über Hypodermose (Defa 1964), Mithg. d. Tierärztl. Wochenschrift. Theodor Hiepe wurde am 3. Juli 1929 in Weimar geboren, er ist verh. u. hat vier erw. Kinder. Zwei Parasiten wurden ihm zu Ehren benannt: Eimeria hiepei (Parasit d. Nerzes), 1972; Madathamugadia hiepei (Parasit d. südafr. Geckos), 1999.*

Zecke, Floh und Nasendassel

PARASITOLOGE

Herr Professor Hiepe lud uns zu einem Vorgespräch in sein ehemaliges Institut ein. Es steht in Berlin Mitte, unmittelbar neben der Charité, auf einem campusartigen, nun weitgehend verlassenen Gelände. Unser Gastgeber, ein jugendlich wirkender alter Herr, empfängt uns mit überraschender Freundlichkeit am Pförtnerhäuschen und zeigt uns ein wenig das schöne alte Gelände: »Das ist alles ein Komplex, was Sie hier sehen, es war ursprünglich der Parforcegarten des Königs, und seit über zweihundert Jahren befand sich dann hier die Veterinärmedizinische Fakultät. Es war ja nach der Wende vorgesehen, beide Fakultäten zusammenzulegen, aber an der Humboldt Universität. Leider ist dann doch anders entschieden worden, aus unverständlichen Gründen, es wäre alles dagewesen – ich meine, auch für die Studenten. Nun ist es ein guter Platz für Spekulanten, um im Marktwert zu sprechen: 3,3 Milliarden Mark Grund- und Bodenwert ... «

Herr Hiepe hat noch eine Gastprofessur und ein Arbeitszimmer an seinem ehemaligen Institut, das nun Institut für Molekulare Parasitologie heißt. Dieser Lehrstuhl ging ausnahmsweise an die Humboldt Universität zurück. Herr Professor Hiepe lächelt viel, oft auch etwas melancholisch. Im tadellos aufgeräumten Arbeitszimmer stehen die Dissertations- und Habilitationsarbeiten seiner Schüler feierlich gebunden in einem eigenen großen Regal. Herr Hiepe erzählt ein wenig über die antiken Wurzeln des Begriffs ›Parasit‹, der, aus dem Griechischen übersetzt, soviel wie ›Bei-Esser‹ bedeutet. Der antike Parasit war eine Art Kultbeamter und Vorkoster beim Gastmahl, später einer, der mitessen durfte, ohne eigentlich dazuzugehören, dafür mit Scherzen und Schmeicheleien zu Diensten sein mußte. Im vierten Jahrhundert v.Chr. wurde er Gegenstand der griechischen Komödie als feststehende Figur, war Prahler, Intrigant, komische Figur und Mitesser zugleich und ist als Komödienfigur auch von den Römern übernommen worden.

Eine Woche später fahren wir hinaus nach Köpenick. Das Haus von Herrn Hiepe liegt in Spindlersfeld, inmitten einer kleinen Siedlung von Einfamilienhäusern, in einer ruhigen Straße. Nicht weit davon entfernt ist die Köllnische Heide, fließt die Spree vorbei. Der Hausherr empfängt uns salopp und über die Maßen freundlich, führt uns ins Wohnzimmer und ins offen sich anschließende kleine Arbeitszimmer. Die Regalbretter biegen sich unter den Lehrbüchern. »Ab und zu drehe ich sie einfach um«, sagt er jovial. Auch hier, ebenso wie in seinem Institutszimmer, beherrscht ein mit wohlgeordneten Utensilien bestückter Schreibtisch den Raum. Ein schönes Pferdchen aus dunklem Metall und die Bilder an den Wänden zeugen von der Freude des Hausherrn und seiner Gattin – die sich übrigens entschuldigen ließ – an Malerei und Plastik. Er zeigt uns zwei mit Seidenpapier geschützte japanische Tuschezeichnungen. Die interessantere von beiden, ein Zweikampf zwischen Frosch und Hase, scheint ein Sprichwort darzustellen. Leider kann uns Herr Professor Hiepe aus dem Stegreif nichts weiter über Alter und Bedeutung des Bildes erzählen, er müßte erst nachsehen. Wir erfahren aber, daß am Wochenende der ehemalige japanische Minister für Forschung und Bildung sein Gast war und dieses Geschenk überreicht hat.

Im Wohnzimmer ist für uns gedeckt. Zuerst soll der vergnügliche Teil kommen, danach die Arbeit, sagt Herr Hiepe und zeigt auf die Wand: »Das sind übrigens zwei meiner Kinder, in jungen Jahren.« Über der Anrichte hängt ein Ölgemälde, es zeigt ein etwas steif dasitzendes Mädchen mit Zöpfen und Buch auf dem Schoß. Das zweite Bild hängt über der Couch, ein lesender Knabe mit aufgestütztem Kopf ist zu sehen, nebst einem Veilchenstrauß. Das daneben hängende, kleinere Bild zeigt Schafe unter einem blühenden Baum. »Das Bild mit den Sonnenblumen«, sagt unser Gastgeber und deutet zum Eingang seines Arbeitszimmers, »war übrigens mein erstes, das ich mir mit meinen damals recht schmalen Mitteln gekauft habe.« Später, als wir zum

›Arbeiten‹ hinüberwechseln in die Sitzecke, werden wir noch einmal auf ein Bild aufmerksam gemacht, es zeigt einen großen alten Bauernhof. Herr Hiepe setzt sich bequem und beginnt zu erzählen. Er entstammt einer alteingesessenen Thüringer Bauernfamilie. Die Laufbahn als Hochschullehrer wurde ihm nicht in die Wiege gelegt, er erinnert sich seiner Herkunft sehr genau, und ohne sie zu verklären, schätzt er auch ihre Nachteile: »Ich bin da hineingewachsen, mit all den Unbequemlichkeiten und all der Vielfalt – schaun Sie, die Tiere müssen früh gefüttert werden, sonntags und werktags, bevor sie gemolken werden. Das erfordert Selbstdisziplin, Verantwortung, man nimmt einen gewissen Arbeitsrhythmus an. Die zweite prägende Sache waren die Jahre als Fahrschüler. Jeden Tag um halb fünf aufstehen, fünf Kilometer auf bergigem Gelände zu Fuß gehen, dann mit der Bahn fahren. Ich stehe heute noch früh auf. Geprägt hat mich natürlich auch, daß ich an meinem fünfzehnten Geburtstag aus der Kriegsgefangenschaft entlassen wurde – die ganze Klasse war ja geschlossen als Fronthelfer an den Niederrhein geschickt worden. Aber trotz allem ... später habe ich dann Veterinärmedizin studiert und bald promoviert, 1953, an der Karl-Marx-Universität Leipzig, und mit achtundzwanzig Jahren, am 22. Mai 1958, habe ich mich habilitiert, also ziemlich früh«, er lacht, »ich hatte irgendwie ohne Probleme meinen Arbeitsrhythmus gefunden, meine Lebenseinstellung und natürlich meine Einstellung zum Tier. Das verdanke ich dem Bauernhof, drum sage ich immer, die jungen Leute müssen frühzeitig auch mit der Praxis vertraut gemacht werden. Ich wollte ja eigentlich Landtierarzt werden, blieb aber in der Stadt hängen, sozusagen, wurde nebenamtlicher Cheftierarzt im Zoologischen Garten Leipzig. Ein Traum für jeden Veterinär. Ich habe Löwen operiert, habe beim Fasan die Tuberkulinprobe gemacht und bekam dann eine von den Elefanten übertragene Pockeninfektion, die mich vorübergehend blind machte und ins Krankenhaus gezwungen hat.« Herr Hiepe ist ein lebhafter Erzähler, er blickt uns abwechselnd an, lächelt viel. Seine Sprechweise hat oft etwas Begütigendes, ab und zu nimmt sie einen feierlichen Tonfall an, wirkt stets sehr kontrolliert und läßt nur eine Spur von Dialekt durchs Hochdeutsch schlüpfen.

Herr Hiepe gründete noch in seiner Leipziger Zeit einen Schafherdengesundheitsdienst, der später für die gesamte DDR verbindlich wurde. 1960, im Alter von einunddreißig Jahren, wurde er als ordentlicher Professor auf den Lehrstuhl für Parasitologie und Veterinärmedizinische Zoologie der Humboldt Universität Berlin berufen. Die rapide Entwicklung und Intensivierung der sogenannten Tierproduktion brachte eine Menge von Problemen hervor, auch parasitologischer Art. Es mußten neue Strategien und Programme entwickelt werden. Innerhalb von nur vier Jahren (1965–69) konnte Herr Professor Hiepe die Hypodermose des Rindes – auf die im Anschluß näher eingegangen wird – vollkommen zum Verschwinden bringen und damit »jährliche Schäden bei der Rohhaut-, Fleisch- und Milchproduktion von einhundertfünfzig Millionen Mark abwenden«. Dafür bekam er den Orden ›Banner der Arbeit‹ Stufe 1. Sein Institut leistete führende Forschungsarbeit, auf deren Grundlage normative und gesetzliche Entscheidungen für die Parasitenbekämpfung in der DDR getroffen wurden. 1970 gründete er an seinem Institut ein Forschungslaboratorium für Ektoparasitenbekämpfung in der Mongolei.

»Der Parasitismus als Lebensform«, sagt Herr Hiepe, »das ist also mein Gegenstand, mit dem ich mich, nicht nur theoretisch, sondern auch von der angewandten Seite her, intensiv beschäftigt habe. Aber was ist das, ein Parasit? Ich habe beim Ersten Weltkongreß der Parasitologen an die zehn Großen diese Frage gestellt. Jeder sagte was anderes. Eine treffende Definition muß aber sein, es genügt nicht, zu sagen, es ist ein Organismus, der einen Wirt hat, auf dem er lebt, sich ernährt und fortpflanzt. Das Hauptkriterium ist der *schädigende* Einfluß, den er auf den Wirt ausübt. Er ist ein Parasit nur dann, wenn er schädigt – also ich meine jetzt nicht den ökonomischen Schaden, nein, es geht um den Wirt. Parasitismus repräsentiert das Gegeneinander. Nehmen Sie so etwas allseits Bekanntes wie die Schildzecke, den Holzbock, diese Art hat sich zu einem Blutsauger entwickelt, ist auf Blut angewiesen, saugt es als Parasit aus einem Wirtsorganismus – sei es nun eine Maus, ein Rind oder ein Mensch – bei diesem Vorgang entzieht sie Blut. Aber nicht nur, denn es können auch gefährliche Krankheitserreger mit dem Speicheldrüsensekret, das das Blutsaugen vorbereitet, übertragen werden. Ebenso ist es bei der Malaria, der Toxoplasmose oder auch der afrikanischen Schlafkrankheit. Auch hier findet die Übertragung des Erregers beim Blutsaugen statt. Oder nehmen Sie die Gruppe der parasitischen Würmer, die vor allem junge Tiere – und auch Menschen – befallen, sie entziehen dem Wirtsorganismus Nährstoffe und schädigen ihn auf vielfältige Weise. Es kann vorkommen, daß sie sogar den Tod des Wirtes verursachen, in der Regel aber ist das nicht im Sinne des Parasiten, denn so würde er ja einen Suizid begehen letzten Endes.

Oder nehmen Sie die Hypodermose des Rindes, von der bereits die Rede war. Erreger dieser Krankheit ist in unseren Breitengraden die Hypoderma bovis, die sogenannte Dasselfliege. Bereits wenn die Weibchen zur Eiablage anfliegen, kommt es bei den Rindern zum sogenannten ›Biesen‹, sie versuchen, sich durch wilde Flucht in Sicherheit zu bringen, nicht selten kommt es zu Verletzungen. Die Dasselfliegen aber finden ihr Ziel. In der Flugphase kleben sie ihre Eier einzeln an die Haare des Bauches und der Beine des Rindes. Nach etwa vier Tagen schlüpfen winzige Larven, dringen durch die Haarwurzeln in den Körper ein und wandern innerhalb von sieben bis neun Monaten entlang der Nervenbahnen durch den Leib, passieren den Wirbelkanal, gelangen unter die Rückenhaut und bilden während ihres mehrere Wochen dauernden Aufenthaltes dort die gefürchteten, taubeneigroßen, bindegewebsverkapselten Dasselbeulen, in denen sie leben. Am 360. Tag schlüpfen die Dasselfliegen aus den Puppen, die Männchen und die Weibchen, und müssen sehen, daß sie sich treffen und paaren können. Beim Männchen, wenn der letzte Schuß raus ist, kommt auch schon der Tod! Es kann keine Nahrung aufnehmen. Äußerlich haben sie schöne Mundwerkzeuge, aber die sind verschlossen!« Herr Professor Hiepe untermalt die Beschreibung der Mundwerkzeuge mit Gesten neben seinem Kiefer und fügt hinzu: »Beim Weibchen ebenso, kaum ist das letzte Ei heraus, stirbt auch das Weibchen. Die sind eigentlich arm dran. Das ist eben die Überspezialisierung auf die reine Reproduktion. Aber man darf natürlich nicht vergessen, was sie für Schäden angerichtet haben. Und was die Parasiten insgesamt anrichten, ist gar nicht zu ermessen! Unter den etwa 1,2 Millionen bekannten Tierarten rechnet man mit mindestens 70 000 Parasitenarten. Übrigens findet sich in der Gruppe der Säugetiere nur ein einziger Parasit, die blutsaugende Vampirfledermaus. Ja und nun könnte man auf den Gedanken kommen: Was machen wir nun mit den Parasiten?« Herr Hiepe blickt einen Moment ins Leere.

»Parasiten sind schädigend, sie müssen bekämpft werden. Aber nicht in Form einer generellen Bekämpfung, im Sinne einer Ausrottung, sondern gezielt. Beispielsweise Pocken, die werden ja immer noch aufbewahrt, für welche Zwecke auch immer. Also mir wär's lieber, die hätte man vernichtet. Ganz! Es gibt ja noch nahe Verwandte, die diese Funktion übernehmen könnten; aber ohne zu schädigen. Wir könnten sehr wohl bekämpfungsstrategisch einzelne Arten herausnehmen, ich denke da an beispielsweise Malaria, ich zähle dazu den Virus der Spinalen Kinderlähmung, das hat sehr viel Unglück verursacht. Wir könnten sagen, diese einzelnen nehmen wir heraus, ohne daß das gesamte Lebensgefüge gestört wird … Sie hören schon raus, ich bin einer, der die Ganzheitsbetrachtung vertritt. Wir müssen das gesamte Lebensgefüge immer im Auge behalten, bei all unserem Jagdtrieb, Parasiten zu bekämpfen, ganz sicher. Aber Parasiten, die es zu arg treiben, die einfach schamlos dann sind, wie zum Beispiel eben Pocken – auf die können wir verzichten. Entscheidend ist aber letztlich das gesamte Gefüge, es geht ja nicht nur um den Menschen, sondern um das Leben, nicht? Weiterentwicklung des Lebens, das wäre so die ethische Grundauffassung. Ein bißchen strenger sind wir beim sozialen Parasitismus, der innerhalb der Arten existiert. Das heißt, die Läuse leben auch in Konkurrenz, oder die Bandwürmer beim Menschen. Wenn Sie mit der Nahrung, mit dem Fleisch, mehrere Finnen aufnehmen, was glauben Sie, was sich da abspielt! – Einer bleibt nur übrig, das ist Krieg! Und auch für den sozialen Parasitismus in der menschlichen Gesellschaft … eigentlich … das ist auch … ich denke eine ethische Pflicht des Parasitologen, darauf aufmerksam zu machen, das kann man nicht dem Selbstlauf überlassen.«

Auf unsere Frage, wie das gemeint sei, sagt Herr Professor Hiepe etwas unsicher: »Ja, ich meine diesen Parasitismus, wo eben Menschen geschädigt werden, vorsätzlich, nicht nur durch Kriminalität …« Wir fragen noch mal nach, denn der Begriff des Sozialschmarotzers ist ja Bestandteil der politischen Propaganda und Hetze gegen die Armen. »Nein, nein«, ruft Herr Hiepe entschieden, »für mich gibt es einen anderen Sprachgebrauch, was ich meinte, ist, daß ... sagen wir, eine Gruppe von Menschen, nur weil sie Geld hat – vergessen Sie das schnell wieder –, die lebt eben dann ... hat die größten Schweinereien gemacht, dann sagt sie – so, hier sind eine Million Dollar ... Also das ist schon Parasitismus, aber das führt uns jetzt etwas abseits, in einen anderen Bereich. Einigen wir uns auf den Terminus ›sozialer Parasitismus‹, so wie ich ihn anfangs, anhand des Bandwurmes, erläutert habe. Sehen Sie, was mich eigentlich bewegt, ist doch folgendes: Es geht ja hier um Fragen der Nahrung und des Nahrungsentzuges, um Reproduktion, Entwicklung der Population. Strenggenommen ist es eine Auseinandersetzung artverschiedener Populationen, die da objektiv existieren. Und die gilt es zu regulieren. Für mich – und da bleibe ich dabei, da mache ich keinen Abstrich – ist es unerträglich, daß fünfzig Millionen Menschen auf diesem Planeten jährlich verhungern, und die Wissenschaft schläft. Wissen Sie, es gibt eine große Diskrepanz, nicht nur auf dem Gebiet der Parasitologie, zwischen wissenschaftlicher Erkenntnis und dem, was praktiziert wird. Das ist das, was einem durchaus schlaflose Nächte bereitet. Deshalb ist es so schön, wenn man was Praktisches tun kann, direkte Hilfe leisten ... Ich war ja grade wieder in der Mongolei, vier Wochen, dort haben wir das erste Mal eine zentrale Weiterbildung gemacht, für zwanzig Veterinäre, den harten Kern. Die gehen dann raus und sagen: Achtung, das sind die Medikamente, so bekämpft man in Europa die Tierseuchen, so in Amerika, macht das so und nicht so! Das ist unser Anliegen, unter den neuen gesellschaftlichen Verhältnissen die Tierärzte vorzubereiten. Wir sagen, wir haben Desinfektionsmittel und Arzneimittel in Europa, es gibt eine Liste dieser Tierarzneimittel, speziell für Nahrungstiere. Das ist so der Standard, und das ist wichtig, denn sie wollen ja jetzt auch Fleisch exportieren und müssen, auch was die Rückstände betrifft, weltmarktfähig sein. Das sind so die Aufgaben der Berater. Wir waren zwei, noch ein Kollege von den Behringwerken, der auch im Ruhestand ist, war dabei. Er war, in Leipzig noch damals, Schüler von mir und ist dann 1960 weggegangen. Er hat sehr viel Erfahrung auf dem Gebiet der Impfstoffe, wir haben uns sehr gut ergänzt. Das alles machen wir ehrenamtlich, im Rahmen des Senioren-Experten-Service. Getragen wird das von einem Dienst der Deutschen Wirtschaft für internationale Zusammenarbeit – einer gemeinnützigen Gesellschaft –, dem Auswärtigen Amt und der GTZ.«

Wir fragen nach den früheren Aufenthalten und Erfahrungen in der Mongolei. »Dieses Forschungslaboratorium wurde ja damals Anfang der siebziger Jahre im Rahmen des Wirtschaftsverbandes gegründet. Es war paritätisch, vier Mongolen, vier Deutsche, in der DDR ein Labor, in der Mongolei ein Labor. Die Pläne wurden ausgearbeitet und dann umgesetzt in die Praxis. Es waren sechsundfünfzig Expeditionen, die wir gemacht haben. Begonnen haben wir mit der Hypodermose, und das umfaßte dann die gesamte Ektoparasitose, so daß die gesamten Haustiere, Nutztiere dann in die Bekämpfungsaktion mit einbezogen wurden. Alles, Zecken, Flohplage, Nasendassel. Zwei Millionen Rinder gab es damals. Auch Kamele, vierzehn Millionen Schafe. Zwanzig Millionen Schafe hat man heute, sechs Millionen Pferde und zehn Millionen Ziegen für Kaschmirwolle – sie sind übrigens inzwischen Hauptproduzenten, noch vor Kaschmir selbst …« Herr Hiepe springt auf, holt aus seinem Arbeitszimmer eine leichte, hellgraue Strickjacke und sagt: »Sehn Sie mal, wie weich. Das ist im Sommer kühl, im Winter warm, es ist maschinengestrickt und wurde extra für mich zugeschnitten. Um diese Wolle gibt es Ärger im Moment, die Chinesen kaufen sie ganz billig auf, sie wollen nicht, daß die Mongolen so etwas herstellen. Ja, und um auf unseren Ausgangspunkt zurückzukommen, auf die Behandlung des mongolischen Rindes. Wir hatten ein nach strengen Regeln ausgeklügeltes Medikament, das einfach aufgegossen wurde. Ganz besonders wichtig, es muß im Herbst geschehen, also vor der Wirbelkanalpassage der Larven, damit sie abgetötet werden, noch bevor sie ihre größte Schadwirkung entfalten. Die Larve wird dann vom Gewebe absorbiert, das ist für das Rind ein sehr schonendes Verfahren. Eine Gruppe hatte früher mal versucht, vom Flugzeug aus die großen Weiden einzuschneien. Da ist aber dann die ganze Nutzfauna mit daran zugrunde gegangen. Und das ist eine Todsünde! Unsere Methode war, wie gesagt, so ausgeklügelt in der Dosierung, die Milch konnte bereits wieder nach sechs bis acht Stunden verwendet werden. Heute ist das Mittel in der Europäischen Gemeinschaft zugelassen. Und tatsächlich ist es uns mit diesem arbeitsaufwendigen, aber preiswerten und umweltfreundlichen System – darauf waren sie sehr bedacht – in kurzer Zeit gelungen, von hundert Prozent Befallshäufigkeit auf 4,7 Prozent zurückzudämmen. Wir hatten innerhalb von vier Jahren die mongolische Rohhaut weltmarktfähig gemacht! Fakt war, diese Haut war nicht exportfähig. Leder ist ja ein wichtiger Rohstoff, nicht nur für Schuhe und Kleidung, auch für die Technik. Und durch die Atemlöcher der Dassellarven wurden ja die wertvollsten Lederpartien zerstört, weil etwa achtzig Prozent der Dassellöcher im Bereich der Lendenwirbelsäule liegen. Und die vernarbten Löcher der geschlüpften Larven fallen beim Gerben heraus, das Leder wird später an dieser Stelle wasserdurchlässig …

Ja und dann ist natürlich sehr interessant das Land selbst, es hat etwa 1,5 Millionen Quadratkilometer, das ist so weit wie von Rostock bis Rom, von Charkow bis Paris, damals gab es 1,3 Millionen Einwohner – heute sind es 2,4 Millionen –, sechzehn bis siebzehn Städte, zweihundertfünfzig Ortschaften und zweihundert Somonen – das war eine russische Bezeichnung, heute spricht man ja nur noch ungern Russisch; es heißt Sum, Standort. Da war also der Diesel-, Strom- und Energieerzeuger, der Bürgermeister, die Schule, Krankenstation, Tierarzt, dort mußten wir uns melden, von da aus wurde praktisch alles geregelt. Im Geländewagen ging es zu den Araten, das sind die mongolischen Nomaden, die mit ihren Herden dem Futter nachziehen, Sommerweiden, Winterweiden … das Land gehört jedem, Halbsteppen, Steppen, Wüste … Und wir sind da Hunderte von Kilometern gefahren, über Steppenstraßen – es gibt ja praktisch nur eine befestigte Straße – zu diesen Jurtendörfern. Das sind meist drei bis sechs Jurten, man wird hineingebeten, das ist sehr zeremoniell. Man darf keinesfalls auf die Schwelle treten und wird der Herrin gegenüber plaziert. Die Rolle der Frau ist ausgesprochen dominant in der Jurte. Was außerhalb liegt, ist Sache der Hirten. Man wird köstlich bewirtet, man palavert – mittels einer

Dolmetscherin – faßt Beschlüsse, und dann werden sie umgesetzt. Das ist eine sehr eigene Welt dort, die mich sehr fasziniert, auch das Religiöse. Ich interessiere mich ja sehr für die großen Religionen – ich selbst neige eher in Richtung Konfuzianismus, nicht was die Riten betrifft, nein, aber eben die Richtung gefällt mir, das Alles-im-Auge-Haben, das Ganze sehen, nach oben offen lassen, das gezügelte Leben eben, die grundsätzliche Lebensauffassung. Denn sehen Sie, es ist doch so, wir sind nur eine von 1,2 Millionen Tierarten auf diesem Planeten, und nur unsere Art hat das Glück, denken zu können – ja, Glück, oder nicht –, aber sie hat auch Pflichten und Verantwortung überall da, wo sie eingreift in die Lebensprozesse … Deshalb habe ich mich ja auch für die Einführung eines Lehrstuhls für Tierschutz stark gemacht, also mit dem Lehrkomplex Tierschutz, Ethologie, Tierversuchskunde und Alternativen zum Tierversuch. Die Rolle des Veterinärs kann ja nicht sein, so wie es die Tierschützer sehen, daß er vor allem den ökonomischen Interessen der gewerblichen Tierhalter zu dienen scheint. Die Tierärzte müssen auch wirklich Anwälte der Tiere sein. Wir haben ja heute ein neues ethisches Grundkonzept zu vertreten. Eine anthropozentrische Ethik ist von einer Ethik der artübergreifenden Humanität verdrängt worden, die Ansprüche des Tieres sind zu einem zu schützenden Rechtsgut erhoben worden. Und das ist eine Herausforderung für die neue Tiermedizin.«

Wir schneiden im Sinne des Gesagten das Thema BSE an. Herr Professor Hiepe hat 1996 in der Leopoldina eine Podiumsdiskussion mit Mitgliedern der Akademie sowie erfahrenen Fachleuten organisiert und eine vorläufige Bestandsaufnahme machen lassen. Er selbst hat 1997 vor der Berlin-Brandenburgischen Akademie der Wissenschaften einen zusammenfassenden Vortrag gehalten mit dem Titel *Rinderwahnsinn – ein Wahnsinn?*, der mit einer Kritik am Sprachgebrauch beginnt: »(…) Die Bezeichnung Wahnsinn ist humanspezifisch und somit nicht auf Tiere übertragbar.« Herr Hiepe sagt mit erregtem Unterton: »Das ist eine sehr ernste Angelegenheit … in Deutschland hat man sich da an die Spielregeln gehalten, es gab ja technische Vorgaben damals, die man nicht eingehalten hat. Aber das Schlimmste ist, daß man, obwohl man wußte, daß OSE, diese

Traberkrankheit, auf der britischen Insel bekannt ist, seit 1759 schon, daß man diese Schafe dann mitsamt den infektiösen Nachgeburten zu Tiermehl verarbeitet und an Rinder verfüttert hat … und, als das ausbrach, als man es erkannte, immer noch weitergemacht hat. Das ist unvertretbar, unverzeihlich! In Deutschland schreibt das Tierkörperbeseitigungsgesetz vor eine Zerkleinerung der Tierkörper oder Bestandteile auf Stücke von weniger als fünf Zentimeter Durchmesser, Erhitzung auf hundertdreiunddreißig Grad Celsius, zwanzig Minuten lang, bei einem Druck von drei bar. Und weil das Verfahren sehr kosten- und energieaufwendig ist, hat man, aus Gewinngründen, in Großbritannien dieses Verfahren ›vereinfacht‹ auf achtzig Grad Celsius und Fettextraktion …« Die Frage, ob alle toten Tiere, Schlachthofreste, Ratten, Katzen und auch der eingeschläferte Hund so behandelt werden, bejaht Herr Hiepe. »Auch was zum Beispiel in der Veterinärpathologie so anfällt, das kommt alles in die Tierkörperbeseitigung …« Es stellt sich heraus, Herr Hiepe war noch nie in einer Tierkörperbeseitigungsanstalt. »Und dort wird eben nicht *beseitigt,* sondern zu Tiernahrung verarbeitet, die man dann an Tiere verfüttert, sogar an reine Pflanzenfresser«, wenden wir ein. Herr Hiepe ruft aus: »Das ist richtig, was Sie sagen, das ist tatsächlich derart … Ja, glauben Sie, mich bewegt das nicht? Gut, daß vom Schlachthof die Abfälle genutzt werden als tierisches Eiweiß, in einer Welt, in der fünfzig Millionen verhungern, verstehen Sie mich richtig … Aber: Dieser schamlose Mißbrauch, der bewegt mich schon lange. In der DDR kam ja damals diese Tierkörperbeseitigungs- und Verwertungsanstalt, so hieß die, und da wurde mir schnell klar, wie's langgeht – da habe ich damals gesagt: Leute! So doch nicht! Das nicht! Bis hierher und nicht weiter!! Und es hat tatsächlich etwas genutzt. Denn wissen Sie, das Risiko …«, Herr Hiepe sagt es fast flüsternd, »das war ja sehr groß, wenn das nicht funktioniert hätte damals, bei diesen Tierkonzentrationen …«

Zur Frage nach seiner heutigen Sicht auf die industriemäßige ›Tierproduktion‹ der DDR sagt Herr Professor Hiepe ohne Zögern: »Da wurden Grenzen wirklich überschritten, ich habe mich mal beim Landwirtschaftsministerium erkundigt nach den Obergrenzen, das waren sechstausend Milchkühe unter einem Dach, zweihunderttausend Schweine, von den Hühnern ganz zu schweigen ... Das schlug sich natürlich nieder in Rattenbefall; in Fliegenplagen auch, besonders im Schweinestall. So entstand übrigens die biologische Fliegenbekämpfung, Fliege gegen Fliege, denn es war schrecklich! Wenn sie das Licht anmachten, dann knisterte die Luft, und wie ein Atompilz kam das überall heraus ... Und wir hatten diese Fliege also, die ansonsten in Amerika ist, sie betreibt praktisch Autotomie, sie reguliert ihre Population selbst. Sie frißt andere Insekten, so auch die Brut der Musca domestica, der Stubenfliege. Und wenn dann nichts mehr da ist, frißt sie ihre eigene Brut größtenteils, so daß nur ein paar übrigbleiben. Stubenfliegen aber keine. Dieses Problem haben wir gelöst, gut – aber den Mut, zu sagen, wenn ihr weiter so produziert, dann verlasse ich dieses Land, den habe ich nicht gehabt. Und deshalb auch sagte ich das vom gezügelten Leben, denn ich glaube schon, wenn man sich erlaubt, in die Lebensprozesse einzugreifen, wie das der Parasitologe tut, um zu regulieren – wenn man sich also anmaßt, Leben zu regulieren, wie das in der Parasitenbekämpfung geschieht, dann muß man sich seiner großen Verantwortung stets bewußt sein.«

GERALD ULRICH, *apl. Prof.,*
Dr. med. an d. Abt. f. Klinische
Psychiatrie u. Poliklinik d. FU Berlin.
Arzt f. Neurologie u. Psychiatrie.
Diss. 1970. Weiterbildung z. Nerven-
arzt an d. Univ. Erlangen, ab 1974
Forschungstätigkeit (Abt. f. Klinische
Psychophysiologie) an d. Klinik f.
Psychiatrie u. Neurologie d. FU Berlin.
Habil. 1981 (Videoanal. Studie
z. nonverb. Verhalten depressiver
Patienten). *Schwerpunkte: Klin.*
Neuropsychologie, Klin. Elektroenzeph.
Polikl. Patientenversorgung (Berl.
Lithium-Katamnese), Epistemol.
Grundl. v. Mediz./Psychiatr.; Veröff.
u. a.: Psychiatr. Elektroenzephalo-
graphie., *1994;* Biomedizin – Von
den folgenschweren Wandlungen
d. Biologiebegriffs, *1997;* Im Spannungsfeld v. Aletheia u. Asklepios,
2000. Div. Publikationen in
in- u. ausl. Fachzeitschr., Gründer
d. Arbeitsgemeinschaft f. psychiatr.
Elektroenzeph. Gerald Ulrich
wurde 1943 in Eger (tschech. Cheb,
NW-Böhmen) geboren, drei Kinder.

Das Rauschen der Neurone

NEUROLOGE

Herr Professor Ulrich fiel mir sozusagen in die Hände, und zwar in Form eines Büchleins mit dem Titel *Im Spannungsfeld von Aletheia und Asklepios.* Es enthält den Briefwechsel zwischen dem Physiker H.-J. Treder und G. Ulrich und versteht sich als Versuch einer Annäherung zwischen Physik und Medizin. Die beiden im Hinblick auf Fachgebiet, Alter und Persönlichkeit sehr verschiedenen Briefpartner, umspielen und definieren variantenreich den Wissenschaftsbegriff, und zwar mit Hilfe einer Art gemeinsamer ›Fremdsprache‹, der Philosophie. Die Schreibenden verbindet so etwas wie ein Phantomschmerz, sie möchten die Naturwissenschaft mit der ihr amputierten Philosophie vereinen. Über die Einzelheiten wird noch diskutiert.

Herr Ulrich wohnt im Nordwesten Berlins, inmitten einer Eigenheimsiedlung, die umgeben ist von Schrebergärten, Friedhöfen, dem Tegeler Fließ und der Stadtautobahn. Sein Haus liegt in einer Sackgasse und ist der einzige Bungalow zwischen all den spitzgiebeligen, überaus gepflegten Einfamilienhäusern. Die Fassade ist unter einer Kletterpflanze verschwunden, im Vorgarten stehen tadellos die diversen und üblichen Gewächse. Aus der Rolle bürgerlicher Vorgartenvegetation fällt lediglich der Stechapfelstrauch, der hierzulande eher zum Unkraut gezählt wird als zu den Ziersträuchern. Seine Samen und Blätter enthalten ein narkotisch wirkendes Gift, das, so lese ich im alten *Meyer,* früher zur Behandlung von Geisteskrankheiten und Asthma benutzt wurde: »… oft in der Form von Stramoniumzigarren«.

Der Hausherr empfängt Elisabeth und mich am Gartentor, vor dem sein sündteurer, schwarzer Mercedes parkt, sagt darauf deutend salopp, »meine Bonzenschleuder«, bittet ins

Haus und führt uns durch ein großes Wohnzimmer in den rückwärtig gelegenen Wintergarten. Das Wohnzimmer hat ein Panoramafenster zur Straße hin, das beherrscht wird von einer geordnet ausgewucherten und in sich verschlungenen Blattpflanze. Möbel gibt es nur wenige. Zentral im Raum steht ein feuerroter Ledersessel, vis-à-vis vom Fernsehgerät. Auffallend sind die vielen, teils expressiven Bilder an den Wänden. Sie hängen ringsum in Reih und Glied. Auffallend ist auch ein irritierender, teils würziger, teils muffiger Geruch, von dem das ganze Haus erfüllt zu sein scheint. Wir bekommen vom Hausherrn Tee eingeschenkt und blicken in ein wohlgepflegtes kleines Gärtchen, das umgeben ist von den Nachbargärten, und auf einen Korb frisch gepflückter Äpfel. Herr Professor Ulrich nimmt Platz und lächelt. Hinter ihm an der Wand hängt ein Bild, es zeigt einen grimassierenden Winterwald mit Panjewagen und Wölfen, gemalt wie von einem Jungen Wilden.

»Ich kam 1974 nach Berlin, zu meinem damaligen Lehrer, Professor Bente, den ich ja von Erlangen her schon kannte«, sagt der Hausherr mit bayerisch klingendem, rollenden R. »Bente war ein Schüler von Kretschmer, und er war sehr breit angelegt. Das ging von der Mathematik über die Medizin zur Philosophie und zur Kunstgeschichte, er war eine schillernde Persönlichkeit, er hat mich inspiriert. Hat alle inspiriert, ohne selbst etwas zu Ende zu bringen – er war ein großer Anreger, hat auch viel geirrt, aber bei diesen Irrtümern ergaben sich immer neue Fragestellungen, was ja besser ist als sterile Wahrheiten. Bente wurde also hierher berufen, und ich bin ihm gefolgt. Mein damaliger Chef, Professor Wieck, versuchte mich zu halten, denn was ich da aufgebaut hatte, organmedizinisch, das hatte Anerkennung gefunden. Er sagte, wenn Sie hierbleiben, können Sie in diesem Jahr noch habilitieren. Das war 1974, da war ich neunundzwanzig… nein, äh, dreiundvierzig geboren, da war ich… na gut, noch keine dreißig – aber ich habe dann darauf verzichtet und erst 1981 habilitiert. Habe also viele Jahre Karriere geopfert, diesem Interesse folgend. Aber ich bin natürlich nicht auf der Wolke des Psychischen da nach Berlin geflogen, ich habe handfeste Medizin gemacht vorher, mit Intubation und kleiner Chirurgie, mit Katheterlegen – ich war sogar mal Landarzt für ein Jahr, mit Geburtshilfe und allem, da kamen die Bauern auch mit angemähten Reh-kitzen und aufgeblähten Kühen. Das möchte ich alles nicht missen. Aber ich war später immer wieder konfrontiert mit der Ratlosigkeit, daß ich meine Zeit verplempere, daß ich meine Erfahrungen mache statt Karriere.

Ich habe sehr gerne handfest gearbeitet, auch in der neurologischen Intensivmedizin. Das war ja damals eine Pioniergeschichte, das gab's nur noch in Köln, Psychiatrische Intensivmedizin hieß das, und ich als Junger sollte das mit aufbauen. Die Patienten waren Apalliker, von denen Sie sicher schon gehört haben, mit schweren Schädel-Hirn-Traumen, die sind damals alle nach spätestens sechs Monaten gestorben, an Auszehrung. Erst konnte man sich das nicht erklären, dann fand man heraus, daß die Hirnschädigung den Stoffwechsel so anregt, daß sie eine Überschußverbrennung haben und so tatsächlich sechs- bis siebentausend Kalorien täglich verbrennen. Über die Sondennahrung bekommt man aber maximal dreitausend Kalorien rein, also sind sie alle gestorben. Spätprobleme mit Apallikern oder die Frage des ›Abstellens‹ gab es somit damals noch nicht. Sie magerten ab, bekamen Dekubitusgeschwüre, haben entsetzlich gestunken und hatten Kontraktionen. Ähh!! Es war furchtbar! Die Problemlösung fand ich durch einen Zufall.« Herr Ulrich, der seine Erzählung mit wechselnder Körperhaltung und unterstreichenden Gesten begleitet, beugt sich vor: »Und zwar hatte ich damals bei einer Firma in Erlangen eine Elektrolytlösung zu kaufen, und dort traf ich zufällig einen experimentellen Chirurgen aus Philadelphia. Der hat Experimente gemacht mit Beaglehunden, ihnen den Dünndarm entfernt und ihnen, in der Zeit, bis er nachgewachsen ist – er wächst nämlich nach, auch beim Menschen – hochprozentige Glucose infundiert, und zwar in die obere Hohlvene, die sehr geräumig ist. Das ist auch notwendig, denn wenn man hoch-prozentige Glucose infundiert, ist die Gefäßwandreizung extrem stark, also muß da so viel Blut vorhanden sein, daß alles schnell wegtransportiert wird. Also fünfzigprozentige Glucose. Dabei muß man wissen, bei einundfünfzig Prozent ist es bereits Honig, bei vierzig Prozent tropft es noch. Da habe ich gedacht: Mensch, das kannst du doch mal bei den Apallikern probieren! Und tatsächlich, es war ideal, die Leute haben nicht mehr abgenommen, bekamen keine

Dekubitusgeschwüre mehr, die haben überlebt! Nur ein Problem gab es, die Bienen! Wir mußten in der Intensivstation extra Fliegengitter einbauen, denn sie kamen von weitem herbei, weil ja auch die Ausscheidungen ... der Urin war süß. Ich habe dann in Wiesbaden vorgetragen damals, 1972, da es sich ja eigentlich um eine Erfindung handelte ... Wir hatten Fälle, die konnten zu Fuß nach Hause gehen, zwar als Hilfsbedürftige, aber die Angehörigen waren froh – es war ein echter Fortschritt. Aber ich wäre nie auf die Idee gekommen ... Drei Jahre später habe ich dann in der Zeitung gelesen, daß man in der Neurologischen Universitätsklinik Hannover einen Handballspieler mit ›Hyperalimentation‹ behandelt, da dachte ich, na, wo haben die den Begriff her, den hast doch du publiziert in der *Medizinischen Klinik* 1973, kein Mensch denkt da mehr an einen Ulrich, das ist eben so. Vor allem, weil's auch nicht mein Ressort war, Grenzüberschreitung ist ja ein todeswürdiges Verbrechen, selbst wenn es zum Segen der Menschheit wäre.«

Herr Ulrich schenkt Tee nach, im Nachbargarten lacht ein Mann sehr hoch und schallend. Vom Haus heraus kommt der seltsame Geruch und erfüllt den Wintergarten. Unser Gastgeber lehnt sich zurück und fährt fort: »Das war also Erlangen. Und ich bin dann 1974 in Berlin eingetreten, in eine selbständige Abteilung für *Psychophysiologie* der Freien Universität – im Rahmen der Psychiatrisch-Neurologischen Kliniken angesiedelt, nicht untergeordnet oder so was. Der Begriff Psychophysiologie wurde von Hans Berger geprägt, dem Entdecker der Gehirnstrommessung, dem Elektroenzephalogramm (EEG), und damit bin ich bereits beim Thema. So um die Jahrhundertwende hatte man ja begonnen, die Naturwissenschaften nutzbar zu machen für die Medizin, was dann der Medizin einen ungeheuren Boom bescherte, also Entdeckung der Röntgenstrahlen und so fort. Die Physik hatte plötzlich eine enorme Bedeutung, vorher ja weniger. Und Berger hat eine ältere Entdeckung aufgegriffen und weiterentwickelt, elektrische Potentialschwankungen auf der Gehirnrinde und mittels Verstärkung sogar auf der Schädelknochenhaut zu registrieren. 1929 war seine erste Publikation. Man hat's ihm aber nicht so recht abgenommen, erst 1936 kam die Anerkennung des EEGs.

Da war ein internationaler Psychologenkongreß in Paris, und zwei Engländer befanden, Berger hat recht, das sind keine Artefakte, das sind rhythmische Potentialschwankungen, und man fragt sich: Bedeuten die etwas für die Medizin? Für Berger sehr wohl, aber er ging damals noch von einem vorwissenschaftlichen Konzept aus – genau wie Freud – der psychischen Energie, womit natürlich die Physiker zu keiner Zeit etwas anfangen konnten. Der Psychische-Energie-Begriff ist dann zur Metapher verblaßt. Berger nahm ihn ganz wörtlich, meinte, diese Energie messen zu können, und war natürlich total auf dem Holzweg, wie wir heute wissen. Immerhin konnte man sehen, daß bei epileptischen Anfällen dieses EEG verändert war, dramatisch verändert. Aber was nutzt das dem Epileptiker, man sieht das ohne Hirnstrommessung ebenso. Letztlich konnte Berger den Beweis nicht antreten, daß es sehr nützlich wäre. Dann kam der Krieg, und Berger hat sich 1941 erschossen – er hatte eine manisch-depressive Psychose, Probleme mit der Partei, und sein Sohn war gefallen. In den fünfziger Jahren hat dann die Freiburger Schule unter dem großen Neurologen Jung das EEG wieder herangezogen. Er war der ›zweite Vater‹ des EEG, grenzte es aber streng auf die Neurologie ein und schrieb: Für die Psychiatrie hat das EEG keine Bedeutung! Er war der Papst, der Papst hatte gesprochen, damit war die Sache erledigt – für viele bis heute.«

Herr Ulrich überprüft fast unmerklich unser Mienenspiel und fährt dann sichtlich erleichtert fort: »Aber für meinen Lehrer, Professor Bente, war das EEG sehr viel mehr als nur ein Instrument der Neurologie. Er hat versucht, wieder bei Berger anzuknüpfen, nicht bei der psychischen Energie selbstverständlich. Er wußte, es ist was dran an der Angelegenheit, und arbeitete das sogenannte Vigilanzkonzept aus – das von dem englischen Neurologen Head stammt. Es hat nicht, wie der Begriff nahelegt, etwas mit Wachheit zu tun oder dem Gefühl der Ermüdung, sondern mit dem Organisationsniveau. Mit der Vorstellung, daß das intakte Hirn ein höheres Organisationsniveau hat als ein krankes und daß beim Übergang vom Wachen zum Schlafen verschiedene Vigilanzniveaus durchlaufen werden. Berger hat die Beobachtung gemacht, daß, wenn man Leute nur so sitzen läßt, auf dem Ableitungsstuhl, das Hirn sich selbst überläßt, dann stellt man fest, daß sich das EEG nach einiger Zeit verändert. Im Wachzustand! Zusammenfassend kann man sagen, das war der Kern der Benteschen EEG-Konzeption, die Vorstellung, daß bei Psychosen diese raum-zeitliche Ordnung, diese Zyklusdynamik des spontanen Ruhe-EEGs abgewandelt ist, auch bei Depressionen, Schizophrenien und so weiter. Und um das zu belegen, mußte man natürlich entsprechende theoriegeleitete Verfahren entwickeln. Aber dazu kam Bente nicht mehr, der Tod hat ihn ereilt, 1982 ... äh, es war 1983, ist er gestorben, ganz plötzlich, in seinem Sessel. Eine Zigarette rauchend, ist er umgekippt ... ich war dabei, habe noch versucht, ihn zu reanimieren, habe ihn sogar intubiert, aber es war ein Sekundenherztod, oder ein Schlaganfall, ist ja egal. Er war tot. Und nun war ich kommissarischer Leiter dieser Abteilung, für einige Jahre, und habe natürlich versucht, in den Bahnen Bentes – und vor allem konsequenter als er – weiterzuarbeiten. Die Begrenzung, mit dem EEG weiterzukommen, die lag damals auch in der Technik. Doch einige Zeit später hatte fast jeder einen Computer, und man konnte nun die Hirnströme, diesen Wellensalat – das ist ja ein Gemisch von Frequenzen – automatisch analysieren, die sogenannte Spektralanalyse konnte man automatisch durchführen, immerhin. Man war einen Schritt weiter, über das rein Optische hinaus. Das hatte man ja der Hirnstrommessung immer vorgeworfen, es sei reine Sternguckerei, der eine sieht's, der andere nicht, das ist keine seriöse Wissenschaft. Deshalb war diese Alternative verlockend, das EEG quantitativ zu analysieren, mathematisch. Da haben sich viele drauf gestürzt, nur wußten sie nicht, was sie eigentlich aus dem EEG da herausanalysieren sollten, was bedeuten die verschiedenen Resultate und so weiter? Und man hat immer mehr das EEG delegiert an Methodiker, an Ingenieure. Und diese Deutungsschwäche, die gab es ja vorher schon, das hängt auch damit zusammen, daß die Psychiatrie eine handlungsarme Wissenschaft ist, sie tut vieles, damit etwas zu geschehen scheint. Jahrzehntelang war es – in Berlin speziell – Vorschrift, daß jeder psychiatrische Patient bei stationärem Aufenthalt ein EEG gemacht bekommt. Aber fragen Sie nicht, warum. Und wenn nicht EEG, dann hat man Ventrikeldarstellungen gemacht,

röntgenologisch. Es wurde Hirnwasser abgezapft, Luft ein-
geblasen, so konnte man die Hohlräume darstellen im
Röntgenbild. Man sagte ›Genickschuß‹; es wurde occiputal«
(am Hinterkopf, Anm. G. G.) »gemacht. Aber man durfte
nicht fragen, warum. Da sind die Psychiater sehr, sehr ärgerlich geworden. Alles, um darüber hinwegzutäuschen, daß
psychiatrisches Diagnostizieren eine subjektive Bewertungs-
angelegenheit ist, aber keine objektive Meßangelegenheit.

Die Psychiatrie hat im Laufe der Zeit mehr an Ansehen
verloren im Kanon der übrigen medizinischen Fächer. Und
das EEG ist tot. In der Situation sind wir momentan, das
ist der Stand.« Gesichtszüge und Stimmung unseres Gastgebers scheinen zunehmend melancholischer zu werden. Das
abendliche Glockengeläut einer nahen Kirche untermalt
weitere Klagen, die alsbald umschlagen in geradezu feurig
vorgetragene Ausführungen zur Rettung des psychiatrischen
EEGs zum Wohle der gesamten Fachdisziplin. »Jetzt komme
ich zum eigentlich Wichtigen – worauf ich die ganze Zeit
hinauswollte. Es gibt ein beharrliches, durch keine Fakten zu
rechtfertigendes Vorurteil, das behauptet, das EEG zeichne
nichts weiter auf als das Arbeitsgeräusch, das Rauschen
der Neurone, und von denen haben wir, sagen wir in der
Großhirnrinde, so fünf Milliarden. Und jedes Neuron ent-
lädt sich rhythmisch, und das ist eine elektrische Potential-
schwankung für jedes einzelne. Nun sollte man denken,
daß sich das, wenn fünf Milliarden gleichzeitig arbeiten,
gegenseitig auslöschen muß, aber das tut es nicht. Norbert
Wiener, der Vater der Kybernetik, hat solche rhythmischen
Phänomene in der Natur schon in den fünfziger Jahren festgestellt, und da gibt es beispielsweise auch Hermann Haken,
der die Wissenschaft der Synergetik begründet hat. Ein
Physiker, er befaßt sich mit den kooperativen Fähigkeiten
von Elementen, also einer großen Anzahl von Elementen,
die unter bestimmten Bedingungen bestimmte Eigenschaften entfalten, und dazu gehören rhythmische Phänomene. Es gibt da den Begriff des Ordnungsparameters; also
wenn verschiedene konkurrierende Frequenzen beispielsweise da wären und schließlich eine davon die Vorherrschaft
gewinnt, wäre das ein versklavender Ordnungsparameter.
Das kann einem gefallen oder nicht – das ist Synergetik.
Ich habe nach einem Beispiel gesucht, mit dem man dem

Laien erklären kann, daß es sich eben um mehr als nur ein Begleitrauschen der Tätigkeit kortikaler Neurone handelt. Nehmen Sie den Straßenlärm: Sie sitzen in einer Wohnung – sagen wir an einer Straßenkreuzung gelegen – und hören den Lärm, Ergebnis von Tausenden hin und her fahrender Autos, Motorräder, Geschrei von Fußgängern – und nun könnte man sagen: Stochastischer Prozeß, alles zufällig, weißes Rauschen, ohne Bedeutung – und wenn, dann der der Frequenzzusammensetzung. Falsch! Was Sie hören, ist ein sich selbst organisierender sozialer Prozeß mit bestimmter Ordnung, einem sinnvollen Zusammenhang. Und ebenso ist es mit dem Rauschen der Neurone: Es ist Massenaktivität, ohne jeden Zweifel, aber aus dieser Massenaktivität kann ich sehr wohl Informationen gewinnen – wichtige Informationen –, und zwar über den Ablauf, die Ordnung, die Störungen. Es interessiert überhaupt nicht, was in den einzelnen Neuronen vorgeht – das wäre der Maschinencode, sagen wir mal –, mich interessiert das synergetische Element, nämlich der Benutzercode. Und deswegen ist für mich das EEG keine Neurophysiologie, sondern Verhaltensphysiologie. Bei dieser vieldeutigen Mannigfaltigkeit von Erscheinungen kann man ja nur am Ariadnefaden eines ordnungsstiftenden Konzeptes das Ziel erreichen, und nur bei strenger Beachtung des Unterschieds von Theorie- und Beobachtungssprache, für letztere erarbeitete ja Bente bereits die Grundlagen. Unabdingbar ist auch Erfahrungswissen, deshalb kann das psychiatrische EEG nur innerhalb der Psychiatrie, von Psychiatern mit klinischer Qualifikation entwickelt werden. Die klinische Psychiatrie muß das EEG als ein ureigenes Forschungsinstrument wiederentdecken!«

Herr Ulrich steht auf und zeigt uns sein umfangreiches Buch zum Thema der psychiatrischen Elektroenzephalographie und sagt, in jenem gleichbleibenden Tonfall, in dem er auch ironische und sarkastische Bemerkungen ausspricht, ohne sie mimisch oder sonstwie hervorzuheben: »Es ist das einzige Buch mit diesem Inhalt, nicht nur in Deutschland, sondern auf der ganzen Welt. Um das alles voranzutreiben, habe ich eine Arbeitsgemeinschaft für Psychiatrische Elektroenzephalographie gegründet, durch Rundschreiben, im Bundesgebiet und dem deutschsprachigen Ausland, habe Tagungen in Berlin abgehalten, sehr zum Mißfallen meines

Vorgesetzten. Das EEG ist tot! Seine Wiederbelebung ist mein Privatvergnügen. Ansonsten, was die Lehre betrifft, da bin ich verpflichtet als Hochschullehrer, mein Angebot zu machen – das mache ich auch, im Vorlesungsverzeichnis – aber seit es keine Deutsche EEG-Gesellschaft mehr gibt, kommt kein Student mehr… nicht einer! Mein Lehrdeputat erfülle ich, aber was ich zu sagen habe, interessiert nicht. Es ist schade, ich habe sehr gerne mit lernbegierigen jungen Leuten zu tun. Vor vielen Jahren war es vollkommen anders, ich habe damals noch Interesse erregt und mit viel Freude zum Beispiel ein Seminar abgehalten zur Theorie Auto-poietischer Systeme« (lebender Systeme; der Begriff stammt von dem chilenischen Neurobiologen und Erkenntnis-theoretiker Humberto Maturana, Anm. G. G.). »Also das liefe heute mit Sicherheit nicht mehr. Ja, und dann arbeite ich eben hauptsächlich klinisch, man hat mir eine begrenzte Anzahl von Patienten zugewiesen, so um die zwanzig. Der Vorteil an der Misere ist, daß ich sehr viel Zeit für sie habe, nie unter Zeitdruck bin. Da macht Psychiatrie nämlich Spaß, wenn man sich wirklich beschäftigen kann mit den Personen. Ich habe abgeschafft, was sonst bei Professoren üblich ist, den Sekretariatsbauchladen, ich bin jederzeit während der Dienstzeit für meine Patienten erreichbar, und zwar direkt! Und ich lerne ja auch von ihnen. Ein Arzt muß neugierig sein, wissen wollen, was im Patienten vorgeht. Ich habe sogar mal Psychopharmaka an mir selbst ausprobiert, was natürlich etwas anders wirkt als beim Kran-ken, aber man fühlt sich sauunwohl in seiner Haut und ist froh, wenn die Wirkung aufhört.« Herr Ulrich beobachtet eine Schnake, die auf seinem Arm Platz nimmt, erschlägt sie mit den Worten: »Patsch! – Mücke!«

Unser Gastgeber blickt einen Moment in die Dämmerung hinaus und sagt: »Grade das Soziale ist ja so wichtig, das sind, wie der wundervolle Jakob von Uexküll es ausgedrückt hat in seiner *Bedeutungslehre,* die hunderttausend unsicht-baren Fäden, die uns verbinden. Und was ist normal und was nicht? Beim Krankheitsbegriff muß ich das unter Zweckmäßigkeitsgesichtspunkten sehen als Arzt und nicht unter rigiden Vorgaben, die am Schluß weniger rigide als vielmehr interessengelenkt sind. Bei der Unterscheidung dessen, was innerhalb der Norm liegt und was außerhalb

– sagen wir's mal so – versteckt man sich gern hinter einem Klassifikationsschema. Und das ist absolut zeitgebunden, wie die unentwegten Revisionen zeigen. Es gibt offenbar Ärzte, Psychiater, deren liebste Beschäftigung darin besteht, alle zwei Jahre am grünen Tisch Krankheiten neu zu klassifizieren, zu ordnen und damit zu *vermehren*. Die Vermehrungskurve verläuft steil ansteigend, die Anzahl der Krankheiten – vollkommen neuer Krankheiten – nimmt ständig zu. Und die Patienten, die werden wohl oder übel diese Krankheiten bekommen, oder sie an sich diagnostizieren lassen müssen, haben sich danach zu richten. Denn zum Beispiel Kassenärzte müssen ja alle ihre Diagnosen verschlüsselt eingeben in den Computer, sonst sehen sie keinen Pfennig Geld. Das erzwingt eine bestimmte Festlegung und Vorauswahl, und man greift da auf eine sehr gefährliche Weise ein. Und der Grund ist ja nicht der, daß das eine notwendige Ordnung wäre, um den wirtschaftlichen und bürokratischen Aspekt zu vereinfachen, nein, nein! Das hat tiefere Gründe, was, also welche Störung für die Gesellschaft Krankheitswert hat. Da werden patientenferne Interessen durch die Hintertür eingeführt. Es gibt eben sehr starke Lobbys, die sich für diese oder jene Störung massiv einsetzen, dafür, daß die auch wirklich anerkannt wird in ihrem behaupteten Krankheitswert. Hier bei uns sind in den vergangenen fünf bis zehn Jahren überall sogenannte Schlaflabors wie die Pilze aus dem Boden geschossen. Es gibt eine Schlafmedizin und so was – inzwischen sind sie bereits wieder auf dem absterbenden Ast – aber das ist alles mit volkswirtschaftlicher Notwendigkeit begründet worden. Man hat das hochgerechnet, soundso viel Schlafausfall, bedingt durch Krankheit, soundso viel vom Bruttosozialprodukt und so weiter. Uiii, wie billig sind dann letztlich die teuersten Schlaflabors gegenüber dem volkswirtschaftlichen Schaden, den sie angeblich mindern. Und man hat zugleich Arbeitsplätze geschaffen und auch die Geräteindustrie war sehr glücklich. So funktioniert nun mal unsere Makroökonomie. Und es gehört dazu, daß der Normbegriff dabei herangezogen wird, um den Krankheitsbegriff aufzuzwingen. Muß man Alkoholismus als Krankheit bezeichnen? Ich bin da eigentlich sehr im Zweifel – zusammen mit den Anonymen Alkoholikern, die ja wohl wissen werden, worum es geht. Man tut doch einem Alko-

holiker – oder der Gruppe der Alkoholiker – gar keinen
Gefallen, wenn man das, was sie da haben an Anomalie
oder Auffälligkeit, als Krankheit bezeichnet. Denn Krankheit hat ja sofort auch die Konnotation: Entschuldigt!
Oder verminderte Schuldfähigkeit bei Unfall, Gewalttat
oder gar Mord. Und wer einem Straftäter etwas Gutes tun
will, der wird ihm zuallererst Blut abnehmen, vielleicht hat
er doch ein bißchen Alkohol drin, und schon ist er exkulpiert
und bekommt mildernde Umstände. Auch hier läuft der
Krankheitsbegriff über die Penunze.«

Wir bekommen zunehmend das Gefühl, daß eigentlich
alles gesagt sei, da nimmt das Gespräch plötzlich den fast
verlorengegangenen Faden auf. Herr Ulrich kommt wieder
auf die Psychiatrie zu sprechen und auf sein medizin-
kritisches Buch *Biomedizin*. Unter diesem Titel ist nicht das
zu verstehen, was gängigerweise heute so heißt. Ulrichs Bio-
logiebegriff knüpft bei den lebenden Systemen an: »Eigenschaften lebender Systeme, wie beispielsweise Verhalten,
Erleben und Bewußtsein, manifestieren sich ja nicht in ihren
Bestandteilen, sondern in deren Zusammenwirken«, erklärt
er und fügt hinzu: »Aber die autistische Medizin will davon
ja nichts wissen! Von Eugen Bleuler, dem wir den Begriff
der Schizophrenie verdanken, ist 1919 ein Buch erschienen –
eigentlich ist es ja nur ein schmales Bändchen – mit
dem Titel *Das autistisch-undisziplinierte Denken in der Medizin
und seine Überwindung.* Und das war ein Skandalbuch, da
wurde ›Nestbeschmutzung‹ geschrien. Aber das ist in neun
Auflagen immer wieder erschienen, dennoch kennen es
die allerwenigsten, seltsamerweise. Und ich habe also auch
versucht, eine kritische Positionsbestimmung in meiner
Biomedizin darzustellen. Das war so ein Prozeß der Reibung
an einem affirmativen Schlaraffenland. Ohne diese Reibung
wäre mein Denken verfettet.« Auf unsere Frage, wie er zur
Antipsychiatrie stand, sagt er: »Also nein, nein ... sie hat
sich ja auch als Fehlschlag erwiesen, für die betroffenen
Menschen als nachteilig. Das war ja damals – der Zeit-
strömung entsprechend – geradezu eine Massenpsychose in
der Psychiatrie. Aber es ist ja immer so, daß man eine
Meinung nicht für sich gesehen bewerten kann, sondern
nur auf dem Hintergrund der Situation, in dem Fall der
historischen Situation. Und auf dem Hintergrund der

damaligen Anstalts- und Verwahrpsychiatrie, da war diese Bewegung notwendig, war sogar was Gutes. Nur, für sich genommen, da war es eben keine Antipsychiatrie, keine Psychiatrie, es war eine Gegenbewegung, deren Konzept nicht aufgegangen ist für die Betroffenen. Der Fortschritt ging weiter. Heute liegt alles in den Genen, es ist das eine so falsch wie das andere ... Aber wenn man den Extremausschlag des Pendels nicht mitmacht, dann wird man immer gezaust, sitzt zwischen den Stühlen.«

Als wir uns zum Abschied erheben, deutet Herr Ulrich zum Bild mit dem Panjewagen und den Wölfen und sagt: »Väterchen Frost, Erinnerungen an Rußland.« Er führt uns zu den Bildern im Wohnzimmer und erklärt: »Die Bilder sind alle von meinem Vater gemalt. Er ist tot. Er war Nervenarzt. Eine sehr zugespitzte Persönlichkeit. Ich hatte das denkbar schlechteste Verhältnis zu ihm ... Trotzdem hänge ich seine Bilder auf. Meine Tochter versteht das nicht. Aber es muß sie ja außer mir keiner anschaun.« Dann bittet er kurz in die Küche und schenkt uns ein Glas getrockneter Pilze. Maronen. Selbstgepflückt. »Die gibt's momentan in rauhen Mengen, ich trockne sie, in Scheiben geschnitten, auf diesen Holzbrettern da im Backofen. Auf kleinster Temperaturstufe, einfach die Nacht über, bei etwas geöffneter Tür.« Daher also der seltsame Geruch.

HANS-JÜRGEN WEISE,

*Bombenentschärfer, techn. Einsatzleiter
West d. Staatl. Munitionsbergungs-
dienstes d. Landes Brandenburg.
1950–58 Besuch d. Friedrich-Engels-
Schule Sperenberg. Ab 1958 Lehre als
Maschinenschlosser im IFA-Autowerk
Ludwigsfelde. 1961 Gesellenstück:
Hydraulische Anlage f. Schleif-
maschinen. 1961–70 Arbeit als
Schlosser u. Mechaniker im Lehrgeräte-
u. Reparaturwerk Mittenwalde.
1970 Munitionsbergungsdienst
d. Volkspolizei, Arbeit a. Hilfskraft,
Munitionsarbeiter, Vorarbeiter. Prüfung
z. Brigadeleiter u. 1983 nach mehrw.
Lehrg. Fachprüfung z. Sprengmeister
(Befugnis, mit Sprengstoffen umzugehen;
Bomben u. alle Arten v. Munition
zu bergen u. unschädlich zu machen).
1985 Lehrg. f. Führungskräfte.
1986–91 Übern. d. Sprengplatzes
in Kummersdorf, leitender Sprengmeister.
Nach d. Wende, 1990–91, wg.
d. allg. Nichtanerkennungspraxis
von DDR-Qualifikationen, nochmalige*

*Sprengmeisterprüfung vor einer Prüfungs-
kommission aus Westberlin (mühelos
bestanden aufgrund ausgez. Qualifikation
u. Berufspraxis). 1992–93 stellv.
Dienststellenl. d. Staatl. Munitions-
bergungsdienstes d. Landes Brandenburg
in Potsdam. 1995 Umzug d. Dienststelle
n. Wünsdorf, Waldstadt. Bef. z. techn.
Einsatzleiter West. H.-J. Weise ist
einer d. beiden einzigen Sprengmeister
in Brandenburg, die Entschärfungs-
spezialisten f. gefährl. Langzeitzünderbomben a. d. 2. Weltkrieg sind.
Ehrungen u. Ausz.: mehrmals Aktivist
u. Bestarbeiter, Medaille f. treue Dienste.
Mitgliedschaften: Freiw. Feuerwehr,
1966–90. Ab 1990 Bund dt. Feuerwerker. Hobbys, Interessen: Tierwelt
u. Munition WK I u. davor. Regelm.
Beiträge im* Informationsblatt
f. Truppführer. *Herr Weise wurde
am 3. September 1943 in Sperenberg
geboren. Als Kind wollte er Tischler
werden. Sein Vater war Schlosser,
die Mutter Schneiderin. Er ist verh.
u. hat eine Tochter.*

Zivilblech und Kriegsmetall

BOMBENENTSCHÄRFER

Der Luftkrieg und das Abwerfen von Bomben auf die Zivilbevölkerung begann mit dem Ersten Weltkrieg und hat eine Orgie an Vernichtungsmitteln und Vernichtungskraft nach sich gezogen, die ihren Höhepunkt bei weitem noch nicht erreicht zu haben scheint. Systematisch und experimentierend wurde der Krieg aus dem Luftraum heraus von den Kolonialmächten gegen die aufständische Bevölkerung eingesetzt. Deutschland hat diesen Bombenterror gegen die Zivilbevölkerung erstmals auf dem eigenen Kontinent praktiziert. Mit der Bombardierung Guernicas, Warschaus und Coventrys – um nur einige Ziele zu nennen – wurde das Tabu gebrochen, die Vergeltung ausgelöst und zugleich diese neue Brutalisierungsvariante der Kriegsführung legitimiert. Daß auch die Täter zu Opfern der von ihnen entfesselten Gewalt wurden, ist derzeit Gegenstand heftiger Diskussionen. Eineinhalb Millionen Tonnen Bomben wurden von den Amerikanern und Briten während des Zweiten Weltkriegs über dem Deutschen Reich abgeworfen. Viele davon blieben als Blindgänger im Boden liegen und sind heute, nach sechzig Jahren, eine unruhig schlummernde, explosionsbereite Hinterlassenschaft des Krieges, um die sich, falls man sie rechtzeitig findet, Bombenentschärfer wie Herr Weise kümmern müssen.

Der zwei Kilometer lange Plattenweg durch den Wald endet vor dem Tor eines eingezäunten Geländes. Eine erbsenfarben gestrichene große Bombe steht am Eingang. Wir werden vom Wachdienst eingelassen ins Gelände des Munitionsbergungsbetriebes, bekommen Ausweise zum Anheften und treffen wenig später auf Herrn Weise, der in grüner Arbeitsuniform bereits auf uns wartet. Er deutet auf einen imposanten Rohbau und erklärt: »Das wird unser neues Sozialgebäude«. Derweilen führt er uns ins alte, ein flacher Bau. Die Wände innen sind bis zur halben Höhe mit grauer Ölfarbe gestrichen, wir durchqueren eine große ehemalige Kantine, die Tische sind immer noch mit Wachstischdecken versehen und werden von den Munitionsarbeitern in den Pausen benutzt. Wir nehmen in einem kleinen Büro Platz. Ein Mann arbeitet konzentriert am Computer, Kaffee wird von einer mißtrauisch uns fixierenden Frau gebracht. Zwei Stahltresore dominieren den Raum, Aktenschränke und eine Glasvitrine mit Projektilen, Zünder und Munition aus verschiedenen Materialien und Ländern.

»Also Sie befinden sich jetzt hier auf dem Gelände des zentralen Sprengplatzes für das gesamte Land Brandenburg, es kommt alles hierher, Munitionszerlegebetrieb nennt sich das. Ich bin einer der drei technischen Einsatzleiter für das Land Brandenburg, ich bin normalerweise nicht hier, ich sitze drüben in Wünsdorf, und meine Aufgabe ist die Munitionsbergung, sozusagen. Ich habe fünf Truppführer, fachkundige Leute, die Sprengberechtigung haben und Entschärfungsberechtigung, die sind in den fünf Großkreisen, für die ich zuständig bin, stationiert. Uns gab es als Betrieb ja schon zur DDR-Zeit, seit den fünfziger Jahren, und ich bin nun schon zweiunddreißig Jahre dabei. Damals wie heute haben wir die Hinterlassenschaften des Ersten und Zweiten Weltkrieges zu bergen, und nach der Wende kamen dann ja noch die Truppenübungsplätze der Russen dazu. Zu DDR-Zeiten haben wir im Schnitt dreihundert Tonnen im Jahr geborgen, und nach der Wende ist das gleich schlagartig nach oben gegangen, wir liegen jetzt im Schnitt bei dreihundertfünfzig bis vierhundert Tonnen jährlich, also direkte Kampfmunition, die scharf ist. Und dann kommt ja noch der Munitionsschrott dazu, wo noch Anhaftungen dran sind, das waren noch mal zwei- bis dreihundert Tonnen. Die im Vergleich zu anderen Bundesländern hohe Tonnage kommt daher, daß das Land Brandenburg eines der meist umkämpften Gebiete im Zweiten Weltkrieg war, denken Sie nur an die Schlacht um Berlin, um die Stadt Halbe ... Seit einiger Zeit haben wir die Bombenbeladungsunterlagen zur Verfügung und die Luftbildaufnahmen, wir wissen, was man über gewissen Gebieten abgeworfen hat, und können so mit zehn bis fünfzehn Prozent Blindgängern rechnen, aber es gibt natürlich immer eine Dunkelziffer. Wir haben eine Kampfmittelbelastungskarte erstellt für das Land Brandenburg, und jedes Ordnungsamt hat so eine Karte bekommen, die ständig auf den neuesten Stand gebracht wird.

Wir finden ja Munition aller Kaliber, und die ist in ganz verschiedenem Zustand, je nach der Bodenbeschaffenheit. Im Mutterboden, der feucht ist, rostet das Metall schneller, aber hier in unserem märkischen Sandboden, der trockener ist, da rostet es nicht so leicht. Ich kann Ihnen Granaten zeigen, die sechzig oder achtzig Jahre lang im Boden lagen, da brauchen Sie nur ein bißchen mit dem Finger reiben, der Rost ist ab, die Granate ist blank. Bei Bomben und Granaten ist es so, wenn der Zünder beim Einschlag in den Boden nicht beschädigt wurde, dann ist der heute noch intakt, deshalb sind sie so gefährlich. Also man kann sagen, jede Munition, die verwahrlost ist, die keinen Eigentümer hat, ist gefährlich! Und der Sprengstoff selber, der ist giftig, für den Menschen jedenfalls, er greift die Leber an. Aber es gibt Ameisen, die fressen TNT sehr gerne, es ist Zucker drin. Ich hatte auf der Schießbahn mal eine aufgeplatzte Eierhandgranate zu einem Ameisenhaufen gelegt, durch Zufall, wir kamen die Sachen abends einsammeln, und da war eine Riesenmenge Ameisen drauf, und die haben gefressen. Und der Sprengstoff hat auch noch eine Düngerwirkung, da wachsen sehr gerne zum Beispiel Brennesseln. Man sieht, wenn auf einem Schlachtfeld ein großer Kreis Brennesseln steht – das hat mir mal ein alter Sprengmeister gesagt – daß da mal ein Bombentrichter war, da ist was hochgegangen. Und hochgehn kann natürlich auch das, was jetzt noch in der Erde liegt, irgendwann … Sagen wir mal eine Panzermine, einen halben Meter in der Erde, wenn die detoniert, macht die im Umkreis von ein- bis zweihundert Metern ziemlichen Schaden, Personenschaden auf jeden Fall. Die würde einen Trichter von bestimmt eineinhalb Meter Tiefe bringen. Und eine Fünfzentnerbombe, die vielleicht vier Meter in der Erde liegt, wenn die detoniert, bildet sich ein Krater so um zehn bis vierzehn Meter im Durchmesser, vier bis fünf Meter tief, und im Umkreis von vielleicht fünf- bis sechshundert Metern würden – wenn welche da wären – die Scheiben rausfliegen; und der Splitterflug geht manchmal über einen Kilometer weit. Das ist schon sehr gefährlich. Darum muß die Arbeit auch gemacht werden, und zwar von Menschen, Roboter können das nicht oder höchstens irgendwo im freien Gelände, wo eine Explosion nicht so schlimm ist. Es ist menschliche Erfahrung nötig und viel Fingerspitzengefühl. Der kritische Moment erstreckt sich von dem Zeitpunkt, wo man das Fundstück freilegt, bis zur Unschädlichmachung, dazwischen kann alles passieren. Trotzdem hatten wir hier in über fünfzig Jahren nur zwei Todesfälle, einen 1972, und der zweite war am 24. November 1993 um 11 Uhr 05 ... da ist er hier gestorben, der Kollege, beim Fertigmachen der Granaten für die Vernichtungsanlage, wo sie zerschnitten werden ...«

»So«, sagt Herr Weise und erhebt sich, »ich zeige Ihnen jetzt unser kleines Museum – also das ist unser Lehr- und Anschauungsraum, den wir hier für Schulungszwecke haben.« Wir durchqueren die inzwischen etwas belebtere Kantine und betreten einen großen Raum, der gespickt ist mit zylindrischen Geschossen in allen Größen, schlank und bauchig, poliert oder mit Korrosionsspuren, Bomben, Granaten, Minen, Raketen. Eine auffallende Tür in orientalisch geschwungenem Schnitt paßt nicht so recht ins Bild, an der Wand hängt eine Uhr aus Messing. »Das war unser Kulturraum früher, 1. Mai, 8. März ...«, erklärt Herr Weise nebenbei, »die Uhr, die kenne ich noch gar nicht, die hat jemand gemacht aus einem Kartuschenboden... Gut, hier ist also die Munition, die überwiegend hier bei uns in Brandenburg so gefunden wird, immer ein Originalstück und ein Schnittmodell, um die Kollegen daran auszubilden, das ist die Anatomie, sozusagen.« Er deutet auf die Vitrinen, in denen kunstvolle Gebilde aus glänzendem Messing, Glas, Bakelit, Aluminium liegen: »Das sind Zünder, die Engländer haben meist Messing benutzt, die Amerikaner sind von Messing auf Eisen übergegangen, die Deutschen haben nur im Ersten Weltkrieg Messing genommen, später dann Eisen oder Aluminium aus Ersparnisgründen, also eine Legierung, die billiger war, das Aluminium-Dual. Und der da aus Bakelit, das ist ein russischer. Ja, jedes Land hat seine, aber das Prinzip gleicht sich eigentlich, nur der eine hat eben Sicherungsfedern, der andere Sicherungssplinte oder irgendwelche Stifte eingebaut. Und das dort ist eine russische Panzermine, schon aus Plaste, die findet man einfach nicht. Sehn Sie, dort an der Wand, das sind zwei Minensuchgeräte, das sind jetzt Fördersonden, Westgeräte! Die haben wir zu DDR-Zeiten schon gehabt, die haben damals soviel gekostet wie ein Wartburg, dreißigtausend D-Mark ein Gerät! Sie zeigen wirklich gut an. Es gibt alle möglichen Geräte, aber keines davon zeigt an, ob da nun eine Granate liegt oder eine Kanalisation oder sonstwas. Da braucht es Erfahrung und Kartenmaterial. So, jetzt gehen wir mal raus ins Gelände, damit Sie den Sprengplatz sehen und die Vernichtungsanlage.«

Wir treten hinaus in die Kälte. Schüttere Birken stehen im Sandboden, Arbeiter in blauen Monturen gehen herum, die wassergefüllten Gräben haben eine Eisschicht, in der Blätter und Äste eingefroren sind. »Der Sprengplatz hat insgesamt so achtundzwanzig bis dreißig Hektar. Das da sind übrigens wassergefüllte Entlastungsgräben, die unsere Gebäude schützen. Wenn gesprengt wird, entstehen Schallwellen, also die Detonationswelle kommt unterirdisch bis hierher und wird dann schlagartig abgebaut.« Ein Mann vom Sprengplatz begleitet uns, er ist der Verantwortliche für die Einlagerung der Kampfstoffe, geht ein wenig abseits und erklärt ab und zu etwas. Die Munitionsvernichtungsanlage besteht aus bunkerartigen, aber irgendwie dünnwandigen Gebäuden, die hinter einer gut gesicherten Absperrung liegen. In fensterlosen kleinen Räumen stehen Sägen und Schneidegeräte mit Einspannvorrichtungen, wo die Munition automatisch und per Monitorüberwachung zerteilt wird. Es ist tadellos sauber, kein Stäublein bedeckt den Boden. »Das gehört alles zu den Sicherheitsvorschriften«, sagt Herr Weise, »der Sprengstoff schlägt sich ja beim Sägen hier überall nieder und wird am Schluß dann mit einem Staubsauger mit Wasser weggesaugt. Beim Schneiden läuft übrigens auch immer Kühlwasser mit, zwar braucht der Sprengstoff bestimmt tausend Grad, um zur Detonation zu kommen, aber sicher ist sicher! Und sollte dann doch mal was passieren, dann, sehn Sie, hat man mit der Bauweise der Gebäude schon vorgesorgt. Es gibt stabile Wände und ein leicht wegzusprengendes Dach. Munitionsbunker sind immer so gebaut, daß eine Wand gemauert ist, und die gibt sozusagen die Ausblasrichtung vor.« Wir treten wieder hinaus, und beim Verlassen der Anlage bleibt Herr Weise plötzlich an einer unscheinbaren Stelle stehen und sagt etwas heiser: »Hier übrigens stand der Mann und wollte die Granate grade reintragen, und da ist es passiert!«

Wir gehen eine kurze Strecke und biegen zu einem großen Geviert ein, das von birkenbewachsenen Erdwällen umgeben ist. Der Sand wirkt grau. Im gefrorenen Boden stecken größere und kleinere Metallsplitter. Wir sind auf dem Sprengplatz, wo man in Gruben die scharfe Munition aufschichtet und zur Sprengung bringt. »Der Verantwortliche weiß ganz genau, er hat beispielsweise zehn Löcher hier, also muß es zehnmal knallen, und er hört, ob der Schuß gut gekommen ist oder nicht – das wird ja elektrisch von der Ferne ausgelöst, vom Zündbunker aus. Und danach wird dann hier alles abgesucht nach den Teilen, so, und dort drüben sind jetzt die großen Stahlcontainer, wo der gesamte Schrott sortiert und zur Abholung durch den Schrotthändler gesammelt wird. Sehn Sie, da liegt ehemalige Munition aus allen Regionen, aus allen Zeiten drin, das war beispielsweise eine Bombe«, er zeigt auf ein dickwandiges Eisenteil, »und das sind die berühmt-berüchtigten Rohre von den Panzerfäusten, Zweiter Weltkrieg, die sie hier so über der Schulter hatten beim Abschuß ...« Auf einem der Container steht ein Schild mit der seltsamen Aufschrift ZIVILBLECH. »Das sind Fässer, ein Stück von einem Dach ...«, erklärt Herr Weise und führt uns zu einer langen Reihe großkalibriger Geschosse, die auf dem Boden liegen wie eine ›Strecke‹ erschossenen Wildes nach der Treibjagd. »Hier haben wir den zweiten Teil unserer Lehrsammlung, die sind zu groß für drinnen, eine Rakete, ein Torpedo, Granaten. Hier ein ganz berühmtes Geschoß, Erster Weltkrieg, Kaiser-Wilhelm-Geschoß, Pickelhaube nannte man das. Na ja, und dann Bomben, Bomben, Bomben, das waren alles Blindgänger, ich erkläre Ihnen das nachher noch genauer, das mit den Blindgängern. Jetzt zeige ich Ihnen noch die Munitionshalle, und dann fahren wir zu mir nach Hause.«

Hinter einer großen blauen Eisentür mit gelbem Gefahrenschild erstreckt sich eine weitläufige Halle. Unter fahlem Neonlicht lagern in stabilen hölzernen Munitionskisten mit kyrillischer Aufschrift die Munitionsfunde. Manche sind in Sand gebettet und sehen aus wie Wintergemüse. Die großen Granaten und Bomben stehen etwas separat. »Das ist hier alles zwischengelagert zur Vernichtung«, erklärt Herr Weise, seine Stimme hat ein starkes Echo. »Im Winter bei Frost sprengen wir ja nicht, wir dürfen dreißig Tonnen Nettoexplosivmasse hier lagern, also dreißig Tonnen Sprengstoff. Das da sind übrigens Bomben aus Oranienburg, was Sie hier vor sich sehen«, er tritt kumpelhaft gegen eine der beiden fast mannshohen, dickleibigen Eisenkolosse, »die habe ich am 12. Dezember in Oranienburg entschärft, beide an einem Tag. Es sind amerikanische. Und das hier sind übrigens Wasserminen, deutsche! Die wurden zum Kriegsende zweckentfremdet eingesetzt an Autobahnbrücken zwischen Oder und Berlin, um die Brücken, wenn der Russe kommt, zu sprengen. Aus irgendeinem Grund ist das nicht zustande gekommen, und erst jetzt, bei Baumaßnahmen an der A9, hat man die Bomben gefunden, die sind alle beide noch scharf.«

Herr Weise wohnt in der ehemaligen NS-Reichsarbeitersiedlung schräg vis-à-vis vom einstigen Naziversammlungshaus, in dem zu DDR-Zeiten eine Kneipe war. Seit hier alles geschlossen ist, stagnieren die alten Grabenkämpfe zwischen Genossen und Nichtgenossen. Die Don-Camillound-Peppone-artigen Konflikte existieren weiter, werden aber kaum noch ausgetragen. Man sieht sich nicht mehr, jeder lebt für sich in seiner Reihenhaushälfte und fährt in seinem Auto am anderen stumm vorbei. Herrn Weises Haushälfte ist eine der herausgeputztesten der ganzen Reihe. Alles ist erneuert, die Haustür hat bauchige Butzenscheiben, und das Wohnzimmerfenster ist größer als das aller anderen Häuser. Gerade ist das Fleisch- und Wurstwarenauto aus Luckenwalde auf den Platz gefahren, die einzige Gelegenheit für die Leute, hier im Ort was einzukaufen. Wir werden nach hinten geführt durch den Garten, in dem Nußbäume stehen. Die Terrasse ist groß, überdacht und mit Grillkamin ausgestattet. In einem Anbau hat Herr Weise sein kleines, wohlgeordnetes Reich, eine Art Arbeitshäuschen. Es ist angefüllt mit Regalen und Ordnern. Andenken, Embleme ausländischer Feuerwerker, Panzermodelle, Munitionsteile und antike Waffen sind zu sehen, dazwischen hängen die Fotos, die den Meister nach der Entschärfung mit seiner

Bombe zeigen, die wie ein toter Fisch am Bagger hängt. Dazwischen ein Zeitungsausschnitt mit der Schlagzeile »Jubiläumsbombe lag zwischen Tankstellen«. Es gibt einen Computerarbeitsplatz, mit Scanner für die Bombenfotos, und einen kleinen Hi-Fi-Turm samt CD-Sammlung für die Entspannung. Wir nehmen auf einer Couch Platz, unser Gastgeber schenkt Kaffee ein.

»Na ja, ich dokumentiere alles, so weit es geht. Hier habe ich übrigens zwei Ordner stehen vom Schießplatz, die hatte ich mal dem Vorsitzenden von der Bürgerinitiative angeboten, er war ganz interessiert, aber gekommen ist der nie! Ich bin da ja nicht mit drin, in dem Bürgerverein, weil da Leute drin waren ... na ja, egal. Und ich war ja Genosse! Hier bei der Polizei oder beim Sprengkommando waren alle Genossen.« Wir wechseln das Thema, Herr Weise erzählt von seinen Kontakten zu ausländischen Munitionsräumern, die dort deutsche Geschosse bergen: »Ich war schon fast überall, wo Kriegslinien Schlachtfelder waren. Die vom Ersten Weltkrieg waren ja auch sehr brutal, als das anfing mit dem Gaskrieg. Ypernbogen, ganz berühmt. Ich war da, drei Wochen lang, mit meiner Frau. Auf dem Bauernhof hatten wir ein Zimmer gehabt, und ich habe mir das alles angeguckt, hatte sogar jemanden zur Verfügung vom Kampfmittelräumdienst. Da kommen heute noch Weihnachtskarten, und es gab auch Treffen zum Barbarafest.« (Barbara gilt u. a. als Schutzheilige der Artillerie und wird auch als eine der vierzehn Nothelfer um ›Schutz vor jähem Tod‹ gebeten, Anm. G. G.) »Und ich habe mir in Frankreich die ganze Maginotlinie angeguckt.« Für einen ganz kurzen Moment gerät er in geradezu schwärmerische Stimmung. »Verdun waren wir auch, aber Dünkirchen ist auch noch ganz schau ... also für mich ist es das!« Wir kehren zum Thema Bombenentschärfung zurück. »Na ja, meine Frau hat sich daran gewöhnt, was soll sie machen. Das ist eben mal meine Arbeit. Ich bin ja sozusagen Experte für Langzeitzünderbomben, und an denen ist am gefährlichsten, daß sie eine Ausbausperre haben. Also die haben sich ganz schön was einfallen lassen. Als die Amerikaner gemerkt haben im Zweiten Weltkrieg, daß die Deutschen – nach einigen tödlichen Entschärfungsversuchen – die Langzeitzünder überwinden konnten, haben sie eine neue Methode eingeführt und Stifte eingesetzt. Da konnte man dann nicht mehr einfach alles mit der Zünderbuchse rausdrehen, da konnte man normalerweise gar nichts mehr machen, nur sprengen. Bis jetzt hatten wir immer Glück, die Stifte haben gefehlt. Wir nehmen an – weil ja die Stifte mit der Pinzette eingesetzt werden mußten von den Leuten, die die Zünder einschraubten und die Bomben scharf machten auf dem Flugplatz – daß denen das zu blöd war im Frühjahr, mit kalten Händen. Also haben sie die Stifte Stifte sein lassen. Es wurde erst eine einzige Bombe gefunden mit Stift.«

»Wirklich erschreckend ist nach so vielen Jahren die Arbeit ja nicht mehr. Die russischen Bomben allerdings haben da eine Eigenart. Beim Einschrauben der Zünder haben die Russen wahrscheinlich einfach eine Handvoll Fett ins Gewinde geklatscht. Beim Einschrauben muß ja die Luft irgendwohin, also ist sie nach hinten rausgedrückt worden. Und wenn jetzt die Bombe fünfzig, sechzig Jahre in der Erde liegt, man holt sie raus, macht sie sauber, dreht den Zünder mit der Rohrzange an ... macht dann mit der Hand weiter, und da entsteht beim Drehen innen ein kleines Vakuum, und irgendwann ist dann der Unterdruck so groß, daß er richtiggehend saugt, man merkt's beim Drehen, und plötzlich zischt die Luft da rein, und es gibt ein unheimliches schlürfendes Geräusch. Stellen Sie sich das vor, ich muß ganz ruhig bleiben und erschrecke mich aber zu Tode. Ich hab hier die Haare...«, er entblößt seinen Arm, »die haben sich alle aufgestellt. Man erzählt es immer wieder, aber jeder vergißt es in dem Moment. Man nimmt überhaupt alles wahr, auch wie das von innen heraus riecht. Bomben riechen nämlich verschieden. Eine russische erkenne ich am Fettgeruch. Bomben, die aus der Wiese kommen oder aus dem Humusboden, die riechen modrig, mehr faulig. Das ist ein ganz blöder Geruch. Die Bomben, die hier in Oranienburg im Boden liegen, die riechen überhaupt nicht. Überhaupt, die Bomben in Oranienburg, davon ging die Hälfte sehr leicht, weil die Gewinde sehr gut waren und weil die Bomben im Wasser liegen, im Grundwasser. Oranienburg hat Grundwasser im Schnitt bei einen halben bis dreiviertel Meter, es gibt auch Stellen, wo es erst ab drei Metern kommt. Und dann gibt es eine

Torf- und eine Kiesschicht, weil da vor Jahrmillionen Jahren ein eiszeitliches Flußbett lag, wahrscheinlich war die Spree drei Kilometer breit. Und die Bombe hat die Torfschicht durchschlagen, ist auf den harten Flußkies aufgekommen, hat sich da gedreht und wurde wieder nach oben geleitet. Dadurch liegen sie alle mit der Spitze nach oben, und so wurden sie alle zu Blindgängern!

Das hat der Amerikaner nicht mitberechnet, das Kiesbett. Eine normale Bombe funktioniert ja so, daß sie detoniert, wenn sie in die Erde fällt, denn der Zünder ist so gemacht, daß eine innen liegende Acetonampulle zerdrückt wird, die Flüssigkeit tritt aus, fließt nach vorne und löst die Zelluloidhülle auf, die den vorgespannten Schlagbolzen im Zünder umschließt. So sollte es funktionieren. Wenn aber die Bombe mit der Spitze nach oben steckenbleibt, dann fließt das Aceton nach hinten, und die Zelluloidhülle bleibt unversehrt. Und die amerikanischen Langzeitzünder funktionieren nach dem gleichen Prinzip, nur sind da eben die Zelluloidhüllen dicker, denn je dicker die sind, um so länger dauert's bis zur Detonation. Diese Bomben sollten die Leute demoralisieren, erst nach einigen Stunden detonieren, wenn niemand mehr damit rechnet. Das war die Aufgabe dieser Bomben. Und diese Zünder haben auch eine Ausbausperre drin, wenn man die, sagen wir, um einen Millimeter überschätzt, dann explodiert der. Also die Bomben mit Langzeitzündern sind saugefährlich, sie entzünden sich alle alleine, sie gehen hoch! Da kann noch einiges passieren im Laufe der Zeit. Sie sind wie Uhrwerke, irgendwann kommen die. Der Bund müßte sich da viel mehr in der Verantwortung sehen und sich darum kümmern! Die Bomben, die ich jetzt im Dezember gemacht habe, davon lag eine im Keller unter einer Wohnhausanlage, die haben wir durch Luftbildauswertung gefunden. Dann wurde also erst mal von einer Firma ein sogenannter Senkkasten erschütterungsfrei mit einer hydraulischen Presse in den Boden eingedrückt, das ist ähnlich wie ein Brunnenschacht. Das Grundwasser muß langsam abgesenkt werden, und dann sehe ich, die Bombe ist 1,30 Meter lang, ich hab zum Entschärfen einen Arbeitsplatz von ca. 2,50 Meter im Durchmesser. Dann wird von einem Kollegen mit Sandstrahl hinten erst mal saubergemacht und der Zünder freigelegt.

Zu diesem Zeitpunkt ist natürlich im Umkreis von einem Kilometer oben alles gesperrt, die Leute sind evakuiert und dürfen erst wieder zurück nach dem Sirenensignal. Wenn der Zünder frei liegt, sehe ich gleich, ah, Langzeitzünder. So, und dann beginnt die Arbeit für mich, die Ausbausperre muß überwunden werden, da braucht's enormes Fingerspitzengefühl, und dann machen wir eine Seilscheibe dran. Normalerweise wird die dann aus der Entfernung, über Monitor rausgedreht. Die kritische Arbeit ist das Lösen der Sperre, das muß manuell gemacht werden, man muß es sozusagen ›in der Hand haben‹, ich kann keine Maschine zum Stillstand bringen, ohne daß sie einige Millimeter nachläuft oder mit einem Ruck anhält.«

Herr Weise holt einen seiner Ordner, blättert und zeigt Fotos, auf denen er in einer Grube zu sehen ist, zusammen mit der Bombe. »Hier in diesem Fall war es so, daß bei der ersten, zweiten Umdrehung mit der Seilscheibe das Gewinde geklemmt hat, normalerweise geht das so, daß nach maximal elf Umdrehungen die Seilscheibe dann mit dem Zünder zusammen herausfällt. Hier hat's nicht funktioniert, also habe ich ihn dann mit der Hand herausgedreht – da fotografiere ich jeden Schritt, dritte Umdrehung, sechste Umdrehung … bis zur elften, das dauert so etwa zehn Minuten. Und jedesmal bringe ich den Fotoapparat nach oben und wieder runter, denn wenn er unten ist und es knallt, hat keiner was von den Bildern. An der Stelle muß ich noch dazusagen, daß wir eine Vorschrift haben, die lautet, Sprengen *vor* Entschärfen, das läßt sich aber in dichtbebauten Gebieten natürlich nicht machen und über uns war ein großes Wohnhaus. Im Prinzip gibt's mehrere Varianten, man kann die Bombe auch ein bißchen transportieren, indem man U-Eisen hinlegt, mit Fett beschichtet und das Ding dann ganz weich rutschen läßt, aber es ist natürlich ein Risiko, und es dauert … man könnte sie rausholen, ein Loch machen und sie draußen sprengen, dann wäre immerhin noch das Haus ganz … Aber ich habe mich dann doch anders entschieden und Glück gehabt. Na gut, es war also geschafft, der Zünder ist draußen, wird auseinandergenommen, und ich seh nach, ob er scharf war – der war in dem Moment scharf. Es wird alles fotografiert, die Bombe wird an den Haken gehängt, sie kann nun geborgen werden, das heißt, die Kollegen können sie raufziehen aus dem Loch mit dem Flaschenzug. Danach geht die Sirene, und ich schreib mir das alles auf im Buch. Nachher ist ja die Hektik zu groß. Dann rufe ich an: meine Frau, meinen Vorgesetzten, das Innenministerium. In dieser Reihenfolge. Ich sollte eigentlich zuerst das Innenministerium anrufen. Und ansonsten muß ich ein Entschärfungsprotokoll schreiben mit drei Bildern: Fundort, Bombe gefunden, Bombe entschärft. Aber was ich hier in den Ordnern dokumentiert habe, das ist meine private Dokumentation, sozusagen, Sie sehen ja, das sind die ganzen Ordner von Oranienburg, sechse sind es schon. Jede Bombenentschärfung habe ich genau dokumentiert. Zweihundertzweiundsiebzigmal. Und die Dokumentation wollte ich eigentlich, wenn ich bald in Rente gehe, dann wollte ich die eigentlich der Dienst-stelle zur Verfügung stellen für Lehrzwecke.« Herr Weise stellt die Ordner wieder zurück, er scheint gern alles in eine mustergültige Ordnung zu bringen, so daß es jederzeit als geregelter Nachlaß vorgefunden werden kann. Wir fragen, ob er sich noch an jede Bombe erinnern kann. Sein Ja kommt sofort und ohne Zögern. Er fügt hinzu: »An jede einzelne!«

GERHARD ROSNER, *Kanal-arbeiter bei der MA-30 Wien Kanal. 1961–63 Volksschule, 1964–70 Hauptschule Wien-Simmering. 1971–73 Lehre als Bauschlosser. 1973 Gesellenbrief (Gesellenstück: Zusammenbau eines Schlosses mit Zungensperre und Einbau in e. Portal). Pflichtdienst Bundesheer 1974 f. 9 Monate. Anschl. Wiedereintritt in seine alte Firma als Schlosser. Anf. 80er Jahre Bewerbung b. d. Stadt Wien wg. absehbarer Schließung seiner Firma. 1983 Einstellung b. d. Gemeinde Wien, MA-30 Wien Kanal, als Kanalarbeiter. 1993 nach* *zehnjähriger Probezeit pragmatisiert. Seit 1996 Personalvertreter (Gewerkschaftsmitglied b. ÖGB seit Anf. 70er Jahre). Er spielte von 1963–70 Fußball als Stürmer bei Austria Wien. Sportliche Betätigung im Fußball bis 1989, dann Wechsel z. Tennis. Herr Rosner wurde am 17. März 1955 in Wien-Simmering geboren. Die Mutter arbeitete als Gemeindebedienstete und als Darm-putzerin im Schlachthof St. Marx, der Vater als Versicherungsvertreter. Gerhard Rosner ist geschieden u. hat drei Kinder. Seine Lebensgefährtin ist Abteilungsleiterin einer Versicherung.*

KANALARBEITER

Die für das Abwasser- und Kanalsystem Wien zuständige Behörde, die Wien Kanal, hat kein eigenes Amtsgebäude, sie begnügt sich mit einer Etage in einem Geschäftshaus. Der graue Neubau steht am Rande des alten Arbeiterbezirks Simmering. In der Nähe sind der Donaukanal, der ehemalige St. Marxer Schlachthof, Gas- und Elektrizitätswerk, und hinter der Simmeringer Heide liegen die zur Wien Kanal gehörenden Entsorgungsbetriebe und die Hauptkläranlage. Auf diesem großen, teils verödeten, teils neu bebauten Gewerbegebiet zwischen Simmeringer Hauptstraße und Donaukanal befindet sich also quasi der Darmausgang von Wien, hier werden die unterirdisch zusammengeleiteten Stoffwechselprodukte der Stadt geklärt und entsorgt.

Herr Dipl.-Ing. Helmut Kadrnŏka, Senatsrat und Direktor der Wien Kanal, Leiter der Magistratsabteilung 30, empfängt uns freundlich. Sein Zuständigkeitsbereich umfaßt das Planen, Errichten, Erhalten und Verwalten der öffentlichen Kanalisation, das Führen und Betreiben der dazugehörigen Anlagen (von EDV bis Kläranlage), die Überwachung der Einleitungen aus Gewerbe und Industrie, das Räumen der Straßenkanäle und die Räumung von privaten Kanälen, Senk- und Sickergruben. Auch sein Pressereferent, Heinz Krejci, ist anwesend und teilt uns mit, er habe unserem Wunsch entsprochen und einen Kanalarbeiter gefunden, mit dem wir sprechen können, anschließend sei ein Termin vereinbart. Der Chef scheint nicht gekränkt zu sein darüber, daß nicht er im Zentrum unseres Interesses stehen wird.

Herr Direktor Kadrnŏka gibt uns eine kleine Einführung, erzählt vom Abwassermanagement, von innovativen Technologien, vom Verlegen der Telekommunikationskabel direkt durchs Kanalsystem (»dreihundert Kilometer ohne jede Aufgrabung«), von umweltfreundlichen Strategien bei der Problemlösung. »Ja, die Wiener Kanalisationsabteilung ist mittlerweile um die hundertachtzig Jahre alt, wenn wir das jetzt mal so als Abteilung bezeichnen wollen ... Im Jahr 1831 gab es eine große Choleraepidemie, bedingt durch mißfunktionierende Abwasserentsorgung. Damals hat noch der Kaiser entschieden, nach bis heute modernen Methoden die Kanalisation in Angriff zu nehmen. Wir betrachten das sozusagen als Startschuß für unsere Abteilung... Aber damit Sie das nicht mißverstehen, es gab natürlich schon Kanäle damals. Im innerstädtischen Bereich wird das Abwasser bei uns ja schon seit Jahrhunderten entsorgt, wir haben einen Plan von 1739, der sehr genau ist – bei Aufgrabungen finden wir diese alten Kanäle noch – und demnach waren wir die erste europäische Stadt, die zu diesem Zeitpunkt schon vollständig kanalisiert war ... Nur, damals lief das halt einfach in die Flüsse, in den Donaukanal hinein, und zehn Meter weiter unten haben sie eben Trinkwasser geschöpft und Wäsche gewaschen. Na, ich will jetzt nicht zu sehr in die Geschichte ... Jedenfalls ist in allen Belangen der Abwasserentsorgung von damals bis heute eine Menge geschehen, nicht nur bei der Ableitung der Wasser durch die großen Kanäle zur Kläranlage, wo die Abwasserreinigung stattfindet, sondern auch – das wird von der Öffentlichkeit immer etwas vergessen, ist aber ein sehr wichtiger Aspekt – bei der Verwertung und Entsorgung des Klärschlammes. Er besteht ja aus abgestorbenen Bakterien ... diese Biomasse hat übrigens auch einen entsprechenden Heizwert. Das wird also vollständig entwässert und vollständig verbrannt, es bleiben nur zehn bis siebzehn Prozent Asche übrig. In unseren Verbrennungsöfen erzeugen wir über eine Dampfturbine Strom dabei, und die Überschußwärme wird ins Fernheiznetz eingespeist ...« Kaffee wird gebracht. Der Pressereferent überreicht uns eine Mappe mit Informationsmaterial und raucht schweigend eine Zigarette.

»Wir haben auch seit zwanzig Jahren Filter«, sagt der Direktor stolz, »wirklich optimale Filter haben wir seit zehn, fünfzehn Jahren für die Verbrennung des Klärschlammes, so daß man also sicher sein kann, daß auch so grausliche

Stoffe wie Dioxine und Furane praktisch unter der Nachweisgrenze nur rauskommen. Der Filterkuchen wird dann entsorgt, übrigens in Deutschland«, er lacht, »das führen wir zu Ihnen rauf zur Endlagerung in ein Salzbergwerk. Das sind aber nur ein paar Tonnen pro Jahr. Momentan bauen wir gerade unsere Kläranlage um, ertüchtigen sie nochmals, auf die letzten Prozentpunkte zu kommen mit der Reinigungsleistung, also auf achtundneunzig Prozent. Schaun Sie, das ist ein sehr gutes Ergebnis, aber selbst wenn man neunundneunzig Prozent hätte, was keine Kläranlage kann, dann bliebe immer noch ein Prozent Dreck übrig von vier Millionen Einwohnergleichwerten, wie wir sagen, also Einwohner und Industrie zusammen. Allerdings, von den zweihundertfünfzig Millionen Euro, die wir jetzt in die Kläranlage investieren, sind wahrscheinlich zweihundert Millionen Stickstoffentfernung ... was für die Donau nicht wirklich einen Einfluß hat, aber das ist eben heute die Regelung und entspricht der Größe unserer Kläranlage, die sicherlich die größte ist in Mitteleuropa... So, und nun übergebe ich Sie Herrn Krejci, der Sie zu unserem Kanalarbeiter bringen wird.«

Wir gehen zu Fuß zur Kanalbetriebsaußenstelle, die in der Nähe liegt. Der Pressereferent, ein älterer Herr, trägt eine Krawatte, auf der erlesene Buchrücken zu sehen sind. Er ist ein Büchernarr, liebt seine Arbeit und interessiert sich besonders fürs Historische, für die Sozialgeschichte. Er hat eine umfangreiche Sammlung zu einigen Spezialgebieten, u. a. zum Thema Kot. Die Außenstelle besteht aus einem großen Innenhof, umgeben von Hallen und Garagen für die Einsatzfahrzeuge und Gerätschaften sowie einem Flachbau, in dem Büros, Material- und Personalräume untergebracht sind. Wir nehmen an einem langen Tisch im leeren Versammlungsraum Platz, und nach wenigen Minuten kommt der Pressereferent mit dem Kanalarbeiter. Herr Rosner ist ein mittelgroßer, drahtiger, dunkelhaariger Mann Mitte Vierzig. Nach kurzer Verlegenheit berichtet er in gemäßigtem Wiener Arbeiterdialekt und zunehmend selbstbewußt von seiner Arbeit. Auf unsere Frage, was sich denn so alles an Seltsamkeiten im Abwasser der Kanäle finden lasse, erzählt er: »Na, da ist vor allem Katzenstreu, das klumpt zusammen, die Leute entsorgen so was einfach ins

Klo, dann eben Tschick, also Kippen, und Essensreste. Haben wir mal einen Stromausfall, dann finden wir aus den Tiefkühltruhen die ganzen Knackwürsteln, es steht ja nicht drauf, von wem das kommt. Dann kann Schutt drin sein, von den Baustellen illegal entsorgt, und ... na da gibt's viele Sachen. Ein Gebiß mal auch ab und zu, das einer im Klo verloren hat, weil ihm schlecht war, oder auch von den Damen ... äh, die Binden und so ... aber auch Strumpfhosen, die sind gefürchtet ...« Der Pressereferent ergänzt: »Wenn die dann in die archimedische Schraube kommen am Ende, die ziehen sich zwanzig Meter lang oder verstopfen alles. Aber wir hatten auch eine riesengroße Palette an Präservativen gehabt ...« Herr Rosner lacht trocken: »Das hat sich sehr zum Positiven geändert, muß ich sagen, das ist nimmermehr so viel, wie's früher war. Also jedenfalls von Wert findet man da nichts, dadurch, daß man heut schon überall die Sieberln hat im Waschbecken ...« Er bietet uns eine Zigarette an, wir lehnen dankend ab.

»Früher«, sagt der Pressereferent, während der Kanalarbeiter inhaliert, »da gab es so eine Art Schatzsucher in der Kanalisation, die hat man ›Strotter‹ genannt, von ›strotten‹, das heißt aussortieren. Das waren Arbeitslose, Arme. Die sind in den Kanal gegangen und haben gesucht, weil damals, nach dem Ersten Weltkrieg, da war ja schon eine Schraube wertvoll, oder auch altes Fett!« Herr Rosner bläst den Rauch aus: »Und wenn ich dazu etwas sagen darf, obwohl der Herr Krejci es natürlich besser weiß wie ich, also die haben das damals sehr raffiniert gemacht – früher waren ja die Kanäle alle aus Ziegelsteinen gemauert, und die haben sie teils rausgepeckt, also rausgestemmt, damit da das reinfällt, was vorbeikommt. Denn das Wasser rinnt drüber, und das Schwere bleibt hängen ...« Herr Krejci malt aus: »Wenn also jetzt die Baroneß im Hotel Imperial ihren Brillantring heruntergenommen hat, dann war es im Bereich des Möglichen, daß der direkt hinuntergefallen ist in die Kanalisation, aber das geht heute, wie gesagt, nimmermehr durch unsere Waschbecken durch.« – »Wegen die Sieberln«, sagt Herr Rosner, »wir haben noch nie was gefunden bei unserer Arbeit.« Unserer Bitte, etwas von sich zu erzählen, kommt er gerne nach: »Also einmal bin ich Personalvertreter, da kommt etliches zusammen ... als nächstes bin ich Vorarbeiter, das heißt, ich bekomme eine Arbeitspartie, mit denen gehe ich raus. Vom Chef gibt's einen Zettel, ›Post‹ sagen wir dazu, nehmen wir an, da steht 113, dann weiß ich, das ist der Abschnitt, den wir heute zu erledigen haben. Und das kann dann sein eine Schwemmpartie, also das ist eine händische, oder eine Faßpartie. Bei der Faßpartie sind's sechs Leute, plus Lenker, und eine händische, eine Schwemmpartie, da sind wir acht, plus Lenker. Der Lenker ist natürlich nicht nur Chauffeur, sondern auch, wir sagen ›Oberer‹, weil er oben bleibt beim Kipper, zum Betätigen der Hebel und bei dem Kübel. Er muß genauso arbeiten, nur ist er halt oben und nicht unten. Die unten schieben mit dem ›Schimmel‹, das ist ein Holzbrett mit Stiel, angepaßt ans Profil vom Kanal, und mit dem schieben wir die Masse von einem Einstiegsgitter zum nächsten. Außer, das Gitter liegt mitten im Gleis – bei uns fahren ja immer noch Tramwayen –, also können wir mit dem Lkw dort nicht stehenbleiben und müssen dann halt das Paket, ›Packl‹ sagen wir dazu, in einen Bereich transportieren, wo wir's besser rausnehmen können. Das wird dann mit dem Kübel raufgeholt, wird auf den Kipper geladen und in die EBS, also in die Entsorgungsbetriebe Simmering, geführt, dort wird's verbrannt.«

Herr Krejci nickt und sagt: »Wenn ich vielleicht noch ein paar Zahlen: Wir haben in Wien 2200 Kilometer öffentlichen Straßenkanal, das wäre die Destination Wien–Madrid, dazu kommen noch mal 5400 Kilometer an Hauskanälen, und insgesamt haben wir so 55 000 Kanalabdeckungen, also Gitter und Einstiege. Achtundneunzig Prozent der Haushalte sind bei uns inzwischen angeschlossen. Pro Tag fällt eine Abwassermenge von 550 000 Kubikmeter an, das sind, müssen Sie sich vorstellen, etwa zwei Millionen randvoll gefüllte Badewannen im Vergleich. Es gibt in der Gruppe Kanalbetrieb ca. fünfhundert Mitarbeiter – insgesamt sind wir in der MA-30, glaub ich, siebenhundertzwanzig Leute, also jetzt alles mitgezählt, von der Bedienerin bis rauf zum Abteilungsleiter – und von den fünfhundert sind also ca. vierhundert *im* Kanal tätig, und die müssen jeden Tag rein, um ihre Arbeit zu verrichten. Wir haben ja achtzig Prozent begehbare Kanäle, in Berlin sind's nur zwanzig Prozent – und da wird natürlich auch mit moderner Technik gearbeitet, Handarbeit wird ausschließlich da eingesetzt, wo es aufgrund der Kanaleigenheiten mit Maschinen nicht geht.« Herr Rosner zupft an seinem Ring im Ohr und sagt: »Ich muß aber gleich dazusagen, bei uns gibt's auch etliche kleinere Profile, also 1,50 Meter mal 70, mal 80, also das ist kein Honigschlecken. Es gibt noch kleinere, da gehen wir auch rein, ja ... es gibt sogar Situationen, wo du auf allen vieren gehen mußt! ›Schliefen‹ nennt man das dann ...« Herr Krejci sagt sonor: »Also das ist eine ganz spezielle Angelegenheit, die kommt relativ selten vor, schliefbare Hauskanäle, die gibt es zwar noch, nur daß es sehr selten ist, daß wir da hineingehen. Aber prinzipiell, wie gesagt, ist da eine breite Palette an Technik auch vorhanden.« Herr Rosner zündet sich eine Zigarette an und sagt: »Ja, nein ... es hat sich sehr viel zum Positiven geändert – muß ich fairerweise sagen ...«

Herr Krejci erklärt: »Und aus diesem Grund hat sich dann natürlich auch das Image gehoben von den Kanalarbeitern. Wenn man sieht, die Partie kommt mit dem Hochdruckspülwagen – der arbeitet mit achtzig bis neunzig atü, die Feuerwehr in Wien hat sieben bis acht atü, also wir arbeiten mit dem zehnfachen Druck, wenn das Sie trifft, geht's durch Sie durch – das wird von den Leuten draußen ja beachtet. Aha, die sind's. Die, von der Kanalisationsabteilung! Also das Image hat sich gehoben, und was ich vielleicht noch dazusagen möchte, es ist ja so, daß sich die Arbeiter und ihre Familien untereinander sehr, sehr gut auch kennen, bei manchen, da sind schon Generationen bei uns. Die lernen sich kennen, heiraten, und der Sohn wird wieder Kanalarbeiter ... Die gehn auch miteinander Fußball spielen, Tennis spielen, und das hat ja Tradition, der Arbeitersport ...« Auf unsere Frage, ob die Kanalarbeiter auch ›rot‹ waren, sagt Herr Rosner: »Oder sie sind's *noch* ... Ich bin's noch immer.« Herr Krejci erklärt: »Das ist eine gewachsene Geschichte, die Arbeiterbewegung in der Republik Österreich, vor allem im Land Wien, sie war bei uns ja sehr, sehr stark und ist es noch immer ...« Alle blicken erwartungsvoll zu Herrn Rosner. Er sagt: »Ja, richtig, aber es sind zu wenig, muß ich sagen ... es hat sich alles etwas zerschlagen.« Herr Krejci ruft: »Ich meine, es hieß ja nicht umsonst ›das rote Wien‹!«

Auf unsere Frage nach der Privatisierung kommunalen Eigentums sagt Herr Rosner entschieden: »Ja bloß nicht, hoffentlich!« Herr Krejci erklärt: »Unsere jetzigen Politiker vertreten die Meinung, daß das nicht in Frage kommt, auch der Bürgermeister sagt das. Es hat so was bei uns ja schon gegeben. Schaun Sie, in den zwanziger Jahren war die Wiener Kanalisation, die Reinigung der Kanäle, an Kontrahenten vergeben. Das hatte überhaupt nicht geklappt. Also wurden 1928 alle Betriebe von der Kommune aufgekauft. Seitdem ging es aufwärts. Nichts senkt die Leistungen und Arbeitsbedingungen so sehr runter wie eine Privatisierung. Der Generaldirektor muß ja Geld verdienen, der hat einen Vertrag – so kennt man's doch von der Telekom – da kriegt er, wenn er gehen muß, zwölf Millionen. Der genießt eine Dienstzulage, für die ein Arbeiter zweihundert Jahre arbeiten müßte... alles juristisch einwandfrei. Das ist gegen jede Ethik und Moral! Das ist meine persönliche Ansicht.« Herr Krejci lodert, entschuldigt sich für einen Moment, sagt: »Sie können den Damen ja schon mal die Stiefelkammer zeigen«, und verschwindet.

Herr Rosner führt uns herum, zeigt uns die Teeküche mit Aufenthaltsraum für die Arbeiter, den großen gekachelten Duschraum, die Ladestation für die Stirnlampen, den Einsatzplan und die Stiefelkammer. Hier hängen in zwei Reihen übereinander die graubraunen schweren Lederstiefel der Arbeiter, oben die Halbstiefel, unten die langen Stulpenstiefel. Auf der Bank unter dem Stiefelgestell steht ein offenes Eimerchen, das nach Tran riecht. *Gutra Lederfett* steht auf der Banderole. »Ein jeder Kollege, der von der Arbeit kommt, hat die Pflicht, seine Stiefel einzuschmieren«, sagt Herr Rosner streng. »Die Holzschuhe dort ziehen wir an, wenn wir zum Baden gehen, und das hier ist Puder, den geben wir in die Stiefel hinein. Das da sind die ›Schlief‹-Stiefel, also die Schliefer, sagen wir. Die sind für das, was der Herr Krejci gesagt hat über die Hauskanäle. So! Also wenn ich auf einem Auto fahre, dann haben wir Halbstiefel an. Das ist unsere Latzhose, was ich anhab, und drüber kommt so ein Kittel mit Kapuze, der ist hinten geschnitten wie ein Frack, so ähnlich, damit man beim Einsteigen nicht den ganzen Dreck und die Spinnen... Am besten, ich zeig's Ihnen mal, wie ich mich kleide. Ich brauche nur ein paar

Minuten, dann bin ich fertig. Das ist die Gewohnheit.« Er greift nach einem Paar hoher Stiefel, zieht die Schuhe aus und erklärt: »Als erstes, ich bin gewickelt. So wie die Russen. Bevor ich reinschlüpf in den Stiefel, nehm ich den Stiefel- fetzen, sagen wir dazu, der muß um den Fuß gewickelt werden wie ein zweiter Schuh. Das kann ich im Schlaf, daß keine Falte drin ist. Denn eine Falte, die spürst du den ganzen Tag, die reibt dich auf, und du hast Schmerzen …« Herr Rosner demonstriert uns das Wickeln. Ein Arbeiter kommt zur Tür herein und ruft dröhnend MAHLZEIT.

»Mahlzeit«, sagt Rosner und fährt fort: »Wie ich an- gefangen habe, hab ich natürlich schlecht gewickelt, da hat's Blasen gegeben. So, jetzt geb ich in diese Ausziehstiefel den Puder, dann schlüpf ich rein und kann den Schaft jetzt unten lassen, dann gehn sie bis zum Knie, oder ich roll ihn rauf, dann gehn sie bis zum Ende vom Oberschenkel. Das sind meine. Ein Paar von denen wiegt zirka sieben Kilo. Unterhalb sind Nägel an den Sohlen, für den besseren Halt im Wasser. Alles ist aus Leder, auch die Sohle. Gummi- stiefel wurden mal ausprobiert, aber das war nichts, da geht Glas durch und Nägel, hier nicht. Ich zieh den Schaft mal rauf. Schaun Sie, das ist dick, aber geschmeidig. Es ist Kuhleder, und zwar Halsleder. Das ist das weichste Leder, das beste. Wir stehen ja sieben bis acht Stunden in den Stiefeln, da muß das halten. Jeden Montag kommt unser eigener Schuster und schaut sich die Stiefel an, ob was zum Richten ist. Der Ledergürtel hier ist auch vom Schuster, der ist deshalb so weit, damit wir da allerhand befestigen können. Am Anfang kriegst du einen ganz weiten und nach ein paar Jahren … Na ja, man wird dicker … Und dann kommt da noch die Kopflampe auf die Stirn, hier am Gürtel ist der Akku, und hier trage ich meinen Spediteurhaken, mit dem öffne ich so die kleinen Kanalgitter. Jeden Montag bekommen wir frische Wäsche von unserem Aufseher, also wir haben hier wirklich alles – muß ich fairerweise sagen.« Fertig gekleidet geht er mit uns hinaus in den Hof. Er sieht verwegen aus, wie ein Musketier. Herr Krejci erwartet uns bereits, er will uns in der Stadtmitte die alte Kanalisation zeigen.

Als wir am Nachmittag zurückkommen, um mit Herrn Rosner nach Hause zu fahren, haben wir mit Herrn Krejci die Kanäle besichtigt, in denen Orson Welles 1949 im berühmten Film *Der dritte Mann* in der Rolle des Penicillin-schiebers Harry Lime zu Tode gehetzt wird. Für Touristen gibt es Historisches und eine kleine Show mit Schauspielern, Schüssen, Schreien; ausgedacht von Herrn Krejci. Mir wäre eine Besichtigung ohne Show viel lieber gewesen, dann hätte man mehr von dem Rauschen, Tropfen und Gluckern der Flüssigkeiten gehört. Herr Rosner bittet uns in seinen feuerroten Mercedes. Er wohnt nicht weit, im dritten Stock einer grauen Gemeindebauanlage in der Simmeringer Haupt-straße. Es gibt einen Aufzug, die Wohnung hat drei Zim-mer mit Balkon und liegt hinten hinaus, zur ruhigen Seite hin. Wir werden von seiner Lebensgefährtin und einem rotgetigerten Kater namens Merlin freundlich begrüßt. Das Paar zeigt uns seine Wohnung. Das Wohnzimmer hat graublaue Wände, die mit einem zarten weißen Streifen zur Decke hin abgesetzt sind, eine Schrankwand mit Glasvitrine und Bücherregal, TV, eine dunkelblaue Sitzgarnitur aus Leder, vor der eine nackte Liegende mit Rauchglasplatte den Couchtisch bildet. Durch eine Bogentür gelangt man ins Eßzimmer, in dem ein großer Tisch für gesellige Anlässe steht und eine wohlsortierte Hausbar mit Tresen und Bar-hockern. Auf das Badezimmer – nichts vom Profi gemacht, alles Handarbeit – ist man besonders stolz. Es ist silbrig-weiß gekachelt, hat neben der Dusche eine große Whirlpool-Eckbadewanne und eine Lichtsäule für die unterschiedlichen Beleuchtungswünsche. Daneben liegt die kleine Küche. »Das Schlafzimmer wird ja nicht so interessieren«, sagt Herr Rosner vorsichtig, aber seine Lebensgefährtin besteht geradezu darauf, daß wir es sehen. Sie öffnet die Tür. Der Blick fällt auf ein großes komfortables Polsterbett mit eingebautem Radio und abgerundeten Kanten. Sie schließt zufrieden die Tür. Herr Rosner deutet auf ein Gerät im Flur: »Und das ist eine Bespannungsmaschine für meine Tennisschläger.« Nobel, sagen wir und werden ins Eß-zimmer gebeten, bekommen Getränke eingeschenkt und erfahren, daß die Wohnung, inklusive Heizungseinbau, von den beiden selber hergerichtet wurde und so um die zweihundertsiebzig Euro Miete kostet.

»Ich hab früher ja Fußball gespielt, bei der Austria Wien, ein sehr hoher Club, aber mit achtundzwanzig ist es mit den Füßen nimmer gegangen, da haben Freunde gesagt, probier des doch mal ... ich hab gesagt: geh, ich bitt dich, Tennis ... Aber dann hab ich's doch probiert und war dann wie besessen davon. Bis heute.« Fünfundzwanzig Tennispokale stehen auf dem Regal. »Was ist eigentlich mit dem Diamanten im Ohr und mit dem Ohrring?« fragen wir. »Vor fünfzehn Jahren, da hat mir das gefallen, damals habe ich zwei Ringe getragen. Heute tragen das ja fast alle, Ringerln im Ohr, ich red jetzt von uns Kanalarbeitern. Es gibt fast keinen, der das nicht trägt. Das gehört irgendwie dazu.« Der Kater Merlin geht zur Attacke auf meine Hand über, beißt spielerisch in die Fingerspitze und widmet sich dann Elisabeths Kamerariemen. Wir bitten Herrn Rosner, einfach mal den normalen Arbeitstag eines Kanalarbeiters zu beschreiben. Er hebt lächelnd die Brauen und beginnt zu erzählen:

»Ich fahre in der Früh in den Hof, parke mein Auto und schau innen auf der Tafel nach, was ich und die fünfundvierzig Mann machen werden an diesem Tag. Dann trinken wir erst mal Kaffee, dann muß geplaudert werden, dann teile ich die Leute ein. Dann machen wir alles fertig. Als Vorarbeiter muß ich wissen, was gebraucht wird, erst dann steigen wir aufs Auto. Sagen wir, es ist dran: 1. Bezirk, Wipplingerstraße. Als erstes ist wichtig das Absichern, mit Tafeln, Blinkanlagen. Dann wird das Gitter aufgemacht, und da muß, nach neuem Gesetz, ein Dreibein über die Öffnung gestellt werden, zur Sicherung gegen den Absturz der Kollegen, denn die Steigeisen schwitzen, sagen wir, oder sind vielleicht morsch. Als erstes kraxelt dann einer runter mit dem Gasspürgerät, und wenn's nicht anzeigt, dann kann der zweite runter. Die durchschnittliche Tiefe ist vielleicht vierzehn Meter, es gibt auch Kanäle, da sind's nur zwei Meter bis hinunter. Drinnen ist es natürlich dunkel, dazu hast du deine Kopflampe, und von der letzten Sprosse aus steigst du dann praktisch ins Wasser, oder in den Schmutz, oder zum Beispiel in Schotter. Du steigst, wie wir sagen, ins Material. In der Regel bist du dann schon mal in gebückter Haltung in den kleineren Profilen, und das sind die hauptsächlichen Profile! Das ist anstrengend und geht aufs Kreuz. Die Schaufel, die kommt mit dem Kübel runter, aber deinen Schimmel, den mußt du selber mit runternehmen. Das geht alles. Dann sagt der erste Mann: ›Ich setze an‹ ... man kann's eigentlich mit den Füßen fühlen, was da los ist ... der macht den ersten Schub, dann kommt der nächste, macht den nächsten Schub. Sollten die zwei Schübe genügen, so daß der Schmutz weg ist, dann sagt der Mann: ›Es genügt.‹ Du bist immer mindestens zu zweit, nie allein, das wäre zu gefährlich. Und du gehst immer mit dem Wasser, wenn du gegen das Wasser gehst, wirst du waschelnaß und auch sonst ... wenn du mit dem Schimmel am Grund entlangschiebst, kommt hinter dir schon das Wasser nach. Wir sagen dazu aufrühren, ein bisserl Kraft braucht man schon als AUFRÜHRER ...« Er lacht.

Merlin umkreist schnurrend unsere Beine. »Na ja, da kommt meist ein ganz schönes Häuflein zusammen. Das Gitter, wo wir einsteigen, das heißt Vorkopf, das nächste Gitter, wo wir's reinschieben, ist achtzig bis hundert Meter entfernt, dort wird das Material dann ausgefaßt, wie wir sagen. Also wir schaufeln es in den Eimer rein, rufen ›fertig‹ und treten ins Profil zurück, solange der Eimer hochgezogen wird, denn es könnte ja was herabfallen. Der Obere, der schüttet aus und ruft: ›Achtung, Kübel‹, damit wir wissen, es kommt was. Wenn der Kübel steht, können wir wieder raustreten aus dem Profil. Das Ausfassen dauert mal eine halbe Stunde, manchmal vier Stunden. Wir ziehen so um die fünfundvierzig Kübel rauf! Das sind ungefähr drei Kubikmeter. Einen Sauger haben wir auch, der rüsselt alles ein, Schotter und Geröll, ganze Ziegelsteine saugt der rauf. Und der ist nicht mal laut. Wien ist ja anders, in jeder Schrift steht das. Es war auch mal noch anders, da haben sie mit Paradeisern, also Tomaten, auf uns geschossen, die Bürger, weil der Sauger nachts Lärm gemacht hat. Aber dann wurde ein Test gemacht, die Wiener Philharmoniker sind eingeladen worden. Im Stadtpark hams spielen müssen, dabei ist der Sauger eingeschaltet worden – nein, das ist kein Witz – und man hat sie trotzdem noch spielen gehört. Das haben sie sogar im Fernsehen gezeigt. Na ja, und was ich davor erzählt habe, das ist unser Alltagsgeschäft. Es kommen dazu noch die Senkgruben in Kleinsiedlungen, Schrebergärten, man ist eigentlich jede Woche woanders. Aber es ist ja alles viel besser geworden, beispielsweise der Schlachthof war früher schlimm, den gibt's ja fast nicht mehr, der ist ja aufgelassen. Das Fleisch kommt herein nach Wien, fertig zerlegt. Früher war's arg am Schlachttag, montags, das weiß ich noch heute«, er spricht ganz leise, »alles voller Blut unten im Kanal, furchtbar. Heut dürfen, glaub ich, die Juden noch dort schlachten und die Araber, die sind, glaub ich, die einzigen im Marxer Schlachthof ... Also damit haben wir heute kein Problem mehr ...«

Merlin putzt sich mit geschlossenen Augen. »Mein Bruder ist ja auch dabei«, sagt die Lebensgefährtin, die Abteilungsleiterin einer Versicherung ist. »So haben wir uns vor zwölf Jahren ja kennengelernt«, ruft Herr Rosner heftig aus und wirft sehr wohlwollende Blicke auf die Frau. »Das war halt so«, sagt sie lächelnd. Wir fragen, ob es Vorurteile gibt. »Eigentlich nicht«, sagt sie, »es sind jetzt die Vorurteile gegenüber Beamten viel tiefergehend als gegen Kanalarbeiter.« – »Du darfst nicht vergessen«, sagt Herr Rosner trocken, »daß ich pragmatisiert bin, ich *bin* Beamter! ... Und ich hoffe, daß ich dann reinfalle ins Schwerarbeitergesetz, damit ich mit fünfundfünfzig in Pension gehen kann.«

KLAUS DÖRNER, *emer. Univ.-Prof., Dr. med., Dr. phil., ehem. ärztl. Leiter d. Psychiatrischen Landeskrankenhauses Gütersloh. 1954–60 Studium d. Medizin an d. Univ. Freiburg (u. in Kiel, Heidelberg, Tübingen, Hamburg, Paris). Med. Staatsexamen u. Dr. med. 1960 in Hamburg. Zweitstudium Soziologie u. Geschichte in Berlin. 1969 Dr. phil. (Bürger und Irre), teilw. parall. Tätigkeit an d. Psychiatr. Univ. Klin. Hamburg (1963–65) u. Nebentätigk. b. Gesundheitsamt Hamburg-Altona (1968–72). 1971 Habil. an d. Univ. Hamburg (Sammelhabilitation) im Fach Sozialpsychiatrie. 1971–79 Lehre ebd. 1972 Anerkenn. z. Facharzt u. Ern. z. Oberarzt an d. Psychiatrischen Univ. Klin. Hamburg. 1972 starke Verstörung ü. plötzl. Tod d. Vaters (v. Beruf Arzt). 1976 ebenso ü. Tod d. verehrten Lehrers, d. Psychiaters Bürger-Prinz. 1978 Prof. an d. Univ. Hamburg.*

Bis 1979 insg. acht Jahre lang als Psychiater Arbeit in e. (beruflich gemischten) Tagesklinikteam (Psychiatr. Univ. Klin. Hamburg). 1980–96 ärztl. Leiter d. Westf. Landesklinik f. Psychiatrie, Psychosomatik u. Neurologie in Gütersloh. 1992 Lehrstuhl f. Psychiatrie an d. Univ. Witten, Herdecke (emer. 1996). Mitgl. zahlr. Fachges. u. Vereinigungen. Mitbegr. Dt. Ges. f. Soziale Psychiatrie (DGSP e.V.), 1970; Dt. Hospitzhilfe e.V., 1988; Dt.-Polnische Gesellschaft f. Seelische Gesundheit e.V., 1989. Ausz.: Kulturpreis d. Präses d. Ev. Kirche im Rheinland, 1990; Salomon-Neumann-Medaille, 1995; Bundesverdienstkreuz, 1999 (an d. ›Reha-Forum f. Psychisch Kranke‹, überreicht v. Gesundheitsministerin A. Fischer, f. Verdienste f. d. Psychiatrie-Reform). Verf. zahlr. wiss. Beiträge u. Aufsätze. Klaus Dörner wurde am 22. November 1933 in Duisburg geboren. Er ist verheiratet u. hat zwei Kinder aus erster und drei aus zweiter Ehe.

Ende der Veranstaltung

SOZIALPSYCHIATER

L a libertà è terapeutica« war in den sechziger Jahren die Parole fortschrittlicher italienischer Psychiater (wie Basaglia u. a.), mit der sie die Öffnung der Irrenanstalten und den Versuch einer Enthospitalisierung ihrer Patienten einleiteten. Einer der prominentesten deutschen Psychiatrie-Reformer – einst der ›Basaglia Ost-Westfalens‹ genannt – ist Klaus Dörner, nimmermüder Vorkämpfer der Sozial-psychiatrie und der Abschaffung aller Anstalten und Heime. Psychiatrie war für ihn von Anfang an Gesellschaftswissenschaft. Sein berühmtestes Buch, *Bürger und Irre,* ist eine Entstehungs- und Sozialgeschichte der Psychiatrie, in ihrer Funktion als Institution, medizinische Disziplin und moderne Wissenschaft (in England, Frankreich, Deutschland). Es erschien 1969 und war jahrelang ein Bestseller. Die postulierte Absicht der Untersuchung war eine schonungslose Selbstaufklärung der Psychiatrie. Das Buch – vor allem aber die öffentliche Reaktion darauf – hat das Selbstverständnis der alteingesessenen Disziplin und ihrer Standesvertreter ins Wanken gebracht und den gesellschaftlichen Umgang mit dem Irresein, mit Ausgrenzung und Anstaltswesen verändert. Dörner kritisierte die Psychiatrie als reine ›Insassen-Wissenschaft‹, die an irgendwelchen Lebensmöglichkeiten ihrer Patienten in anderen sozialen Zusammenhängen als denen innerhalb von Anstalten nicht im geringsten interessiert war, die aus einer fiktiven Idealnormalität ›objektive‹ Kriterien für Abnormalität und psychische Krankheiten ableitet, für Absonderung und Verwahrung. Diesen Zustand zu ändern ist schwerer als erwartet. Seit mehr als dreißig Jahren verteidigen die Beteiligten ihre Pfründe und nehmen in Kauf, daß Hunderttausende ihrer Freiheitsrechte teilweise lebenslänglich beraubt werden, ohne, so Dörner, fachlichen Grund, »ohne Sinn, ohne Recht, ohne Moral«. Er gründete 1970 mit Gleichgesinnten die Deutsche Gesellschaft für Soziale Psychiatrie, mit der sich Druck ausüben ließ auf die Psychiatrieenquete der damaligen Bundesregierung.

Später bewies er als ärztlicher Leiter eines großen psychiatrischen Landeskrankenhauses sechzehn Jahre lang, daß es möglich ist, sämtliche Langzeitpatienten zu entlassen und ihnen ein Leben außerhalb der Anstalt zu ermöglichen. Mit der Enthospitalisierung der ›Verrückten‹ und ihrer Rückkehr in die Gesellschaft und Öffentlichkeit, verbindet Dörner die Hoffnung, daß dadurch ihre reibungslose Liquidierung im Fall der Fälle entsprechend erschwert würde. Er mutmaßt, daß womöglich in gar nicht so ferner Zukunft wieder Aussonderungsmaßnahmen ins Auge gefaßt werden könnten, »schon wegen der Marktgesetze«, angesichts eines unbezahlbaren Sozialsystems und einer stetig ansteigenden Zahl Nichtverwendbarer. Erste Anzeichen dafür sah er in der Diskussion über die Sterbehilfe, die er vehement verurteilt. Klaus Dörner hat sich energisch für die Übersetzung und Herausgabe der Akten des Nürnberger Ärzteprozesses in deutscher Sprache engagiert. Von 350000 schriftlich um Geldspenden gebetenen Ärzten waren 8000 bereit, die Dokumentation der Verbrechen ihrer Vorgänger durch eine Spende mitzufinanzieren. Dörner war einer der ersten in Deutschland, der sich als Psychiater mit dem Thema Euthanasieverbrechen und Schuldzusammenhang nicht nur beschäftigte, sondern auch eine Entschädigung und Rehabilitierung aller noch lebenden Opfern der NS-Psychiatrie forderte. Sein Buch *Tödliches Mitleid* zeigt Jahre später die kontinuierliche Weiterverfolgung dieses Themas und Dörners Fähigkeit zur ›Selbstzerfleischung‹. Er weiß von sich, und gibt unmißverständlich bekannt, wie leicht es hätte geschehen können, daß auch er ein Naziarzt und williger Vollstrecker geworden wäre. Dörner studiert den von Primo Levi beschriebenen ›Panwitz-Blick‹. Den verdinglichenden Blick des Bevollmächtigten auf ein ihm ausgeliefertes Subjekt. Es ist ein sachlich musternder, aussondernder Blick, kühl, ungerührt, unberührbar, der seit dem Beginn der Industrialisierung – in verkleideter Form – eingeübt und angewandt wurde als Verwertungs- und Ausrottungsblick des

Bürgers gegen die sozial Schwächeren und psychisch Kranken. Und er beschreibt in seinem Buch *Tödliches Mitleid,* wie er beim Selbstversuch diesen Panwitz-Blick als Möglichkeit auch in der eigenen Person aufspürt, gibt zu, ihn durchaus zu beherrschen, ihn parat zu haben, ihn sogar logisch und ethisch nachvollziehen zu können innerhalb des Spektrums seiner Fähigkeiten. Das ist ein ziemlich unerhörtes Geständnis, zumal für einen Arzt. Ähnlich schonungslos steht er zu seiner starken NS-Prägung, läßt den Leser zuschauen, wie er als dicker, rothaariger Bub gehänselt wurde und diese Schmach durch besonderen Schneid, beim Schießen beispielsweise, kompensieren konnte. Möglichst genaue Selbstwahrnehmung hat er auch in der psychiatrischen Arbeit als unabdingbare Methode gefordert und seine Mitarbeiter stets aufgefordert, auch in der eigenen Person die psychopathischen und endogenen Störungen zu erforschen. Nur über ein Selbstverständnis sei Verständigung möglich. »Die Person«, so Dörner (also ihre Beschaffenheit als Helfer), »ist das einzige Mittel in der Psychiatrie, das zählt.« Zur natürlich auch von ihm praktizierten Behandlung mit Neuroleptika erklärte er: »Wir geben sie dem Patienten immer auch zu unserer Selbstbehandlung, um ihn überhaupt ertragen zu können.« Kritische Betroffene einer solchen Behandlung – ob sie nun auf sanftem oder unsanftem Zwang beruht – sehen darin eine Fesselungs- und Knebelungstechnik in alter Tradition und im Psychiater nur ein Vollzugsorgan, das berufsmäßig soziale Kontrolle ausübt, indem es störende Elemente entstörenden Maßnahmen unterzieht.

Aber Dörner hat die Widersprüche, in denen jeder sich verfangen muß, der ein Amtsinhaber ist, immer zugleich thematisiert, analysiert und benutzt. Die Anzahl seiner Wochenarbeitsstunden war legendär und ebenso die Tatsache, daß er während seiner siebzehnjährigen Amtszeit nicht ein einziges Mal Urlaub nahm, nicht einen einzigen Tag wegen Krankheit fehlte. Pünktlich erschien er jeden Tag zur Morgenkonferenz. Er meidet jeden besonderen Aufwand in bezug auf Kleidung, Nahrung, Komfort und Formalitäten, ißt gewohnheitsmäßig nur einmal täglich, und zwar am Abend, und behauptet, mit einer einzigen ethischen Norm auszukommen: Sie gebietet, den höchsten Aufwand an Aufmerksamkeit, Engagement, Zeit und Einsatz unserer Ressourcen

im Zweifel zunächst bei den jeweils schwierigsten, hoffnungs-
losesten, aussichtslosesten, ältesten und unerträglichsten
Patienten einzusetzen. 1968 war Dörner Marxist, heute
schätzt er den französischen Philosophen Levinas.

Klaus Dörner wohnt in Hamburg, im Stadtteil Eppendorf,
ganz in der Nähe seiner ersten ärztlichen Wirkungsstätte,
des Universitätskrankenhauses. Die Gegend ist städtisch,
aber nicht laut, die Straße schmal, mit eng aneinander-
hängenden bürgerlichen Mietshäusern aus den zwanziger
Jahren des vorigen Jahrhunderts. Zwischen Bürgersteig und
Haus fristen winzige Vorgärten ein meist kümmerliches
Dasein. In der ersten Etage werden wir vom Hausherrn
mit sehr distanzierter Freundlichkeit begrüßt und in ein
kleines Zimmer gebeten. Dort stürzt sich eine freudig erregte
junge Golden-Retriever-Hündin auf uns, möchte spielen,
wird aber vom Herrchen mit sanfter Entschiedenheit in den
Flur hinauskomplimentiert. Am Ende des Flures befindet
sich die Küche, in der ein kräftiger achtzehnjähriger Grau-
papagei in seinem Käfig sitzt und ab und zu erschütternd
melodische Schreie ausstößt. Sein Gefieder ist wohlgeordnet.
Ansonsten fällt auf, daß die schönen Messingtürklinken
alle nach oben zeigen, damit sie nicht unbefugt geöffnet
werden. Nicht etwa von der Hündin, nein, die sechzehn
Jahre alte graugetigerte Katze, so erfahren wir, öffnet gern
jede Tür und verschwindet. Auch die Katze wird hinaus-
geschickt und entfernt sich ärgerlich. Die Einrichtung
wirkt in Zeiten, wo man auf wohlinszenierte Heime
großen Wert legt, angenehm und wie von gestern. Unter
dem dreiteiligen Fenster steht ein Schreibtisch, darauf eine
alte mechanische Schreibmaschine, Pfeifen, Tabaksdosen.
Es riecht aber nicht nach Rauch, seltsamerweise. Der
Teppichboden ist blaugrau, samtig. Bücherregale aus hellem
Holz beherbergen Mappen, Schachteln, Ordner, es gibt die
Abbildung eines Kängeruhs, einen Bücherschrank mit
Glastüren. Die eigentliche Bücherwand ist nebenan im
Arbeitszimmer. Wir nehmen auf etwas Platz, das niedrig
ist und mit Kord bezogen. Der Hausherr sitzt uns schräg
gegenüber auf einem normal hohen Stuhl. Wir blicken
zu ihm auf. Er trägt Kordhosen und wirkt unnahbar. Über-
haupt umweht ihn etwas Mönchisches; ein Hauch von
Selbstzucht und Anfechtung. Vor uns auf dem Tischchen

steht ein interessanter Kerzenleuchter, gemacht aus einer Fahrradhinterachse, als Standfuß dient der Zahnradkranz. Sonst ist das Tischchen leer. Die Gastlichkeit wurde vergessen oder nicht für nötig befunden. Das ist ungewohnt für uns. Einige Zeit später, als wir uns gerade daran gewöhnt hatten, brachte Herr Dörner eine Flasche Limonade.

Wir fragen ihn nach seinen Anfängen in den sechziger Jahren, und er erzählt von seiner Zeit in Berlin, von der Arbeit in Hamburg, von den Erfahrungen der Tagesklinik, dem Team und von der Antipsychiatriebewegung in Italien. »Ich bin ja damals mit italienischen Menschen, Psychiatern, mit Basaglia und all diesen Leuten so was wie befreundet gewesen ... teilweise bis heute noch, aber das waren dort völlig andere, nicht übertragbare Verhältnisse. Und der italienische Weg war ja dann auch so, daß sie zwar sehr verdienstvoll die Anstalten in Frage gestellt haben und dort, wo es geklappt hat, auch deren Strukturen durch ambulante Hilfe ersetzen konnten. Aber ziemlich gut gelungen ist das eigentlich nur in Triest, Peruggia ... witzigerweise nur in mittelgroßen Städten. Nicht auf dem platten Land, nicht in den Großstädten. Viele der Familien waren überfordert von den chronisch Kranken. Ich hab mir damals schon gedacht: Kann man's nicht auch anders machen? Das war also auch einer der Gründe, weshalb ich in ein Landeskrankenhaus wollte, wo dann auch die chronisch Kranken, also die allerletzten in der Hierarchie, systematisch zu finden sind, weil es eine Pflichtversorgung gibt für die Region. Dort findet man all die, die seit zehn, zwanzig, dreißig, vierzig, fünfzig Jahren, falls sie die Nazizeit überlebt hatten, ohne Chance waren. Von 1980 bis 96 war ich dann in Gütersloh der leitende Arzt, und wir haben mit den Allerletzten angefangen. Jedes Landeskrankenhaus hat ja so eine Omega-Station, die sind die allerletzten Heuler, die also nichts als klauen, kratzen, beißen, spucken, Sachen zerdeppern, mit dem Kopf gegen die Wand schlagen die ganze Zeit, Menschen angreifen und was alles noch – und das Tag und Nacht. Und da haben wir angefangen, mal die Bezeichnungen anzuschauen: geistig behindert, verhaltensgestört, persönlichkeitsgestört und so fort, und haben beschlossen, sie anders zu nennen, so, daß auch etwas Positives drin vorkommt. Es gab dann einen Wettbewerb zur Erfindung von Namen, und da wurde gesagt: Es sind die größten Individualisten, oder es sind Menschen mit einem besonders originellen Verhalten oder mit einem besonders herausfordernden Verhalten – in dem Sinne, daß sie mich aus mir herausfordern. Und indem sie das tun, schenken sie mir etwas ... Ja? Oder was hatten wir noch gesagt ... das sind Systemsprenger. Witzigerweise hat sich dieser Namen am meisten durchgesetzt. Die Gesellschaft hat sich ja so daran gewöhnt, alles zum System zu erklären ... Niklas Luhmann mit seiner Systemtheorie und solche Leute ... Und damit man in den Systemen nicht erstickt, braucht es die Systemsprenger; einer von denen reicht, um jedes x-beliebige System zu sprengen. So, und innerhalb von fünfzehn Jahren ist es uns gelungen – und das war das erste Mal in Deutschland, oder sogar in der Welt –, alle, wirklich alle chronisch Psychischkranken einer Region, von immerhin einer Million Einwohnern, das sind vierhundertsechsunddreißig Stück, aus der Anstalt in eigene Wohnungen zu entlassen. Fast alle mit normaler ambulanter Betreuung, nur eine Minderheit von fünfzehn Prozent bekam wegen ihrer Schwierigkeiten eine Betreuung rund um die Uhr. Wir konnten so empirisch nachweisen, daß kein Mensch wegen einer psychischen Erkrankung, egal wie schwer sie ist, dauerhaft in einer Institution leben muß. Und auch für die geistig Behinderten braucht man keine dauerhaften Institutionen. Für akute Krisen, da braucht man Kliniken. Alle anderen können in eigenen Wohnungen leben, allein, zu zweit, in Gruppen, nach Bedarf betreut. Eins allerdings ist unbedingt notwendig, daß sie tagsüber was sozial Sinnvolles zu tun kriegen, daß sie was haben, was sie als ihre Arbeit, als ihren Betrieb empfinden. Deshalb haben wir da zehn Zuverdienst- ... Teilzeitfirmen gegründet, wo die Leute, die ja das Bedürfnis haben, sich durch Arbeit sozial sinnvoll zu machen und sich so zu erleben, stundenweise kommen und gehen können.

Diese Zuverdienstfirmen sind für uns die wichtigste Erfindung. Leute, die jahrzehntelang in der Anstalt waren, haben erfahrungsgemäß Probleme mit der Arbeit, es ist nicht mal so, daß sie nicht arbeiten können, sie wollen's oft einfach nicht und brauchen deshalb ein ganz besonderes Angebot. Wir nannten es ganz bewußt ›Industrie-Café‹, wo man hingehen kann, Kaffee trinken, mit andern vielleicht

Karten spielen, oder, wenn man Lust hat, über die Leute, die dort in Blickweite arbeiten, herziehen, wie blöd die sind. Und der Witz ist der, das *müssen* sie *dürfen*. Die Leute, die da arbeiten, dürfen in keiner Weise eingreifen. Bei den meisten ist es so, nach ein paar Wochen, Monaten oder auch drei Jahren – das dürfen sie auch –, da juckt es sie dann in den Fingern, und sie wollen sich doch ein paar Mark Kleingeld verdienen. Man darf es so unregelmäßig tun, wie man will. Es war natürlich nicht leicht für die Leute, die das organisiert haben, damals wurde das ja noch nicht bezahlt, und wir haben Gelder zweckentfremdet, haben jede Arbeit genommen, die kam, meist einfache Industriemontage. Man muß gucken, daß man etwa zwei Drittel finanziert kriegt, und ein Drittel kann man dann aus dem Erlös selbst finanzieren. Auf diese Weise haben wir also alle chronisch Kranken einer ganzen Region, egal ob es nun die Psychotischen waren, die Schizophrenen, chronisch Suchtkranken, gerontopsychiatrischen oder sonstigen Fälle, rausgekriegt aus der Anstalt. Gut, das Krankenhaus war auf diese Weise ja nicht völlig aufgelöst, es war auf einen Teilbereich geschrumpft ... also Aufnahmestation für Akutkranke ... Und das ist eigentlich der Weg. Der nächste Schritt müßte darin bestehen, daß man so eine Anstalt dann völlig aufgibt. Die Engländer haben drei Viertel ihrer Landeskrankenhäuser ... ihrer Großkrankenhäuser ja aufgegeben ...«

Wir wenden ein, daß die Gründe dafür vielleicht der Thatcherismus und die radikalen Sparmaßnahmen im Gesundheitssystem hätten sein können, doch Herr Dörner schüttelt entschieden den Kopf: »Das hat damit nichts zu tun. Also man muß aufpassen, denn es kann leicht passieren, daß man solche Kommunalisierungen deshalb ablehnt, weil man sagt, das seien reine Sparmaßnahmen. Und auf der anderen Seite sagen auch die Betreiber großer Institutionen gern, da sind wir dagegen, das jetzt zu zerschlagen und statt dessen billige ambulante Betreuung einzuführen, damit wird doch nur die Sparpsychose des Neokapitalismus geschürt ... Aber damit verteidigen sie eben nur ihre Pfründe. Das ist das Problem. Das darf uns nicht abhalten von der Schaffung eines Systems von ›community-care‹ – um diesen englischen Begriff zu verwenden –, was uns in Gütersloh ja auch soweit gelungen ist und zwar so, daß auch die Bevölkerung mitspielte, was ja mit die schwierigste Aufgabe war. In so einer mittelgroßen Stadt wie Gütersloh, mit einer organischen Umgebung, 100000 Einwohnern, funktioniert es am besten. Aber es war natürlich ein Problem, als plötzlich eine drei- bis viermal höhere Dichte an merkwürdigen chronisch Kranken da war als bisher. Und da haben wir uns also eine Menge einfallen lassen wie Volkshochschulkurse zum Thema ›Wie gehen Nachbarn mit geistig Behinderten um‹, dann Aktivitäten mit Schülern, es gab Vereinbarungen mit den Grundschulen und Gymnasien, daß jeder Schüler einmal in seiner Karriere an einem Projekt mitarbeiten muß, ein Praktikum macht, das theoretisch vorbereitet und dann guckt, wie er am besten mit seiner Angst vor dem Fremden umgehen kann. Ihn verführen zum Interesse, zur Neugier, zum Verständnis. Wir haben Benefizveranstaltungen gemacht, so daß alle irgendwie einbezogen wurden, immer größere Teile der Bürgerschaft. Und wir haben in Gütersloh alle zwei Jahre einen ›Sozial-Oscar‹ vergeben, den bekam jeweils immer ein normaler Unternehmer des freien Marktes, der sich für psychisch Kranke oder geistig Behinderte besonders engagiert hatte. Eine hochkarätige Jury, mit der Handwerkskammerpräsidentin und anderen Honoratioren, verlieh den Preis von zehntausend Mark ... keine große Sache, aber ... das ist inzwischen gesellschaftlich eine hoch wichtige Veranstaltung mit Tradition und findet im Plenarsaal des Landratsamtes statt. Es ist jetzt so, daß die Sozialkontakte der chronisch Kranken zu über achtzig Prozent aus Kontakten zu ›normalen‹ Bürgern bestehen. Nur noch ein kleiner Rest der Kontakte sind solche zu professionellen Helfern, während in ihrem Anstaltsleben die professionellen Kontakte und die zu den Mitpatienten in vielen Fällen die einzigen waren, die seit langem bestanden. Und wir können deshalb auch froh sein, daß es so gut gegangen ist, daß wir nachverfolgen können, wie die Leute über zehn, fünfzehn Jahre im großen und ganzen stabil geblieben sind. Über die Hälfte der Leute mußte nie wieder rein ... das muß man sich mal vorstellen. Menschen, die waren vorher zwanzig, dreißig Jahre drin – und das muß man sich ja eingestehen – ohne jeden fachlichen Grund, ohne Notwendigkeit, und damit ohne jede Berechtigung, wurden ihnen zwanzig, dreißig Jahre ihrer Freiheit geklaut.«

Herr Dörner zieht die Hosenbeine etwas hoch und legt dabei schwarze Socken frei mit Mozart-Schriftzug. Er schaut einen Moment schweigend zum Fenster und fährt fort: »Als ich vor fünf Jahren aufhörte, bin ich mit meiner Frau wieder nach Hamburg zurückgekehrt, am 6. Dezember 1996. Das war zwischen uns so abgesprochen, als wir damals nach Gütersloh gingen, daß sie sich fügt, aber nur unter der Bedingung, daß sie später bestimmt, wohin es dann wieder von Gütersloh weggeht. Und sie hat sich für Hamburg entschieden. Dann sind wir erst mal für drei Monate nach Australien gedüst, haben Urlaub gemacht. Danach habe ich zwei Jahre lang geguckt, worauf willst du dich noch konzentrieren, habe dieses Buch geschrieben, *Der gute Arzt,* weil ich über meinen eigenen Beruf auch mal was schreiben wollte – und dieses Buch ist bewußt nicht für Psychiater geschrieben, sondern für den Typ des Allgemeinarztes, des Hausarztes. Und da hat sich bei mir herausgestellt, daß ich das, was ich in Gütersloh gelernt habe, verallgemeinern kann, um Menschen, die Heime betreiben, dazu zu bringen, Menschen, die in Heimen sitzen, dort aber gar nicht sitzen müßten, so zu fördern, daß die ausziehen können für immer. Habe erst mal zwei Jahre in Vorträgen behauptet, daß alle Heimbetreiber und Heimträger Geißelnehmer sind. Merkwürdigerweise hat das aber trotzdem dazu geführt, daß man sich im Laufe der Zeit dann doch mal Gedanken gemacht hat, sich auch zusammengesetzt hat. Aber dann ist da immer die Frage, wie kriegen wir das hin, ohne Arbeitsplätze kaputtzumachen. Und diese Frage, die stellt man ja auch auf der Kostenträgerebene, also so ein Leiter einer Sozialhilfeabteilung will bei sich keine Abstriche machen. Wenn er nur noch die Hälfte der Gelder zu zahlen hätte, müßte er die Hälfte seiner Mitarbeiter rausschmeißen, er hätte nicht mehr ein Budget von, ich weiß nicht, zehn Milliarden, sondern nur noch fünf Milliarden, das schwächt sein Renommee, wie steht er dann da ...? Also irrationale Dinge, Machtfaktoren, scheinen da eine größere Rolle zu spielen als ökonomische Vernunft. In Westfalen haben wir am Beispiel Gütersloh den Leuten vorgerechnet, ihr spart dadurch, daß diese vierhundertsechsunddreißig Menschen jetzt draußen leben, pro Jahr, allein an diesen vierhundertsechsunddreißig Menschen, zehn bis fünfzehn

Millionen Steuergelder. Aber das hat nicht im geringsten interessiert. Es gibt keinerlei Willen, sparen zu wollen.

Aber so ein Heimbetreiber, bei dem liegen die Dinge noch mal anders, wenn der sein Betreuungssystem verändern will, dann rutscht der erst mal in den Bankrott rein, wenn ich also ein Heim mit achtzig Betten habe und entlasse meine Patienten allmählich, ohne die Betten wieder aufzufüllen, dann kann ich Konkurs anmelden. Also habe ich, nach Vereinbarung mit dem Kostenträger, denen – das war in Bayern – vorgeschlagen, daß ein Heim, das in diese Richtung gehen will, zwischenzeitlich höhere Kostenansätze bekommen kann, um das abfangen zu können, aber mit dem Ziel, das Heim in etwa zehn Jahren abzubauen. Kein einziger Heimträger hat sich darauf bezogen!« Auf die Frage, in welcher Eigenschaft er da eigentlich auftrete, sagt er lachend: »Ich habe ein neues Berufsbild kreiert, das Berufsbild des Heimauflösers.« Ernst setzt er hinzu: »Na ja, das ist zwar ganz nett, aber völlig wirkungslos. Das Heimsystem ist zu gut geschmiert und etabliert – und alle, Heimträger und Heimbetreiber, haben zu große Verlustängste. Wenn sie beispielsweise das Diakonische Werk nehmen, die haben in jedem Kreis, in jedem Bundesland und auch noch auf Bundesebene natürlich, unglaublich große Verwaltungen, wo im Grunde genommen alle finanziert werden von den Pflegesätzen der Diakonischen Einrichtungen. Fallen die weg, dann ist die ganze Pracht und Herrlichkeit auch weg! Um gegen all diese Widerstände was zu unternehmen, haben wir als jedenfalls letzten Akt eine Aufforderung an den Bundestag gerichtet, in der nächsten Legislaturperiode eine Heimenquete durchzuführen. Das bringt zwar nicht automatisch was, aber wenn ich mich an die Psychiatrieenquete erinnere, die hat unglaublich viel in Bewegung gebracht damals. Allerdings war ihr erster makabrer Erfolg, daß ein System von Heimen dadurch erst entstehen konnte, das heute so gut wie unangreifbar ist. Deshalb eben jetzt der Ruf nach dem Gesetzgeber. Immerhin lebt ein Prozent der Bevölkerung in Heimen, das sind 800 000 Menschen, die Anspruch auf ihre Freiheit haben. Und deshalb muß die Deinstitutionalisierung mit gesetzlichen Maßnahmen begleitet werden, und das gilt sowohl für die Alten und Pflegebedürftigen wie für die psychisch Kranken, die geistig

Behinderten und die körperlich Behinderten natürlich auch, das ist klar.

Und dies führt, sage ich jetzt mal, automatisch – ob das jetzt jemand will oder nicht – dazu, daß die normalen Durchschnittsbürger mehr einbezogen werden. Das wird ganz einfach passieren, und es ist unvermeidlich, daß sich auf diese Weise so ein Stück Bürgergesellschaft wiederherstellt. Bürgergesellschaft, das ist ja so ein Sonntagsredenwort, der Bundeskanzler nimmt es pausenlos in den Mund, weil es gut klingt. Sie herzustellen ist aber etwas sehr Schwieriges, und eins ist klar: Es läßt sich eine Bürgergesellschaft nicht denken in einer Gesellschaft, die über soziale Institutionen verfügt, in die man im Notfall schwierige Menschen wegschließen kann. Sie steht und fällt eigentlich damit, wie wir dazu kommen, daß der statistische Durchschnittsbürger einen Teil seiner Schultern da mit ins Spiel einbringt. Also daß sich die Gesamtlast auf alle Schultern, auf möglichst alle, gleichmäßig verteilt. Das ist die Theorie. Aber vorstellbar wäre ein Pflegemix, ein Betreuungsmix aus Angehörigen, Profis, Nachbarn, sonstigen Bürgern. Das klingt gradezu banal, wie sollte es auch anders sein. Und es wird Jahrzehnte dauern, bis das als Kultur selbstverständlich geworden sein wird für die Leute. Und jetzt werd ich etwas pathetisch. Mensch, ne Stunde in der Woche, oder auch zwei oder drei, stehe ich meinem alzheimerkranken Nachbarn schräg gegenüber zur Verfügung, zusammen mit anderen. Das ist nicht nur eine Pflicht, sondern vielmehr noch ein gewisses Recht auf soziale Anteilnahme. Und ich reklamiere dieses Recht und fordere es ein. So! Noch vor zehn Jahren hätte ich gesagt, das ist sentimentaler Quatsch, aber nach dem, was wir schon an kleinen Schritten auf die Beine gestellt haben, halte ich das nicht mehr für sentimentalen Quatsch, sondern für erreichbar; allerdings muß man sich vielleicht fünfzig bis hundert Jahre Zeit nehmen ... Aber wenn man sich erst mal vorgenommen hat, dieses Heimsystem anzutasten, will man wenigstens dafür sorgen, daß man noch sagen kann ... man hat in den nächsten drei Jahren vielleicht fünf oder fünfzehn Heimbewohner rausbekommen, sie haben ihre bürgerlichen Rechte ... ihre Persönlichkeits- und Freiheitsrechte wiedererlangen können. So demütig muß man schon sein, daß man sagt: Na ja, es ist gelungen ...«

JOSEF TEUSCHLER, *genannt*
›PEPPINO‹, *Frackspezialist*
u. Prominentenschneider in Wien.
1940 Einschulung Volksschule Stotzing,
Burgenland. 1944 Tod d. Vaters.
1948 Beendigung d. Schule u. Beginn
d. Schneiderlehre b. Ferdinand Riha in
Wien (Gesellenstück: handgenähtes
Sakko). Nach erfolgreichem Abschluß
d. Lehre Arbeit b. versch. Firmen, teilw.
als Zuschneider. 1952 Tod d. Mutter.
1955 Meisterprüfung als jüngster
Schneidermeister Österr. Ab Mai 1958
selbst. Schneidermeister m. Atelier
u. Werkstatt im 18. Bezirk in Wien.
Verehelichung m. d. Schneiderin Martha
Weber. 1965 erste Ausz. m. d. Wiener
Modering-Medaille. 1967 Verl.
d. Goldenen Schere b. Mode-Festival
San Remo (seither unter d. Namen
Peppino bekannt). 1967 Gründ.
d. Fußballclubs USC-Stotzing in seiner
Heimatgemeinde. 1969 Entwurf seines
Computeranzuges (Schnitt u. Fertigung
halbautomatisch, halb Konfektions-,
halb Maßanzug), gesch. Markenz.
›Peppino International‹, ebenso lautet
b. 1999 d. Firmenname. 1970 Verl.
d. Titels Kommerzialrat durch d. österr.
Bundespräsidenten Waldheim. Zunehmend
lassen sich in- u. ausl. Prominente
Anzüge u. Fräcke von Peppino schneidern.
1988 Einkleidung d. österr. National-
mannschaft f. d. Olymp. Sommerspiele
Seoul. 2000 Entw. d. Fräcke f. d. Eleven
d. Wiener Opernballs. 2001 Kostüme
f. d. Darsteller im Musical Charlie.
Orden u. Ehrungen u. a. Gr. silb. Ehrenz.
d. gewerbl. Wirtschaft Wien, 1994;
Burgenl. Sportehrenzeichen in Gold,
1997; Gold. Ehrenzeichen d. Rep. Österr.
(durch d. Bundespräsidenten verliehen),
2003. Josef Teuschler wurde am 15. März
1934 als Sohn einer Arbeiterfamilie in
Stotzing, Burgenland, geboren. Er ist verh.
u. hat zwei Söhne. Sohn Michael Teuschler
ist ebenfalls Schneidermeister u. übernahm
1999 d. Geschäftsf. d. väterl. Firma.

336

Bei einem Frackspezialisten

PROMINENTENSCHNEIDER

Die Geschichte des Frackes ist eine Geschichte schrumpfender Schöße und der Verselbständigung eines Zweckes. Sein Vorbild war der zum Reiten zurückgeschlagene Rock der Kavalleristen. Im achtzehnten Jahrhundert wurde in vielen Heeren auch die Infanterie mit solchen Uniformröcken ausgestattet. England brachte die zivile Form dieses Uniformstückes hervor, den Frack mit den beigeschnittenen Zipfeln. Der Frack war ein Tagesrock, er war anfangs nicht salonfähig, galt als kühnes, emanzipatorisches Kleidungsstück und konnte in jeder Farbe getragen werden – Goethe machte ihn hierzulande populär durch Werthers blauen Frack mit den Messingknöpfen. Die Anerkennung als repräsentatives bürgerliches Kleidungsstück kam aber erst durch die Französische Revolution in Schwung, für einige Zeit gab es sogar einen Frauenfrack. Erst ab 1830 wird der Frack feierlich, wird zum schwarzen Gesellschaftsfrack und erhält den bis heute gültigen Schnitt und Zweck. Außer bei Staatsakten, wird er nur auf festlichen Abendveranstaltungen ab 19 Uhr getragen. Es gibt bis heute Zeremonien und Veranstaltungen mit ›Frackzwang‹ – auf Einladungen mit ›White Tie‹ vermerkt, im Gegensatz zu ›Black Tie‹, dem Smoking –, z.B. Gala, Staatsempfang, Wiener Opernball, Nobelpreisverleihung. Oberkellner im Frack sind durch ihre schwarze Fliege auf Anhieb zu erkennen, der Gast trägt stets eine weiße.

Das Geschäft des Frackspezialisten Teuschler liegt im 18. Wiener Bezirk Währing, in einer uninteressanten, ruhigen Seitenstraße. Hierher wird sich die betuchte Kundschaft der angrenzenden Bezirke kaum verirren, auch für Touristen gibt es nichts zu sehen. Der Herrenausstatter kann sich diese schlechte Lage leisten. Er hat Kunden in vielen Ländern der Welt, die meisten wurden zu Stammkunden. Auch deshalb kann er selbstbewußt seine dezent beleuchteten Modellanzüge in die Auslagen geben und ignorieren, wie seltsam und fremd sich die französischen Schaufenstermarkisen auf der blütenweißen Geschäftsfront von der Tristesse der Straße und den grauen Fassaden der alten Mietshäuser abheben.

Wir sind auf die Minute pünktlich. Herr Peppino Teuschler erwartet uns bereits vor der Tür. Er ist klein, untersetzt, trägt einen senfgelben Seidenanzug mit handgearbeiteten Knopflöchern und handgesteppter Ziernaht, ein gelbliches Hemd mit weißem Kragen, eine Seidenkrawatte, bestickt mit Schneiderwerkzeug, und senfgelbe Seidenschuhe mit leichter Plateausohle. Am linken Revers hängt die Goldene Schere, mit der er in San Remo ausgezeichnet wurde. Liebenswürdig bittet er uns einzutreten, stellt uns seinen Kompagnon vor, Sohn Michael, der so etwas wie bäuerliche Frische ausstrahlt und jeder Affektiertheit abgeneigt zu sein scheint, ordert bei der Schwiegertochter Kaffee und komplimentiert uns zu einer Art Hausbar, die zusätzlich als Kassentheke dient. Das Innere der Verkaufsräume wirkt englisch gediegen. Klassisch holzvertäfelte Wände, viele Siegel, Kugellampen, Messing, grüner Teppichboden. Die akkurat in den dunklen Regalen ruhenden edlen Hemden und Stoffe, der Ständer mit den farblich geordneten Seidenkrawatten geben dem Raum eine ruhige, angenehme und geradezu zeitlose Atmosphäre. Da wir aber bei Peppino Teuschler sind, gibt es auch seidene Patchwork-Ballonmützen und sehr bunte, künstlerisch handbemalte Krawatten, die das alles wieder etwas relativieren. Unser Gastgeber ist sehr behende hinter die Theke getreten, schiebt ein paar herumliegende Stecknadeln beiseite und zeigt stolz auf die Wand. Sie ist bedeckt mit sorgfältig gerahmten Fotos, teils mit persönlicher Widmung, u. a. von Placido Domingo, Carreras, Pavarotti, dem Milliardär Flick, Schwarzenegger und Gallo, dem Entdecker des Aidsvirus, von den Fußballern Beckenbauer und Pelé, vom Entertainer Gottschalk, von Professor Barnard, dem Pionier der Herzverpflanzung, und von Zilk, dem ehemaligen Bürgermeister Wiens, der durch eine Briefbombe seine Hand verlor. Auch Herr Teuschler hat etwas verloren, den halben Ringfinger der linken Hand. Wir fragen, wie es passiert ist. »Es war durch die Häckselmaschine«, sagt er und streckt uns den Fingerstumpf hin, »ich habe Stroh geschnitten für die Kuh, die wir hatten, und dabei ist der Finger weggegangen. Zehn Jahre war ich da.«

Er schaut bekümmert, nippt am Kaffee und sagt dann feurig: »Aber das hat mich nicht gehindert! Der Zilk war später einer meiner ersten Kunden ... ich habe ja viele ... dem Bischof Krenn habe ich eine neue Soutane gemacht sogar, dem Roberto Blanco habe ich Anzüge gemacht, dem Rudi Carrell ... aber ich bin auch für den ganz normalen Menschen da ... am besten, ich erzähl von vorne?! Ich bin ja aus einer Arbeiterfamilie, der Vater war tot – Zementarbeiter war er – mit vierzehn bin ich noch bei meiner Mutter im Bett gelegen, im verwaisten Ehebett sozusagen, das ist so am Land. Dann kam ich nach Wien, zu meiner Marie-Tante, da gab's nur eine Einzimmer-Küche-Wohnung – das war nicht einfach. Bei Herrn Riha im 3. Bezirk habe ich dann die Lehre gemacht, von der Pike auf gelernt. Er war ein strenger Lehrherr und guter Chef. Da habe ich die Herrenschneiderei gelernt, das heißt Hosen, Westen, Sakkos, Frack ... und das alles mit der Hand. Die schönsten Knopflöcher konnte ich machen. Ich wollte von innen her immer Schneider werden! Die Mutter hat genäht, mit einer Pfaff-Nähmaschine, da habe ich gern zugeschaut. Wir waren ja ein armes Haus, aber meine Mutter hat mir immer ein reines Hemd gegeben, und sie hat gewußt, daß ich schon als kleiner Bub in der Schule immer nur einen Bug gewollt habe, eine Bügelfalte in der Hose, was die andern nicht gehabt haben. Und dann war ich auf einmal in Wien und habe gelernt. Das war eine neue, bunte Welt für mich. Ich habe um halb sieben in der Früh die Arbeit aufgenommen und habe aufgehört um acht am Abend. Das gibt's heute nimmermehr! Es waren noch zwei Gehilfen da, und der Lehrherr hat gesagt, ich soll schaun, wie sie's machen, und dann versuchen, es besser zu machen. Das hat mich innerlich beschäftigt. Zu Hause noch und vor dem Einschlafen hab ich über alles nachgedacht. Oft war ich auch hungrig im Bett, manchmal mußten zwei Wurstsemmeln am Tag reichen. Das war ja damals noch in der Russenzeit, 1946 in Wien, damals war rundherum alles sehr arm. Aber ich hab zum Glück meine Tante gehabt – ich genier

mich nicht, das zu sagen, die war Klofrau im EOS-Kino im
3. Bezirk, das war katholisch – da war ich oft, und ich kann
mich noch genau erinnern, zehn-, zwanzigmal immer derselbe Film, zum Beispiel *Ave Maria,* da hat der Benjamino
Gigli gesungen – den verehre ich immer noch heiß. Na,
und wenn viele Leute weinen, dann hat's immer ein bisserl
mehr Trinkgeld gegeben, und die Marie-Tante hat gesagt,
Pepperl, morgen können wir uns ein bisserl mehr leisten ...
und ich hab immer nur gedacht: Sakra! Kommen da heut
nicht mehr Frauen und weinen??« (lacht)

»Wo wir grad beim Thema sind, fast hätte ich's vergessen«,
sagt er, stellt das Kaffeegeschirr beiseite und kredenzt uns
eine Spezialität für die Stammkunden, burgenländische
Paprikaknoblauchwurst, Schwarzbrotscheiben, die sich ein
wenig nach oben durchbiegen, und einen Grünen Senator
aus St. Margarethen. Den Wein möchten wir lieber nicht
probieren, so früh am Vormittag. »Aber einen Gespritzten
nehmen Sie doch«, sagt er und schenkt vorsichtig ein.
»Fühlt's euch wohl! Das Allerwichtigste ist, daß ihr euch
wohlfühlt's!« (lacht) »Ich hab ja nicht so ein schönes
Deutsch, aber ich kann gut zugehen auf den Menschen ...«
Das Telefon klingelt, mit geschäftsmäßiger Stimme ruft er
in den Hörer: »Der alte Peppino ... ah ... ich kann grad
net, ich geb Ihnen meinen Sohn.« Dann fährt er fort in
seiner Erzählung: »Meine Mutter hat immer gesagt, ich
glaub an dich, du wirst es machen! Und schau, daß du
nie unter der Mittellinie bist, such immer den Weg nach
oben. Leider ist sie gestorben, als ich siebzehneinhalb war.
Das hat mich sehr bewegt, und ich kann's mir bis heute
nicht verzeihen ... da war die große weite Welt, da war der
Fußball, Freunde, die Mädchen, und ich hab mehr oder
weniger die Mutter vergessen, aber wenn sie dann tot ist, ist
es zu spät. Und leider hat sie auch nicht mehr erlebt, wie ich
Erfolg habe. Aber so leicht war der nicht! Wie ich fertig war
bei meinem Meister, da dachte ich, ich kann alles. Ich bin
hin zu einer Firma im 6. Bezirk in meinem selbstgemachten
Anzug. Aber da bin ich niedergehauen worden. Der Chef
hat gesagt: ›Schauen Sie, ich sag Ihnen was. Sie haben
einen schönen Anzug an, aber Sie müssen anders werden,
Sie passen nicht zu uns. Ihr handwerkliches Können ist
mir zuwenig für die Zeichen der Zeit, es genügt nicht, nur

schöne Knopflöcher zu machen …‹« Ein Kunde betritt den Laden, nähert sich ehrfürchtig und wird mit freundlichen Entschuldigungen dem Sohn übergeben. »Und das war schon schlimm genug für mich«, fährt Peppino Teuschler fort, »aber dann hat er noch gesagt: ›Wenn Sie jetzt rausgehn, dann sollen Sie wissen, Ihr Anzug ist nicht so schön, wie Sie denken, ich sag Ihnen, das Vorderteil ist um zwei Millimeter länger, wie es sein sollte …‹«, er stößt es laut hervor, als sei die Schmach eben erst erlitten. »Und er hat mir noch empfohlen: ›Lernen Sie Schnitte zu machen, für alle Größen, und dann, wenn Sie das perfekt können …‹ Ich bin gegangen und hab mir draußen alles angeschaut – Pfui der Teufel! Und ich habe dann in verschiedenen Betrieben gearbeitet, und ich wußte immer, ich muß Schnitte machen. Es gibt ja große und kleine Menschen, dicke und dünne, breit und schmal, deshalb gibt es zweiundsechzig verschiedene Schnitte, die ich dann entworfen habe …« Telefon. »Der alte Peppino?« …

Kaum hat er aufgelegt, betritt ein Mann mit beherztem »Grüß Gott« das Geschäft. Er hat einen weißen Smoking über dem Arm und durcheilt den Raum. »Der ist mein Maßschneider, der arbeitet auswärts. Das ist dem Zilk sein Smoking, den er da hat. Frack und alles hab ich ihm gemacht in den fünfunddreißig Jahren, wo ich ihn kenn, auch die Seidentücher für seinen Stumpf – er trägt ja keine Prothese –, das war meine Idee, und die hab ich ihm 1993 gemacht, wir haben immer zwei Krawatten genommen …« Wir bitten ihn, von seinem ersten Frack zu erzählen. »Den ersten hab ich noch im 3. Bezirk gemacht, da war ich siebzehn, achtzehn, ja, zur Gänze. Der Schnitt war vom Chef, ich bekam den Kunden, den Stoff – vierzehn Tage brauch ich, um so einen Frack zu machen mit der Hand. Das war hundert Prozent reine, schwere Wolle, schwer zu verarbeiten, so was gibt's heute gar nicht mehr. Das Schwerste am Frack ist – er ist ja immer offen, er hängt, da darf nichts abstehen, die Brustpartie muß sehr ruhig sitzen – man muß die ›Balance‹ suchen und finden. Ich laß Ihnen einen kommen, dann kann ich's besser erklären.« Wenig später demonstriert er am Objekt, wovon die Rede ist. »Das Schwerste ist der Sitz am Frack, also, daß er nicht vom Hals geht. Jeder Kunde ist ein bissl anders, der eine ist ein bissl schief, zum Beispiel die Großen gehn gern ein wenig vorgeneigt, da braucht's einen längeren Rücken. Warum? Weil die immer runterschaun auf die kleinen Leute. Während der Kleine, der geht aufrecht, er schaut nach oben und braucht ein längeres Vorderteil und einen kurzen Rücken. Das sind Wissenschaften. Und ich fühle mich ja nicht nur für den Frack zuständig, ich denke ja auch an den Menschen, ich red auch über den Anlaß, die Etikette, was der Herr wie und wo trägt. Was glauben Sie, wie ist es möglich, daß ich an einen Gottschalk, an einen Placido Domingo rankomme? Weil sie das Gefühl haben, gut aufgehoben zu sein. Und wenn Sie nur den Domingo nehmen, der hat gar keine Zeit für Anproben, wir haben den Schnitt, das andere geht telefonisch. Er hat blaue, graue und schwarze Anzüge – aber ein lustiges Sakko hab ich ihm auch schon mal gemacht! Und so ein Frack, der muß bei einem Sänger was aushalten. Noch mehr bei einem Dirigenten. Man hat zum Dirigieren einen anderen Frack als zum Singen. Zum Dirigieren wird das Armloch etwas kleiner gemacht, damit, wenn sich der Dirigent bewegt, der ganze Frack nicht ›steigt‹. Bei großen Armlöchern steigt er, dann zieh ich ihn mit hoch, den Frack! ... Hallo! Servus, Schöne!« Er stellt seine Frau vor, eine aparte ältere Dame. »Danke, wir haben alles.«

Er schenkt nach. Telefon. »Der alte Peppino hier?! (...) Die meisten Kunden kriege ich ja über den Frack. Schon für den Opernball. Ausborgen ist auch möglich, das kostet so um die zweihundertzwanzig Euro. Der Opernball findet ja alle Jahre statt, nur einmal, wo der Erste Golfkrieg war damals da unten, da hat der Bürgermeister Zilk einen Fehler gemacht und gesagt, wir sollen da nicht tanzen. Überall ist alles abgesagt worden, auch der Wiener Opernball, und ich bin ghängt mit meinen Fracks, das war bitterlich. Hundertsechzig bis hundertachtzig leihe ich aus zu jedem Opernball, davon sind zwanzig Prozent für Deutsche. Ein Frack, gekauft mit allem Drum und Dran, kostet so um die tausend Euro. Und wenn ich ihn nach Maß mache, ist er natürlich teurer und kostet zirka zweitausendfünfhundert Euro, es kommt natürlich ganz auf die Qualität vom Stoff an. Aber welchen Sie auch nehmen, der Frack ist ein Kleidungsstück, das jedem paßt, das möchte ich hier ausdrücklich sagen. Einem Kleinen, einem Dünnen, einem Dicken, einem

342

breiten Großen ... es gibt keine Größe, die ich nicht habe oder mache. Ich merk natürlich auch gleich, wenn ein Bein kürzer ist, wenn wer schief ist, wenn eine Schulter hängt. Das Schlimmste ist, wenn die Gattin mitkommt und sagt, er soll sich grade halten – aber wenn er rausgeht, seh ich's doch!

Es ist selten, daß jemand ganz symmetrisch ist. Beim Schwarzenegger, da war's eine Ausnahme, dafür gab's da andere Probleme. Die Bodybuilder sind schwerer anzuziehen wie ein normaler Mensch, man muß alles viel weiter schneidern, von Haus aus, weil der Muskel bei den Bewegungen ja viel stärker herauskommt. Ich muß zum Beispiel den Oberärmel erst mal messen mit angespannten Muskeln und dann schlaff, und auf die stärkste Stelle hin wird's dann geschnitten. Wenn er den Körper aber nicht viel bewegt, darf das Sakko nicht ausschaun wie zu groß. Aber er war sehr zufrieden. Wir haben auch Fräcke gemacht für verwachsene Leute, es darf der Mensch ruhig einen Höcker haben. Wenn's sehr ausgeprägt ist, dann hilft man sich, falls er einverstanden ist, mit Einnähern. Aber dann muß es schon sehr stark sein, sonst bringt man's ohne weg. Oder wenn jemand einen Schlaganfall gehabt hat, gibt's auch bestimmte Probleme, da hängt meistens die Hand, die Schulter, das Bein ist auch betroffen. Aber das ist ein Handgriff, ein paar schnittechnische Eingriffe zuerst mal, und dann wird er direkt hingeheftet, auf den Körper geheftet, und das geht dann schon. Es wird eine Seite länger hergestellt, die andere kürzer. Wir machen es so, daß der Mann besser ausschaut. Deshalb sprechen wir ja von der Balance. Aber das ist eigentlich keine Kunst, sondern nur eine Geduldsarbeit, was jeder halbwegs gute Schneider beherrscht ... Ich muß sagen, ich bin sehr froh – weil, dieses Schneidersein ist eigentlich was Wertvolles, weil, man kann ganz nah an den Menschen heran. Das tut gut. Und ihm, dem Kunden, tut's auch gut – daß es das überhaupt noch gibt, daß man über seinen Körper, über seine Fehler, die wir alle miteinander haben, überhaupt noch reden kann, und wo er ganz genau weiß, ich geh nicht her und erzähl's irgendwem weiter. Wir sehn ja alles in der Kabine, ich kenn den Kunden in jeder Phase, mit der angeschissenen auch ... und ich riech sie ja und faß in den Schritt beim Messen ...

Meine Kunden, auch die besten, die prominentesten, die ich habe, die haben keine Scheu vor mir, niemals, und ich nicht vor ihnen.«

Kundschaft kommt, eine Dame mit ihrem Sohn. Sie wird von Peppino Teuschler mit routiniert freundlichem Geschäftston begrüßt, der junge Mann bleibt abseits stehen. »Wir würden einen Nadelstreifen, einen dunklen, suchen, mit Gilet für den jungen Mann«, sagt die Dame mit unsicherer Stimme. »Für den schönen Buam! Das ist kein Problem«, sagt Peppino Teuschler schmeichelnd. »Der schöne Bua braucht für das Standesamt einen Anzug, und da wollten wir mal ...« Peppino Teuschler entschuldigt sich einen Moment und bringt die Dame samt jungem Mann hinüber zu seinem Sohn und zu den Anzügen.

Nach einer Weile kehrt er zufrieden zurück. »Ich hab sehr viele junge Kunden, die bleiben, weil sie das Gefühl haben, der da versteht mich, der macht mich zum MICH. Ich hab auch sehr viele ›Jidden‹ als Kunden, und ich zieh auch ihre Jugend an – die machen ja sehr schöne Hochzeiten! Bei mir gibt's keine Politik und gar nix, hier zählt nur der Mensch, der ist für mich alles. Ein guter Anzug macht den Menschen auch stärker. Und ich verhelf ihm dazu. Ich kann zum Beispiel einen Konfektionsanzug auch noch schön abändern auf seine Größe. Der KUNDE trifft die Wahl. Wir haben ja unseren Fertiganzug, den wir Peppino International nennen, den gibt's in allen gängigen Größen. Und beim Maßanzug machen wir alles, da ist eben immer der Preis am höchsten. Und dann haben wir den Computeranzug, der ist vergleichsweise ja relativ billiger, der kostet so zirka tausendeinhundert Euro, mit allem Drum und Dran. Also der junge Mann, der jetzt grade da war, der braucht eine 50er Hose und ein 52er Sakko und der Rücken gehört eineinhalb Zentimeter aufgedreht, weil er ein bissl einen runden Rücken hat, und die 50er Hose ist ohne Bundfalte und wird unten etwas weiter als normal. Das muß man frisch schneidern, der ganze Anzug kostet dann tausenddreihundert Euro. Er braucht nur noch einmal in den nächsten vierzehn Tagen kommen, und dann hat er einen Anzug, der ist auf ihn hin gemacht, wie ein Maßanzug! Der ist fürs Standesamt. Er wollte zuerst drin heiraten, aber da hab ich ihm abgeraten und gesagt, da schaun S' aus wie ein Banker, wenn S' einen Streifenanzug tragen und die Braut geht mit einem großen Abendkleid ... Ich hab ihm gesagt, wenn einer heiratet, dann muß er auch hochzeitsmäßig herauskommen. Das ist das Wichtigste. Daß er ausschaut wie ein Bräutigam. Dazu bin ich ja auch da, zum Beraten. Und ich sag immer, für mich gibt's fünf Dinge, die ein gutangezogener Mann mindestens haben soll. Das erste ist ein Blazer mit zwei verschiedenen grauen Hosen, das zweite ein Sportsakko mit zwei Paar Hosen, das dritte ist ein schöner grauer Anzug mit einer Weste – früher war er aus Flanell, heute gibt's andere Materialien. Dann noch einen blauen oder schwarzen Anzug, der zwischen dem Smoking und dem grauen Anzug liegt, der kann mit oder ohne Weste sein, ja und dann haben wir den Smoking. Und erst wenn das alles vorhanden ist, und der junge Mann ist vielleicht in eine Gesellschaft hineingeschlittert, wo er einen Frack tragen soll, dann brauchen wir auch einen Frack.

Ich hab ja die Verantwortung nicht nur für den Anzug, der gute Schneider verleiht dem Träger eine Macht! Weil er weiß, daß er gut aussieht, hat er Selbstsicherheit, und wenn er selbstsicher ist, ist er gefragt. Ich hab ja viele Persönlichkeiten des öffentlichen Lebens als meine Kunden, auch Politiker ... einer hat einen sensiblen Charakter, ein anderer hat einen harten, starken Charakter. Aber ich weiß genau, daß mancher sich eben mit ein paar Kleinigkeiten stärker machen kann, als er ist. Nur Namen kann ich nicht nennen, das ist mein Geheimnis. Ich hab einen Spruch: Ein Schneider, ein Doktor und ein Pfarrer müssen die Goschen halten!« Wir möchten wissen, welche Garderobe er einem Politiker empfiehlt. Er schenkt uns allen noch mal ein und sagt: »Ein Politiker ... also erst mal einen dunkelblauen Blazer braucht er, oder einen schwarzen, mit zwei Hosen, dann würd ich noch einen Blazer dazunehmen, der Farbe hat. Der kann leicht violett sein, leicht weinrot, und den zieht er an, wenn er zur Jugend geht, denn wenn ich zur Jugend geh, muß ich mich ein bissl frisch machen. Da fang ich schon an, mit der Krawatte zu arbeiten, mit dem Stecktuch. Krawatten braucht er überhaupt viele. Ein Politiker sollte nie ohne Krawatte gehen. Er sollte verschiedene Hemden haben. Unser ehemaliger Bürgermeister Zilk zum Beispiel, der trägt immer ein blaues und immer mit weißen Kragen. Das waren bei ihm immer sehr exakt zusammengestellte Hemden, dieses Blau geht zum Grau ... Und er braucht einen Anzug mit und einen ohne Weste mindestens. Der ohne Weste sollte ein bißchen mehr offen sein, weil, der ist ein bissl salopper, auch mit einer lustigen Krawatte vielleicht, da kann er sich ein bissl spielen. Einen Streifenanzug mit einer Weste braucht er ... dann wär's gut, wenn er einen sehr guten Zweireiher hat in Dunkelblau oder mit einem leichten Streif. Und den Smoking braucht er und einen Frack ... Ich meine, zehn Sachen mindestens braucht er. Und dunkle Socken ... ich kenn Politiker, die nur eine Farbe tragen bei den Socken, es gibt welche, die nur weiße Socken tragen, auch zum blauen Anzug, überall, ich hab einen Kunden, dem hab ich fünfzig Paar weiße Socken besorgen müssen! Und dann eben ein Mantel muß sein. Kaschmirmäntel, die stellen wir ja auch her – da gibt's eigentlich nur eins, das ist ein Hänger. Der muß leicht sein, hat einen Raglanschnitt, verdeckte Knopfleiste, schräge Taschen, wo er leicht hineinkommt, und wenn's ein dunkelblauer ist, dann kann er den auch über einem Frack tragen, da gehört dann ein weißer Schal dazu, oder sonst nur ein Kaschmirschal. Mit so einem Mantel, da verhaut er nichts, der kostet zwar tausend Euro, aber der ist leicht, der knittert nicht, da kann er schnell raus- und reinschlüpfen.«

Nun brechen wir auf zu einem kleinen Rundgang durch die Räume. Der Herr des Hauses geht voran, wir verlassen das Geschäft nach hinten, durchqueren einen Innenhof. Die ringsum angrenzenden Gebäude gehören unterdessen Herrn Peppino Teuschler. Anfangs hatte man die Wohn- und Arbeitsräume nur angemietet. Inzwischen sind in den ehemaligen Substandardwohnungen kleine Werkstätten und Lager untergebracht, in denen die Kleidungsstücke gefertigt und aufbewahrt werden. In den gut gelüfteten und vergitterten Räumen hängen sie auf schwarzen Kleiderbügeln und erwarten ihren Auftritt auf dem gesellschaftlichen Parkett. In einem Lager sind nur Cuts, in einem anderen Hemden, Westen, es gibt eines für Hosen und natürlich mehrere Räume nur für die Fräcke. Sowohl die Leihfräcke, dreihundert gibt es davon, als auch die zum Verkauf gefertigten Fräcke haben ein eigenes Lager und hängen verhüllt nebeneinander. »Schätzen Sie mal, wie viele Fräcke ich gemacht habe«, sagt Peppino Teuschler, »an die tausend sicher, auch Smokings. Und Cuts, die die jungen Männer gern tragen zum Heiraten. 1988 sind Diebe hier eingebrochen – deshalb die Gitter überall an den Fenstern –, die haben den ganzen Ladeninhalt weggetragen, nur die Fräcke sind hängen geblieben.« Er führt uns durch die Räume, wo der Schnitt gemacht wird, wo genäht und mit einer lauten zischenden Dampfpresse gebügelt wird. Die Arbeitsräume sind erstaunlich klein und nicht besonders hell. Zehn Arbeiterinnen werden beschäftigt, und einige Maßschneider, die aber zu Hause arbeiten, weil, so wird uns erklärt, »sie lieber ihre eigene Musik hören.« Peppino Teuschler bittet uns zu einem kleinen Imbiß. Im Innenhof steht einer jener beliebten Gartenpavillons aus Kunststoffplanen und Gestängen zum Zusammenstecken, er beschirmt einen Tisch mit mehreren Stühlen und verhindert zugleich, daß die Gäste den Blicken der eventuell aus ihren Fenstern herabschauenden Mieter ausgesetzt sind. Auf dem Tisch steht ein silbernes Tablett mit liebevoll belegten Broten. »Das hat meine Frau für uns gemacht, immer denkt sie an alles. Ich bin jetzt seit fünfundvierzig Jahren mit ihr verheiratet, und es gibt nicht einen Tag, den ich bereue. Sie ist ja auch Schneiderin und hat am Anfang – wie wir die Werkstatt noch drüben in der Gymnasiumstraße gehabt haben – kräftig mitgearbeitet, bis dann der Michael geboren wurde. Der Michael ist mein bester Schneider. Und mein zweiter Sohn, der macht ganz was anderes, der kauft und verkauft Computer, der hat Informatik gemacht, ja. Am Anfang hab ich vier Jahre in der Gymnasiumstraße gesessen, gleich um die Ecke, ich hab da Maßschneiderei gemacht, was mir eigentlich nicht so liegt auf die Dauer, und so bin ich immer gesessen, Samstag, Sonntag, über den Schnitten, hab's vergrößert und verkleinert ... und da hab ich mich eigentlich schon sehr stark entwickelt dabei von der Modeseite her. Die Not macht erfinderisch! Und der Peppino, der berühmte, der bin ich dann erst später geworden.«

Wir besichtigen den kleinen Garten hinter dem Haus und steigen dann gemeinsam hinauf ins obere Stockwerk, wo Peppino Teuschler mit seiner Frau in drei zusammengelegten Wohnungen lebt. Zuerst zeigt er uns eine Art begehbaren Kleiderschrank. Erstaunlicherweise findet sich darin beim flüchtigen Hinschauen viel Klassisches, dabei ist er doch ein Liebhaber von auffallenden Farben und Mustern. »Na, ich hab so fünfzig Anzüge vielleicht und was weiß ich wie viele Schuhe. Zu jedem Anzug hab ich fast einen eigenen Schuh. Manche mag ich nicht, bei andern muß ich lang nachdenken, wann ich das anziehe. Oft kaufe ich Stoffe ein für die Kunden, und im Grunde genommen auch schon für mich. Und wenn ich den nicht verkaufen kann, wird der eben für mich gemacht. Das ist das ganze Geheimnis. Das ist der Grund, weshalb ich als bunter Hund bekannt bin in ganz Europa. Aber das macht mir nichts. Ich trage meine Sakkos in jeder Farbe, und weiße Hose, weiße Schuhe, oder ich nehm ein rotes Hemd, knallrote Schuhe und dazu eine weiße Krawatte. Ich hab Sakkos, wo ich einen roten Handstepp draufmache, und so schmeichle ich mich hinein. Knallgrün und Knallrot!« Von dieser Papageienbuntheit hat sich in der Wohnung nichts niedergeschlagen. Sie ist gradezu konventionell, ausgestattet mit Möbeln aus hellem Holz, erlesenen Perser- und Seidenteppichen, einem Blumen-aquarell über der Couch, einem Gemälde der Pfarrkirche in Stotzing, einer modernen Skulptur, Fotos der Kinder und Enkel und einem heiligen Martin, der den Mantel teilt, Schutzpatron des Burgenlandes und aus Wiener Porzellan. Absoluter Höhepunkt und Stolz des Gastgebers ist aber das WC aus der Schweiz, namens ›Clotomat‹, wenn ich's richtig verstanden habe. Wir bekommen einen starken, süßen Vogelbeerschnaps kredenzt, und Peppino Teuschler erklärt leidenschaftlich: »Ein jeder hat ja seine Spleens, ich hab so Klos gern, die Fontänen ausspritzen, warm und kalt. Man braucht nur drücken, dann ist es da, wo es sein soll ... Man braucht kein Klopapier mehr. Gehn Sie's ruhig ausprobieren. Eins hab ich unten im Geschäft, zwei hab ich in unserem Haus im Burgenland in Stotzing, und hier haben wir auch zwei. Dadurch, daß ich es so gewöhnt bin, kann ich keinen Urlaub machen. Nicht mal vierzehn Tage, das Klo geht mir ab! Und jetzt hat mir einer erzählt, es soll Hotels geben in Japan, die diese Klos führen.«

MARKUS MOSER, *Dr. phil.,*
geschäftsf. Leiter der Prionics AG
Zürich u. Mitglied des Verwaltungsrates
(zus. m. Dr. B. Oesch). Aufgewachsen in
Lausanne, 1968 Umzug n. Herrliberg,
Kanton Zürich. 1970–71 Primarschule
Herrliberg. 1971–76 Primarschule
Stäfa. 1976–82 Gymnasium Zürich,
1982 Matura. 1983 Militärdienst.
1983–86 Studium d. Biologie an
d. Univ. Zürich. 1986–87 Collegekurse,
Molekularbiologie, Columbia Univ.,
New York (dort lernte er seine spätere
Gattin, Frau Dr. Earlese Bruno kennen,
d. am Teachers College Intern. Education
studierte). 1987–90 Studium d. Mole-
kularbiologie, Biochemie u. Immunologie
an d. Univ. Zürich. Diplomarbeit
z. Thema d. Erforschung natürl.
genet. Rekombinationsmechanismen.
Diss. 1995 (Transcription at the
Genetic Locus of the Prion Protein
Gene-Implications for Transmissible
Spongiform Encephalophaties).
1996–97 Forschungstätigkeit ebd.
u. an d. Univ. Oxford. Anf. 1996
Bewilligung der v. Dr. Bruno Oesch
beantragten Forschungsmittel z. Entw.
e. BSE-Tests durch d. Schweiz.
Nationalfonds; Ende 1996 hatten
Dr. Bruno Oesch, Dr. Markus Moser
u. Dr. Carsten Korth den Prototyp
d. weltweit ersten BSE-Routinetests
entwickelt. 1997 Gründ. d. Prionics
AG als Spin-off-Firma d. Univ. Zürich,
zus. m. B. Oesch u. Carsten Korth.
Zusatzausbildungen Qualitäts-
management. Zahlr. Publikationen in
int. Fachzeitschr. u. a. in Nature, *1993*
Mar 18: An Anti-Prion Protein?
Moser, M., Oesch, B., Bueler, H.,
u. a.: Neuron, *1995 Mar, 14 (3):*
Developmental Expression of the
Prion Protein Gene in Glial Cells,
sowie Buchbeiträge u. Patente.
Div. Ehrungen u. a. Swiss Economic
Award, Unternehmer d. Jahres 2002.
Markus Moser wurde am 22. August
1963 in Bern geboren, ist verh.
u. hat einen Sohn. Der Vater ist Spezial-
arzt f. Psychiatrie u. Psychotherapie,
die Mutter ist Kunstmalerin.

PRIONENFORSCHER

D er Terminkalender des Prionics-Managers Markus Moser ist bis Weihnachten voll. Als ich ein Treffen am Samstag bei ihm zu Hause mit kleinem Firmenbesuch vorschlug, war er wider Erwarten einverstanden. An einem wolkenlosen und heißen Frühsommermorgen des Jahres 2003 fahren wir mit dem Zug von Zürich am Zürichsee entlang Richtung Pfäffikon. Das klare Wasser schimmert in hellem Türkis. Die Ufer sind erstaunlicherweise so gut wie unverbaut. Überall gibt es Badeanstalten, Parkanlagen, öffentlich zugängliche Badestellen, Bootshäuser – teils überaus altmodisch und bescheiden –, am Mythenquai und an der Seestraße, die sich an den Kleinstädten und Dörfern entlang hinzieht bis zur Obersee-Seite in Pfäffikon. Nach fünfundvierzig Minuten stehen wir vor dem gesuchten Haus. Es liegt in einem neueren Villenareal, am Ende einer Straße, auf einer kleinen Anhöhe. Es ist einstöckig und hellgelb verputzt. Neben der Haustür steht ein Feigenbäumchen, das Klima scheint hier mild zu sein. Unser Gastgeber empfängt uns freundlich und führt uns ohne irgendeinen prätentiösen Gestus durch sein lichtes, frisch bezogenes Haus. Die Fensterfront geht über zwei Etagen, fast alles ist hell, eierschalenfarben, die Sofas, der Kamin, die großen Fußbodenkacheln, auf denen ein roter Teppich liegt, zu dem ein rotes asiatisches Holzpferd als einziger Schmuck des Raumes gut paßt. Oben zieht sich eine hölzerne Galerie entlang, hinter der die privateren Räume liegen. Die weißen Rauhputzwände sind kahl, ohne jedes Bild. Das liegt daran, daß der Putz erst noch durchtrocknen muß, klärt uns der Hausherr auf. Danach werden Bilder aufgehängt, auch von der Mutter, die Malerin ist. Wir nehmen draußen auf der

Terrasse Platz, der Blick geht auf eine ungemähte Wiese, auf Kirschbäume und eine alte Buchsbaumhecke. Weiter vorn zum Ufer hin stehen hohe Erlen. Das Haus ist gekauft, der Grund, so erfahren wir, ist gemietet und gehört, wie in der Schweiz üblich, der Gemeinde. Daher die zugänglichen Seeufer. Unser Gastgeber bringt Gläser und eine Karaffe mit Eiswasser, dann beginnt er zu erzählen:

»Man kann sich das vielleicht am ehesten vereinfacht vorstellen. Eines der vielen Proteine, die natürlicherweise in den Hirnzellen von Menschen und Wirbeltieren vorkommen, ist das sogenannte Prionprotein (PrP^C), also das ›gesunde‹. Und Protein besteht ja aus Aminosäuren, stellen Sie sich eine Perlenkette vor, die sich so zurechtbaut, daß sie möglichst stabil ist. Dabei findet sie sozusagen die günstigste dreidimensionale Faltung, und das ist es dann. Diese spezielle Faltung ist offensichtlich für eine positive Funktion im Organismus entscheidend. Es gibt diese eine Faltung und keine weiteren. Das ist wichtig. Bei der Scrapie-Form, der krankheitsaffizierten (PrP^{Sc}), hingegen gibt es nicht nur eine, sondern mehrere verschiedene Faltungsmöglichkeiten – man nimmt an, daß es verschiedene Stämme gibt, die sich verschieden benehmen, verschieden lange Inkubationszeiten haben und so weiter. Die beiden Prionproteine, das krankheitsspezifische (PrP^{Sc}) und das normale (PrP^C) sind unterscheidbar durch ihre unterschiedliche räumliche Struktur. Der heutige Stand der Wissenschaft ist, daß das Scrapie-Prionprotein ein Bestandteil des Prions, des Krankheitserregers, ist. Oder auch, daß es selbst bereits den ganzen Erreger darstellt. Nach dieser Theorie bewirkt im Infektionsfalle das eindringende PrP^{Sc} eine Umwandlung des normalen PrP^C in PrP^{Sc}, was zu einer rasanten Kettenreaktion führt, zu einer enormen Zunahme der Infektiosität und zur letztendlichen unwiderruflichen Schädigung des Gehirns. Wie es das macht, das weiß man eigentlich nicht, man stellt sich so eine Art Kristallisationsprozeß vor, man kennt das aus anderen Prozessen, daß ein Molekül sich an den Kristall beispielsweise anlagert, so daß sich dieses dann auch umfaltet, weil das die energetisch günstigere Form ist ... Aber das Ganze ist eben sehr schwierig, jedenfalls hat man diese Theorie am Anfang für völligen Nonsens gehalten.

Beim Krankheitserreger der Prionenerkrankung handelt es sich um eine vollkommen neue Art von Erreger, er ist kein Bakterium, er ist kein Virus. Es ist ein Molekül ... sein Verhalten hat nichts mit Leben oder Lebewesen zu tun. Ein Bakterium, das kann einfach leben irgendwo, das hat einen eigenen Metabolismus, und dann haben wir die heute bekannten Viren, die strenggenommen, also biologisch gesehen, auch keine Lebewesen sind, denn sie haben keinen Metabolismus. Ein Virus dringt in die Zelle ein, auch in eine Körperzelle, und manipuliert diese Zelle genetisch, bringt sie dazu, neue Viruspartikel zu produzieren, bis die Zelle irgendwann kaputtgeht und all die Viren herauskommen ... Und jetzt haben wir diese Prionen, die sind noch mal eine Stufe reduzierter. Also ein Virus besteht aus einer Proteinhülle, und innen drin sind seine Gene, die Prionen aber haben gar keine Gene mehr. Das war zunächst natürlich total verwirrend, die Biologen haben gesagt, es gibt keine Prionen ganz *ohne* genetische Information. Physiker und Proteinbiologen haben gesagt, die genetische Information muß ja irgendwo stecken. Sie kann natürlich eventuell ... auch im Wirt selbst sein. Das ist aber nur möglich, wenn der Wirt selbst eine Form dieses Proteins bereits in sich hat, dann trägt *er* ja diese genetische Information, und dann muß dieses Protein hier sie gar nicht mehr mit sich herumschleppen. Es kommt einfach in den Organismus hinein, schnappt sich das PrP^C und wandelt es um ... also wie das genau geht, weiß man eigentlich nicht. Das war übrigens die Doktorarbeit vom Bruno Oesch, Prionenprotein zu identifizieren und zu sehen, daß das ein abgewandeltes Protein ist, von einem körpereigenen Protein. Er hat die Arbeit bei Charles Weissmann gemacht, einem Pionier der Molekularbiologie, der sich auch damals der Prionenforschung gewidmet hat. Aus dieser Zeit kannte ich Bruno Oesch schon. Er ist dann nach San Francisco gegangen, zu Stanlay Prusiner, der bekam ja 1997 den Nobelpreis für seine Entdeckung des pathogenen Prionproteins als Auslöser für spongiforme Encephalopathien ... Und als der Bruno Oesch wieder zurückkam, ans Institut für Hirnforschung, da habe ich die kleine Gruppe gewählt, um meine Dissertation zu machen.

So kam das alles, wir haben natürlich unter uns Forschern über BSE diskutiert, haben gesehen, das wird alles unter den Teppich gekehrt, es kann doch nicht sein, daß man das ignoriert in der Öffentlichkeit. Und die Kollegen haben gesagt, ja gut, ihr seid die Prionenforscher, macht mal was! Aber die Veterinärbehörden bei uns waren an der Entwicklung eines Tests vollkommen desinteressiert, von nirgendwoher war Geld zu erhoffen für so ein Projekt. Daß wir dann doch Geld bekommen haben, war der erste Zufall in einer langen Kette von Zufällen. Die Schweiz betreibt international gesehen zwar Spitzenforschung, aber immer so eher im akademischen Elfenbeinturm. Produkte draus machen, Patente anmelden, das findet dann in den USA oder in Japan statt. Aber als 1996 die ersten Fälle der Übertragbarkeit auf den Menschen, die neue Creuzfeldt-Jakob-Krankheit, durch die Medien gingen und ein paar Journalisten das zum Skandal aufmachten, da bekamen wir plötzlich das Geld, das Oesch ein paar Jahre zuvor beantragt hatte. Es war nicht viel, aber wir konnten richtig angewandte Forschung machen für etwa ein Jahr, zwei Personen und das entsprechende Forschungsmaterial. Das waren so um 200 000 Schweizer Franken. Im Frühsommer 1996 haben wir das Geld bekommen, und Ende des Jahres hatten wir den Prototyp. Das eigentlich Schwierige bei der Entwicklung des Tests war die Herstellung der Antikörper, denn es gibt ja diese kleine Schwierigkeit, daß ich, Mensch wie Tier, das Protein natürlicherweise im Körper habe und deshalb, aufgrund der natürlichen Toleranz des Organismus gegenüber körpereigenen Bestandteilen, keine Immunreaktion stattfindet. Das heißt, es werden keine Antikörper gebildet. Die brauche ich aber für den Test, denn sie sollen ja das Prionprotein erkennen. Normalerweise macht man das so, man nimmt beispielsweise Mäuse, denen man das einspritzt, und wartet dann darauf, daß sie Antikörper bilden. Die nimmt man dann aus dem Tier heraus, nachdem man es getötet hat. Im Prinzip sind es Milzzellen, die das produzieren, und diese Zellen kann man dann in Zellkulturen weiterführen ... oder zumindest *sollte* man es so machen. Nach dem alten, grausamen Verfahren hat man den Mäusen einen künstlichen Tumor gemacht, um möglichst viele der begehrten Antikörper produziert zu bekommen. Sie bekamen dann Riesenbäuche und wurden ausgequetscht wie ein Zitrone. Also das ist inzwischen in der Schweiz und in

Deutschland verboten, aber es gibt natürlich viele Firmen, wenn Sie da Antikörper kaufen – auch als Forscher in der Schweiz –, dann kriegen Sie Antikörper aus solchen verbotenen Mausproduktionen, die... was weiß ich, in Brasilien oder Osteuropa gemacht werden. Und die sind natürlich billiger. Aber meine Generation Wissenschaftler, die versucht in der Regel, weitgehend ohne Tierexperiment auszukommen und die Alternative der Zellkultur zu wählen.«

Er trinkt einen Schluck, sucht einen Moment Anschluß und fährt fort: »Aber um den ersten Schritt kamen wir natürlich nicht herum. Um also bei dem Tier eine immunologische Reaktion zu erzielen, haben wir einer speziellen Maus eine Art Cocktail gespritzt aus allen möglichen Varianten, allen möglichen, auch dreidimensionalen Strukturen, die das Protein annehmen konnte, also von ungefaltet bis zu etwas, was sich spontan irgendwie gefaltet hat in irgendeine Richtung. Zu unserer großen Freude – denn es haben ja zahllose Forscher nach diesem Antikörper gesucht – haben wir mit dieser Methode sehr interessante Antikörper bekommen. Und darüber hinaus sogar einen Antikörper, der in unserer jetzigen Forschung für neuere Projekte gebraucht wird; er ist in der Lage, direkt dieses Protein auch in seiner dreidimensionalen Faltung zu erkennen. Das nur nebenbei. Gut, wir waren nun also, im Prinzip wenigstens, im Besitz eines Antikörpers, der Prionprotein ... überhaupt erst mal erkennt. Jetzt ist es aber so, daß ich ja diese beiden: gesund PrP^C und pathogen PrP^{Sc} beziehungsweise PrP^{BSE}, voneinander unterscheiden können muß. Das macht man so, indem man sich eine Eigenschaft zunutze macht, die nur das pathogene Prion aufweist. PrP^C wird durch die Behandlung mit Verdauungsenzymen vollkommen zerstört, während das pathogene Prion resistent ist gegen den Abbau durch Verdauungsenzyme, oder genauer, es wird nur ein bißchen angeknabbert. Das kann man sich dreidimensional vorstellen, seine Faltung ist so kompakt geknäuelt, daß es nicht verdaut werden kann, bis auf das, was eben noch raussteht. Der Test jedenfalls funktioniert im Prinzip so, daß ich die Hirnprobe zuerst verflüssige, dann mit diesem Verdauungsenzym behandle und danach das Übriggebliebene detektiere mit dem Antikörper. Wichtig ist, es gibt nicht nur ein Kriterium, das dieser Antikörper bindet, es gibt ein zweites Kriterium, das der Größenveränderung durchs Anknabbern. Dadurch ist wirklich eine eindeutig zuverlässige, hundertprozentige Diagnose möglich, die ganz klar auch auf die wissenschaftliche biochemische Definition der Prionenerkrankung zurückgreift. Wir hatten nun diesen Test, und bevor wir veröffentlichten, haben wir natürlich ein Patent angemeldet. Dann war es ganz einfach so, daß niemand sich für diesen Test interessierte, weil niemand das für einen Markt gehalten hat. Die Pharmaunternehmen, die auch in der Diagnostik tätig sind, bekamen von den Behörden ganz klare Signale, daß kein Test eingeführt wird.

Für so einen Test muß es Behörden geben, die ihn einführen wollen, es muß eine Fleischindustrie geben, die solche Tests begrüßt, alles das gab es nicht. Wir hatten also die Wahl, den Test sozusagen zu vergessen und uns wieder unseren wissenschaftlichen Karrieren zuzuwenden, oder die Vermarktung selber in die Hand zu nehmen. Nicht in unseren wildesten Träumen sind wir damals davon ausgegangen, daß das mal eine normale Vorschrift würde, daß man in Europa mal *alles* testen wird! Dennoch haben wir uns um private Geldgeber gekümmert – von keiner Bank hätten wir unter den damaligen Umständen Geld bekommen. In einigen Monaten hatten wir so eine knappe Million Schweizer Franken zusammen als Startkapital und gründeten die Prionics AG, eine Spin-off-Firma an der Universität Zürich.

Es war für den Start sehr hilfreich, ein Labor mit Biosicherheitsstufe 3 hätten wir privat gar nicht mieten können. Wir haben anfangs dann alternativ auch etwas Geld verdient, indem wir unsere in den Zellkulturen produzierten Antikörper verkauft haben an Forscher, und andere Sachen, in kleinem Stil. Es reichte, um ein paar Leute zu ernähren. Aber wir haben uns manchmal schon gefragt, ob es nicht die falsche Entscheidung war und wir nun zwischen den Stühlen sitzen. Der Durchbruch, oder der Vorbote von dem, was dann der Durchbruch wurde, kam 1998 durch die Erlaubnis der Behörden, mit unserem Test dreitausend Tiere im Schlachthof zu untersuchen. Der Test war ja anerkannt von den Behörden, und die Presse hat Druck gemacht, da stimmte man eben zu, war aber der Meinung, daß die Schweiz kein BSE hat natürlich, beziehungsweise allenfalls vielleicht eins von zwanzigtausend Tieren, und da konnten dreitausend leicht zugebilligt werden.«

Herr Moser blickt sinnend auf einen alten Adventskranz, der, halb ins Wachs der ehemals heruntergebrannten Kerzen eingeschmolzen, fest an der Tischdecke haftet. »Und tatsächlich haben wir einen Fall gefunden. Damit war weltweit zum erstenmal als Folge eines positiven BSE-Testergebnisses verhindert worden, daß ein BSE-Tier aus der Routineschlachtung in den Verzehr kommt. Das hat natürlich in der ganzen Presse Wellen geschlagen, bis dahin wurde ja immer behauptet, BSE-Tiere gelangen nicht in die Nahrungskette. Der Punkt ist, man kann das nur widerlegen, wenn man testet, und Testen war verboten bis dahin! Es ging dann trotzdem eher schleppend weiter, wir durften verendete, kranke und notgeschlachtete Tiere testen fürs erste und konnten nachweisen, daß es sich hier um eine Hochrisikogruppe handelt in bezug auf BSE. Anfang 1999 allerdings hat die Schweiz dann das weltweit erste aktive BSE-Überwachungsprogramm eingeführt. Alle kranken und notgeschlachteten Tiere und drei Prozent der regulär geschlachteten, über vierundzwanzig Monate alten Rinder wurden nun mit dem Prionics-Test getestet, was im Laufe des Jahres zu einem drastischen Anstieg der BSE-Fälle führte. Mitte 1999 passierte etwas sehr Entscheidendes für uns, die EU führte kurzfristig eine Evaluierung für BSE-Tests durch, mit dem Resultat, daß unser Prionics-Test als einziger in dieser Evaluierung Ergebnisse mit hundertprozentiger Sensitivität und Spezifität lieferte und zwar ohne Wiederholungstestungen; eben auf Anhieb, was die anderen nicht leisten konnten. Der eigentliche Durchbruch kam dann im Jahr 2000 mit der Entscheidung der EU, daß alle Mitgliedsstaaten ab 2001 BSE-Tests einführen müssen, und Ende 2000, Anfang 2001, als da vor unserer kleinen Firma plötzlich ein riesiger Markt lag – denn viele der Länder wollten das Überwachungsprogramm ausweiten und den Prionics-Test zur Untersuchung verwenden –, da brach über uns erst mal das Chaos herein. Wir haben abenteuerlich die erste Produktion in den Gängen der Universität in Gang gebracht, völlig improvisiert, wir mußten sie ja mehr als verhundertfachen, und das über Weihnachten/Neujahr 2001, da hat in der Prionics niemand mehr geschlafen, Tausende von Anrufen wurden über ein Callcenter geleitet, ganz Europa wollte BSE-Tests oder etwas Konkretes dazu erfahren. Alle zwei Stunden bin ich rüber und habe einen Stapel Faxe geholt, wir waren damals noch weniger als zwanzig Leute!

Nun sind die Banken bei uns natürlich Schlange gestanden, haben Bruno Oesch und mir gesagt: Take the money and run! Verkauft die Firma und seid einfach nur noch *reich*. Das haben wir kategorisch abgelehnt und einfach so weitergemacht. Inzwischen gibt es natürlich ein eigenes Betriebsgebäude – nachher werden wir hinfahren. Mittlerweile haben wir den Prionics-BSE-Test über fünfzehn Millionen Mal eingesetzt, er ist der meistverwendete BSE-Test weltweit. Der Bruno Oesch und ich haben es uns jetzt so eingeteilt, daß er mehr für die Forschung zuständig ist und ich mehr für das ganze Drumherum. In der Forschung haben wir derzeit zwanzig Leute ...« Wir fragen nach dem Bluttest, an dem viele Forschungslabors seit Jahren vergeblich arbeiten, und danach, ob ein solcher Test am lebenden Tier den jetzigen Test nicht überflüssig machen würde. »Der ultimative Grund, überhaupt einen Bluttest zu entwickeln, ist nicht so sehr der Veterinärmarkt. Es geht mehr um die Frage der Blutprodukte und Bluttransfusionen. Das Problem der Bluttransfusionen ist ja ... wir machen im Prinzip zwar keinen Kannibalismus, aber gewisse Forscher haben das Neokannibalismus genannt, den betreiben wir eigentlich. Und da kommt es zu Übertragungen. Wenn Sie länger als ein halbes Jahr in England gelebt haben, dann werden Sie nicht mehr zugelassen als Blutspender in den USA. Also ich glaube schon, daß die Blutproduzenten so einen Test gerne einführen würden. Das ist das eine, das andere ist natürlich, daß man dann gleichzeitig einen Lebendtest für Tiere hätte, aber ohne daß ich darauf jetzt genauer eingehen will, muß man sich sicherlich dabei überlegen, daß ein Bluttest, was die Sicherheit betrifft, womöglich weniger im Interesse des Verbrauchers wäre. Denn die Schlachthöfe müßten diese Tests ja nicht mehr durchführen, der Bauer könnte das machen und würde dann einfach sein Zertifikat selbst ausstellen. Okay, im Prinzip sicher keine schlechte Idee, aber Papier ist geduldig! Also vom Konsumentenschutz aus gesehen halte ich das, was wir jetzt machen, nicht für die schlechteste Lösung. Beim Hirnstamm ist Fälschung eigentlich kaum möglich, weil's den nur einmal gibt pro Tier, er wird im Schlachthof dem Schädel entnommen und ans Labor geschickt, als Ganzes, ja! Das ist eine anatomische Einheit. Auf unsere Initiative hin wurde das so gemacht, wir haben das gepusht, denn es gab ein Konkurrenzverfahren bei der Evaluierung, das am Rückenmark gemacht werden sollte. Im Betrugsfall stünde da eine Menge Probematerial zur Verfügung, einen Teil schicke ich ein; wenn's negativ ist, habe ich jede Menge Negativproben zur Verfügung. Und man weiß einfach, eine Kuh, bei der das Gehirn und Rückenmark dann positiv ist, die hat einfach hundertmillionenfach mehr Infektiosität als eine im früheren Stadium. Die ist hochgefährlich, und die muß weg, kann auch weg, problemlos. Zum Glück sind die Zeiten der Vertuschung vorbei!«

Wir erwähnen Frau Dr. Herbst, die in Deutschland zu ›früh‹ BSE diagnostizierte. Lebhaft sagt er: »Der Punkt ist, daß sie es nicht beweisen konnte. Der Skandal ist, daß die Fälle nicht korrekt untersucht worden sind, daß dem nicht nachgegangen wurde. Auffallend ist, daß sie ihre Beobachtungen mit einer ungefähren Frequenz von dem gemacht hat, was wir heute wissen. Als ich damals von der Geschichte erfuhr, da wußte ich nicht, spinnt da jemand oder hat da jemand wirklich was gesehen. Und ich dachte: Sie kann doch nicht die einzige sein?! Ich hab dann später viele Anrufe gekriegt von Tierärzten aus Deutschland, die irgendwie ... so wahnsinnig gelitten haben ... weil sie Fälle gesehen hatten und nun nicht wußten, ist es BSE oder nicht. Also sie mußten sich entscheiden, melde ich das jetzt oder nicht. Und irgendwie war das seltsam ... ich konnte das gar nicht nachvollziehen am Telefon, daß die so wahnsinnige Angst hatten. Mit einem habe ich über mehrere Tage hinweg gesprochen, ihm gesagt, ja, was kann Ihnen denn passieren, ich meine, Sie sind der Tierarzt! Sie diagnostizieren einen Verdachtsfall, Sie reichen das weiter ... Was ist daran furchterregend? Er konnte mir das nicht erklären, warum er so litt. Einige Tage später hat er wieder angerufen und gesagt: Ich habe mich mit meiner Familie besprochen, und es sind alle der Meinung gewesen, daß ich das melden *muß,* und wenn es den Ruin meiner Existenz bedeutet ... der Fall war dann übrigens negativ am Schluß ...

Also es gibt da einen sehr interessanten Aspekt des ganzen BSE-Skandals, der mich persönlich stark interessiert, das ist diese kollektive Paranoia, die ... *ohne* daß irgendwo ein böser Diktator da ist und sagt: du wirst erschossen, wenn ... Alles, was wir glaubten überwunden zu haben in unseren modernen Demokratien, weil wir sagten, das kommt nur von der Diktatur selbst, weil sich jemand Zugang verschafft hat zur Macht und sie mißbraucht, gewalttätig die Leute einschüchtert, die Meinungen unterdrückt, das kommt plötzlich ohne jede Not hoch. Plötzlich sehen wir Mechanismen in einem Ausmaß wieder, und die legt ein Kollektiv von Menschen an den Tag, die gar keinen Diktator zu fürchten haben. Und dann, von einem Tag auf den anderen wird gesagt, okay, es gibt jetzt BSE, du kannst es melden, du mußt es melden! Und nach ein paar Wochen fällt keinem mehr auf, daß es je anders gewesen war. Es ist eigentlich in jedem Land nach demselben Muster abgelaufen. Also diese Stadien der Verleugnung, dann die Stadien, in denen es so offensichtlich wurde, daß man es eigentlich nicht mehr verleugnen konnte und deshalb erst recht mit allen Argumenten und Mitteln versucht hat zu verleugnen ... dann plötzlich macht es ›peng‹, es gibt keinen graduellen Übergang, es ist einfach dann eben so. Also diese x Tierärzte, die mich kontaktiert haben und die einfach eine extreme Angst hatten, weil sie natürlich genau gesehen und gemerkt haben, wie kohärent das System war, hatten diese Angst andererseits nicht so ganz unbegründet, wie sich zeigte. Zum Beispiel eines der Labore, die mit uns dann zusammengearbeitet haben, in München, ist in Konkurs gegangen, weil es einfach die Proben nicht bekam. Die Kunden wurden so verängstigt von den Behörden, daß sie lieber zurücksteckten, denn zunächst war gesagt worden, private Tests sind illegal. Also der Metzger, die Lebensmittelkette oder wer auch sonst testen wollte, der wurde zum Gesetzesbrecher gestempelt. Denn BSE ist eine Tierseuche ... und Tierseuchen sind meldepflichtig, die Überwachung der Tierseuchen steht aber nur staatlichen Stellen zu. Und die staatlichen Stellen wenden den BSE-Test nicht an, aus dem einfachen Grund, weil's kein BSE gibt! Und plötzlich, nachdem die Tests gemacht wurden, da wurden dann überall auch Verdachtsfälle gemeldet, untersucht und für positiv befunden, wie ist das möglich? Das alles ist heute kein Thema mehr, weil sich kaum jemand erinnern kann daran.«

Wir beschließen, in den Betrieb zu fahren. Vor der Tür stehen zwei große Wagen, wir werden in den mit dem Stoffdach gebeten und fahren mit unserem Gastgeber seine tägliche Wegstrecke zum Betrieb, der in Schlieren liegt, etwa zwanzig Minuten entfernt von Pfäffikon, nordwestlich vom Stadtzentrum Zürichs, in einem alten Industriegebiet. Der Betrieb steht in einem Ensemble anderer, unauffällig moderner Gebäude. »Eine Art Technologiezentrum«, sagt Herr Dr. Moser und führt uns an einer lebensgroßen, buntbemalten Plastikkuh vorbei ins angenehm klimatisierte Gebäude, vorbei an zwei schlafenden Hunden, in farbenfrohe Flure, entlang an Glasfronten, hinter denen, halb verdunkelt gegen die Sonne, funkelnde Labore liegen. Herr Dr. Moser geht voran: »Das ganze Gebäude ist eigentlich in zwei Teile geteilt, hier rechts geht's zum Biotechlabor rein, dahinter ist eine Schleuse ... das ist alles hermetisch abgeriegelt mit Unterdruck, dort hinten ist der Kühlraum des Normalbereichs, dort der des BSE-Bereichs. Das ist alles top gemacht, wir übertreffen die Vorschriften damit bei weitem.« Wir betreten das Forschungslabor, er zeigt uns die kleinen Plastikbehälter mit dem integrierten Quirl, in denen die Hirnproben verflüssigt werden. »Die haben wir selbst entwickelt, das muß nur noch in die Maschine gestellt werden, dann entsteht Kontakt, und der Quirl bewegt sich ...« Er zeigt uns ein Blatt mit aufgeklebten Kontrollstreifen: »Wenn's ein positives Tier war, dann gibt's hier so einen deutlichen Schatten, bei einem negativen Tier verfärbt sich absolut nichts.« Er zeigt uns im Vorbeigehen weitere Labore, eins sieht aus wie das andere. In einem sind Frauen in weißen Kitteln mit Tests beschäftigt, die nicht warten können, es sind die Besitzerinnen der Hunde. »Dort ist das Zellkulturlabor, wir stellen da einfach nur einzelne Reagenzien her, in kleinen Chargen, eben Sachen, die relativ schwierig zu produzieren sind wie Antikörper ... Normalerweise sind solche Labore absolute Bunker, die Leute sind darin sehr abgeschottet, aber das hat eigentlich keinen sachlichen Grund – außer bei den Laboren der ganz hohen Sicherheitsstufe natürlich, die haben gar keine Fenster – aber auf dieser, unserer Sicherheitsstufe, hat man im Prinzip die

Wahl. Wir haben gesagt, daß wir nach außen und zum Gang hin möglichst viele Fenster haben wollen. Vorne sind überall Telefone angebracht außen, da kann jeder jederzeit hineintelefonieren, und man sieht sich.« Wir fahren mit dem Lift hinauf in die Büroetage, ein offenes Großraumbüro. Hinter einer schräg eingezogenen Glasfront liegen die Chefbüros. »Aquarium genannt«, sagt Herr Moser, »als wir noch an der Uni waren, haben wir uns gesagt, wir wollen nicht in so abgeschlossenen Büros sitzen ... Also wir sind jetzt hier achtzig, fünfundachtzig Leute, Teilzeitarbeitende mitgerechnet.« In der Betriebskantine macht er uns Kaffee. Wir sitzen neben einer matten Blattpflanze und reden über Zufälle. »Also wenn 1998 keine positive Kuh unter den dreitausend getesteten gewesen wäre, wäre unser Test bei der Evaluierung nicht genommen worden, die Studien wären desaströs gewesen. Man hätte vielleicht die ganze Sache am Ende begraben und wäre der Meinung geblieben, daß Großbritannien ein BSE-Problem hatte im vorigen Jahrhundert, und Resteuropa war soweit BSE-frei.«

SAMUEL MITJA RAPOPORT,
Dr. med., emer. Univ.-Prof., ehem. Dir.
d. Bioch. Inst. d. Humboldt Univ.
Berlin. Dr. med. 1936, Dr. phil.
1939, Habil. 1942, Dr. h.c. mult. (3).
Erhielt zahlreiche Ehrungen
u. Auszeichnungen u. a. das President
Certificate of Merit durch Harry
S. Truman, 1947; Vaterland-Verdienst-
orden, 1959; Hufeland-Medaille;
Arthur-Becker-Medaille in Gold,
1962. Mitglied div. Gesellschaften,
u. a. Berliner Physiologische Gesellschaft;
1956–90 Mitglied d. Forschungsrates
der DDR, seit 1969 ordentl. Mitgl.
d. Akad. d. Wiss. Vors. d. Biochemischen
Gesellschaft. Mitbegründer u. Ehren-
präsident der Leibniz-Sozietät Berlin.
Zahlr. Veröff., u. a. Autor der
Lehrbücher Medizinische Biochemie,
1962; Physiologisch-chemisches
Praktikum: unter Berücksichtigung
biochemischer Arbeitsmethoden und
klinisch-chemischer Gesichtspunkte
(8. Auflage 1984); Moderne Bio-
wissenschaften und Gesellschaft,
1988. Samuel Rapoport wurde 1912
in Woloczysk, Rußland, geboren.
Er ist seit 1946 in zweiter Ehe
verheiratet mit d. Kinderärztin Ingeborg
Syllm, 4 Kinder.

Ein ganz besonderer Saft

BLUTEXPERTE

Von Herrn Rapoport kann ich nicht erzählen, ohne zuvor auf seine Lebensumstände einzugehen. Samuel Mitja Rapoport wurde 1912 im alten Rußland geboren, in einem Ort an der Grenze zu Österreich-Ungarn. Der Vater war Weizenhändler, ein frommer, aber nicht orthodoxer Jude, die Mutter, aus liberalem Hause, war nicht fromm, beachtete aber den Sabbat und die hohen jüdischen Fest- und Feiertage. Man sprach Russisch und Jiddisch. Der kleine Mitja ging zur Thoraschule, wie es üblich war. 1919 war seine behütete Kindheit fürs erste vorbei. Die Eltern flohen vor den Wirren der Oktoberrevolution, es gelang ihnen, vom letzten auslaufenden Frachtschiff nach Triest mitgenommen zu werden. In der Nacht sah der Knabe vom sich entfernenden Schiff aus, wie die Munitionslager von Odessa in die Luft flogen. Als man nach vielen Strapazen endlich in Wien ankam, fingen die neuen Probleme sofort an. Der Knabe und seine Schwester sprachen nur Russisch und etwas Hebräisch, Wohnung und Arbeit mußten gefunden werden. Aber alles ging gut, Mitja Rapoport lernte recht unwillig alles Erforderliche, machte Abitur, studierte. Mit neunzehn trat er der Sozialistischen Partei bei, beteiligte sich 1934 am Februaraufstand gegen die rechtsradikale Heimwehr. Danach wechselte er in die Kommunistische Partei über, beteiligte sich neben dem Studium an illegalen Aktionen, promovierte und forschte. Währenddessen entschloß sich 1937 ein amerikanischer Biologieprofessor namens Guest zu einer Europareise, bei der ihm, durch einen glücklichen Zufall, auch die wissenschaftlichen Arbeiten des jungen Dr. Rapoport vor Augen kamen. Sein Interesse war derart groß, daß er ihn zu einem einjährigen Stipendium nach

Amerika einlud. Aus den bekannten Gründen wurde aus dem Studienaufenthalt eine Emigration.

Nach fünf Jahren wurde er eingebürgert, erhielt einen Paß. Er arbeitete an einem renommierten Forschungsinstitut in Cincinnati, in der biochemischen Abteilung der Research Foundation, war verheiratet und Mitglied der Kommunistischen Partei (CPUSA). 1946 heiratete er in zweiter Ehe die Kinderärztin Ingeborg Syllm, die als rassisch Verfolgte Deutschland hatte verlassen müssen. Professor Rapoport war erfolgreich als Forscher und als Arzt in der Klinik. Eigentlich hätte er eine glänzende Karriere machen müssen, aber bereits 1950 fand der Traum von einer glücklichen, gesicherten Zukunft in der neuen Heimat ein jähes Ende. Er sollte vorgeladen werden vor McCarthys ›Komitee für unamerikanische Aktivitäten‹, das bedeutete Gefängnis, denn Aussageverweigerung galt als Mißachtung des Gerichtes und mußte entsprechend gesühnt werden. Also flüchtete er mit seiner hochschwangeren Frau und drei Kindern nach Europa zurück und versuchte, an der Universität Wien unterzukommen. Dort intervenierte der CIC (Counter Intelligence Corps) gegen eine Einstellung Rapoports, mit der Drohung, der Universität die US-Subventionen zu streichen. Sein Paß wurde eingezogen, wie bei allen amerikanischen Kommunisten. Zusätzlich wurde er ausgebürgert. Man wollte ihn nicht in Wien. Auch nicht in der Sowjetunion, wo er *wegen* des Amerikaaufenthaltes mißliebig war. Man wollte ihn nicht in der Schweiz und nicht in Albanien. Nach zwei Jahren endlich erhielt er ein Angebot aus der DDR und nahm sofort an.

Dort bekam er einen Lehrstuhl an der Humboldt Universität und sein eigenes Institut für Biochemie. Zwar hätte er lieber Forschungsarbeit gemacht, aber wie schon so oft mußte Herr Rapoport sich mit Tätigkeiten befassen, gegen die er anfangs starke Widerstände hegte. In Amerika war es die praktische Arbeit am Krankenbett, in der DDR die Verpflichtung zur Lehre. Mit der ihm eigenen Gründlichkeit und Liebenswürdigkeit führte er an seinem Institut moderne amerikanische Methoden in Forschung und Lehre ein, einen unkonventionellen Seminarbetrieb und offene Umgangsformen zwischen Lehrkörper und Studenten. Erst mehr als zehn Jahre später bekämpfte man im Westen

›unter den Talaren den Muff von tausend Jahren‹. Rapoports Studenten genossen bereits in den fünfziger Jahren große Freiheiten. Er schrieb ein vielbeachtetes Lehrbuch für *Medizinische Biochemie,* das folgende Widmung enthält: »Den Studenten, deren Nichtwissen und Neugierde der ständige Stachel eines Lehrers sind.« Gebräuchlich sind allenfalls feierliche Zitate. Dieser ungewöhnliche Professor richtete sich also wieder einmal in einer neuen Heimat ein. Die Familie bekam ein schlichtes Haus in einer Siedlung in Niederschönhausen zugewiesen, der ›Intelligenz-Siedlung‹, so genannt, weil dort vor allem Künstler und Wissenschaftler untergebracht wurden, und zwar besonders solche, die aus den Konzentrationslagern und der Emigration zurückgekommen waren.

An einem schwülen Julitag, fast fünfzig Jahre später, sitzen Rapoports im Wohnzimmer ihres Hauses und geben zwei wildfremden Damen – anfangs mißtrauisch, später freundlich und geduldig – Auskunft über Leben und Arbeit. Das Wohnzimmer ist schmal, wird im einen Teil beherrscht von einem schwarzen Flügel, auf dem die Käse-Sahne-Torte steht, im anderen von einer Sitzecke mit Couch und Sesseln. Über der Couch hängen zwei Farbholzschnitte von Hokusai, graublau, wie verblaßt, Originale in dicken Passepartouts. Außer einem schwarzen Deckenfluter ist nichts von dem üblichen Kram zu entdecken, den man heute haben muß. Durch die große Glastür blickt man in den Garten hinaus auf ein Goldfischbecken voller Seerosen, an dessen Rand eine schwarze Katze sitzt und ins Wasser blickt.

Herr Rapoport ist ein Wissenschaftler wie aus dem Bilderbuch. Er ist verliebt in seinen Forschungsgegenstand und konnte noch in Zeiten arbeiten, in denen die Wissenschaft weder so zerstückelt war noch unter solch einem Konkurrenz- und Erfolgsdruck stand wie heute. Er konnte sich noch Zeit nehmen, auch zur Freude an der Arbeit, sofern man ihn ließ. Lebenslang waren die roten Blutkörperchen sein wesentliches Forschungsobjekt. Er erklärt: »Mein Interesse an den roten Blutzellen hat zwei Wurzeln. Die erste: Das Blut als Untersuchungsobjekt ist leicht zugänglich; man hat es praktisch immer bei sich. Die zweite: Warum ich es liebgewonnen habe, liegt an seiner Einfachheit. Ich genieße es, übersichtliche, klare Verhältnisse zu haben.« Bevor aber der Wissenschaftler endgültig zu Wort kommt, will ich versuchen – zur besseren Verständlichkeit des Folgenden – auch seinen Forschungsgegenstand durch einen kleinen Lebenslauf vorzustellen.

Das Blut ist Haupttransportmittel des Organismus, seine Aufgabe ist die Beförderung des Sauerstoffs von den Lungen ins Gewebe. Es ist wäßrig und enthält u. a. rote und weiße Blutkörperchen, wobei die roten Blutkörperchen den Hauptanteil ausmachen am Gesamtvolumen des Blutes. Ihre Brutstätte ist das Knochenmark, wo sie in komplizierter Weise heranwachsen. Im Frühstadium besitzen sie einen Zellkern, der aber später ausgestoßen wird. Im kernlosen Stadium atmen sie noch und werden Retikulozyten genannt. Aber auch das Atmen geben sie auf, verlieren ihre Atmungsorgane, die Mitochondrien, und verwandeln sich innerhalb von nur ein bis zwei Tagen in ein anderes Wesen, in eine Zelle, die ihre lebenswichtige Energie durch Zuckerabbau herstellt, durch Glykolyse. Ihr Stoffwechsel arbeitet jetzt mit Gärung, also ohne Verbrauch von Sauerstoff. Bei diesem Gärungsprozeß entsteht der notwendige universelle Energielieferant: das ATP. Es ist die wichtigste energiespeichernde Substanz im Körper, eine Art Energiekonserve oder ›Zellakku‹. Sein Entdecker, Lohmann, wird im weiteren Text noch eine Rolle spielen. Derart ausgestattet und mit viel Hämoglobin gelangt das rote Blutkörperchen, das nun ein ›erwachsener‹ Erythrozyt ist, in den Blutstrom. Seine Gestalt ist dropsförmig, mit einer Delle auf jeder Seite, es ist sehr geschmeidig, biegsam, elastisch und winzig klein. Eine große Oberfläche zu bilden ist der Endzweck dieser Winzigkeit. Nur so kann es seine Hauptaufgabe erfüllen, nämlich möglichst schnell möglichst viel Sauerstoff aufzunehmen und abzugeben sowie nebenbei das Kohlendioxyd in die Lunge zu transportieren zur Ausatmung. Das rote Blutkörperchen ist 0,008 mm groß, trotzdem wurde es bereits 1658 entdeckt. Es lebt hundert Tage, dann wird es gefressen und in seinen Einzelteilen vom Körper wiederverwendet. Fünfundzwanzig Billionen roter Blutkörperchen kreisen im Blutstrom. Täglich sterben zweihundertfünfzig Milliarden, und ebenso viele werden neu gebildet.

Herr Rapoport sitzt in seinem Lehnstuhl, die Hände auf dem Knie übereinandergelegt, und beginnt in einem sehr

feinen, weichen, manchmal leisen Wienerisch zu erzählen.
Besonders leise spricht er, wenn es um seine Verdienste geht,
von denen es zahlreiche gibt. »Damals in Wien war es
einfach so, der Zufall wollte es, daß ich eine Methode fand,
durch Farbreaktion die Phosphorglycerinsäure zu bestimmen,
das war überhaupt nicht schwierig, aber diese Arbeit hatte
einen unangenehmen Teil, durch die Anwendung von
konzentrierter Schwefelsäure. Sie können sich vorstellen, wie
alles durchlöchert wurde. Wie ich darauf kam? Es war der
berühmte Engländer Haldane, der sogar in Selbstversuchen
die Sache erforschte. Er wollte wissen, was passiert, wenn
der Mensch sich sauer macht, oder alkalisch, den Körper
also ansäuert oder ins Gegenteil versetzt – was ja ein Eingriff
ist in das sehr wichtige Gleichgewicht. Und er fand starke
Veränderungen. Welche? Bei Säuerung nimmt das Phosphat
ab. Sie können es auch so ausdrücken, lassen Sie das alkalisch
weg, sagen Sie einfach: Wenn der Mensch sauer wird, dann
nimmt die Menge des organischen Phosphats ab ...« Frau
Rapoport ergänzt: »... In den roten Blutkörperchen, und ihre
Lebensdauer verkürzt sich dadurch.« Herr Rapoport fährt in
unveränderter Tonlage fort: »Man wußte gar nicht genau,
was organische Phosphatverbindungen sind, man wußte
ungefähr ihre Summe, ja. Und da kam mir die Idee, daß
sich diese unbekannten Phosphate vielleicht durch meine
Methode bestimmen lassen könnten, durch diese Färbe-
methode. Das erwies sich dann als richtig. Zusammenfassend
kann man sagen: Meine Arbeiten wiesen die Identität des
organischen Phosphats nach ...« Frau Rapoport flicht ein:
»... und die Umstände, unter denen die Mengen sich verändern ...« Er fährt fort: »... und später auch, wie man
die Wiederherstellung des Phosphats beschleunigen kann.
Ich höre jetzt auf ...«

Gebeten, die Bedeutung dieser Forschungsarbeit näher zu
beschreiben, sagt er: »Das war eine Art ›Sesam, öffne dich‹,
ich hatte einen Schlüssel gefunden zum Stoffwechsel der
roten Blutzellen.« Frau Rapoport ergänzt: »Zu den Stoff-
wechselwegen.« Doch Herr Rapoport verneint: »Vorläufig
noch nicht, das kam erst später. Was ich gefunden hatte,
war ganz unerklärlich, das wußte niemand. Aber es fiel
in eine revolutionäre Zeit des Umbruchs vom Nichtwissen
zum Wissen auf diesem Gebiet, das war dramatisch, man

entdeckte die Stoffwechselwege, wußte, daß das bestimmte Zyklen sind, Kreisprozesse, daß es eine komplizierte Mehrstufigkeit gibt – daß es mehrstufig ist, hatte man bis dahin überhaupt nicht gewußt. Also dieser große Abbauzyklus, der Ablauf des Zuckerabbaus – er wird Glykolyse genannt –, trägt den Namen der Entdecker: Embden und Meyerhof. Dieser Abbauweg der Glukose ist verbindlich, er vollzieht sich beispielsweise im Muskel, er vollzieht sich im Prinzip auf die gleiche Weise in der gesamten lebenden Natur, von der Hefe bis zum Menschen; das ist also der große Abbauweg. Später habe ich dann einen Nebenweg dieses Hauptweges aufgedeckt, bezogen auf die Prozesse im roten Blutkörperchen. Das war ein kleines, zusätzliches Detail…« Kaum verständlich murmelt er etwas von einem Sowieso-Zyklus. Auf Nachfrage sagt er widerstrebend: »Das Detail bekam den Namen Rapoport-Luebering-Zyklus. Ich wurde oft gefragt: Wer ist Luebering? Frau Luebering war eine sehr liebe und interessierte technische Assistentin, als solche beteiligt, deshalb habe ich sie auch als Co-Autor genannt. Später ist sie leider durch Heirat … Aber ihr Name ist unsterblich geworden.« Herr Rapoport ändert leicht die Haltung seiner Hände, die immer noch auf dem Knie seines übergeschlagenen Beines ruhen. Überhaupt wirken Rapoports ruhig und gelassen, sie zappeln nicht, gestikulieren wenig – er übrigens stets mit der linken Hand, während sie, meist schweigend, aber nicht schlaff, den Gang der Dinge fast bewegungslos verfolgt. »Um das abzuschließen«, sagt er, »erst jetzt, also zehn Jahre später in Amerika, bestätigte sich das, was ich in Wien herausgefunden hatte. Mehr noch, erst jetzt wußte ich, wie das vor sich geht, erkannte den Mechanismus … so ist es oft in der Wissenschaft. Sie müssen sich das folgendermaßen vorstellen: Sie beobachten die Blitze, Sie lernen den Blitzableiter kennen – und vielleicht sogar, den Blitz zu verwenden –, aber Sie wissen eigentlich nichts vom Blitz und was sein Schicksal ist in der Erde, nach dem Einschlag.«

»Was fällt mir noch ein…« Herr Rapoport schweigt und blickt zur Decke. Nach einem kurzen Moment des Nachdenkens beginnt er zu erzählen: »Im Krieg, da war ich tätig zum Problem der Blutkonservierung. Der Nationale Forschungsrat in Washington hatte mehrere Labors im ganzen

Land damit beauftragt, eine bessere Blutkonservierungs-
methode zu finden.« Auf die Frage, ob er sie gefunden habe,
antwortet er murmelnd in seinen Schoß hinab: »Jaa …
ich hab's gefunden. Dazu muß man die Geschichte vielleicht
etwas näher betrachten. Die ersten Blutkonservierungs-
versuche nach dem Ersten Weltkrieg waren bescheiden. Man
hat einfach nur Natrium citricum zur Verhinderung der
Blutgerinnung dazugetan. Na ja, nach sieben Tagen war es
hinüber, unbrauchbar. Dann hat man versucht, durch Zu-
gabe von Glucose die Haltbarkeit zu verlängern. Man konnte
so ein wenig länger den Stoffwechsel der roten Blutkörperchen erhalten. Dieses Blut hielt dann zwölf bis dreizehn
Tage. Das war der Stand der Dinge. Und dann kam sozusagen mein Beitrag. Zu der Zeit wußte ich schon, daß die
Phosphoglyzerinsäure eine Quelle war, aus der die Synthese
der Energiesubstanz gespeist wird, die man ATP nennt. Als
erster entdeckte es übrigens Karl Lohmann aus Berlin …«
Eine kleine Pause entsteht, die schwarze Katze kauert am
Rand des Goldfischbeckens und beugt sich plötzlich weit
hinunter zum Wasser. »Na ja«, fährt Herr Rapoport fort,
»das habe ich dann festgestellt, daß diese Phosphoglyzerinsäure – unter bestimmten Bedingungen – in der Lage ist,
wenn man die Blutzellen etwas ansäuert, ATP zu erhalten
beziehungsweise zusätzlich zu liefern, aufzubauen. Die Phosphoglyzerinsäure funktioniert wie ein Speicher, sie ist ein
Speicher, besser gesagt. Und ich habe diese Idee auf die Blutkonservierung angewandt. Damit war es dann möglich, durch
ein Konservierungsmedium, das ACD (Acid-Citrate-Dex-
trose), oder anders gesagt, durch ein saures Citrat-Glukose-
Medium, die Blutkonserven einundzwanzig bis dreißig
Tage aufzubewahren und gebrauchsfähig zu halten. Das war
dann der Standard für die nächsten … na, sagen wir, zehn
bis fünfzehn Jahre. Die ACD-Lösung ist bis heute weltweit im Gebrauch. Heute liegt die Haltbarkeit übrigens bei
mindestens vier Wochen, es gibt nun weitere Zusätze.«
Auf die Frage, was eigentlich passiert mit dem Blut,
was es unbrauchbar macht, erklärt Herr Rapoport: »Die
roten Blutzellen verlieren durch Energieverlust ihre Lebens-
fähigkeit – der begrenzende Faktor für die Haltbarkeit des
Blutes ist immer das ATP –, und bereits geschwächte
Blutzellen können dann im Körper des Empfängers ja nicht

überleben. Das mußte genau untersucht werden, man sieht es ihnen nämlich nicht an, wenn sie unbrauchbar geworden sind. Man hat gewisse Konventionen getroffen. Wenn nicht mindestens siebzig Prozent der roten Blutzellen über mindestens vierundzwanzig Stunden lang im Empfängerblut lebendig bleiben, ist das Spenderblut unbrauchbar und muß weg.« Wir fassen zusammen: Das bedeutet also, daß die Blutkonserven, die im Zweiten Weltkrieg an amerikanische Soldaten verabreicht wurden, allesamt nach der Methode Rapoports haltbar gemacht waren. Für einen Kommunisten, Antifaschisten und Juden sicherlich eine gewisse Genugtuung. Herr Rapoport lächelt hintergründig und sagt: »Na ja, das war das, was ich noch beitragen konnte, als Nutzeffekt meines theoretischen Forschens ... In Deutschland übrigens waren sie noch lange nicht soweit. Sie haben es nie versucht. Man benutzte einfach noch die alte Methode, sieben Tage Haltbarkeit. Ansonsten war die gebräuchlichste ›Blutkonserve‹ in Deutschland vor allem der Mensch, in Form von Direktübertragung vom Spender zum Empfänger.« Auf den Einwurf, daß diese totale Rückständigkeit des Bluttransfusionswesens für ein Land, das das ›Gesetz zum Schutze des deutschen Blutes‹ erließ und eine derart gnadenlose Bluttümelei an den Tag legte, doch eigentlich verwunderlich sei, sagt Herr Rapoport: »Nein, gar nicht! Denn diese Art von Irrationalismus führte ja gerade dazu, daß man das Blut auf keinen Fall anonymisieren wollte, so daß man es gar nicht erst angetastet hat zu diesem Zweck. Außerdem wußte man natürlich gar nichts. Es waren ja vor allem Kliniker und Chirurgen, die zuständig waren, die Forscher sind ja fast alle weg gewesen ... Das war aber nur *ein* Grund. Es war ja auch vorher in den USA so, daß die Blutbanken von den Chirurgen geführt wurden. Sie maßten sich an, alles direkt am Operationstisch entscheiden zu können, auch, ob das Blut gut ist oder nicht. Da ist so manches schiefgegangen ... In Sizilien sind damals Tausende von Menschen gestorben – das ist eine tolle Geschichte aus den Kriegsjahren, in den USA ... also ich kenne sie nur vom Hörensagen. Es wurde alles unheimlich unter dem Tisch gehalten und nie veröffentlicht.« Auf die Frage, woran die Leute in Sizilien starben, sagt Herr Rapoport: »An der Zerstörung des Blutes, weil das Blut bereits zu alt war.

Und die Übertragung hat dann die Nieren geschädigt ...«
Frau Rapoport fügt hinzu: »Crush-Syndrom heißt das«, und
buchstabiert, damit es keine Mißverständnisse gibt. Herr
Rapoport fährt fort: »Da gab's damals so einiges, Verbrecher
und Schwindler waren beteiligt ... Da war einer, der hat
also einen Sirup verwendet als Konservierungsmittel – er war
nicht mal so schlecht –, der Mann hatte die Blutbank in New
York geleitet und sich solche gestrandeten Existenzen aus der
Bowery besorgt, das war damals ein heruntergekommener
Stadtteil in New York, an der Spitze von Manhattan, unterhalb der Wall Street. Den armen Schluckern wurde in
einem städtischen Krankenhaus Blut abgezapft, sie bekamen
einen Drink und sind dann ungefähr innerhalb der nächsten
Stunde kollabiert. Daraufhin wurde ihnen eine Bluttrans-
fusion verabreicht, die teuer war und von der Stadt bezahlt
werden mußte. Die Armen bekamen eine ganze Kleinigkeit
an Geld dafür, und er verdiente an jeder Bluteinheit ... ich
weiß nicht, wieviel ... Das ist dann aufgekommen.«

Er schweigt für einen Moment und betrachtet sinnend
seine Hände. Die schwarze Katze liegt nun am Rande des
Goldfischbeckens mit erhobenem Kopf. »Na ja«, sagt Herr
Rapoport, »am Ende jedenfalls wurde meine Methode, die
ACD-Solution, in den USA eingeführt und durchgesetzt
mit Hilfe von Inspektoren – oft gegen den Willen vieler
Chirurgen. Das Verfahren wurde standardisiert. Und übrigens – und das ist vielleicht wirklich erwähnenswert – *nicht*
patentiert, genausowenig wie 1921 die Insulinentdeckung.
Das wäre vollkommen undenkbar gewesen, nach den Auffassungen dieser Zeit. Es gab so ein Ethos, medizinischer
Fortschritt wurde nicht patentiert. Aber anerkannt wurde er
natürlich schon, von der Fachwelt ... Rapoport war Experte
für rote Blutkörperchen!« Er lacht, denn meine Definition
des Experten ist ihm ein Dorn im Auge (womit er, was
ihn betrifft, nur zu recht hat). Frau Rapoport meldet sich
energisch zu Wort: »Es war ja nicht nur so, daß du die
Anerkennung der Fachwelt hattest, du wurdest ja auch
ausgezeichnet«, und an uns gewandt erklärt sie, »er wurde
dann geehrt – denn durch diese revolutionäre Neuerung
konnten ja Tausenden von verwundeten Soldaten lebens-
rettende Blutkonserven zur Verfügung gestellt werden. Es
war eine Ehrung mit allem militärischen Pomp, und er bekam

das Certificate of Merit von Präsident Truman, im Jahr 1947. Und dabei war kurz zuvor ein Dossier über die politischen Aktivitäten meines Mannes überprüft worden. Aber da war man in Washington offenbar noch nicht so vernetzt ... sonst wäre es zu dieser Auszeichnung vielleicht gar nicht gekommen.«

Nicht nur die Beschäftigung mit dem Blut und den roten Blutkörperchen zieht sich wie ein roter Faden durch Herrn Rapoports mäandernden Lebenslauf, auch eine damit zusammenhängende seltsame Verknüpfung von Personen und Ereignissen fällt auf. Er bekam das President Certificate zusammen mit Georg Guest, jenem amerikanischen Professor, der ihn damals in Wien zum Stipendium nach Amerika eingeladen und damit vor den Nazis gerettet hatte. Und was die Verbesserung der Blutkonservierung angeht, so wäre sie kaum denkbar gewesen ohne die biochemische Erforschung des Stoffwechsels der Zellen beziehungsweise ohne das Wissen um die Schlüsselsubstanz ATP, das Karl Lohmann zu verdanken ist, der es als erster isoliert hat. Knapp zehn Jahre nachdem Herr Rapoport die neue Blutkonservierungs- methode gefunden hatte, übernahm er an der Berliner Humboldt Universität das Institut von Karl Lohmann – und das gezwungenermaßen, nur deshalb, weil McCarthys Kommunistenjagd ihn aus dem Gleis gehebelt hatte.

In der DDR befaßte sich Herr Rapoport weiterhin mit dem roten Blutkörperchen, und zwar, wenn ich es richtig verstanden habe, mit der Erforschung des Unterganges von Zellstrukturen im Retikulozyten, dem Verschwinden seiner ›Organe‹ im Umwandlungsprozeß zum Erythrozyten und schließlich dessen Todesumstände. Er widmete sich seinen Studenten und veranstaltete in Berlin internationale Symposien über die roten Blutkörperchen. Alle drei Jahre einmal. Herr Rapoport erinnert sich: »... Bei einer solchen Gelegenheit tauchte ein Oberst Valery auf, Spezialist für Blutkonservierung bei der amerikanischen Marine. Er trug Galauniform! Na, das war vielleicht ein Aufsehen, sofort forschte die Staatssicherheit nach, was denn da los ist bei uns – das Ganze wurde vom Ministerium für Gesundheits- wesen unterstützt, und es war natürlich zu befürchten, daß, wenn es Probleme gibt ... Na gut, wir haben es überlebt ...«
Er lächelt und sagt nach einer kleinen Pause: »Die Wissen-

schaft verändert sich in großer Geschwindigkeit. Es gibt
jetzt übrigens eine umfangreiche Forschung zum Selbstmord
von Zellen, da spielen die weißen Blutkörperchen eine große
Rolle, man weiß jetzt, daß es mindestens zehn verschiedene
Wege gibt.« Elisabeth fragt: »Wie stellt man sich das vor
als Laie, es muß ja irgendwo im Körper eine Instanz ...«,
er verneint sofort, »... die entscheidet, wer stirbt jetzt wo
ab?« Herr Rapoport sagt erst ernst und dann amüsiert:
»Es ist eine Verflechtung, eine Demokratie ... Wenn Sie
so wollen, demokratischer Zentralismus.« Dann wird er
wieder ernst und fährt fort: »Ich war gerade in Boston auf
einem Kongreß. Schön, ich verstehe akustisch nichts und
sehen kann ich schon gar nicht, ich bin fast blind, aber
das war nicht der Grund ... Was vorgetragen wird, hat sich
derart komprimiert, daß man im Nu veraltet – auch bereits
in jüngeren Jahren selbstverständlich. Heute kennt man
etwa hundertmal so viele Eiweiße wie zu der Zeit, als ich
aktiv war. Man benutzt die verrücktesten Abkürzungen,
die selbst mein Sohn Schwierigkeiten hat zu verstehen. Und
da entsteht wirklich die Frage, die große Frage der Zer-
splitterung der Wissenschaft, das ist eine große Gefahr ...
Aber lassen wir das, das ist wieder ein anderes Thema.«

Die schwarze Katze kommt hereinspaziert, so als wüßte
sie, daß beide Gäste im Aufbruch begriffen sind. Sie läßt
sich streicheln, schnurrt und schmiegt sich eng an die Beine
der Hausherrn, dann springt sie auf den Schoß ihrer Herrin.
Unser Gastgeber lächelt sanft zur Katze hin. Ein freundlicher, alter Herr. Er lebte als Kind sieben Jahre in Rußland,
später achtzehn Jahre in Wien, dreizehn Jahre in Amerika,
zwei Jahre in Wien, neununddreißig Jahre in der DDR und
nun, zum Zeitpunkt der Niederschrift dieses Textes, fast elf
Jahre in Deutschland, in das er und seine Frau eigentlich nie
hatten zurückkehren wollen.

JÖRG-PETER MELIOR,
zur Zeit Müller. 1964 Einschulung
Heimatschule Langerwisch b. Potsdam.
1968 Besuch d. weiterführ. Alexander-
von-Humboldt-Oberschule Potsdam.
Abitur 1976. 1976–78 Wehrdienst
b. d. Nat. Volksarmee in Lehnitz,
Oranienburg. 1978–83 Studium
d. Physik an d. Univ. Greifswald,
Schwerpunkt Plasmaphysik. 1983 Dipl.
1983–90 wiss. Mitarbeiter am
Institut f. Polymerenchemie d. Akademie
d. Wiss. d. DDR (Spezialisierungs-
richtung Strukturbildung in deformierten
Polymersystemen). 1990–93 Übern.
d. Amtes als Bürgermeister d. Heimat-
gemeinde. Bis 2000 leitender
Mitarbeiter d. Kommunalverwaltung

(Kämmerer). Arbeitslosigkeit. Sonstiges:
Ehrenamtlicher Richter am Landgericht
Potsdam. Div. wiss. Veröff. in natur-
wiss. u. int. Fachzeitschr. z. Thema
d. molekularen u. übermolekularen
Strukturbildung (u. a. im Verlag
Walter de Gruyter, 1986, u. in
d. Zeitschr. Polymer, 1991). Patente:
u. a. f. e. ›faserverstärktes Implantat
aus ultrahochmolekularem Polyethylen‹
u. f. e. ›Zusatzvorrichtung‹ f. rheo-optische
Untersuchungen m. handelsüblichen
Mikroskopen. Hobbys: Chorgesang,
Denkmalpflege. Herr Melior wurde am
15. März 1958 in Caputh b. Potsdam
als Sohn eines Müllers geboren, der
zugleich Bäckermeister war. Er ist verh.
u. hat drei Kinder.

PLASMAPHYSIKER UND MÜLLER

Nach Jahrtausenden des Mahlens zwischen zwei per Hand betriebenen Steinen, entwickelten sich in Kleinasien die ersten Windmühlen, sozusagen die ersten Motoren der Welt. Kreuzfahrer brachten die Windmühlen mit nach Europa, wo sie sich in unterschiedlicher Form ausbreiteten. Bei der im dreizehnten Jahrhundert entwickelten deutschen Bock-windmühle wird das hölzerne Gebäude mit der Hand um einen Mittelpfosten gedreht, um die Flügel in den Wind zu stellen. Bei der holländischen Mühle, die aus dem fünfzehnten Jahrhundert stammt und meist aus Stein ist, wird nur das Holzdach mitsamt Flügel zum Wind gedreht. Die Hochphase der europäischen Mühlenkultur dauerte vom sechzehnten bis zum neunzehnten Jahrhundert, dann brachten Mechanisierung und Industrialisierung radikale Änderungen der Produktionsweise und Konservierung von Nahrungsmitteln mit sich. Zusammen mit der Einführung der Gewerbefreiheit und der Handelsmüllerei in der ersten Hälfte des neunzehnten Jahrhunderts bescherten diese Veränderungen den kleinen Landmühlen Konkurrenz und führten zu ihrem allmählichen Absterben. Gewerbsmäßig arbeiteten Windmühlen bei uns bis Ende 1957. Heute gibt es in Deutschland rund achthundert Industriemühlen. Sie vermahlen 5,8 Millionen Tonnen Getreide für die mensch-liche Ernährung und 1,4 Millionen Tonnen Futtermittel. Wir Deutschen haben den weltweit größten Brotverbrauch, pro Kopf und Jahr achtzig Kilogramm. Es gibt ca. drei-hundert Brotsorten, nur noch zwölf Prozent davon sind aus Roggenmehl, jahrhundertelang das Mehl für die Armen.

Mühlen waren einst magische, zentrale Orte und somit auch Orte der Rechtsentwicklung. Strenge Rechte, wie

›Mühlenbann‹ und ›Mahlzwang‹, sicherten dem Feudalherrn und seinen Nachfahren das ausschließliche Vorrecht zur Betreibung von Mühlen und aller damit verbundenen Erlasse und Maßnahmen zu. Es gab sogar so etwas Seltsames wie den Mühlenwind als Rechtssubjekt, als Gegenstand eines verleihbaren Rechtes. Und es gab ein Mühlenasyl, das Verfolgten Schutz gewährte. Mühlen wurden zum Stoff für Märchen und Sagen, und Mühlen sind auch ein zentrales Motiv im ersten europäischen Roman. Don Quichottes Kampf gegen die Windmühlen ist bis heute der Inbegriff für die romantische Fehldeutung der Welt und die Vergeblichkeit des Opponierens. Heutzutage wirkt eine alte Mühle mit ihren gemächlich sich drehenden Flügeln und dem leise ächzenden Räderwerk überhaupt nicht mehr bedrohlich, sondern idyllisch. Aber dieser Ort beschaulicher Arbeit war schon von Beginn an eine Maschine auf dem Wege zur Herrschaft der Mechanisierung – wie es Sigfried Giedion in seinem gleichnamigen Werk nannte. Sie enthielt bereits die Werkzeuge ihrer Selbstabschaffung. In ihr liefen zum erstenmal moderne Produktionstechniken mit weitreichenden Folgen wie das Förderband und das Becherkettenband, eine Art automatisierter Eimerkette, beides vom Amerikaner Oliver Evans, dem Erfinder der automatischen Mühle, 1783 ausgetüftelt. Das waren die Prototypen fürs spätere Fließband in der Fabrik, das Taylor Anfang des zwanzigsten Jahrhunderts mittels Beschleunigung durch Elektromotor und per Stoppuhr gemessenem Arbeitstaktprinzip zum alltäglichen Alptraum für Generationen von Akkordarbeitern am Fließband machte.

Die Mühle von Herrn Melior steht dreißig Kilometer südwestlich von Berlin, in Langerwisch, einem Dorf mit auffallend schön ausgebauten ehemaligen Ställen und Scheunen für Wohn- oder Ferienhauszwecke. Es gibt eine alte Feldsteinkirche, und rings um das Dorf erstrecken sich Obstgärten und Pferdekoppeln. Außerhalb des Dorfes, am Ende eines langen Feldweges steht das Mühlengehöft, ein kleines Anwesen, alterslos wirkend durch Rauhputzfassade und Modernisierung, nur noch im hinteren Teil etwas bäuerlich aussehend, mit Innenhof, Schuppen, Stallungen und Obstgarten, in dem der Hund und die Hühner sich vergnügen. Etwa dreißig Meter hinter dem Haus, umgeben von Feldern, ragt groß und dunkel die hölzerne Mühle zum Himmel empor. Es ist eine sogenannte Paltrockmühle, die Herkunft des Wortes ist ungewiß, dieser Mühlentyp entwickelte sich aus der Bockwindmühle und stand früher besonders in den Ostseegegenden, da diese Gebäudekonstruktion weniger anfällig dafür ist, umzufallen bei starkem Wind. Das ganze Mühlengebäude wird auf einem in Terrainhöhe befindlichen Kranz gedreht, je nach Windrichtung. Etwas abseits der großen Mühle steht eine Bockwindmühle in stark verkleinertem Maßstab, voll funktionstüchtig und grade groß genug, daß der Müllernachwuchs darin Getreide zu Schrot verarbeiten kann.

Herr Melior trägt weiße Müllerkleidung und ist stark erkältet. Vor der Mühle stehend, erzählt er: »Dieser Paltrock ist auf dem technischen Stand von 1930. Sie sehen ja, das Gebäude reicht bis unten hin. Vor 1930 war das auch mal eine Bockmühle, wie die kleine dort, und dieser Typ steht ja auf einem Ständer. Die gab's hier in der Gegend besonders im siebzehnten und achtzehnten Jahrhundert, und bis vor kurzem stand hier in Langerwisch noch der Stumpf einer Bockmühle, in der mein Urgroßvater Müller gelernt hatte, bis 1879. Dann hat er sich selbständig gemacht und eine Bockwindmühle gekauft in Oranienburg, auf ›Abriß‹, hieß das damals. Sie wurde abgebaut, Stück für Stück, auf ein Schiff verladen, bis nach Potsdam gefahren und wurde dann hierher transportiert und wieder aufgebaut.« Er deutet auf die Mühlenwand hinter sich, das Holz glänzt schwarzgrau in der Sonne. »Es ist eine bewegende Geschichte, hier war ja nichts, keine Straße, keine Eisenbahn, das ging alles mit Pferdefuhrwerken. Als sie dann endlich stand, ist sie 1894 das erste Mal komplett umgeworfen worden bei einem Sturm. Sie wurde gleich wieder aufgebaut, und dann kam auch das Wohnhaus dazu, und dann ging's Schritt für Schritt weiter, gleichzeitig war ja eigentlich 1879 bereits das Mühlensterben in vollem Gange. Trotzdem ging es weiter, und 1930, wie gesagt, wurde die Mühle vollkommen umgebaut und modernisiert, um mithalten zu können. Das ging dann eigentlich gut, bis in die fünfziger Jahre – nach dem Krieg gab es sogar noch mal einen Aufschwung, weil ja in den Städten grade die industriellen Zentren zerstört waren, aber in den Fünfzigern war dann eigentlich die

Stoßrichtung, in Ost- und Westdeutschland, die kleinen Mühlenbetriebe stillzulegen. Wir im Osten bekamen eben einfach kein Mahlkontingent mehr. Wir lagen damit still, und das war natürlich ein unheimlicher Schlag für meinen Großvater und meinen Vater, der damals die Mühle hatte. Sie wollten es nicht fassen, daß nicht mehr gearbeitet werden konnte, obwohl Technik und Qualität absolut stimmten. Und erst Ende der sechziger Jahre ging's langsam wieder los, aber nur mit Schrotung. Es wurde Tierfutter geschrotet für die private Tierhaltung der umliegenden Bauern hier. In den Siebzigern wurden ja dann überall in der DDR die großen Tierbestände aufgebaut, Schweinemastanlagen und so weiter, auch im Nachbarort, und so war die Mühle für eine ganze Weile wieder voll ausgefüllt, und wir konnten davon leben. Übrigens hatten wir auch noch eine Bäckerei, unten im Quergebäude, sie wurde 1910 eröffnet, als zweites Standbein quasi. Das war die Zeit, als sich die Arbeitsteilung auch auf dem Land stärker bemerkbar machte und die Bauern nicht mehr selbst gebacken haben. In den siebziger Jahren wurde die Bäckerei dann aber aufgegeben, mein Vater hatte starke gesundheitliche Probleme mit dem Mehlstaub, Bronchialasthma …« Herr Melior putzt sich ausführlich die Nase, die groß ist und rot.

»Ich bin ja praktisch mit der Mühle hier aufgewachsen, aber es gab eigentlich nie die Perspektive, Müller zu werden, dazu war die Mühle zu klein. All die Kenntnisse, die ich gesammelt habe, die fielen natürlich trotzdem nebenbei mit ab, man hat ja mitgetan, mitgebaut, mitgeplant, und so wußte man rundum Bescheid. Die Mühle wurde 1986 als technisches Denkmal unter Denkmalschutz gestellt, aber mit der Wende 1989 war erst mal in jeder Beziehung Schluß mit der Mühle. Die nächste Großmühle war dann … ich glaube, in Spandau, drüben im Westen. Angesagt waren jetzt ja die großflächigen Lösungen und Produktionen, mit Logistik und allem, mit weiten Transporten zu Groß- mühlen. Bei uns im Osten gab es aber zuvor mehr die regionale, kleinteilige Produktionsweise, und die wurde ja ganz schnell stillgelegt. In so einer industriellen Mühle, da arbeiten vielleicht fünf Leute, die machen fünfhundert Tonnen in drei Schichten über vierundzwanzig Stunden; wir machen, wenn ausreichend Wind ist, in vierundzwanzig

Stunden eineinhalb Tonnen, das sind bis zu tausendfünfhundert Packungen Mehl, die ergeben etwa tausend zweipfündige Brotlaibe. Wir sind eine fünfköpfige Familie und essen die Woche über etwa drei Laibe. Also man könnte die ganze Umgebung im Prinzip versorgen, zumal hier auf den großen Feldern auch noch unbehandelter Roggen wächst. Und ich habe nun angefangen, ganz klein natürlich, versuchsweise, hier wieder was aufzubauen. Es ist ja schon ein Spezifikum, diese Art von Bauwerk. Ich habe dazu natürlich eine starke Beziehung, zu dieser Mischung aus Technik und Familientradition. Zu so einer Mühle gehört eben ein Mensch, der sich um sie kümmert. Nun bin ich das geworden. Es hat fast zehn Jahre gedauert, das alles wieder in Gang zu setzen, in Ordnung zu bringen, und immer wieder gibt es Überraschungen, neue Havarien, Reparaturen, Stürme, die mich in Angst und Schrecken versetzen. Voriges Jahr, am 10. Juli 2002, der enorme Sturm, bei dem es ja hier in Berlin auch Tote gab, der ist mir noch heftig in Erinnerung. Es war, als hätte einer den Schalter gedrückt auf volle Stärke. Die Windrichtung wechselte, bevor die Mühle sich drehen konnte, dann kam der Wind genau von der anderen Seite, so daß die Flügel drohten, sich in die falsche Richtung zu drehen, das bedeutet zugleich, daß die Bremse, die oben anliegt, nicht greift, weil sie nur in eine Richtung faßt. Dann hat man die Ereignisse nicht mehr unter Kontrolle, entweder es brennt was, weil zuviel Reibung entsteht, es können auch die Zahnräder brechen oder das ganze Gebäude fällt um, denn das sind ja gewaltige Kräfte, die da einwirken, das ist sehr dramatisch. Wir haben es aber mit der Handkurbel geschafft, sie etwas zu drehen. Irgendwann sprang dann das Führungsrad oben an und hat sie automatisch in die richtige Position gebracht, so daß die Bremse wieder funktionierte. Das war sehr knifflig. Man sagt, es gibt so alle zwanzig bis dreißig Jahre schwere Stürme, und den letzten, den ich zuvor erlebt habe, das war der vom 13. November 1972, ich war Oberschüler. Es war gigantisch. Noch schlimmer soll es 1953 gewesen sein, da hat es selbst diese Mühle hier mit dem riesengroßen Drehkranz halb umgedreht und aus der Verankerung gedrückt. Die Natur ist nicht immer sanft, und was wir bauen, ist nicht hundertprozentig. In dieser Tradition sind wir aufgewachsen.

Allerdings, die Mühle unten im Ort, in der mein Urgroßvater gearbeitet hatte, die stand immerhin von 1709 bis zum
vorigen Jahr.«

Wir gehen um die Mühle herum zu den ruhenden Flügeln.
Es herrscht Windstille. Hundegebell ist zu hören und ab und
zu ein Hahnenschrei. Des Müllers Nase tropft. Mit belegter
Stimme erzählt er weiter: »Hier sehen Sie die einzelnen
Klappen der Flügel, die wie bei einem Jalousiemechanismus
untereinander verbunden sind und über eine Zugstange
nach Bedarf verstellt werden können. Der Mechanismus
führt oben durch die Welle durch nach innen, also genau
durch den Kreuzungspunkt der Flügel. Innen ist dann so ein
entsprechender Umlenkmechanismus. Unten wird an einer
Kette gezogen, das ist mit ein paar Handgriffen gemacht. Die
Lamellen sind aus Pappelholz, und der eigentliche Flügel
ist aus Lärchenholz. Lärche ist zäh und wetterbeständig.
Ansonsten besteht die Mühle übrigens aus ganz normaler
Kiefer, dem Holz unserer Gegend hier, und drinnen sind
einige wichtige Teile aus Eiche. Also die Flügel hier sind,
beide Teile zusammengenommen, einundzwanzig Meter
lang, erfahrungsgemäß bewegen die sich in vier Sekunden
etwa einmal herum, die günstigste Windgeschwindigkeit ist
fünf bis sechs Meter pro Sekunde. Wenn sich die Flügel drehen, wird ein ungeheurer aerodynamischer Druck aufgebaut
und wirkt auf das Gebäude ein. Man hat lange Zeit nicht
verstanden, warum diese Dinger eigentlich funktionieren,
also empirisch, Jahrhunderte wurde darüber nachgedacht,
rumgefummelt, um es besser zu machen. Anfang des zwanzigsten Jahrhunderts gab es die ersten Experimente, und
die haben ergeben, wie's geht. Der Flügel dreht sich und
verlangsamt den einundzwanzig Meter dicken Luftzylinder,
der da jetzt ankommt, ein wenig, also umgekehrt heißt das,
der Druck, der aufgebaut wird, wird nicht nur gebildet aus
der Breite und Länge der Flügel, sondern aus der gesamten
Fläche, die die Luft durchschneidet und durchquirlt. Da
entstehen riesige Kräfte von mehreren Tonnen, die oben
drücken, und die Flügel müssen die Kraft natürlich weiter-
leiten. Es gibt hochbelastete Teile, die das aufnehmen und
wieder ans Fachwerk weitergeben, bis es dann insgesamt
aufgenommen wird vom Gebäude. Drinnen fühlt man
die Schwingungen und merkt, daß es um Kraft geht und

nicht nur um harmonische Umdrehungen. Bei starkem Wind muß man aufhören, ich kann aber durch den Klappenmechanismus einen Großteil der Energie einfach durchgehen lassen, arbeiten kann ich eigentlich noch bei sechs bis acht Meter pro Sekunde. Von außen hören Sie übrigens nicht viel, nur so ein aerodynamisches Rauschen, aber innen ist es natürlich laut. Zur Not können wir auch mit Strom arbeiten.« Dann deutet er zur kleinen Mühle, die da steht wie das Küken einer Henne. »Die ist übrigens aus Paretz bei Ketzin. Das ist eine traurige Geschichte. Dort gibt's auch eine Bockwindmühle, und der Müller hat seinem Sohn 1938 diese Mühle gebaut, damit der Geschmack am Müllerberuf bekommt. Der Sohn ist dann im Krieg gefallen, noch bevor er Müller werden konnte. Später ist sie umgesetzt worden nach Fahrland. Der dortige Müller war alt und hatte keine Nachkommen, er hat sie 1968 an uns weitergegeben. Ich war gerade zehn, das war ganz prima, damit konnte man wunderbar den Müller machen. Rickeracke, Rickeracke, wie bei Wilhelm Busch ... Die Schulklassen heute sind immer ganz begeistert, wenn ich sie zeige.«

Über die hölzerne Laderampe betreten wir die Mühle. Es riecht nach Holz und Mehl, schräg fällt das Sonnenlicht durch ein kleines Fenster und streift ein paar zugeschnürte weiße Säcke. Wir steigen hinunter in den Keller, in dem man aufrecht stehen und sehen kann, wie die Paltrockmühle funktioniert. Das runde, wannenförmige Fundament trägt einen Rollenkranz aus gebogenen Eisenbahnschienen, in denen laufen vierzig gußeiserne Rollen, die wie ein Drehkranz funktionieren und so das ganze oben auflastende Gebäude drehbar machen. Ein kräftiger Mittelpfeiler nimmt die Last mit auf und hält das Gebäude stabil. Mittels raffinierter Übertragung durch Zahnräder oder Zahnstangen und Stirnräder geschieht das Nachführen der Mühle nach der Windrichtung von ganz allein, ausgelöst durch die Bewegung des dafür zuständigen Windrades auf dem Dach. Das springt jeweils an, wenn die Windrichtung sich ändert. »Alles das, die Treppe, die wir runtergekommen sind, die Rampe, das Gebäude über uns«, sagt Herr Melior, »ist frei hängend und drehbar. Es kann also vorkommen, daß man abends zu Bett geht und die Mühle steht in diese Richtung, und morgens findet man sie in einer völlig anderen Richtung vor.

Das gab es bei der Bockwindmühle nicht, die mußte ja per Hand gedreht werden und hatte deshalb auch keinen Keller. Hier hingegen wird der Antrieb der gesamten oberen Maschinen bereits von unten her organisiert, deshalb können wir – im Unterschied zur Bockmühle – bereits auf der ersten Ebene oben arbeiten. Ein Riesevorteil! Hier sehen Sie die großen gußeisernen Kegelzahnräder, die mit eingelegten Holzzähnen angetrieben werden – man braucht keine Ölbäder, und sie sind einzeln austauschbar, die könnte ich selber schnitzen! Das sind natürlich interessante Details, die Maschinenbauer frohlocken lassen. Und diese Becherkettenbänder oder Elevatoren, wie wir sagen, haben die Aufgabe, die Förderung des Mahlgutes nach oben zu besorgen, was früher viel körperliche Arbeit war. Hier unten sehen Sie den Umlaufpunkt, die Becher kommen leer an, das Getreide läuft rein, und sie fahren gefüllt wieder nach oben. Da werden sie dann über einen Umlenkpunkt so schnell und energisch geführt, daß sie ihr Schüttgut praktisch weg- werfen, damit es da hineinfällt, wo man es gerade haben will. Die Mühle ist so konzipiert, daß alle Hebeprozesse mechanisiert sind, also ›automatisch‹ funktionieren, das war so eine Begriffsbildung von damals, der Begriff wird heute vollkommen anders verwendet.«

Wir steigen die ächzende Treppe hinauf in die erste Ebene. Herr Melior zeigt auf die hölzernen Schächte, in denen die Becherwerke sind. Durch eine kleine Klappe läßt sich der Lauf kontrollieren. Die beiden nebeneinander liegenden Mahlwerke sind holzverkleidet, so daß man die Größe der Mühlsteine nur ahnen kann. Unterdessen ist die Sonne gewandert und bescheint einen Vogelflügel, der am Boden liegt. »Nein, der ist nicht von einer toten Taube übriggeblieben, das ist ein sogenannter Flederwisch, ein Entenflügel, mit dem man von alters her ein bißchen die Ecken und Ritzen ausfegt. Und neben dem Eingang dort haben wir übrigens so ein abgeschlagenes Kabüffchen. Da hatte der Müller meistens eine Pritsche drin und ein Öfchen, denn wenn gearbeitet wurde, dann ging's ja Tag und Nacht, im Sommer und im Winter. Da drin sehen Sie auch den Strick, mit dem sich oben die Bremse lösen läßt für die Flügel.« Herr Melior zeigt uns ein Häufchen Roggen in seiner hohlen Hand: »So wird er hier angebaut, er ist nicht besonders gut geworden. Daraus nun ein wirkliches Lebensmittel zu machen, das ist die Kunst des Müllers und der Mühle. Zuerst wird es gereinigt, es geht im Becherwerk hoch unters Dach, fällt in eine Maschine, dort werden in einem starken Luftstrom alle leichten Bestandteile weggepustet beziehungsweise -gesogen, dann geht alles in ein Siebwerk, das große Bestandteile wie Erbsen und Steinchen zurückläßt, und ein ganz feines Sieb sorgt dafür, daß der Sand durchfällt. Ein Problem sind dann noch die Wickensamen, die rund sind und weder durch Luft noch durch Siebe zu entfernen sind. Sie müssen aber raus, denn sie sind bitter und sehr dunkel. Und da gibt es eine ganz raffinierte Maschine, den Trieur, eine Formauslesemaschine, die Längliches von Rundem unterscheidet – die gab es schon im neunzehnten Jahrhundert. Sie arbeitet mit einem einfachen physikalischen Effekt: Das Getreide bewegt sich durch eine waagerecht stehende Trommel, in die Löcher in der Größe der Körner eingeprägt sind. Wird das Ganze dann mit einer gewissen Geschwindigkeit gedreht, so lagern sich runde Teile oben in einer Mulde ab, während die normalen Körner vorher runterfallen.«

Er gibt die Roggenkörner wieder zurück in den Sack und bindet ihn zu. »Eine gute Reinigung ist das A und O. Danach kommt das Getreide in ein Schlägerwerk, wird an eine Schmirgelwand geworfen mit hoher Geschwindigkeit, so daß ein Teil der Schale entfernt und gleich mit einem Gebläse rausgezogen wird. Danach wird es auch noch gebürstet und poliert, damit es schön glatt und sauber ist, erst dann hat es eine Qualität, von der man sagen kann, es ist ein Lebensmittel. Diese komplizierten Sachen bewegen sich alle hier von diesem Teil der Mühle aus. Nun haben wir also das Ausgangsprodukt, es wird gewogen, um zu sehen, was nach der Reinigung vom Gewicht abgegangen ist. Erst dann geht das Getreide hier in die eigentlichen Vermahlungsmaschinen. Es fährt in den Becherwerken nach oben und kommt hier in diesen Sammelbehältern an. Die haben innen zwei Kammern, denn man hat ja nicht nur jeweils einen Prozeß zu bewerkstelligen, also einmal schroten, einmal mahlen, sondern das Getreide muß mehrfach von einer Behälterseite in die andere gebracht werden, bis es immer feiner vermahlen ist. Zwischendurch wird immer wieder das bereits Feine herausgesiebt, also das, was schon Mehl ist. Das Roggenmehl hat beim ersten Auszug übrigens eine schneeweiße Farbe, erst später wird es etwas dunkler. Wir haben zirka zehn Durchläufe, und bei jedem Durchlauf wird Mehl abgezogen, am Schluß bleibt die Aufgabe, das alles wieder zu vermischen. Das ist bei solchen Mengen eine durchaus anspruchsvolle Aufgabe. Man hat dafür hier diese praktische Maschine, sie reicht bis in die nächste Etage, in der Mitte ist eine Schnecke eingebaut, die durchmischt alles, dann kommt es hier wieder an. Die Maschine ist also zugleich, kann man sagen, Mischer und Silo. Da drin ist das Mehl erst mal geschützt. Normalerweise geht es dann auch bald wieder raus aus der Mühle und wird abtransportiert. Und bei alldem kommt es natürlich auch auf die Mahlwerkzeuge an. Es darf sich ja nichts erwärmen beim Mahlgang, das würde das Mehl verschlechtern. Diese Steine mußten wir aus Holland holen. Sie haben 1,40 Meter im Durchmesser. Der untere heißt Bodenstein und hat seine Mahlfurchen und Luftfurchen, der andere heißt Läuferstein, der arbeitet kopfüber dagegen und wird durch ein mechanisches Werk so geführt, daß er in ganz geringem Abstand sich bewegt. Die Einstellung der Steine nehme ich übrigens vom Keller aus vor.«

Wir steigen über eine schmale Holztreppe hinauf zur nächsten Ebene. Hier stehen die Behälter, die oberhalb der Maschinen sind. Das Holz ist neu und hell. Hier sieht man die Antriebe für die breiten Treibriemen aus Leder, diese Riemen durchqueren die Etagen durch stark abgeschliffene Schlitze im Holzboden. »Ich habe die Riemen jetzt runtergezogen«, sagt Herr Melior und streicht über die dicke schwartige Rinderhaut, »weil sie momentan nicht gebraucht werden. Einige sind schon sehr alt, der große hier zum Beispiel. Neue zu beschaffen ist ein Problem, das Leder ist nicht mehr so gut, und bis sie sich eingelaufen haben und in der Länge genau stimmen, vergeht eine Weile. In der Zeit muß man ständig alles anhalten, kürzen, neu spannen mit Riemenverbindern. Aber wenn dann alles stramm sitzt und sich dreht, das ist ein wirklich gutes Gefühl, da ist was los! Viel Staub entsteht übrigens gar nicht mal, denn in der Mühle gibt es einen sehr wirksamen Entlüftungsmechanismus. Eine sogenannte Aspiration wurde eingebaut, die einen Unterdruck erzeugt, der bis in die Maschinen und Behälter hinein wirksam ist. Sie hat einerseits die Aufgabe, daß Mehlstaub in die Maschine zurückgezogen wird, und andererseits hat sie eine Kühlfunktion, was ja besonders beim Stein wichtig ist. Ein dritter Aspekt ist der Abtransport der Feuchtigkeit, die beim Mahlprozeß freigesetzt wird. Das ist eine Menge, bei tausend Kilo sind das zwanzig Liter Wasser, die da irgendwo bleiben müssen. Man kann, wenn das alles arbeitet, hier richtig spüren, wie ein Lufthauch durch die ganze Mühle durchgeht, ganz stetig.« Wir steigen auf schwankender Treppe zur letzten Ebene hinauf. Hier oben sind die ganzen Reinigungsmaschinen, das Gebläse, alle Siebe und der Trieur. Die Sonne fällt auch hier schräg ein und trifft gerade ein Ölkännchen, das aufleuchtet, als wäre es aus mattem Gold, daneben liegt ein scharf konturiertes, ausgemustertes Zahnrad. Weiter hinten im Halbdunkel ist das gewaltige Kammrad zu sehen mit seiner Welle, die aus einem unglaublich mächtigen alten Baumstamm besteht und sich quer durch den ganzen Raum erstreckt. Durch diese Flügelwelle hindurch führt übrigens die Zugstange, mit der sich die Lamellen außen am Flügel verstellen lassen. Hier oben haben wir den Mechanismus vor uns, mit dem alles verbunden ist, die vielen Zahnräder, Übertragungsräder, die gußeisernen Kegelzahnräder mit ihren Holzzähnen im Keller, die Treibriemen, Rüttler, Siebe und Mühlsteine, hier wird alles in Gang gesetzt, wenn außen sich die mit Rad und Welle verbundenen Flügel drehen. All das scheint nur darauf zu warten, endlich wieder ineinanderzugreifen, die Kraft zu übertragen, gnadenlos das Korn zu zermalmen. Herr Melior führt uns unter der Flügelwelle hindurch und zeigt auf den Bremsmechanismus, eine große gewölbte Holzkonstruktion mit Einkerbungen, die fast über der ganzen oberen Hälfte des Rades liegt. »Normalerweise ist das Rad ja frei«, sagt Herr Melior, »das ist jetzt nur zur Sicherung, wenn kein Betrieb ist. Und diese Bremse kann ich also unten vom Kämmerchen aus mit dem Strick – der läuft hier über eine Kette – betätigen. Sie wird dann entweder freigegeben oder umgekehrt, dann drückt der Balken mit seinem ganzen Gewicht wie eine Bremsklaue auf das Rad und setzt es fest. Aber es funktioniert eben nur in die eine Richtung, wie ich vorhin erzählt habe.«

Herr Melior fröstelt und hustet. Wir verlassen die Mühle und verharren auf dem Weg zum Haus kurz vor einem Schuppen, an dem zwei ausgediente Mühlsteine lehnen. »Das ist ein bemerkenswertes Steinpaar«, erklärt er, »es ist aus einem Material, das erst im neunzehnten Jahrhundert nach Deutschland kam. Man benutzte Sandsteine, Basalt. Hier dieser Stein ist ganz anders, er hat besondere Eigenschaften. Dieser Süßwasserquarz wurde in Steinbrüchen bei Paris abgebaut, speziell für diesen Zweck. Er ist bei gleichzeitiger Porosität extrem hart und spröde. Grade durch seine Löcher und Warzenbildungen hat er ideale Eigenschaften. Die Müller, die 1871 mit gegen die Franzosen zogen, haben diese Steine entdeckt und daraufhin hierher mitgenommen und sehr populär gemacht. Aber diese hier sind keine Beutestücke, die hat mein Großvater schon alt gekauft. So was wurde vererbt. Hier aus der Mühle wurden sie nur deshalb rausgenommen, weil wir damals ja nur schroten durften, und fürs Schroten sind die nicht geeignet. Nun sind sie ein bißchen verwittert, aber die ganze Pracht ist immer noch zu sehen. Der wiegt ja über eine Tonne, man mußte mit riesigen Flaschenzügen hantieren, um ihn auszutarieren. Der obere, der Läuferstein, der liegt ja hier so auf zwei Punkten, man muß sich das vorstellen wie eine Cardanische Aufhängung. Man legt hier an der Seite, da sind kleine Öffnungen, Ausgleichsgewichte rein, und nur durch diese kleinen Gewichte wird das austariert. Das ist ein sehr komplizierter Vorgang, und es dauert viele Stunden, bis dann endlich alles plan liegt. Zum Glück habe ich das alles selber gelernt.«

Herr Melior führt uns ins Haus und macht Kaffee. Die Wohnküche ist angenehm warm und in moosgrün möbliert. »Ich habe ja praktisch bis 1990 wissenschaftlich gearbeitet«, erzählt Herr Melior und stellt uns Tassen und Teller hin, »im Akademie-Institut der damaligen Akademie der Wissenschaften. Als Polymerphysiker habe ich mich dort vor allem mit Werkstoffentwicklung befaßt, es ging um Hochleistungsmaterial, beispielsweise für künstliche Gelenkprothesen oder extrem feste Faserstoffe. Im Frühjahr 1990 bin ich dann überraschenderweise hier Bürgermeister geworden und war sehr engagiert« (lacht) »in Langerwisch. Dann bin ich auf die Verwaltungsschiene gewechselt nach der Auflösung der

Gemeindeverwaltung hier. Das ging dann eine ganze Weile, aber es ging immer schlechter. Als leitender Angestellter hatte ich eine Zeitlang ein bißchen was zu sagen, das wurde dann immer weniger« (lacht), »und irgendwann hörte es ganz auf! Eine Rückkehr in den Beruf war inzwischen völlig unmöglich. Die Türen für mich sind eigentlich alle zu, wissenschaftlich sowieso ... und verwalterisch eigentlich auch. So kam ich zur Mühle. Ich dachte, was eigentlich schon Generationen getragen hat ... Ich biete also Führungen an, für Schulklassen, Besuchergruppen oder auch Einzelinteressenten. Ich kann ja alle möglichen Führungen machen, soziologische, historische, sozialgeschichtliche und physikalische, reglungstechnische. Es waren schon Technikfreunde hier, Historiker, Landschaftsplaner, Ästheten, Literaten, Künstler, Sozialforscher und auch Zimmerleute, die das alles wieder anders sehen. Jeder hat seinen konkreten Blick, und das ist es, was die Sache so interessant macht und reizvoll. Der gängige romantische Blick auf die Mühle, das ist ja immer schon der bürgerliche Blick der Städter aufs Land gewesen. Der Landmann selbst, der an der Mühle vorbeikommt, der hatte überhaupt keine Assoziation dazu, für ihn war das ein selbstverständlicher Anblick eines Arbeitsgerätes. Das ist auch so ein bißchen das Problem heute. Wenn ich die Flügel anmache, dann drehen die Leute drüben auf der weit entfernten Straße um – man sieht die Mühle ja über große Entfernung –, und bald sind sie da und halten einen von der Arbeit ab. Wer kommen möchte, der sollte sich schon vorher telefonisch anmelden. Na gut, es gibt ja fast keine richtige Mühle mehr und noch viel weniger eine Mühle, die auch müllerisch gesehen Mühle ist, funktionstüchtig und so hohe Standards erfüllt. Das wird der Sache auch sehr zugute kommen, bei meinem Vorhaben, die Mühle zu zeigen und zu nutzen, denn sie ist authentisch und nachvollziehbar, so daß man sich ein lebhaftes Bild machen kann von dem Vorgang. Das sind überschaubare, identifizierbare Prozesse. Und es treibt mich zum Beispiel schon an, daß es um den Kern der menschlichen Ernährungsgrundlage geht.« Er trinkt in kleinen Schlucken seinen Kaffee und überreicht uns zum Abschied ein Roggenbrot, gebacken vom Bäcker im Nachbarort. Das Getreide wuchs auf den umliegenden Feldern und wurde in der Mühle gemahlen.

OTTO PROKOP, *emer. Univ.-Prof., Dr. med, Dr. h. c. mult. Ehem. Dir. d. Inst. f. gerichtl. Med. d. Humb. Univ. Berlin. Matura 1940 am Staatsgymnasium in Salzburg, Medizinstudium in Wien (unterbrochen d. Einberufung), Forts. 1945 in Bonn.* 1948 Diss. (Über Mord mit Tierhaaren). *1953 Habil.* (Experimentelle Untersuchungen über die Sensibilisierung gegen Blutgruppenantigene). *1956 Berufung a. d. Lehrstuhl für Gerichtsmedizin der Humb. Univ. Berlin, 1957–87 Direktor d. Inst. f. gerichtl. Med. daselbst. Verf. zahlr. Schriften und Lehrbücher, u. a.* Forensische Medizin, 1960; Bildatlas der gerichtlichen Medizin, *1963;* Lehrbuch der menschlichen Blut- und Serumgruppen, *1964;* Vademecum Gerichtsmedizin, *1990. Das wiss. Gesamtwerk umf. 600 Originalarbeiten. Ehrungen u. Ausz. u. a. Nationalpreis d. DDR II. Kl., 1961; Oehlecker-Medaille d. dt. Ges. f. Bluttransf., 1968; Vaterl. Verdienstorden in Gold, 1975; Ehrenkreuz f. Wiss. u. Kunst I. Kl. d. Rep. Österr., 1979; Nationalpreis d. DDR I. Kl., 1981; Stern d. Völkerfreundschaft in Gold, 1986; Stern d. aufgehenden Sonne m. gold. Strahlen jap. Nationalpreis, 1989, Gedenkmedaille d. Landes Niederösterr., 1998. Mitgl. d. Akad. d. Wiss. Berlin, seit 1964; Mitgl. d. Akad. d. Naturforscher Leopoldina, seit 1967. Ehrenmitgl. in zahlr. Ges. u a. Dt. Kriminol. Ges., 1967; Royal Soc. of Medicin London, 1973; Japan. Ges. f. Gerichtl. Med, 1981; Österr. Ges. f. Transf., Transplant. u. Genetik, 1986; Kurator d. Kais.-Friedr.-Stift. Berl., 1994. Otto Prokop wurde am 29. September 1921 in St. Pölten, Niederösterr., geboren. Er ist verh. u. hat zwei Kinder.*

Wahrheitsfindungsprobleme

GERICHTSMEDIZINER

H err Professor Prokop war derart unauffindbar, daß ich dachte, er sei bereits tot. Es gab keinen Eintrag im Telefonbuch, niemand kannte seine letzte Adresse. Durch einen Zufall fand ich ihn dann doch, stieß aber auf barsche Ablehnung. Er machte mir unmißverständlich klar, daß er unauffindbar sein und bleiben möchte, ganz besonders für die Vertreter der Medien. Am Ende des Gespräches sagte er: »Gut, dann kommen Sie eben ... Montag, 8 Uhr 30!«, und nannte mir die Adresse.

In der Nacht davor studiere ich seinen berühmten, fast achthundertseitigen *Atlas der gerichtlichen Medizin.* Das hätte ich nicht tun sollen. Hinter dem Motto ›Nihil novi sub sole‹ folgt eine wohlgeordnete, nach Todesarten gegliederte Sammlung von Fotografien, Bildlegenden und Kurzprotokollen. Auf den Fotos sieht man Opfer von Gewaltverbrechen, Verunglückte und Selbstmörder. Gezeigt werden Leichen in allen Verwesungsgraden, nackte Körper von Männern, Frauen und Kindern, mit allen nur erdenklichen Wunden und Verstümmelungen, verursacht durch Stiche, Beilhiebe, Schnitte, Schüsse, Verbrennungen, Explosionen, Erwürgen, Überfahrenwerden und Erhängen. Morde und Lustmorde sind zu sehen und Selbstmorde, die mit einer ungeheuer zielstrebigen Sorgfalt und Unerbittlichkeit durchgeführt wurden. Viele der Fotografien zeigen die Toten am Fundort, hingesunken im Wohnraum, in der Küche, umgeben von den einstmals erstrebten und vertrauten Einrichtungsgegenständen und Utensilien. Meist sind die Dinge, an denen das Herz hing, bescheiden und kümmerlich, ebenso die sozialen Verhältnisse, denen ein Großteil der Toten angehörte. Merkwürdigerweise haben die Gesichter –

auch die der Ermordeten – oft einen friedlichen, zufriedenen Ausdruck.

Das Institut für Gerichtliche Medizin der Charité befindet sich in einem gelben, dreistöckigen Backsteingebäude und liegt in Berlin Mitte. Es ist ein Zentrum für die Grundlagenforschung und angewandte Forschung der forensischen Medizin. Vor hundert Jahren wurde es als Berliner Leichenschauhaus eröffnet. Pünktlich betreten wir durch die offene Tür das Treppenhaus und gelangen in einen Flur. An der Wand hängen zu Demonstrationszwecken menschliche Oberschenkelknochen, der Länge nach halbiert und schneeweiß. Darunter steht eine leere Bahre mit befleckter Laken. Im angrenzenden kleinen Nebenraum, der lichtdurchflutet ist, liegt ein nackter toter junger Mann mit großer Flügelkanüle in der linken Leistenbeuge auf dem Seziertisch. Es ist weiter niemand zu sehen oder zu hören. Als wir gerade wieder gehen wollen, erscheint eine Frau in Kittel und Gummischuhen. Entsetzt über unsere Anwesenheit bringt sie uns höchstpersönlich ins richtige Gebäude, bis ins Vorzimmer von Professor Prokop, wo uns eine der Sekretärinnen hineinführt zu ihm.

Herr Prokop sitzt hinter einem großen Schreibtisch und tippt. »Bitte, nur eine Sekunde noch, nehmen Sie Platz«, ruft er. Die Zimmerjalousien sind halb heruntergelassen, aus dem Radio erklingt Musik und Werbung. Im halbdunklen, geräumigen Arbeitszimmer herrscht merkwürdige Unordnung, Stapel von Büchern und Papieren bedecken den Boden, die hohen Wandregale sind zur Hälfte leer. Seitlich steht eine große Leiter. Der Tisch vor uns ist übersät mit Papieren, geöffneter Post, Stiften und Zeitungen. Neben einer grünen Glasschale liegen ein paar schöne exotische Muscheln und eine schwere Pistole. Zur Linken des Tisches steht ein wuchtiger alter Stahltresor. Er ist hell gestrichen und trägt auf dem Riegel die Aufschrift ›Uran‹. An der Wand hinter dem Schreibtisch hängen mehrere kleine Ölgemälde, ebenso an der Wand über der Sitzecke, Blumen- und Landschaftsmotive, offenbar allesamt von ein und derselben Hand. Flankiert werden sie von zwei Urkunden, einer sehr großen mit blutrotem Siegel und einer kleinen in japanischer Schrift. Herr Professor Prokop erhebt sich nun eilig, begrüßt uns distanziert und nimmt elegant im Sessel

Platz. Er trägt einen frischgestärkten weißen Kittel, weißes Hemd mit Fliege, schwarze Hose und schwarze Schuhe. Sein Schädel ist von einem weißen Haarkranz umrahmt. Das Gesicht, so gut wie faltenlos, wird von einer Brille mit großen Gläsern beherrscht, durch die er uns mit mißtrauischen Blicken mustert. Gefragt nach dem Grund für sein Mißtrauen, greift er nach einem Stapel Papiere, blättert ihn durch und sagt in relativ weichem Österreichisch: »Ich habe Angst vor den Medien, ich habe richtig Angst, es hat ja bereits Vorfälle gegeben ... nach der Wende schrieben westdeutsche Zeitungen, daß wir von Toten – nein von Lebenden – die Organe *herausgerissen* haben, um sie für Funktionäre sicherzustellen oder gegen Devisen zu verkaufen, vom Charité-Skandal war die Rede. Viele Zeitungen haben das übernommen, viele ... Eine Senatskommission wurde eingesetzt zur Untersuchung – drei Professoren aus Westberlin und ich. Und das Ergebnis der Kommissionsarbeit? Alle Anschuldigungen erwiesen sich als unwahr! Kein einziges Organ war verkauft oder mißbräuchlich verwendet worden, viele Organe waren nach Leiden in Holland weitergegeben worden, kostenlos! In der DDR gab es ein hervorragendes Gesetz zur Transplantation, es wird in ganz ähnlicher Form auch in Österreich angewandt.«

Er reicht uns aus seinem Stapel zwei Kopien zum Thema, sagt: »Das können Sie behalten«, blättert weiter und fährt fort: »Ich mußte mir einiges anhören ... den Vorwurf, ich habe mich schuldig gemacht, durch Staatsnähe, habe durch gute wissenschaftliche Arbeit das Prestige der DDR erhöht ... Alles Unsinn! Tausend Mark zahle ich Ihnen, wenn Sie mir einen einzigen politischen Text von mir nachweisen. Ich bin unpolitisch. War ja nie in einer Partei, glücklicherweise. Aber da gibt es Neid, Mißgunst, Haß auch. Und angeblich wurde was verschwiegen ...« Dramatisch flüsternd wiederholt er: »Ich habe Angst, richtige Angst!«, blättert weiter in seinem Stapel und fährt fort: »In der Hitlerjugend, da war ich Führer. Und ich gehöre auch nicht zu denen, die die Wehrmacht herabsetzen!« So etwas wie Trotz und auch Stolz klingen leise mit. Er blättert, zeigt ein Foto von sich in Wehrmachtsuniform, murmelt: »Da war ich Feldwebel«, reicht mehrere Kopien und Zeitungstexte herüber, die seine Arbeit und Person während der

DDR-Zeit betreffen, auch eine Liste aller Auszeichnungen und Ehrungen. »Die Kriegsauszeichnungen fehlen«, sagt er mit hintergründigem Lächeln, »das können Sie alles behalten.« In die Stille hinein klingelt das Telefon in alter Manier, mit Glocke. Herr Professor Prokop zögert einen Moment, winkt dann ab und bleibt sitzen, reicht uns ein Schreiben des Bundespräsidenten vom 26. September 1996, eine Gratulation zum fünfundsiebzigsten Geburtstag, sortiert es wieder ein, legt den Stapel in seinen Schoß und erzählt: »Mein Bruder Ludwig, er ist Prof. Dr. med., Dr. phil., Dr. rer. nat., erster Sportmediziner Österreichs – vielleicht Europas – hat am 6. August jetzt Geburtstag, den achtzigsten, am Samstag fahre ich hin und bringe ihm das mit«, er deutet auf die exotischen Muscheln, »er hat ja alles ... Mein Bruder Henrich, Prof. Dr. med., war Psychiater, mit Lehrstuhl in Innsbruck, und ist jetzt im Februar gestorben ...« Nach einer winzigen Pause deutet er auf die Wand: »Meine Mutter, Elfriede Bachmayr – sie ist vor zwei Jahren im hundertsten Lebensjahr gestorben –, war Malerin und bekam das Österreichische Ehrenkreuz für Wissenschaft und Kunst, das sind alles Bilder hier von ihr.« Auf die Frage nach einem kleinen Aquarell, es zeigt eine Wegkreuzung mit Holzkapelle und Entenschar, sagt er: »Gefällt es Ihnen? Sie können es haben. Bitte nehmen Sie es. Von der Familie sind alle bereits versorgt. Das hat mein Großvater mütterlicherseits gemalt. Er war Tierarzt, Obertierarzt, in Ybbs.« Professor Prokop blättert plötzlich heftig, sucht, murmelt etwas von einem Abschiedsbrief, findet ihn endlich, ist erleichtert. Der Brief ist vom 19. Mai 1945 und wurde, leicht zittrig, in Sütterlinschrift verfaßt. Herr Prokop liest einen Teil daraus vor: »... so müssen wir Alten gemeinsam die letzte Reise in ein unbekanntes Land antreten. Es ist ja nicht nur der fremde Feind im Lande, sondern auch der einheimische ...« Herr Prokop seufzt und sagt: »Sie haben es nicht mehr ausgehalten und haben sich mit Zyankali umgebracht, beide Großeltern. Und die waren nicht etwa Nazis oder was, die waren bloß deutsch gesinnt. Es gab ja seinerzeit Kundgebungen für Schuschnigg in Salzburg, da haben die Massen gejubelt *für* die Vaterländische Front. Kaum kam Hitler, waren immer schon alle gegen die Vaterländische Front gewesen. Nach dem Krieg waren alle plötzlich gegen den Nationalsozialismus gewesen, so wie nach der Wende angeblich alle antikommunistisch waren. Es wiederholt sich alles ... Wir waren immer deutsch gesinnt, sind natürlich mit Alpenvereinsausweisen über die Berge geklettert vor 1938, nach Reichenhall hinüber, da stand die Hitlerjugend schon bereit für uns – für die tapferen Österreicher –, und jeder von uns bekam fünf Mark«, er lacht auf, »Begrüßungsgeld. Ja, dann haben wir gesungen.« Herr Prokop singt mit unsicherer Stimme: »... daheim ist Not und Elend, das ist der Arbeit Lohn, Geduld, verratne Brüder, schon wankt des Kaisers Thron.« Er lächelt etwas verlegen. »Die Nazis haben später daraus gemacht – ›Schon wankt des Judas Thron ...‹ Nein, nein! Wir waren doch alle zufrieden und begeistert ... aber Ende 1938, da ging's schon los, daß gesagt wurde: So, jetzt haben wir euch befreit, jetzt müßt ihr endlich mal hochkommen, ihr Schlappschwänze, ihr Österreicher, ihr müßt ja erst mal arbeiten lernen ...«

Das Telefon klingelt und wird ignoriert. Auf unseren Wunsch hin, nun etwas über seine Arbeit als Gerichtsmediziner sprechen zu wollen, legt er den Stapel auf den Tisch, wirkt ein wenig ernüchtert, fast unwillig, springt auf, sucht im Regal, zeigt kurz sein *Lehrbuch der gerichtlichen Medizin* und sein *Lehrbuch der menschlichen Blut- und Serumgruppen*, verfaßt mit dem Kölner Freund Uhlenbruck, beides Standardwerke, stellt sie sofort wieder weg und murmelt: »Ja, was soll ich Ihnen erzählen, das ist so viel .. ich habe ja alles gemacht, so viel geschrieben, mein Gott ... und anfangs, da hatte ich neben meinem Lehrstuhl in Berlin ja auch noch die kommissarische Vertretung der verwaisten Lehrstühle für Gerichtliche Medizin in Halle und Leipzig, in Leipzig mußte ich noch zusätzlich das Institut für Gerichtliche Medizin und Kriminalistik übernehmen, und bis 1963 auch noch die Leitung des Blutspendedienstes Berlin ...« Auf die Frage, wie er das alles bewältigt habe, sagt er ohne sichtbare Effekthascherei: »Mit dem Porsche!« Während wir noch lachen, hat er schon wieder seinen gut sortierten Stapel ergriffen, blättert und reicht uns eine Gehaltsbescheinigung von damals, aus der seine Jahresverdienste an der Uni Leipzig hervorgehen. 1000 Mark 1959, ebenso 1960 und 1962 waren es nur 666 Mark. Diejenigen, die ihre Lehrstühle verlassen haben, verdienten im Westen drüben weit besser und sind auch heute, im Alter, mit hohen Pensionen gesegnet, während Herr Prokop, aufgrund der Regelungen nach der Wende, zu all jenen sogenannten ›Strafrentnern‹ gehört, die mit wesentlich geringeren Bezügen leben müssen. Aber davon spricht er mit keiner Silbe, ich entnehme es später einem Zeitungsbericht.

Auf die Frage, weshalb er überhaupt in die DDR gegangen und dort geblieben ist, reagiert er anfangs abweisend, antwortet dann aber doch: »Es gab 1956 natürlich eine große Diskussion darüber mit meinem Lehrer in Bonn, der war dafür, aber zur Sicherheit fragten wir Professor Martini in Berlin – er war Leibarzt von Adenauer – und der hat gesagt: ›Mensch, Prokop, einmalige Gelegenheit, so ein junger Mensch und dann auch noch die Charité! So was kriegt man nur sehr selten angeboten.‹ Also ging ich und habe es nicht bereut. Und später ... da war ich gerade mit meinem Bruder am Wörthersee, und wir hörten im Kofferradio, daß sie eine Grenze bauen. Aber das war nie eine Frage für mich, nie! Rückkehr war selbstverständlich, ich hatte hier meine Mitarbeiter – und das ist für mich Anstandssache, die nicht im Stich zu lassen. Sie haben mich umarmt sogar und gesagt: Er ist wieder da, er ist da!« Herr Prokop spricht laut und wirkt ein wenig ergriffen, so daß unsere Bitte, etwas über seine Forschungen mit Weinbergschnecken zu erzählen, für die er sogar zum Nobelpreis vorgeschlagen war, einen Moment lang störend wirkt.

»Ach so, ja ja ...« Seine Stimme klingt enttäuscht. Er blättert im Stapel, reicht uns einige Kopien zum Thema und sagt: »Zu mir kam Philipp Levine aus Amerika und erzählte, er hat in Australien so eine eigenartige Sache gefunden, bei Frauen mit Reihenfehlgeburten, sie hatten Antikörper besonderer Art in ihrem Serum. Wir sind hier dann der Sache nachgegangen, fanden aber bei vergleichbaren Fällen diese Antikörper nicht. Jetzt erkundigte ich mich, wo denn das in Australien ist, und es stellte sich heraus, da ist so eine Seenplatte mit Sümpfen. Verdammt noch mal, dachte ich, könnte ja sein, daß vielleicht irgendwelche Würmer antigenes Material hineinbringen. Also suchten wir mal verschiedene Tiere hier bei uns, die möglicherweise beim Menschen antigenisch wirken, und da sind wir dann zum

Schlachthof... Bandwürmer. Es war tatsächlich das Antigen drinnen. Verschiedene Egel haben es auch, wir sind herumgegangen, ja wo kriegen wir denn schöne Spulwürmer her? Und da kam ich auf die Idee, untersuchen wir doch auch mal Regenwürmer.« Herr Prokop gestikuliert heftig und ist ganz in seinem Element. Nun wird deutlich, weshalb seine Vorlesungen an der Charité legendär waren und stets überfüllt. »Wir fuhren also hinaus nach Köpenick, um Regenwürmer zu sammeln, das gesamte Institut. Die haben wir zermahlen und extrahiert, und siehe da, die haben Blutgruppen und auch das gesuchte Antigen. Ein anderes Mal sah ich Schnecken über den Weg kriechen, Helix pomatia, Weinbergschnecken, und die etwas kleineren Gartenschnecken, Helix hortensis. Wir untersuchten sie und fanden heraus, daß sie ein sehr starkes Anti-A haben, daß man mit ihnen Blutgruppen bestimmen kann, mit Schnecken!! Schnecken extrahiert! Wieso kommt das? Wir haben sie seziert und fanden eine Drüse. Sie gehört zum Sexualapparat und gibt ein Sekret ab, das die Eier einspeichelt. Die Schnecke gibt auf diese Weise ihrer Brut ein schützendes Sekret mit, und darin nun befindet sich das Anti-A. Diesen wunderbaren Stoff nannte ich Protektin. Wir hatten Ausgangssubstanzen gesucht für die Antiserumgewinnung und haben einen Antikörper gefunden, der zuverlässig die verschiedenen menschlichen Blutgruppen A anzeigt – durch Agglutination« (durch Verklebung und Zusammenballung, Anm. G. G.), »und zwar in 50000facher Verdünnung noch.

Aus dieser Drüse wird nun ein Pulver gewonnen, es wird aufgelöst in physiologischer Kochsalzlösung, und damit tritt augenblicklich Agglutination ein in Blut der Blutgruppen A und auch in blutgruppenhaltigen Sekreten der Blutgruppe A, im A-Sperma, in Tränen, es läßt sich auch im Speicheltest wunderbar nachweisen. Das ist kriminalistisch von ungeheurer Bedeutung, wenn man beispielsweise aus Hunderten von Verdächtigen diejenigen heraussuchen muß, die im Speichel Blutgruppe A haben. Das Problem lösen wir mit diesem Extrakt innerhalb einer Stunde. Das war früher natürlich gänzlich unmöglich. Es ist heute so, daß mit diesem Extrakt auf der ganzen Welt gearbeitet wird. Die Schneckensubstanz können Sie kaufen, das Helix-Agglutinin. Anti-A$_{hel}$ heißt das, und da gibt's zwei Sorten: Anti-A$_{HP}$,

Helix pomatia, und Anti-A$_{HH}$, Helix hortensis. Ich hab das damals in der Akademie der Wissenschaften, Klasse Medizin, vorgetragen, es war eine schöne Diskussion … und da hat dann jedenfalls mein Freund Köhler zu Hause mit dem Protektin Streptokokken getestet. Am nächsten Tag kam ein Telegramm: Streptokokken der Gruppe C werden sofort stark agglutiniert, stärker, als jedes andere Serum das macht. Ich dachte dann, vielleicht kann man auch Tumorzellen … und siehe da, das kann doch nicht wahr sein, daß es auch Tumorzellen agglutiniert … Ah … Oh … danke!!« Kaffee wurde gebracht. Er trinkt erfreut einen Schluck und fährt fort: »Wir haben viel geforscht damals, auch mit dem Professor Ardenne zusammen, wir haben gesehen, die Tumorzellen werden davon nicht direkt angegriffen, aber verdammt noch mal, vielleicht kann man das Antigen als Transportvehikel für ein Zellgift benutzen, das auf diese Weise hineingeschleust werden kann … Aber es ist als Krebsmittel nicht anzuwenden. Wir hatten damals auch noch verschiedene Fischrogen untersucht – und mit einem bestimmten Rogen können Sie alle menschlichen Blutgruppen ab Gruppe 0 untersuchen. Das war das, was vielleicht am bekanntesten wurde«, er blättert im Stapel, »hier, sehen Sie, in Englisch, Milestones … und hier, ach, das ist mein Bruder an seinem achtzigsten Geburtstag. Hier ist es: ›Forscher wollen Frösche als Pharmafabriken nutzen‹, 5. Januar 1999. Sie fanden in Australien heraus, daß die Froschhaut von einem Sekret überzogen ist, das starke antibakterielle Wirkung hat, vielleicht sogar wirksam gegen Tumore … interessant … und nun lesen Sie dazu hier diesen Aufsatz von mir, da werden Sie sehen, daß wir bereits in den sechziger Jahren die Froschhaut untersucht haben auf protektive Mechanismen und Substanzen.«

Nun möchten wir aber doch auch etwas über den gerichtsmedizinischen Alltag wissen, über Fäulnis, Gerüche, schreckliche Sekrete, schmierige Substanzen, Ekelschwellen und Gewöhnung. Diese Frage wird ihm von Laien immer und sofort gestellt, und er beantwortet sie ausweichend, erzählt, daß er bereits in Bonn als Hilfsassistent mit Obduktionen und Berichten Geld dazuverdient hat, denn er mußte sein Geld immer selbst aufbringen im Studium, daß er im Bunker wohnte, sich aber von den Einnahmen sofort ein Motorrad gekauft hat, mit dem er dann sogar Erich Hoffmann, den berühmten Entdecker des Syphilliserregers, zum achtzigsten Geburtstag auf einen Berg hinaufgefahren hat. Wir erfahren, daß er ursprünglich die Wahl hatte, ins Gebiet der Geschichte der Medizin zu gehen, wegen guter Lateinkenntnisse, auch heute noch halte er uns jederzeit einen Vortrag in Latein und Griechisch, aus dem Stegreif, wenn wir möchten. Und auch die zur Wahl stehende Dermatologenlaufbahn hat er nicht eingeschlagen, sondern sich damals für die Gerichtsmedizin entschieden und es nie bereut. Er war immer im Dienst, wenn nötig auch samstags und sonntags. Er trug stets nur Handschuhe und Gummischürze, kann sich nicht erinnern, je einen Mundschutz benutzt zu haben. Ekelreaktionen hatte er nicht. Von Anfang an nicht, er war ja Soldat. »Nein«, sagt er, »die Arbeit eines Chirurgen ist dramatischer!« Auf die Frage nach seinem berühmtesten Fall sagt er: »Es gab ja viele interessante Fälle natürlich, aber was am meisten Gespür erforderte, was am kniffligsten war, das war sicherlich der Fall Hetzel, ist Ihnen der ein Begriff, nein?« Er erhebt sich flink, ignoriert das klingelnde Telefon und sucht im Regal herum, überreicht uns dann ein gelbes Büchlein – *Kriminalistik und forensische Wissenschaften* –, in dem u. a. der Fall Hetzel dokumentiert ist. »Das ist mein einziges Exemplar! Also ich geb's Ihnen mit, gegen den heiligen Eid…«

Er trinkt vom kalten Kaffee, ordnet den Stapel und beginnt: »Ja… da bin ich damals gegen sechs westdeutsche Professoren und ihre Sachverständigen angetreten … ach, das war was … es ist die Geschichte von dem Mann, dem Beschuldigten, der dann freikam aus dem Gefängnis, nach vierzehn Jahren, aufgrund meines Gutachtens! Er sollte angeblich die Frau mit einem rechtsgedrehten Strick ermordet haben. Da habe ich mir gedacht: Wie bitte? Ein rechtsgedrehter Strick?« Er holt ein gebügeltes Taschentuch aus der Hosentasche, faltet es auf, dreht es zusammen. »Sehn Sie, ich zeichne es hier aufs Papier«, er zeichnet zwischen zwei Striche ein Muster, »das ist der Hals, und das ist der Abdruck eines rechtsgedrillten Stricks … so, wenn ich jetzt mein Taschentuch einfärbe und hier aufdrücke, was glauben Sie, wie's darunter aussieht? Der Abdruck ist genau umgekehrt! Und die Vertrocknungen am Hals sind dann natürlich auch in umgekehrter Richtung. Ich habe viel experimentiert mit Toten, müssen Sie wissen, ohne sie zu schädigen, auch zur Frage der Bindehautunterblutungen, die spielten ja im Prozeß eine entscheidende Rolle. Es war ein katastrophales Fehlgutachten, das den Mann vierzehn Jahre hinter Gitter brachte. Ich habe einen zweistündigen Lichtbildvortrag gehalten im Gericht, den gibt es hier noch irgendwo... Das Mündliche können Sie nachlesen.«

Zum Fall Hetzel kam es am 1. September 1953, als die fünfundzwanzigjährige Anhalterin Magdalena Gierth und der Autofahrer Hans Hetzel aufeinandertrafen. Irgendwann wurde die Fahrt unterbrochen, es kam zum Geschlechtsverkehr, bei dem Magdalena Gierth plötzlich starb. Hans H., der vorbestraft war, geriet in Panik und warf die Leiche einen Abhang hinunter. Zwei Tage später fand man die Leiche, drei Tage nach dem Tod wurde die Leichenöffnung vorgenommen, von einem Amtsarzt und von einem Uni-Assistenten aus der Pathologie. Das Protokoll dieser Leichenschau und die Fotografien der Leiche dienten knapp eineinhalb Jahre später dem Gutachter Professor Ponsold ebenso als Vorlage wie später Herrn Professor Prokop. Professor Ponsold war Leiter des Institutes für Gerichtliche Medizin an der Universität Münster und so etwas wie der Papst der Gerichtsmedizin in Westdeutschland. Sein Gutachten war sozusagen die wissenschaftliche Untermauerung des Urteilsspruches vom 17. Januar 1955 in Offenburg: lebenslängliches Zuchthaus für den Angeklagten Hetzel wegen Mordes an Magdalena Gierth. Zudem wurden ihm anale Vergewaltigung, schwere Mißhandlung und Erdrosselung vorgeworfen. Im Laufe der Jahre wurden mehrere Anträge auf Wiederaufnahme des Verfahrens gestellt und abgelehnt. 1967 hat eine fünfköpfige Gutachterkommission das Erstgutachten bestätigt und durch einige neue Details sogar verschärft. Erst im November 1968 kam es zur Wiederaufnahme des Verfahrens, und das war der besonderen Fachkenntnis Professor Prokops zu verdanken. Das Gericht erkannte an, daß seine »Sachkunde aufgrund seiner Spezialuntersuchungen der des Sachverständigen Prof. Ponsold überlegen ist«. Diese Spezialuntersuchungen betrafen Gewebsblutungen bei Leichen. Professor Prokop wies nach, daß sie auch noch nach dem Tode eintreten können. Die Behauptung, daß »Blutungen im

Gewebe vitale Reaktionen sind« und somit die Verletzung vor Eintritt des Todes stattgefunden haben muß, überführte er als reinen Dogmatismus. Überhaupt ist es eine helle Freude, zu verfolgen, wie er scharf und logisch nachvollziehbar mit diskreter Brillanz die fehlerhaften und folgenschweren Gutachten seiner Vorgänger in der Luft zerfetzt. Und was mir besonders auffiel, ist, daß er der Frau, im Gegensatz zu den anderen männlichen Gutachtern, auch da nachspürte, wo ihre Verletzungen nicht mit dem Mord- und Sexualdelikt zusammenzuhängen schienen. Die Frau hatte nämlich eine frische, unvollkommene Abtreibung hinter sich, Grund genug, so Prokop, an eine Luftembolie zu denken. Die Vorgänger hingegen schrieben: »Eine tödlich verlaufende Luftembolie durch Analverkehr ist den Unterzeichneten weder aus eigener Erfahrung noch aus der Literatur bekannt und auch nicht vorstellbar.« Prokop widerlegt zugleich die gutachterliche Behauptung des Analverkehrs: »Grotesk wirkt die Hypothese, daß die Kotleere des Enddarmes auf ein Hinaufschieben des Kotes durch die Stempelwirkung des Penis zustande gekommen sein könnte. Hier liegt eine grobe Unkenntnis der Physiologie und Anatomie vor. Der Kot sammelt sich beim Menschen im Sigma an (...) die Ampulle des Mastdarmes ist ständig leer. Der Kot dringt dann in die Ampulle ein, wenn Stuhldrang besteht.« Er weist kardinale Fehlbeurteilungen nach, Schlamperei und Verbohrtheit und bemerkt: »Die naturwissenschaftlichen Erkenntnisse waren bereits zur Zeit der ersten Verhandlung (1955) in genügendem Maße vorhanden, um den Fall richtig einzuschätzen.« Das Ergebnis seines gründlichen Gutachtens ist ein Freispruch.

Mein Blick fällt zum wiederholten Mal auf die Pistole. Bei meiner Frage erhebt er sich sofort, ergreift sie und betrachtet sie liebevoll: »Das ist eine ganz normale Nullacht, neun Millimeter Parabellum. Ich brauchte sie, weil ich in den Vorlesungen immer gezeigt habe, wie die Leute sich erschießen oder wie das ist bei einem aufgesetzten Schuß ... Es haben sich ja damals viele mit dieser Waffe ... Das ist eine Wehrmachtspistole. Man kann sie nicht mehr laden und abfeuern, sehn Sie, da ist alles dicht gemacht. Jedermann hatte so eine, Soldaten und Offiziere. Ich hab die auch getragen.« Das Telefon klingelt. Reglos und mit erhobener

Waffe steht der alte Herr im weißen Kittel da. Dann legt er sie beiseite, setzt sich, sagt wieder, er könne die Wehrmacht nicht heruntermachen, blättert hektisch im Stapel: »Ich war einfach der Wehrmacht verbunden, in Treue verbunden, nur der Wehrmacht ... Ich bin verwundet worden an der Ostfront, bei Rostow am Don, habe dann mit Medaille und Frontbewährung zwei Trimester Medizin studieren dürfen in Wien, danach ging's an die Westfront, und da bin ich in Düren verwundet worden. Dort war ein großer Fliegerangriff, sechstausend Tote... Ich kam dann in amerikanische Gefangenschaft und war interniert auf den Rheinwiesen... Eines Tages haben sie uns nach Belgien verschleppt, nach Namur. Mit dem Zug haben sie uns transportiert, in offenen Viehwagen, und auf den Brücken standen Leute und haben große Steine auf uns runtergeworfen, wer getroffen war ... Man stand da, dicht gedrängt, war dekorierter Soldat und konnte nichts machen. Danach wurden wir nach Frankreich weitertransportiert, nach Châlon-sur-Marne. Später bin ich noch mal hingefahren. Es ist alles nicht mehr da! Aber was ganz wichtig ist ... es ist leider so, daß es nicht mehr gesagt wird heute, daß wir streng katholische Österreicher waren, ganz streng katholisch erzogen – wir haben ja, als Hitler kam, tagelang geschrien: EIN VOLK, EIN REICH, EIN FÜHRER! Achgottachgott ... Und wir sind als Christen mit dem kirchlichen Segen und einer Gürtelschnalle, auf der stand GOTT MIT UNS, in den Krieg gegen den gottlosen Bolschewismus gezogen. Und was haben wir aus dem Krieg gelernt? NICHTS!«

Herr Professor Prokop sitzt mit versteinertem Gesichtsausdruck in seinem halbleeren Arbeitszimmer, das er seit Monaten versucht auszuräumen, aus dem er von heute auf morgen ausgewiesen werden kann und in dem seine ehemalige Sekretärin nur noch zur Überreichung der Kaffeetasse erscheint. Das Wichtigste in seinem Leben scheinen Beweis, Eid und Treue zu sein. Morgens um sieben beginnt sein Arbeitstag, mittags ißt er Müllers Milchreis, um sechzehn Uhr geht er nach Hause. Er hat vierzig Jahre Arbeit an vier Universitäten hinter sich, hat Hunderte von Veröffentlichungen vorgelegt – darunter berühmte Lehrbücher und Brandschriften gegen wissenschaftlichen und religiösen Aberglauben. Er hat fünfundzwanzig Schüler habilitiert –

allesamt in der DDR –, acht davon sind Ordinarien für Gerichtliche Medizin, vier in Deutschland, vier in Japan. Er hat 50 000 Leichen obduziert – die Einwohner einer mittleren Kleinstadt, sozusagen –, und ebenso viele Studenten hat er ausgebildet in seinem Leben.

HANS JÜRGEN VÖLTER,
ehem. Leiter d. Schiffshebewerks Nieder-
finow bei Eberswalde, derzeit techn.
Mitarbeiter d. Wasser- und Schiffahrts-
amtes Eberswalde, m. d. Fachgebiet
Schiffshebewerk. Einschulung 1948
Volksschule Wüstmark, Klasse 5–8 in
Pampow, Klasse 9 in Crivitz, Klasse 10
in Schwerin. 1958 mittlere Reife.
1958–62 Lehre a. Fernmeldemechaniker
b. d. Signal- u. Fernmeldewerkstatt
Schwerin, Abschluß mit ›Gut‹.
1961–63 Wehrdienst bei der Volksarmee.
1963–66 Studium d. Schiffselektronik
(Abschluß wurde nach d. Wende 1994
a. Dipl. anerkannt). 1966 Arbeits-
aufnahme a. Ing. f. elektr. Anlagen
b. Wasserstraßenamt Eberswalde (jetzt
Wasser- u. Schiffahrtsamt), Arbeits-
gebiet: Betreuung aller E-Anlagen,
einschl. Stark- u. Schwachstromanlagen,
d. h. v. d. Trafostation b. hin zu

Telefon- u. Funkanlagen. 1976 Bef.
z. Leiter d. Schiffshebewerks Niederfinow.
Ab Ende 1990 (durch Abschaffung
d. Stelle u. Aufteilung d. Leitertätig-
keit auf versch. Sektionen) Arbeit als
techn. Mitarb. (Fachgebiet Schiffshebe-
werk). SED-Mitgl. 1975–89.
Ausz.: IX. Aktivist u. sportl. Ehrennadel
z. DDR-Zeiten sowie sportl. Ehrennadeln
n. d. Wende. Die Ehrennadeln sind
v. Sportkeglerverband Brandenburg e. V.
u. v. Kreissportbund Barnim e. V.
Hans Jürgen Völter ist seit 1978 Vors.
d. Kreisfachverbandes Kegeln, Eberswalde,
nun in Barnim. Veröff.: Besucher-
information Schiffshebewerk
(z. DDR-Zeit). Herr Völter ist am
2. Juni 1941 in Wüstmark, Schwerin,
geboren, sein Vater war Schneider,
die Mutter Hausfrau. Er ist verh. u. hat
zwei Kinder.

HEBEWERKSINGENIEUR

Schiffshebewerke sind Vorrichtungen zur Überwindung großer Gefällestufen in einem Kanal. Mittels verschiedener Hebetechniken wird das Schiff aus dem höher gelegenen Kanalabschnitt in den tiefer gelegenen befördert und umgekehrt. Das kann durch Schleusen geschehen, durch geneigte Ebenen oder mit Hilfe von Hebemaschinen. Die erste und älteste Schiffshebevorrichtung war die Muskelkraft von Mensch und Tier. 600 v. Chr. ließ Periander, Tyrann von Korinth, über die sechs Kilometer breite Landenge von Korinth den Diolkos bauen, einen gepflasterten Hohlweg, durch den die Schiffe, auf Schlamm und Fett gleitend, über den Isthmus wieder ins Meer befördert wurden. Es waren vor allem Kriegsschiffe. Noch im Jahr 31 v. Chr. transportierte Octavian seine gesamte Kriegsflotte von zweihundertfünfzig Schiffen über diese geneigte Ebene. Das Prinzip der schiefen Ebene wurde über lange Zeit beibehalten und besonders umfangreich im frühkapitalistischen England ausgebaut zur Beförderung der Kohlenkähne durch die Kanalisation der Grubengebiete – bald auch schon mit Hilfe von Wasserkraft und Dampfmaschine. Dieses Kanalisationssystem, ein engmaschiges Netz von Binnenwasserstraßen, war übrigens eine wesentliche Voraussetzung für Englands Industrielle Revolution. In Deutschland wurden erst Mitte des neunzehnten Jahrhunderts solche Kanäle in Betrieb genommen, so der Elbing-Oberländische Kanal im ehemaligen Ostpreußen. Er heißt heute Kanal Elblaski und ist mit seinen vier schiefen Ebenen das älteste noch tätige Trockenbeförderungssystem der Welt. Zur Überwindung größerer Höhenunterschiede eigneten sich auf Dauer aber weder geneigte Ebenen noch Kammerschleusensysteme. Deshalb wurden ab fünfundzwanzig Meter Höhenunterschied lotrecht arbeitende Hebemaschinen eingesetzt, um die Schiffe über hohe Geländesprünge zu bringen. Da es sich aber um eine aufwendige und sehr komplizierte Maschinerie handelt, sind heute nur noch ein knappes Dutzend Hebewerke weltweit in Betrieb. Eines davon steht ganz in der Nähe von Berlin, in Niederfinow.

Wie ein Riesenspielzeug ragt der filigrane Koloß, sechzig Meter hoch, siebenundzwanzig Meter breit, vierundneunzig Meter lang, über die Baumwipfel hinweg und ins Odertal hinein. Eine hundertsechsundvierzig Meter lange Kanalbrücke überwindet die Distanz zum Hang und verbindet die obere Ausfahrt des Hebewerkes mit dem Kanalbett des Festlandes. Wer von Norden kommt, fährt unter ihr hindurch, während oben die Schiffe schwimmen. Um die sechsunddreißig Meter Höhenunterschied zu überbrücken, befördert man sozusagen einen Teil des Kanals. Ein großer Trog voll Kanalwasser fährt in einem Riesenfahrstuhl auf und ab. Scheinbar mühelos schwebt dieser Trog mit den Schiffen hinauf und hinunter, seit fast siebzig Jahren. Nach der Jahrhundertwende geplant, durch den Ersten Weltkrieg verschoben, wurde 1924 mit dem Bau der Anlagen begonnen. Der Oder-Havel-Kanal war unter Kaiser Wilhelm II. gebaut und 1914 in Betrieb genommen worden als Großschiffahrtsweg Berlin–Stettin und weiter in die Ostsee. Eine Schleusentreppe aus vier Schleusen überbrückte zwanzig Jahre lang provisorisch die sechsunddreißig Meter Höhenunterschied ins Odertal, bis am 21. März 1934 das Schiffshebewerk eröffnet wurde. Die Nazis nutzten die Gelegenheit, sich diese technische Großtat als eigene Leistung anzurechnen, obgleich sie weder mit Planung noch Bau etwas zu tun hatten. Das Schiffshebewerk erregte Aufsehen, es sprengte alle Maßstäbe, war ohne direktes Vorbild, übertraf andere Schiffshebewerke an Größe und Raffinesse. Es war zu jener Zeit das größte und modernste Senkrechthebewerk der Welt. Es gilt auch heute noch, aufgrund seiner hochwertigen Verarbeitung und jahrzehntelanger sorgfältiger Wartung und Pflege, als eine sehr zuverlässige und solide Anlage.

Herr Völter erwartet uns bereits vor dem flachen Betriebsgebäude neben dem Schiffshebewerk und führt uns in sein noch in schlichter DDR-Manier ausgestattetes Büro. Zwei große Kachelöfen deuten darauf hin, daß die feuchten

Wintermonate am Wasser sehr kalt werden können. »Man gewöhnt sich ...«, sagt Herr Völter, er wirkt norddeutsch-prosaisch, wie ein Mensch, der nicht gerne viele Worte macht. Dennoch nimmt er sich für uns einen ganzen Tag Zeit. »Das war damals so, daß ich die Wahl hatte, da waren im Angebot zwei Stellen beim Wasserstraßenamt, eine in Grabow, die andere in Eberswalde. Ich habe mich auf die mit der besseren Gehaltsgruppe beworben und wurde angenommen, für Eberswalde. Und hier habe ich dann gleich mein Gesellen-stück oder meine Diplomarbeit − wie man will − gebaut, eine neue Trafostation, die steht da draußen, ist immer noch in Betrieb. Sie hat die alte praktisch abgelöst, die entsprach nicht mehr der TGL ... der DIN-Norm, wie's heute heißt. So eine Trafostation ist ja an sich nichts Besonderes, aber hier ... mit dem ganzen Erdungssystem, das war schon ein bißchen komplizierter. Die gesamte Anlage muß ja vor Kurzschlüssen gesichert sein ... damit habe ich mich damals hauptsächlich beschäftigt, und 1976 ging dann unser alter Amtsvorstand in den Ruhestand − einige Leute sind's immer, die nachrücken in so einem Moment −, so kam es, daß ich hier Leiter des Schiffshebewerkes wurde. Und da gehörte damals ja nicht nur die ganze Technik dazu, da gehörte auch das Personal dazu, und auch die Schiffahrtsbelange ... das war schon ein bißchen umfangreicher als heute. Aber diese Leiterstelle wurde ja abgeschafft. Gleich nach der Wende kamen Ingenieure und Verwaltungsleute aus dem Westen, die haben hier alles umgekrempelt und dem west-lichen Standard angepaßt. Heute ist das Personal für sich, der Bau für sich, die Technik, und keiner ist mehr da, der den Gesamtüberblick hat. Aber so ein Werk braucht eigentlich einen, der den Hut aufhat, der die Verantwortung über-nimmt ... das muß ja nicht ich sein. Nur was wir heute haben, ist die Verschleppung notwendiger Maßnahmen, wie der Anstrich des Hebewerkes, der ist überfällig, wir haben lange Wartezeiten für alles und eine dreimal so große Bürokratie wie zu DDR-Zeiten. Aber wir gucken natürlich alle, daß die Sache ihre Ordnung hat. Ich mache weiter die Technik vom Hebewerk, und mein Nachfolger für die übrigen Belange, der Herr Schumacher, der kümmert sich Gott sei Dank, weil er ein fleißiger Mensch ist und auch Ahnung hat, sogar von der Technik.«

Herr Völter sucht in einem Schrank nach dem Faltblatt, das es vor der Wende als Besucherinformation gab, und tatsächlich findet er noch eins. Es ist postkartengroß gefaltet und schwarzweiß gedruckt. Auch die jetzige Broschüre reicht er uns. Sie informiert auf dreißig Seiten umfangreich auf Hochglanz und in Farbe. »Da steht alles drin, das Technische und das Historische«, sagt Herr Völter, »man will ja ein neues Schiffshebewerk bauen, gleich dahinten im Wald, nicht daß unseres hier nicht mehr seinen Dienst tut, es ist wegen der größeren Schiffe, die passen in unseren Trog nicht mehr rein. Aber es gibt verschiedene Schwierigkeiten mit den Bodenverhältnissen, man muß vorsorgen, daß beim Bau unseres nicht absackt, wir sind ja ein Baudenkmal der Kategorie eins ... Und man muß ja für größere Schiffe mit mehr Tiefgang dann auch den ganzen Oder-Havel-Kanal massiv ausbauen. Im Plan ist es jedenfalls. 1905 wurde damals beschlossen, nach dem preußischen Wasserstraßengesetz, den jetzigen Kanal zu bauen, weil der Finow-Kanal nicht mehr ausgereicht hat für größere Schiffe. Man baute einen für 1000-Tonnen-Schiffe, und das ist der Oder-Havel-Kanal hier, der ist praktisch mitten durch den Wald gebaut. Alles Dichtungsstrecke, also da ist eine Tondichtung drin, an den dünnsten Stellen vierzig Zentimeter dick. Darüber ist eine Kiesschicht und eine mit Steinen, damit das hält. Mitte der achtziger Jahre wurde die Dichtung verstärkt. Seither gilt von oben ab der ›Eine-Richtung-Verkehr‹, damit sich die Schiffe auf der Strecke nicht begegnen, denn wenn sie früher aneinander vorbeifuhren, da mußten sie schon immer etwas mehr Feuer geben, und dabei beschädigten die verstärkten Strömungsverhältnisse allmählich die Dichtung. Für 1000-Tonnen-Schiffe ist er ausgelegt, der Kanal, heute haben wir aber zwischen tausenddreihundert bis zweitausenddreihundert Tonnen. In den Trog können wir Schiffe bis fünfundachtzig Meter Länge aufnehmen. Bloß, die neuen Schiffe können ja abladen über zwei Meter! Und das geht nicht, denn unser Trog, der ist 2,50 Meter tief, und ein bißchen Wasser muß man schon drin haben. Also desto mehr Ladung er drin hat, um so tiefer taucht er ins Wasser, die Tauchtiefe ist das, also Abladetiefe sagen wir.«

Auf unsere Frage, ob der Trog das schwerere Gewicht der Schiffe überhaupt aushält, erklärt Herr Völter: »Also das

Schiff, das reinfährt und dann im Trog schwimmt, das wiegt ja nichts, sozusagen, ist gewichtslos durch die Wasserverdrängung. Das Troggewicht beträgt 4290 Tonnen, mit Wasser. Und die Gegengewichte wiegen auch 4290 Tonnen. Damit das ausbalanciert ist, bleibt das Troggewicht immer gleich. Wäre der Wasserstand im Trog zum Beispiel ein Zentimeter höher, dann sind das gleich zehn Tonnen Wasser mehr. Ich zeige Ihnen das nachher alles ganz genau. Wir haben ja 1984 bis 85 eine große Reparatur durchgeführt – das war das erste Mal, daß das Hebewerk fast ein halbes Jahr stillgestanden hat, sonst steht es ja nur während der Reparaturen in der Wintersperre von Dezember bis Februar – und bei dieser großen Reparatur wurden sämtliche Trogtrageseile gewechselt, die Seilscheiben wurden abgenommen, die Seilscheibenlager überholt mit Ersatzteilen, die wir noch hatten, Originalersatzteilen! Die Lager waren fünfzig Jahre gelaufen, die liefen absolut ruhig, nur, sie hatten natürlich Verschleißerscheinungen, aber erstaunlich wenig. Es waren damals zwei Diplomanden da von der TU Magdeburg, die schrieben ihre Diplomarbeit über diese Lager. Zehn Originallager hatten wir noch in Reserve, die haben wir verbaut, und weil das nicht reichte, haben wir in Leipzig neue Rollen machen lassen. 1987 bis 88 sind dann die Lager alle noch mal komplett gewechselt worden, es wurden neue hergestellt nach dem alten Muster, obwohl eigentlich die alten noch gut waren. Der Verschleiß ist an sich ja gering, wenn sie gut geschmiert sind, das Fett hieß Extra-Lubrikant 2, ein mineralisches Fett, ein Langlebefett – und das war dann auch fünfzig Jahre drin geblieben bis 1984. Wir haben auch noch Motoren zu stehen, in Ölpapier verpackt, komplette, das sind ja alles Einzelteile, keins ist ein Serienstück, darum ist die Qualität so gut. Ich habe mal ausgerechnet, damals zum fünfzigjährigen Bestehen, in diesem Zeitraum hatte das Werk eine Ausfallquote von 0,21 Prozent, während im Hebewerk Scharnebeck beispielsweise, das 1968 in Betrieb gegangen ist, gab's im Durchschnitt eine dreißigprozentige Ausfallquote. Das gleichen sie dadurch aus, daß da zwei Hebewerke nebeneinander sind.« Herr Völter bleibt vollkommen ernst.

Wir möchten gerne wissen, was für Schiffe und welche Ladung gewöhnlicherweise das Hebewerk passieren. »Also das hat sich jetzt ziemlich verschoben. Wir haben sonst achtzig Prozent gehabt in Richtung Westen vom Osten ... nicht nur zu DDR-Zeiten, das war schon vor dem Krieg so, das kam von Schlesien, schlesische Kohle damals und Kies. Kies fahren sie jetzt auch noch und auch wieder Kohle. Die Polen fahren die Kohle ins Ruhrgebiet, die scheint da knapp zu sein. Oder es ist billiger so, als wenn sie sie selbst abbauen dort. Der Kies kommt von der Oder. In Hohensaaten oder Hohenwutzen gibt es auch Kiesgruben, aber die fahren jetzt nicht mehr auf der Wasserstraße, sondern auf der Achse. Angeblich ist das billiger, aber mir will das nicht in den Kopf. In so einen Prahm, also ein Schubschiff, passen vierhundert Tonnen, und ein Lkw faßt zwanzig Tonnen, das sind zwanzig Lkw, zwanzig Fahrer ...?! Und was sonst noch so gefahren wird, ist Harnstoff und desgleichen für die Düngemittelindustrie, Chemikalien ... Aber ansonsten ist es ganz wenig dieser Art, auch Tanker sind selten, das geht alles über die Eisenbahn. Wenn die Benzin beispielsweise fahren, dann müssen sie alleine geschleust werden, da darf kein weiterer rein, aus Sicherheitsgründen. Was wir viel haben, das ist Schrott, Stahl, Walzstahl. In den letzten eineinhalb Jahren verstärkt in Richtung Osten. Polen kommen hier viele durch, und dann haben wir ja immer auch Fahrgastschiffe, die durchfahren, um das Hebewerk zu besichtigen, und kleine Privatboote. Wir haben jetzt hier aber auch Fahrgastschiffe aus Basel, Riesendinger, die nach Stettin fahren, das sind richtige Hotelschiffe. Also wie gesagt, wir können alles aufnehmen bis tausenddreihundert Tonnen. Lange waren die Regel tausend Tonnen, aber tausenddreihundert Tonnen sind Europamaß, und bis zu fünfundachtzig Meter Länge kriegen wir rein und bis zu 4,40 Meter Höhe so in etwa.«

Auf die Frage, wie denn bezahlt wird, erklärt Herr Völter: »Nein, wir hier am Hebewerk nehmen kein Geld ein. Die bezahlen, wenn sie in die künstlichen Wasserstraßen einfahren. Flüsse sind generell kostenlos, nach einem Gesetz von 1836 noch, damals haben sich die kleinen deutschen Staaten geeinigt, ihre Flüsse kostenlos befahren zu lassen. Wer also von der Oder kommt, der fährt bei Hohensaaten durch die Schleuse, nennt sein Ziel – Berlin, Düsseldorf oder Rotterdam –, weist seine Ladung nach. Also eine Tonne

Kies von Hohensaaten nach Berlin kostet etwa 0,51 Euro, drauf haben sie gewöhnlicherweise tausend. Wenn sie Kupfer fahren, dann ist das teurer pro Tonne. Das Geld kommt dann in einen gemeinsamen Ländertopf. Sportboote beispielsweise müssen an den Schleusen nicht zahlen, weil sie ja im deutschen Motorjachtverband organisiert sind in der Regel, und der führt entsprechende Gelder ans Verkehrsministerium ab.« Herr Völter schaut auf seine Uhr. »So, wenn Sie jetzt möchten, können wir essen gehen oben in der Polizeischule.« Die Polizeischule liegt oberhalb des Hebewerks im Wald. Sie war ehedem Unterkunft der Bauleitung fürs Werk und sieht ansonsten mit gepflegten Anlagen und einem kleinen Springbrunnen wie ein DDR-Erholungsheim aus. Auch der halbdunkle Speisesaal mit den Wachstuchdecken und kleinen Vasen wirkt unverändert. Aus einer Durchreiche werden vom stämmigen Küchenpersonal drei Portionen Spinat mit Kartoffeln und Setzei herausgereicht. Das Brot zur Soljanka ist gratis. Wir sind die einzigen Gäste.

Wenig später klettern wir hinter Herrn Völter über die Absperrung ins Hebewerk hinein und erklimmen den Trog. Im geschlossenen Zustand sieht er aus wie ein mit Kanalwasser gefülltes Becken, fünfundachtzig Meter lang, zwölf Meter breit, mit Kai und Pollern zum Vertäuen der Schiffe während der Aufzugsfahrt. Die Treidlerin wird uns vorgestellt, eine resolute ältere Frau mit Dauerwelle und großer Brille, sie ist seit zwanzig Jahren auf diesem Posten und erledigt mit viel Erfahrung das Festmachen der Schiffe am Trog und das maschinelle Herausziehen der antriebslosen Prahme in den Vorhafen. Auch der Trogmeister wird uns vorgestellt, ein hagerer älterer Mann mit Baseballmütze und Jeansanzug. Quirlig und mit sarkastischem Humor dirigiert er alle maschinellen Vorgänge, grüßt die altbekannten Schiffer, plaudert mit den Kapitänen und eilt schon wieder zu seinem Schaltpult. Eingefahren ist das Fahrgastschiff ›Münchhausen‹, nebst drei kleineren Motorjachten. Die Touristen sitzen auf dem Oberdeck, im Wasser schwimmen Gras und Wurzeln. Per Knopfdruck werden die beiden Hubtore von Trog und Haltung geschlossen, und der gummierte Dichtungsrahmen, der eine wasserdichte Verbindung zwischen Trog und Kanal herstellt, wird gelöst, der Trog entriegelt. Dann wird der Umformer angelassen und hochgefahren, bis die notwendige Gleichstromspannung erreicht ist. Es ertönen zwei Hornsignale, und der Trog, der nun frei in den Seilen hängt, setzt sich sacht in Bewegung nach oben. Wir gleiten empor am verstrebten, eng genieteten Stahlgerüst. 3,7 Millionen Nieten sind hier verarbeitet worden. Auf halbem Wege schweben 192 Gegengewichte aus Beton an uns vorbei nach unten. Der Trog hängt an 256 starken Drahtseilen, die in Achtergruppen zusammengefaßt sind, sechs tragen jeweils ein Gegengewicht, die übrigen zwei einen Rahmen, der zur Führung dient und beim eventuellen Reißen der Seile das Gegengewicht aufnimmt, erklärt uns Herr Völter. Und vier Gelenkketten, die aussehen wie riesige Fahrradketten, drehen sich in Gegenrichtung, um das Gewicht der ablaufenden Seile zu kompensieren, erfahren wir. Nach fünfminütiger Fahrt sind wir oben angekommen, sechsunddreißig Meter höher.

Wir klettern hinauf ins westliche Maschinenhaus des Trogs, es ähnelt von außen ein wenig dem Steuerhaus eines alten Kutters, von innen mehr einem Motorenraum mit angeschlossener Werkstatt samt Drehbank. Hier befinden sich zwei der vier Antriebsmaschinen, sie arbeiten vollkommen synchron. Man sieht Welle und Zahnrad, alles glänzt vor Fett. An der Wand hängen Schraubenschlüssel von der Länge eines kleinen Fingers bis hin zu Elefantenknochengröße, die, wie mir scheint, kein Mensch heben kann. Herr Völter deutet seitlich hinaus und erklärt uns den überaus klug ausgetüftelten Sicherheitsmechanismus des Notfallsystems. Dessen Kernelemente sind die sogenannten Mutterbackensäulen, große geschlitzte Gewindesäulen, die am Hebewerksgerüst befestigt sind. An diesen sogenannten Mutterbackensäulen fährt der Trog quasi auf und ab. Auch sogenannte Drehriegel oder Schraubenspindeln, die am Trog gelagert sind und von den Motoren mit angetrieben werden, laufen an der geschlitzten Mutterbackensäule auf und ab. Im Normalfall berühren sie sich nicht und haben einen beidseitigen Spielraum von dreißig Millimetern. Sollte der unwahrscheinliche Fall eintreten, daß Seile reißen oder etwas anderes den Trog aus dem Gleichgewicht bringt, dann geben die Federn der Antriebsritzel nach, schlagen aus. Dadurch wird der Spielraum zwischen Drehriegel und

Mutterbackensäule geschlossen, sie lagern sich an, und der Trog wird festgehalten, sie können ja *gegen* die Mutter nicht drehen, und es werden auch die laufenden Motoren automatisch abgestellt. Ein Absturz des Troges ist nicht möglich, versichert uns Herr Völter.

Nachdem der Trog verriegelt und abgedichtet wurde bei der Ankunft oben, gleiten die beiden Tore tropfend hoch. Die ›Münchhausen‹ fährt mit lachenden Passagieren davon über die lange Kanalbrücke, vorbei an einem auf die Fahrt nach unten wartenden Schubverband. Es sind polnische Schiffe auf der Rückreise, leer, bis auf Reste von Kohlenstaub. Unten wieder angekommen, beginnt die Ausfahrt des ersten Prahms am Treidelseil. Zu seinem Pech und unserem Glück, kracht der polnische Leichtmatrose in zügiger Fahrt mit seinem eisernen Lastkahn gegen die Spundwand des Vorhafens. Es ist aber nichts weiter geschehen. Er hat versäumt, ein Prellholz zwischen Schiff und Spundwand zu schieben, erklärt Herr Völter ungerührt und fährt mit uns im Betriebsfahrstuhl hinauf ins Dachgeschoß. Hier drehen sich die Seilscheiben, 3,50 Meter große, grüngestrichene zweirillige Stahlräder – hundertachtundzwanzig Stück, vierundsechzig auf jeder Seite –, über die sich zwei Seile ziehen: Die nördlichen transportieren den Trog, die südlichen sämtliche Gegengewichte aus Beton. In einer neunzig Meter langen Fluchtlinie drehen sie sich hintereinander, fast synchron. Das Licht ist gedämpft, die Glasfensterchen sind verhangen von zahllosen Kreuzspinnennetzen, in denen ansehnliche Schmeißfliegen gefangen werden. Hinter Herrn Völter erklimmen wir zuletzt über eine schmale Leiter das Dach und stehen in sechzig Meter Höhe frei auf dem neuen gefalzten Blechdach. Es ist eigentlich nur ein begehbarer Saum, auf dem ein kleiner Hebekran ringsherum fahren kann, für Reparaturarbeiten und für die Malerkolonne, die hier früher alles neu gestrichen hat, um, wenn sie am Ende ankam, sogleich am Anfang wieder zu beginnen. Nach sieben Jahren waren sie dann einmal ums Gebäude herum. Herr Völter beklagt, daß seit drei Jahren der Anstrich nicht mehr erneuert wurde. Früher nahm man eine Aluminium-Eisen-Glimmerfarbe, nach der Wende wurde mit Epoxidharzfarbe gestrichen, die wird aber nicht mehr ausgewaschen, sondern platzt ab, bildet Risse und läßt Rost unterkriechen. Das Geld für das

Streichen sei im Prinzip da, erklärt Herr Völter, der Auftrag werde aber nicht erteilt, mal aus diesem, mal aus jenem Grund, zuletzt deshalb, weil die zuständige Frau Schulz ein Kind bekam und ins Babyjahr ging. Ein leichter Wind weht, in der Ferne verschwimmen die Felder, Wälder und Wiesen zu einem blaugrünen Streifen, einen halben Meter unter uns stürzen sich Schwalbeneltern aus ihren Nestern heraus schreiend in die Tiefe auf der Suche nach Nahrung für die klagenden Jungen. Glitzernd ziehen sich die Wasserstraßen dahin, träge entfernt sich ein Schubschiffverband nach Osten, wahrscheinlich der ramponierende Pole. Unten auf dem Parkplatz mit den Imbißbuden und Andenkenständen bewegen sich ameisengroß die Besucher. Mit einem Aufzug können sie bis zur Brücke fahren und dort oben, vom umlaufenden Balkon aus, das gesamte Hebewerk auf vierzig Meter Höhe umrunden.

Wir verlassen die allmählich schwindelerregende Höhe und fahren nach Eberswalde. An der dortigen Schleuse bewohnt Herr Völter zusammen mit seiner Frau das obere Stockwerk des alten Schleusenhauses mit Blick auf die Geschehnisse an und in der Wasserstraße. Das Haus ist aus gelblichem Klinker, die ehemalige Trabigarage am Stall hat er umgebaut für den neuen Mittelklassewagen. Hinter dem Stall erstrecken sich zwei gepflegte kleine Gärten mit Blumen, Gemüse und Obstbäumen, sie gehören zu den beiden Parteien im Haus. Im Hof liegt ein umgedrehter Einbaum, am Vortag war Kanalfest in Eberswalde. Herr Völter bittet uns hinauf in die Wohnung. Das Wohnzimmer ist geräumig und ohne großen Pomp eingerichtet. Eine Couch, graubeige Sessel, ein runder Tisch mit Glasplatte, zwei Schränke aus DDR-Zeiten, schlicht und braun. Am Fenster steht ein Eßtisch mit fliederfarbener Tischdecke und zwei Stühlen. Zwischen den beiden Fenstern tickt eine alte Wanduhr mit Pendel, die wohltönend schlägt. Über der Couch hängt ein imposantes Gemälde, es zeigt das Hebewerk vor einem glutvollen Sonnenuntergang. Von ausgesprochen westlichem Schick ist die Zimmerdecke. Weiße Styroporschmuckplatten werden von einer wagenradförmigen Deckenlampe beschienen. Die Schuhe haben wir unaufgefordert ausgezogen, um den Teppichboden zu schonen. Es gibt einen starken Kaffee und Gebäck, Frau Völter ist wesentlich lebhafter als ihr Gatte. Sie war von Beruf Krippenerzieherin, zuständig für die Kleinen, von neun Wochen bis zu drei Jahren. Sie erzählt vom Sohn, der Arbeit hat als Nachrichtentechniker bei der Bahn, und von der Tochter, die technische Zeichnerin, aber momentan arbeitslos ist. »Ja«, sagt Herr Völter, »es ist schlimm hier. In der ganzen Gegend ist alles dicht, Arbeitslosigkeit haben wir offiziell achtzehn Prozent, wo das noch hinführen soll ...« Zum Abschied empfiehlt er uns dringend, in Berlin im Museum für Verkehr und Technik den Herrn Rudolph zu besuchen, einen Rentner, der dort ehrenamtlich ein Modell des Schiffshebewerkes baut.

Wir folgen diesem Rat einige Wochen später, treffen aber Herrn Rudolph nicht an, dafür seinen Kompagnon Wolfgang Lamprecht, Angestellter des Museums, zuständig für die Abteilung Wasserbau-Schiffahrt. Er baut seit Jahren zusammen mit Herrn Rudolph an dem Modell des Hebewerkes. Der ältere mittelgroße Mann ist energisch und berlinerisch redegewandt. Liebevoll, geradezu zärtlich, zeigt er auf das maßstabgerechte Funktionsmodell aus genietetem Messingblech, das bereits deutlich dem Niederfinower Hebewerk ähnelt, aber noch nicht fertig ist. Es steht aufgebockt in einer kleinen Werkstatt. »Ist Ihnen bekannt, weshalb wir das Modell überhaupt bauen? So ein Modell existierte schon einmal, es ist damals 1948 von der sowjetischen Militäradministration beschlagnahmt und mitgenommen worden. Auf dem Wege nach Leningrad ist es dann verschwunden, da verlieren sich seine Spuren. Hat Ihnen Herr Völter übrigens erzählt, weshalb das Original nie bombardiert wurde im Krieg? Nein? Bei Fliegeralarm stieg immer ein Flugzeug auf und hat die ganze Gegend vernebelt. Der eigentliche Grund war aber das große Kriegsgefangenenlager, das man im tiefer gelegenen Teil, im Oderbruch, eingerichtet hatte. Dort wurden alliierte Flieger gefangengehalten, die über dem Kontinent abgeschossen worden waren. Alles klar?! Extra dahin plaziert! Wäre bombardiert worden, dann hätten diese ungeheuren Wassermassen das alles weggeschwemmt und mit sich gerissen. In Gefahr war das Hebewerk erst in den letzten Kriegstagen 1945, als die Russen schon über die Oder kamen. Da wurden unten die ganzen Hohlräume und Kammern mit Dynamit gefüllt, die Zündschnüre lagen bereit, die Nazis wollten es selbst in die Luft sprengen, um es den Russen nicht zu überlassen. Leute vom deutschen Widerstand haben buchstäblich im letzten Moment die Zündschnüre entfernt und die Kabel gekappt ... Und dann war da noch die andere Geschichte mit dem damaligen technischen Direktor vom Hebewerk. Der war zwar in der NSDAP – aufgrund seiner Position mußte er das sein –, aber er war kein Nazi. Er war, wie man erfuhr, auch mit dem Widerstand verbunden, und da wollte ihn die Gestapo dann holen. Er hat das rechtzeitig erfahren, ist aber nicht geflohen. Der hat sich in seinem Hebewerk unten in die Trogkammer gestellt, an einer exponierten Stelle, und hat gewartet, bis der Trog runterkommt, der ihn dann regelrecht zerquetscht hat. Die Russen, die hätten ihn ja auch gleich festgenommen. Da ging in den Kriegsjahren ja allerhand durch, Munitionstransporte, Rohstoffe, Kohle, Weizen, alles mögliche aus den Ostgebieten und in die Ostgebiete, pausenlos. Damals war ja auch der Reichsadler mit dem Hakenkreuz hier vorne drauf«, er deutet auf das Modell, »riesengroß! Na ja, als dann die Russen das Werk besetzten, haben sie alles weiträumig abgesperrt, alles gesichert, und im Kanal haben sie sofort große Netze aus Stahl gespannt, gegen die Treibminen ... So hat das Hebewerk alles gut überstanden, nur die Wende beinahe nicht. Damals wurde ja alles umgestellt, so auch die Antriebstechnik der Tore auf eine hydraulische Technik. Modern, ja! Man hat also alles aus- und neu eingebaut ... Doch dann, einige Zeit später, wurde klammheimlich die Hydraulik wieder rausgeschmissen und die alte Mechanik wieder eingebaut.«

ERWIN PERZY (III.), *Fabrikant von Schneekugeln, Reiseandenken, Neujahrsglücksbringern. 1963–67 Volksschule in Wien. 1967–71 Hauptschule in Zug. 1971–72 Polytechnikum. 1972–76 Werkzeugmacherlehre, 1976 Gesellenprüfung. Militärdienst. 1976–80 Werkzeugmachergeselle b. d. Firma Perzy. 1980 Ablegung d. Meisterprüfung. Gewerbeanmeldung a. Spielzeughersteller u. Übernahme d. Betriebes 1991. E. Perzy unternahm seit 1985 zahlreiche Reisen innerh.* *Europas, in d. USA, nach Südostasien, in arab. Länder u. nach Osteuropa, besuchte Messen, pflegte Kontakte zu Kunden u. Sammlern. Erwin Perzy wurde am 20. Oktober 1956 in Wien geboren, als Sohn v. Rosa Perzy, geb. Fischer u. Erwin Perzy (II.), Nähmaschinen- u. Fahrradmechanikermeister, u. als Enkel v. Erwin Perzy (I.), Mechanikermeister f. chirurgische Instrumente u. Erfinder. Erwin Perzy III. ist gesch. u. hat eine Tochter.*

SCHNEEKUGELFABRIKANT

Die Schneekugelmanufaktur von Herrn Perzy liegt in
Hernals, dem 17. Wiener Gemeindebezirk. Wir fahren
mit der U6 bis zur Volksoper, von dort mit der Straßenbahn
Linie 24 bis zur Klostergasse, spazieren vorbei am Haus der
Barmherzigkeit, Spital des Lazaristenordens, entlang an den
zusammenhängenden, balkonlosen Fassaden dreistöckiger
Zinshäuser, die meisten aus der Zeit der Jahrhundertwende, gegliedert durch ein wenig Stuck, durch Simse und
Sprossenfenster. Balkons waren in solchen Bezirken Wiens
nicht üblich, man findet sie eher an den alten Innenstadt-
wohnungen der Großbourgeoisie. Hernals war traditionell
das Quartier der kleinen Gewerbetreibenden, Arbeitern
und Handwerkern. In der Schumanngasse hängt an einem
Eckhaus eine Tafel zum Gedenken an drei hierorts berühmt
gewesene Fiaker, der Name geht übrigens zurück auf
einen irischen Pferdeheiligen des siebten Jahrhunderts, den
Mönch Fiacrius. Noch ein paar Schritte, und wir erreichen
den Betrieb von Herrn Perzy in der Schumanngasse 87.
Das Haus ist als einziges hier nur zweistöckig und springt
aus der Gassenflucht etwas vor, unterbricht die Einheitlich-
keit der Fassaden. Es ist, so erfahren wir später, das älteste
Haus in der Gegend. Vor etwa zweihundert Jahren, so wird
geschätzt, wurde es von einem Fuhrwerksbesitzer erbaut,
ab 1900 gehörte es einem Fleischhauer. Vorn im Parterre
war der Laden. Hinten im Hof, wo ehemals Schweine und
Pferde geschlachtet wurden und die Wurstküche dampfte,
werden seit den fünfziger Jahren Schneekugeln und Wiener
Silvesterguß hergestellt, und zwar die Originale, beides
Erfindungen des Großvaters von Herrn Perzy. Bis heute sind
die Perzyschen Schneekugeln die einzigen der Welt, die auf

einem derart hohen Qualitätsniveau gefertigt werden. Auch das macht sie einzigartig. Wir sind schon sehr gespannt, drücken auf die Klingel neben dem winzigen Namensschild – sonst gibt es keinerlei Hinweis am Haus auf einen Schneekugelbetrieb –, wir drücken nochmals ... vergeblich. Es ist Feiertag. Allerheiligen. Die Gassen sind menschenleer am Vormittag. Als wir gerade resignieren wollen, kommt ein Mann mittleren Alters um die Ecke und eilt auf uns zu. Zu gleichermaßen herzlicher Begrüßung und Entschuldigungen schließt er die schwere Eisentür auf und führt uns, vorbei an Kisten voller Blei-Drucklettern, die im Hausflur ihrer Einschmelzung und Verwandlung in Gußfigürchen fürs Silvesterorakel entgegenharren, die ausgetretene Wendeltreppe hinauf in den zweiten Stock.

Als die Neonröhren aufleuchten, haben alle Glaskugeln in den Regalen plötzlich ein Glanzlicht. »Das sind nur so ein paar Muster«, sagt Herr Perzy, »längst nicht alle, leider haben wir das Sortiment gar nicht systematisiert.« Er ermuntert uns, ruhig alles in die Hand zu nehmen und anzuschauen, dann verläßt er uns, um Kaffee zu kochen. Auch Damen Mitte Fünfzig sind berauscht, wenn man sie in so einem Moment allein läßt. Elisabeth und ich nehmen mit beiden Händen Kugeln aus dem Regal, schütteln sie und schaun zu, wie Tänzerinnen, Lipizzaner, Pinguine, Wallfahrtskirchen, Tannenwäldchen, Madonnen, Schornsteinfeger, Riesenrad und Stephansdom im Schneetreiben verschwinden, wie die Naturgewalt in unsrer Hand tobt und nach Belieben sacht niedersinkt in jedem Glas als weiß schimmernde Schneedecke. Herr Perzy kommt viel zu früh zurück, balanciert auf einem runden Tablett Kaffee, Becher, Süßstoff und ein Kännchen Milch, sucht auf seinem Vitrinentisch einen freien Platz und rückt uns Stühle zurecht. »Alles ist ein bißchen eng bei uns, leider«, sagt er und lächelt, »wenn wir alle unsere Kugeln wirklich hier ausstellen wollten, dann bräuchten wir zwei solcher Räume in der Größe von diesem Büro, mindestens. Ich hab's deshalb ins Internet gestellt, auch um das Problem eines Kataloges zu umgehen, da können zum Beispiel auch unsere Kunden aus Japan unter www.viennasnowglobe.at sich ein Bild machen, wir haben ja alle Jahre eine neue Kollektion, kann man sagen. Artikel, die nicht so gehen, nehmen wir erst mal aus der Produktion. Neben den neuen Motiven verwenden wir dann immer wieder mal auch die alten, beliebten. Wir haben im Moment etwa einhundertfünfzig Motive in der Produktion, insgesamt sind es mehr als zweihundert. Wir machen ja alles selbst, bis auf die Glaskugeln – und das Wasser natürlich, das ist seit über hundert Jahren Wiener Hochquellwasser. Mit zehn Mitarbeiterinnen und Mitarbeitern machen wir alles selbst, was Sie hier sehen.«

Herr Perzy, solche Handreichungen offensichtlich nicht gewohnt, sagt: »Also, ich hoffe, daß ich nicht zuviel eingeschenkt habe ... Und was unsere Kugeln betrifft, so hat natürlich, weil wir alles weitgehend selber herstellen, jedes Ding so seine Geschichte.« Er deutet auf eine der Kugeln unter der Glasplatte des Tisches: »Zu dieser kann ich Ihnen folgende kurze Geschichte erzählen: Dieser Rauchfangkehrer, also das Motiv, stammt noch von meinem Großvater. Der Rauchfangkehrer, den gab es wirklich, er hieß Janowski, hat so ausgeschaut wie der, war dick, mit einem schwarzen Schnurrbart. Das Schweinderl hat er natürlich nicht dabeigehabt, aber die Leiter, und weil er immer Bier getrunken hat, gab ihm mein Großvater einen übergroßen Bierhumpen in die Hand, um den Janowski so quasi etwas zu sekkieren. Den haben wir jetzt weggelassen. So war das eigentlich. Im Grunde können Sie da alles reingeben, Hauptsache, es ist wasserfest. Wir verwenden Polysterol und bemalen es dann per Hand, das machen Heimarbeiterinnen, mit lösungsmittelfreien Farben. Wir haben Kugeln mit 25, 45, 80 oder 120 Millimeter. Je größer das Volumen, um so länger hält das Schneetreiben an, also bis zu zwei Minuten etwa, während in den asiatischen und den anderen Nachahmungen ja mehr so eine Art Steinschlag niedergeht, der nach ein paar Sekunden vorbei ist ... zum Glück, könnte man sagen! Also, es war so: Mein Großvater, der wollte ja an sich gar keine Schneekugel erfinden. Mein Großvater war Mechanikermeister für chirurgische Instrumente, und er war bei den Chirurgen beliebt durch seine Erfindungsgabe, so, und eines Tages hat ihm ein Chirurg gesagt, ›Gehn S', Herr Perzy, können S' uns nicht die Kohlenfadenlampe in der Lichtausbeute ein bisserl verbessern?‹ Die Kohlenfadenlampe war damals grade neu erfunden und hat viel Wärme erzeugt und wenig Licht. Aber weil die Chirurgen in den Operationssälen ja mit Auer-Welsbach-Licht, also mit Gasbeleuchtung, gearbeitet haben – und Gas rußt, stinkt, ist nicht steril –, hat sich natürlich die elektrische Beleuchtung als absolut ideal angeboten, sie war aber eben zu lichtschwach. Und mein Großvater hat nachgedacht. Da hat er sich an die Schusterkugel erinnert. Die war besonders in Schuhmacherwerkstätten üblich, eine wassergefüllte Glaskugel, die hing an einem Galgen, zusammen mit einer Kerze. Sie hat durch die Wasserfüllung ja einen Lupeneffekt, so daß das Kerzenlicht, wie durch eine Sammellinse konzentriert und verstärkt, direkt das Arbeitsstück des Schusters beleuchtet. Mein Großvater hat die Kerze durch die Kohlenfadenbirne ersetzt und so eine kleine Lichtverstärkung erzielt, aber nicht ausreichend. Also kam ihm die Idee, reflektierende Stoffe ins Wasser hineinzugeben, und da hat er Flitter genommen. Flitter war damals aus Glas, wie fein zermahlenes Spiegelglas. Es war wieder etwas heller als vorher, er hätte aber jemanden gebraucht, der das die ganze Zeit dreht, damit der Flitter schwebt. Nun kam ihm die Idee, er muß einen reflektierenden Stoff nehmen, der möglichst lange schwebt, der logischerweise fast das gleiche spezifische Gewicht hätte haben müssen wie das Wasser. Er hat alles mögliche probiert, im Keller seines Elternhauses, in seiner Werkstatt, bis er dann ein gutes Ergebnis erzielt hat mit Gries, was aber auch nicht ging, weil der nach einer Weile gärt. Kurz, er hat es nicht geschafft.« Herr Perzy schenkt uns ein wenig Kaffee nach und fährt ruhig und sich Zeit lassend in seiner Erzählung fort:

»Aber diese Experimente haben ihn an Schneefall erinnert. Und manchmal verdankt sich alles einer Kette von Mißgeschicken und Zufällen … Mein Vater hat zu mir immer gesagt, sei froh, daß d' so schlampert bist, dein Großvater war's genauso, und das war sein Glück. Ich freu mich schon, wenn ich ein Lad'l aufmach und find etwas. Ich vergeß in meiner Spontaneität einfach die Ordnung, die peinliche Reinlichkeit und so was. Also ein anderer Chef, der hätte wahrscheinlich einen Tisch, auf dem stünde gar nichts, bei mir ist's eben ein bisserl anders. Und auf dem Tisch meines Großvaters war's ebenso. Da hat er einen Zinnguß rumkugeln gehabt, die Wallfahrtskirche von Maria Zell,

die er für einen Freund angefertigt hatte – und der betrieb
ein Andenkenstandl in Maria Zell. Er steckte die Kirche
probeweise ins Glas, und das war der Moment, in dem er
die Schneekugel erfunden hat, ohne es gleich zu bemerken.
Den Sockel hat er auf einer Drehbank aus einem alten Tisch-
fuß gemacht, ihn mit Schuhpaste schwarz gemacht und ein
bisserl poliert. Wir bieten zwar heute auch noch Holzsockel
in verschiedenen Sorten an, unser Standardsockel ist immer
noch schwarz, aber aus Kunststoff, aus wiederverwerteten
Plastikabfällen, wir stellen ihn selber her und färben ihn
ein. Mein Großvater hat dann noch einen unverderblichen
und leichten Schnee erfunden, der bis heute, wenn auch in
einer verbesserten Form, von uns weiterbenutzt wird. Er
hat das im Jahr 1900 zum Patent angemeldet. Das war nicht
die einzige Erfindung, er hat auch den bis heute beliebten
Wiener Silberguß sich ausgedacht. Früher wurden ja
einfach die Bleiketten zum Beschweren der Vorhänge und
Unterröcke hergenommen fürs Schmelzen der Silvesterorakel. Mein Großvater hat dann eine Blei-Zinn-Legierung
mit niedrigem Schmelzpunkt entwickelt und, damit es sich
verkaufen läßt, kleine Glückssymbole zum Einschmelzen
gegossen, ein Schweinderl, ein Hufeisen, Pilz, Fisch, Laterne,
Kleeblatt. Er hat auch immer auf Sparsamkeit geachtet, er
kaufte beispielsweise das alte Zinnblech auf vom Dach der
Wiener Universität, als das frisch gedeckt wurde. Und für
seine Erfindungen bekam er dann 1908 einen Orden vom
Kaiser Franz Josef. Da hatte er schon seinen Spielwaren-
betrieb, zusammen mit seinem Bruder, Ludwig Perzy, nach
dem der Betrieb anfangs hieß. Der Betrieb hat sehr schnell
expandiert und bald auch ins Ausland exportiert. Sogar nach
Indien, nach dem Ersten Weltkrieg wurden 100000 Zinn-
hähne mit eingebautem Pfeifchen geordert. Ich muß Ihnen
sagen, mein Großvater hat es in der Zwischenkriegszeit
geschafft, als es doch eine sehr große Wirtschaftskrise
gegeben hat ... na, nicht gerade zu sehr großem Reichtum
zu kommen, aber er hat es zu Wohlstand gebracht mit der
Produktion von Neujahrsartikeln und auch Schneekugeln.
Die Zeiten waren schlecht, aber seine Ware war sehr preis-
günstig, und ein Glücksbringer, der kann immer helfen.
Hilft er nix, so schadt's nix, bei dem Preis. Der Wiener
ist ... oder der Österreicher ... eigentlich ein geborener

Lebemann, man sagt: ›Verkaufts mei Gwand, i fahr in Himmel‹, oder: ›Heut spüln die Schrammeln, und morgen da freß ma Grammeln …‹, und in diesem Segment hat eben mein Großvater diese Ware verkauft.«

Den letzten Satz hat Herr Perzy im Geschäftston gesprochen. Er wechselt überhaupt ständig hin und her zwischen drei Sprechweisen, einem unbefangenen Vorstadtdialekt, einer gehobenen Umgangssprache und der Geschäftssprache, einem von Floskeln durchsetzten, wienerisch eingefärbten Hochdeutsch. Prüfend betrachtet er uns kurz durch seine leicht getönten Brillengläser und fährt dann fort: »Nach dem Zweiten Weltkrieg war mein Großvater bald schon etwas kränklich und ist in den sechziger Jahren gestorben. Schade ist, daß ich eigentlich nur noch wenige Sachen von ihm habe, was die Schneekugeln betrifft. Die sind bei den Sammlern, ab und zu kommt mal einer zum Wassernachfüllen. Es gab ja mehrmalige Umzüge, und da ist einiges verlorengegangen, aber manchmal findet sich auch was.« Herr Perzy zeigt auf gerahmte Zeichnungen und Fotos an der Wand. »Diese alten Zettel da hab ich oben gefunden, rein zufällig. Das ist der Entwurf meines Großvaters für die erste Schneekugel. Da sehen Sie die Mariazeller Kirche, Verschluß und Sockel. Das war die Façon des ersten Sockels um 1900. Mein Vater hat dann nach dem Zweiten Weltkrieg den Betrieb übernommen von meinem Großvater – im Krieg gab's ja teilweise Betriebsstillstand, und zuletzt mußte mein Vater noch einrücken, kam aber glücklicherweise unverletzt zurück. Er war ja Fahrrad- und Nähmaschinenmechaniker und hat nach dem Krieg erst mal Motorräder zusammengebaut und vermietet. Ganz allmählich ist die Produktion wieder in Gang gekommen. In den fünfziger Jahren, nachdem mein Vater auf der Nürnberger Spielwarenmesse ausgestellt hat und von den Amerikanern quasi entdeckt worden ist, da kamen dann viele Aufträge plötzlich. Später auch aus Japan, Mexiko, Saudi-Arabien. Und seit 1985 führe ich jetzt den Betrieb und versuche, weil wir ja zu achtzig Prozent vom Export leben, die richtigen Entscheidungen zu treffen. Die Konkurrenz schläft nicht, und ich versuche, die Weichen jetzt so zu stellen, daß sich meine Tochter nicht so wird plagen müssen wie ich. Sie ist zwar noch ein Kind, sie ist zwölf, aber es ist so, sie ist sehr erwachsen.

Ich war es auch. Ich habe immer schon gewußt, was ich wollte, und meine Tochter ist stark in meine Fußstapfen getreten ... Also, ich lasse ihr alle Optionen offen, ob sie den Betrieb weiterführen will oder nicht. Aber sie sagt mir immer, sie will. Sie will Werkzeugmacher werden, auf jeden Fall! Das einzige, was sie noch stört, ist, daß sie nicht weiß, aus was der Schnee besteht. Ich habe ihr erklärt, daß es ein streng gehütetes Familiengeheimnis ist. Die Formel, das Rezept und das Herstellungsverfahren, liegt im Tresor eines Anwaltes, und ich bin der einzige, der es kennt. Wenn es soweit ist und sie sich dann entscheidet, den Betrieb zu übernehmen, dann erfährt sie alles. Zum erstenmal seit drei Generationen wird das Geheimnis dann an eine Frau weitergegeben — darauf ist sie sehr stolz —, bisher waren es immer Söhne. Bei mir war's so: Als ich in den Betrieb eingetreten bin, hat das mein Vater, muß ich Ihnen sagen, auf eine ganz lustige Art gemacht. Er sagte, paß auf, so machen wir den Schnee, so und so. Aber ich sag's dir gleich, das gehört verbessert!« Herrn Perzys eher ins Melancholische spielende Gesichtszüge hellen sich ein wenig auf.

»Und ich habe ihn verbessert ... vielleicht hat meine Tochter auch noch eine Idee. Verbessert heißt jetzt, der Schnee fällt langsamer als vorher. Die Produktion von Schnee war früher sehr aufwendig. Ich hab jetzt eine Maschine gebaut, zu Hause in meinem Kabäuschen. Ich habe ja während meiner Lehrzeit noch Steuer- und Regelungstechnik gemacht und bau mir oft so kleine Apparate. Da hab ich mir eben auch einen Apparat gebaut ... für die Herstellung des Schnees mit einer Automatik. Mein Vater war begeistert. Ja, na. Er war nicht eifersüchtig ... es war nur so, ich hab mit meinem Vater viele Jahre Probleme gehabt. Ich hab immer geglaubt, der spinnt. Plötzlich hat er rumgeschrien, kein Mensch hat gewußt, warum. Er hat gesagt, die Leut stehlen ihm alles, nix findet er, aber nach drei Minuten war er wieder ruhig, und es war vorbei. Ich hab immer gesagt, hörst Papa, warum kommst in die Firma und machst einen Wirbel, warum schreist die Leut an — wir hatten damals um die sechzig Mitarbeiter —, das ging ein paar Jahre so, sonst war er ein seelenguter Kerl. Eines Tages ist es dann rausgekommen, er hatte einen Gehirntumor! Er wurde sofort operiert... danach ist er dann zwei Jahre lang praktisch ... langsam gestorben ...« Herrn Perzys Stimme bebt, seine Augen füllen sich mit Tränen. Er scheint es nicht zu bemerken und fährt fort: »Ich habe dann, damals im Frühjahr 1989, als er starb, quasi über Nacht den Betrieb übernommen. Zusammen mit meiner späteren Frau, kann man sagen, die ich damals schon sehr gut kannte. Wir haben den Betrieb sechzehn Jahre lang kontinuierlich um eine Stufe weitergebracht. Mittlerweile bin ich seit einem Jahr geschieden. Mein Frau hat es vorgezogen, mich und meine Tochter zu verlassen. Sie hat sich damals gedacht, daß sie ihr Glück woanders findet. Ich möchte zu ihrer Entschuldigung aber sagen, daß meine Frau unter einer schweren Schilddrüsenüberfunktion leidet, die ihr Seelenleben und alles durcheinanderbringt. Meine Mutter, die hat jetzt auch ein schweres Schicksal vor sich, sie hat seit zirka einem Jahr Alzheimer. Sie ist nach wie vor um neun Uhr hier im Betrieb, kocht Kaffee, macht irgendwas, da geht aber eben öfter was daneben, oder sie fährt und besucht Kunden, weil sie sich einbildet, sie hat einen Auftrag, und die rufen dann an. Meine Mama hat ja früher den Betrieb genauso geführt, wie's meine Frau gemacht hat, hat die Kunden betreut, die Aufträge hergerichtet, und sie hat meinem Vater gesagt, was er arbeiten soll. Wenn der Stephansdom aus war, hat sie ihm gesagt, ich brauch Stephansdome, oder ich brauch Schweinderln oder dies und jenes. Und das hat der Papa dann gemacht für sie, und sie hat die Teile an die Heimarbeiter weitergegeben. So ein Leben verlernt man natürlich nicht so schnell, trotz der Krankheit. Also ich habe momentan ein bissl viel um die Ohren. Ich bin jetzt so weit, daß der Betrieb zu groß ist, um ihn alleine zu führen. Jemand muß dasein, jemand muß auf Messen gehen, deshalb habe ich jetzt einen alten Freund zu meinem Kompagnon gemacht. Er macht auch die Messen, und ich habe die Detailkunden alle an ihn abgegeben. Ich beliefere von hier aus eigentlich nur mehr die Großhändler, die kriegen die Waren von mir hier auf Paletten, und der Rest wird in den 2. Bezirk ins Lager transportiert, dort geht's in Stellagen, von da kriegt er, was er braucht. Dort habe ich zwei Lagerarbeiter, die das Ganze kommissionieren.«

Herr Perzy führt uns durchs Haus. Es wuchert ein altmodisches Chaos, das, so der Hausherr, beherrschbar ist durch einfache Numerierung und Auflistung all der zahlreichen Kisten und Kartons. Mühelos findet er zwischen den Behältern für Schornsteinfeger, Schweine, Wallfahrtskirchen, Pinguine, Tannenwäldchen, Tänzerinnen, Gummiverschlüsse, schwarze Sockel denjenigen mit den Riesenrädern. Alles lagert in Holzregalen an den Wänden und in großen Kartons, die im Wege stehen. In einem schmalen Raum wird an langen Tischen von zwei Frauen montags bis donnerstags das Produzierte verklebt und verpackt. Schneekugeln, wohin das Auge auch blickt, bedecken Tische und Regale. Gebrauchte Pappkartons, ehemals für Kiwis, gefüllt mit kleinen Kugeln, stehen zur Verpackung bereit. Jede Kugel erhält eine eigene, bruchsichere Box, einen raffiniert gefalteten weißen Karton mit Sichtfenster, erdacht von Herrn Perzy persönlich. Er erklärt, daß die Ware empfindlich ist. Starke Hitze schadet ebenso wie strenge Kälte. Mehrere Paletten, so Herr Perzy, seien ihm vor drei Jahren auf dem Weg nach Los Angeles unterwegs eingefroren und geplatzt, kurz vor Weihnachten. Die Versicherung habe bis heute noch nicht bezahlt. Wir gehen hinunter in den Hof. Links ist die Formenpresse. Die Produktion läuft in Gestalt einer großen, grünen Maschine, die mit zischelnden Lauten und leichtem Rütteln fingernagelgroße rosa Schweine unter sich läßt. Sie türmen sich in einem Sammelbehälter und werden ab und zu umgefüllt. Es riecht süßlich nach Kunststoff. Auf der rechten Seite des Hofes ist die Metallwerkstatt, Herrn Perzys eigentliches Reich, in dem er sich am wohlsten zu fühlen scheint. Hier stellt er die Stahlformen für den Druckguß selber her, auf einer Drehbank, Fräsmaschine, Kopierfräsmaschine und anderem Gerät. Auch Maschinen vom Großvater und Vater wurden modernisiert, werden sorgfältig gepflegt und benutzt. Wir werden durch wohlgeordnete Formenlager geführt. Wir sehen schwere, glänzende, zweiteilige Stahlformen, oft für mehrere Gußteile zugleich. Hergestellt von drei Generationen, Hohlformen mit feinster Oberflächenstruktur, eingefräst und eingeritzt mit gehärteteten Sticheln, die jeweilige Auffassung des Kitsches. Nebenan ist die Lackiererei zur Vorbereitung der Plastikteile, die versilbert und vergoldet werden sollen. Herr Perzy macht das nicht durch Galvanisieren, sondern mittels eines hochmodernen

Verdampfungssystems in einem Vakuumkessel. Vorn in der Werkstatt hängen die Meisterbriefe von Vater, Sohn und Großvater an der Wand. Herr Perzy träumt von einer Maschine, die er anschaffen will für die Tochter, damit die sich »nimmermehr so plagen muß wie ich«, sagt er. Es handelt sich um eine computergesteuerte Laserfräsmaschine, mit der man Fotos dreidimensional auf den Bildschirm holen, Modelle vergrößern und verkleinern kann nach Belieben. Dann wird es dann wohl vorbei sein mit dem Charme seiner naiv gemachten Schneekugelfiguren.

Wir verlassen den merkwürdigen kleinen Betrieb, der fast in die ganze Welt seine Schneekugeln liefert, wo heißer, rosa gefärbter Kunststoffseim mit 1600 Bar blasenfrei in eine Stahlform gepreßt wird, in dem eine Wurfmaschine unablässig erstarrte rosa Schweine gebiert zu Allerheiligen. Herr Perzy führt uns um die nächste Straßenecke zu seinem Wohnhaus. Es ähnelt dem Firmensitz ein wenig. Es hat neue Sprossenfenster und eine altrosa Fassade, Hinterhof mit Baum und Schuppen, und neben der Eingangstür zwei Nischen, in denen einst zwei Pferdeköpfe das Fuhrwerkhaus kennzeichneten. Dahinein wünscht sich Herr Perzy zwei beleuchtete Schneekugeln, tüftelt aber noch. Das Treppenhaus mit Wendeltreppe ist fensterlos. An den Wänden hängen Fotos der ehemaligen Frau und der Tochter. Beide begrüßen uns oben am Treppenabsatz und ziehen sich gleich darauf zurück. Herr Perzy führt uns ins große Wohnzimmer, macht das Fernsehgerät aus und erklärt gedämpft: »Sie besucht gerade meine Tochter.« Hund Lucky, klein, weiß, mit braunen Ohren und Fleck ums rechte Auge, ein ausgesetztes Fundstück aus Rumänien, springt seinem Herrn auf den Schoß und wird gestreichelt. Die Wand hinter dem Ledersofa zieren Farbfotos der attraktiven Exgattin. Im Regalteil einer großen, über Eck gehenden Schrankwand steht eine Schneekugelkollektion, an der Wand daneben hängt ein hölzerner Morgenstern mit Eisenspitzen. Der schwarze TV- und Musikturm sowie ein zusammengeklapptes Trimmgerät wirken, als wären sie zurückgelassen worden.

Herr Perzy zeigt vage in die Runde und sagt: »Wir sind immer noch am Umbauen. Unten ist noch ein Lager, und oben wird der Dachboden ausgebaut ...« Er streichelt beharrlich den Hund, der sich geschickt in der Balance hält. »Ich hab ja schon mehrfach Exkursionen durch meine Firma geführt«, sagt Herr Perzy, »leider ist es immer zu eng. Auch hochrangige Persönlichkeiten hab ich schon in meinen bescheidenen Räumen empfangen, vor einem Dreivierteljahr kamen dreißig Botschafter aus aller Welt, die sind Generalbotschafter in Österreich und aus China, Indien, Afrika, alle waren da. Das war ein furchtbarer Limousinenauflauf. Wir haben die Herrschaften auf dem Firmenhof begrüßt und herumgeführt. Die waren ganz begeistert, weil sie ja eben solche Schlichtheit noch nicht erlebt hatten. Die Sicherheitsbeamten waren vollkommen zurückhaltend. Heute, nach dem 11. September, würde das ganz anders verlaufen, wenn überhaupt... Wer hätte das damals gedacht, daß ein paar Wahnsinnige in ein Hochhaus fliegen?! Meine Tochter und mich hat das sehr bestürzt, auch deshalb, weil wir eine Woche vor diesem Unglück dort oben gestanden sind und runtergeschaut haben auf New York ... Es ist eine sehr tragische Geschichte, trotzdem glaube ich nicht, daß das, was die Amerikaner nun machen, wirklich zielführend ist, weil man Gleiches mit Gleichem nicht unbedingt vergelten soll...« Herr Perzy erzählt von der Geschenkartikelmesse in New York und ganz nebenbei von prominenten Schneekugelauftritten in Amerika. Im Film *Citizen Kane,* von Orson Welles, zerschellt eine Perzy-Kugel mit Schlitten im Schnee am Boden. Expräsident Clinton hatte auf seinem Schreibtisch im Weißen Haus eine mit Esel (und Sockel von Cartier): ein Geschenk von Freunden zur Präsidentschaft. Nancy Reagan hat einen Großauftrag geordert. Die Lieblingsranch des alzheimerkranken Expräsidenten soll Reagan-Gedenkstätte werden. Als Miniatur in der Schneekugel wird sie an die Käufer der Anteile verschenkt. Herr Perzy blickt auf den Hund, streichelt ein Ohr und sagt: »Aber leicht ist das mit so einer Firma nicht heutzutage, ich muß Ihnen sagen, als mein Großvater das Geschäft geführt hat – ich hab oft darüber nachgedacht –, da hat er die Entwürfe gemacht und dann zu einem Mann gesagt: So, Sie machen das jetzt so und so. Der hat sich dann an die Maschine gestellt und alles ausgeführt, die Details und Feinarbeiten. Der Großvater ist auf der Straße gestanden und hat Pfeife geraucht, oder Virginia, das war eben ein … Wirtschaftstreibender, während mein Vater dann eigentlich schon eher der war, der für Geld gearbeitet hat. Aber auch er hat seinen Arbeitsmantel angezogen und hat seine Leut gehabt, und die haben ihm alles gemacht. Als ich den Betrieb übernommen habe, hab ich sehr viel selbst gemacht, ausgemalt, die Zwischendecken gemacht und auch sonst … Für meinen Vater wäre das vollkommen undenkbar gewesen. Aber an der Philosophie, da hat sich nicht soviel geändert. Mein Großvater hat immer gesagt, die Schneekugel soll ein friedliebendes Produkt sein, ein Frieden spendendes. Man soll da drinnen eine kleine, heile Welt sehen … so philosophiert hat er eben. Und mein Vater hat sich daran gehalten, und ich halte mich auch dran. Wenn da jemand kommt und sagt, baun Sie mir da einen Panzer rein, eine Handgranate, dann sag ich, NEIN. Machen wir nicht. Es kommen keine kriegerischen Szenen, keine Schußwaffen, keine Mordinstrumente und nix rein! Sex, gut … die paar Kugeln, die wir mit Penissen gemacht haben, die sind weg, neue Pläne hab ich derzeit nicht. Ich denk mir, ohne Sex würde sich die Menschheit aufhören, aber durch den Krieg, da hört sie sich garantiert auf! Die Kugeln sollen ja Geborgenheit vermitteln für den Moment, aber keinesfalls … Na, schaun Sie, der Schnee ist weiß, da drin sind alle fröhlich, da drin ist es friedlich, da gibt's keine Umweltverschmutzung, nichts … Also am liebsten hab ich irgendwelche Landschaften, ein Berg, ein Haus, ein paar Bäume. Wissen S', es ist so, die Schneekugel ist ja ein Mikrokosmos, ist in sich geschlossen. Und ich möchte dort drinnen, da ich ja Zugang habe zu diesem Mikrokosmos … als einziger … da möchte ich dort Dinge aufheben, konservieren, abbilden … die anders sind als die bösen, die schlechten Seiten des Lebens …« Der Hund springt zu Boden und rutscht mit dem Hintern über den Teppich, um einen Juckreiz loszuwerden.

Inhalt

GABRIELE GOETTLE, geboren 1946 in Aschaffenburg, lebt in Berlin und arbeitet als freie Journalistin vor allem für die *tageszeitung*, in der auch diese Experten-Porträts in leicht veränderter Form abgedruckt worden sind.

Ihre ersten vier Bücher in der ANDEREN BIBLIOTHEK, *Deutsche Sitten, Deutsche Bräuche, Deutsche Spuren* und *Die Ärmsten!* sind 1991, 1994, 1997 und 2000 erschienen. Unter dem Titel *Freibank* hat sie 1991 in der Edition Tiamat einen Essayband veröffentlicht. 1995 wurde sie mit dem Ben-Witter-Preis ausgezeichnet, 1999 erhielt sie den Schubart-Literaturpreis.

GABRIELE GOETTLES Expertisen über die Experten sind im August 2004 als zweihundertsechsunddreißigster Band der ANDEREN BIBLIOTHEK im Eichborn Verlag, Frankfurt am Main, erschienen.

Die Fotografien stammen (mit Ausnahme der Abbildung auf Seite 390 von Mark Benecke) von Elisabeth Kmölniger. Das Lektorat besorgte Ulf Geyersbach.

❊✎

Dieses Buch wurde in der Borgis Garamond von *Buchflink* Rüdiger Wagner in Nördlingen gesetzt und bei der Fuldaer Verlagsagentur auf $80\,g/m^2$ holz- und säurefreies mattgeglättetes Bücherpapier der Papierfabrik Schleipen gedruckt. Den Einband besorgte die Buchbinderei G. Lachenmaier in Reutlingen. Ausstattung und Typographie franz.greno@libero.it

❊✎

1. bis 9. Tausend, August 2004. — Von diesem Band der ANDEREN BIBLIOTHEK gibt es eine handgebundene Lederausgabe mit den Nummern 1 bis 999; die folgenden Exemplare der limitierten Erstausgabe werden ab 1001 numeriert. Dieses Buch trägt die Nummer:

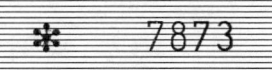